民法 II

物 権

第4版

石田 剛・武川幸嗣・占部洋之
田髙寛貴・秋山靖浩

YUHIKAKU

第4版 はしがき

　所有者不明土地問題に対処するための基本法の整備作業の一環として，2021年4月21日，「民法等の一部を改正する法律」（令和3年法律第24号）および「相続等により取得した土地所有権の国庫への帰属に関する法律」（令和3年法律第25号）が成立し，同年4月28日に公布された。

　前者は，本書が守備範囲とする，民法第2編「物権」および不動産登記法の規律内容を少なからず改変するものである。後者は，相続等により土地所有権を取得した相続人がその国庫帰属を申請し，所定の要件を満たす場合に承認を受けることができるものとすることにより，機能的に土地所有権の放棄に代替する制度を新設するものということができる。いずれも物権法の根幹に関わる重要な改正をいくつも含んでおり，その内容はできるだけ早く社会全体において共有されることが望ましい。

　そこで，本書も，少なくとも改正法の主要な内容のうち最低限学んでおく必要があると考えられる事柄をピックアップするという方針の下，できるだけ速やかに版を改めることにした。例えば，物権変動との関係では相続登記申請の義務化，土地所有権に関しては，相隣関係，相続等により取得した土地所有権の国庫帰属申請，共有，さらには所有者不明・管理不全の土地・建物の管理等に関する規律に関して，大幅な加筆修正を行った。また法改正と直接関連しない部分も含め，本書全体を見直し，より分かりやすいものとするために，内容を適宜補充し，あるいは表現を改めたところもある。

　法改正を契機として改版を重ねるうち，幸いにも，第4版を世に送り出すこととなった。今後とも，法学部，法科大学院生をはじめ，将来法律に関連する各種資格試験の受験等を検討されている読者の方々に愛される本になるよう，著者一同力を合わせてゆきたい。

　今回の改訂にあたっても，前回から引き続き，有斐閣編集部の山下訓正氏に大変お世話になった。綿密かつ入念な原稿・校正刷りの点検により記述の精度向上に多大な貢献をしてくださったこと，著者会合の運営やその後のフォローアップにおいても肌理細やかなご配慮を頂戴したことに，心よりお礼を申し上

げる。

2022 年 1 月

石　田　　剛
武　川　幸　嗣
占　部　洋　之
田　髙　寛　貴
秋　山　靖　浩

初版　はしがき

　本書のコンセプトは，物権・担保物権法の標準的な内容を，1冊で体系的・有機的に習得できるようサポートすることにある。法学部や法科大学院の学生をはじめ，将来法律に関連する各種資格試験の受験等を検討されている読者の方々にとっては，そのために必要となる専門知識を正確に獲得または確認し，同時に応用力の基礎をも培うことができるよう，可能なかぎりの配慮をしたつもりである。

　本書の執筆に際して，より具体的にいうならば，とくに以下の諸点に留意した。

　基本概念，条文の趣旨，判例法理の意義と射程について，正確な情報を伝授すべく，判例学説の現状を客観的に記述することに重点をおいた。あるルールがなぜ設けられているのかを明らかにし，ルールに複数の解釈可能性がある場合は，議論の対立軸がどこにあり，判例法が，どのような考慮に基づいて，その1つを選択しているのか，を分かりやすく解説することを心がけた。章の末尾には，適宜練習問題が付されている。これは各章で学んだ内容が，実際に使える知識として定着しているかどうかを確認していただくためのものである。

　本書では，とくに重要な判決や，判例の有機的理解に事案の具体的イメージが不可欠と考えられる判決については，事案の概要とともに判旨を原文の文言のまま別枠の囲みで掲載し（→例えば　判例 1-○ ），紹介している。人体にたとえると，判決が示す抽象命題は，いわば「骨格」である。骨格に血肉（「色」または「生命」といってもよい）を与えるのは，当該判決が基礎とする具体的な事実に他ならない。事実を丁寧にみることの重要性は，実務家養成のための法科大学院教育の発足以来，一貫して強調されているところであるが，本書はそのような法科大学院の理念にも沿ったスタイルの教科書となりうることを，企図している。

　もちろん現状を追認するばかりでは，およそ進歩は見込めない。骨とても，仔細に観察すれば，新陳代謝を日々繰り返している。どのような判例も不変の公理ではなく，変更の可能性を秘めている。そのため，現在の判例法に問題点

が残されている場合や，判例法が確立していない場合を中心に，必要な範囲で主な学説の内容をも解説し，読者の方々が自分自身の頭で考える際の手がかりになるように，最新の議論状況や発展的内容にも言及した部分もある。判例を金科玉条視するのではなく，条文解釈の枠内という限界はあるものの，かぎられた自由領域内で，自分の思考をはばたかせる楽しみを見つけていただきたいと考えている。

随所に散りばめられた　Column　においては，本文では詳しく述べられなかったが，突っ込んで考えてもらいたい点に関する私見や新たな問題や発展的な問題に対する示唆等が述べられている。　Column　の記述からにじみ出る各執筆者の個性を味わっていただければ，望外の幸いである。

本書は，出身地も出身大学も現勤務先もことごとく異なる5人の合作である。5人は，今回の企画を縁として，同じ時代の空気を吸い，物権・担保物権法について並々ならぬ探求心をもつという（奇特な？）接点を通じて，1つの作品を編む貴重な機会に恵まれた。何度にもわたって開かれた執筆会議は，自然のなりゆきとして，毎回「ミニ研究会」の様相を呈することとなり，楽しい時間を過ごすことができたことを付け加えておきたい。各執筆者が楽しみながら書いた，その精神の高揚が文章や行間に浸透し，物権・担保物権法を学ぶ面白さを伝えることができれば，と願うばかりである。

有斐閣書籍編集第一部の土肥賢さん，一村大輔さんには，スケジュール管理はもちろん，長時間に及ぶ執筆会議にお付き合いくださり，本書の内容充実のために，文字通り，至れり尽くせりのサポートをして頂いた。この場を借りて，執筆者一同，厚く御礼申し上げたい。

平成22年3月

石田　　剛
武川幸嗣
占部洋之
田髙寛貴
秋山靖浩

目　次

◆ **判　例** ◆

著 者 紹 介

石 田 　 剛 （いしだ・たけし）

一橋大学大学院法学研究科教授

《第 *1* 章〜第 *4* 章執筆》

武 川 幸 嗣 （むかわ・こうじ）

慶應義塾大学法学部教授

《第 *5* 章，第 *6* 章，第 *7* 章第 *5* 節，第 *13* 章，第 *14* 章執筆》

占 部 洋 之 （うらべ・ひろゆき）

関西大学大学院法務研究科教授

《第 *9* 章，第 *10* 章第 *1* 節〜第 *4* 節・第 *7* 節・第 *8* 節，第 *12* 章執筆》

田 髙 寛 貴 （ただか・ひろたか）

慶應義塾大学法学部教授

《第 *10* 章第 *5* 節・第 *6* 節・第 *9* 節・第 *10* 節，第 *11* 章執筆》

秋 山 靖 浩 （あきやま・やすひろ）

早稲田大学大学院法務研究科教授

《第 *7* 章第 *1* 節〜第 *4* 節・第 *6* 節，第 *8* 章執筆》

凡　例

1　法　律　等

遺　失	遺失物法
会　更	会社更生法
会　社	会社法
仮登記担保	仮登記担保契約に関する法律（仮登記担保法）
企業担保	企業担保法
憲	日本国憲法
建　基	建築基準法
建　抵	建設機械抵当法
健　保	健康保険法
小	小切手法
鉱　業	鉱業法
航　空	航空法
工　抵	工場抵当法
航　抵	航空機抵当法
厚　年	厚生年金保険法
国　賠	国家賠償法
質　屋	質屋営業法
自　抵	自動車抵当法
借地借家	借地借家法
車　両	道路運送車両法
収　用	土地収用法
商	商　法
消費契約	消費者契約法
所有者不明土地	所有者不明土地の利用の円滑化等に関する特別措置法
税　徴	国税徴収法
相続国庫帰属	相続等により取得した土地所有権の国庫への帰属に関する法律
建物区分	建物の区分所有等に関する法律（建物区分法）
地　税	地方税法
手	手形法
電　気	電気事業法
動産債権譲渡特	動産及び債権の譲渡の対抗要件に関する民法の特例等に関する法律（動産債権譲渡特例法）
都　計	都市計画法

土地基	土地基本法
特　許	特許法
農　地	農地法
農動産	農業動産信用法
破	破産法
不　登	不動産登記法
不登則	不動産登記規則
不登令	不動産登記令
法適用	法の適用に関する通則法（法適用法）
民	民　法
民　再	民事再生法
民　執	民事執行法
民執規	民事執行規則
民　訴	民事訴訟法
民　保	民事保全法
立　木	立木ニ関スル法律（立木法）
労　金	労働金庫法

　民法については，原則として条数のみを表記し，他法令との区別が必要な箇所については上記の略語を用いた。
　民法以外の法令については，上記のほか，有斐閣六法の法令名略語を用いることを原則とした。

2　判　決

大連判（決）	大審院連合部判決（決定）
大　判（決）	大審院判決（決定）
最大判（決）	最高裁判所大法廷判決（決定）
最　判（決）	最高裁判所判決（決定）
高　判（決）	高等裁判所判決（決定）
地　判（決）	地方裁判所判決（決定）
支　判（決）	高裁または地裁の支部判決（決定）

3　判決登載誌

民　録	大審院民事判決録
民　集	大審院民事判例集
刑　集	大審院刑事判例集
民　集	最高裁判所民事判例集

刑　集	最高裁判所刑事判例集
集　民	最高裁判所裁判集民事
裁　時	裁判所時報
下民集	下級裁判所民事裁判例集
家　月	家庭裁判月報
訟　月	訟務月報
金　判	金融・商事判例
金　法	金融法務事情
判　時	判例時報
判　タ	判例タイムズ
新　聞	法律新聞

第 *1* 章

序　論

　この章では，そもそも物権とは何か，その意義と種類につき，概略を説明する。物権の種類が法律上限定されているのはなぜか，それが物権のどのような性質に由来するのか，を中心に検討する。

第 1 節　物権の意義

1 物に対する直接支配権

　われわれの日常生活は，他人との社会関係を通して外界のさまざまな事物を支配し，それらの事物から利益を得る一方で，他人との協力関係において利益を供与したり享受したりすることによって成り立っている。物権法は，そうした社会関係において，人が生活や営業等に必要な物を直接支配する関係を規律する法である。権利主体としての人は，権利客体として意思を有しない物を直接支配することができる。これに対して，同じく権利主体として，自由な意思を有する人に対しては一定の行為を請求することができるにすぎない。このように，物権とは，物に対する直接支配権であり，絶対性および排他性を特色とする。

(1)　絶対性

　絶対性とは，すべての人に対してその効力を主張できることを意味する。例えばAが建物甲を所有している場合，Aは自分以外のすべての社会構成員に対して，甲の所有権の効力を主張することができる。無断で甲内に侵入する者がいれば，それが誰であるか（Bであるか，Cであるか）にかかわりなく，物権の効力として退去を求めることができる。物の所有者は，「私の所有物を侵害してはならない」という禁止規範を通じて，自己の物に対する支配状態を絶対的に保護される。裏からいえば，他人は物の所有者に対して不可侵義務を負う。

　これに対して，AがBから自転車乙を無償で借りている場合，Aは乙につき使用貸借契約（593条）に基づく債権をもつにすぎない。債権は特定人に対する行為請求権として構成され，債権者は債務者以外の第三者に対して当該権利内容の実現（給付）を原則として求めることができない（債権の相対性）。つまりAはB以外の人々に対して債権の効力を主張することができない。また，B以外の第三者がAに対してAの有する債権について不可侵義務を一般的に負うことはない。ただし，一定の要件の下で債権の侵害に対しても不法行為法による保護は認められ，また債権を保全する目的で第三者が債権関係に介入することができる場合もあり，債権の対外効が皆無というわけではない。

(2)　排他性

　物権は絶対性を有する権利であるとともに，排他性が認められる。排他性とは，同一物上に互いに相容れない内容の物権が2個以上同時に成立しえないことを意味する。すなわち，ある物に所有権を取得した者は，その物に対して「私も所有権を有する」という他人の主張を排斥することができる。物権の基本原理の1つである一物一権主義も物権の排他性から導かれる原則である。

　これに対して，債権には排他性がなく，両立不可能な内容の債権関係が同時に複数成立することも妨げない。例えば同一日時に別々の会場で講演する契約を二重に締結した場合，いずれの債務を履行するかは債務者の自由に委ねられており，債務不履行をされた債権者の不利益は契約責任（損害賠償責任）を追及することによって塡補すればよいとされる（415条）。債務者の自由意思を尊重し，行動の自由を可能なかぎり保障することが自由主義社会においては望ま

しいと考えられるからである。

　もっとも，以上に述べた物権と債権との間の理念的な区別は，少なからぬ場面においてさまざまな形で修正を受けており，そのまま現実に妥当しているわけではない。地役権（第 8 章第 3 節 **1** (2)(a)）や先取特権（第 13 章第 3 節）のように排他性がない物権が存在する一方，対抗要件を備えた賃借権（第 2 章第 2 節 **2** (1)）や配偶者居住権（1028 条），所有権等の設定，移転，変更または消滅についての仮登記をした請求権（第 4 章第 5 節 **4**）のように，債権でも排他性を有するものがある。この点はそれぞれの場所で適宜触れることにする。

2　物権法の役割

　現代社会は私有財産制と分業を基礎とした資本主義経済社会である。私人が社会生活を営むために必要なパイ（財貨）をどのように各人に配分すべきか，市場経済の基盤をどのように形成すべきか，という根本的な課題を規律するのが物権法である。このように，財貨の帰属秩序を規律する基本法である物権法においては，制度設計においてはもちろん，法規の解釈においても，有限な財貨をいかに効率的に配分するか，取引秩序をどう構築するのが望ましいか，といった社会全体の利益に対する配慮が不可欠である。債権法と比較するとき，規律内容に強く画一性・形式性が求められる点に大きな特色があり，物権法規定に強行規定が多いのはそのためである。

3　物権の客体

　民法は権利の客体としての「物」を有体物に限定している（85 条）。この他，非人格性，排他的支配可能性，独立性が解釈上要件とされている。

　もっとも，例外的に有体物ではない「財産権」に対して物権の成立が認められることもある。例えば，質権は物以外の「財産権」を目的として設定することができ（362 条 1 項。権利質），地上権や永小作権等の用益物権を抵当権の目的とすることもできる（369 条 2 項）。

第2節　物権の種類

1 物権法定主義

(1)　物権法定主義の意義

　債権法においては権利の内容形成についても契約自由の原則（521条2項）が広く妥当する。民法は主要な契約類型（典型契約）をメニューとして列挙しているが，必要に応じてメニューにない契約（無名契約・非典型契約）を当事者の創意工夫で作り出すことも自由である。

　これに対して，絶対権である物権は，民法その他の法律に定められているもの以外に任意に創設することはできない（175条）。これを物権法定主義と呼んでいる。175条の規範は，①法律に定められていない種類の物権を当事者が勝手に作りだすことはできない，②法律の定める物権に，法律が定めたのと異なった内容を付与することはできない，という2つの命題からなる。

(2)　根　　拠

　なぜ権利の種類が限定（類型強制）されるべきなのか。物権法定主義が採用された理由は，まず，①近代法の基本理念である所有権の自由を不当に制約する封建的で合理性を欠いた物権的な権利関係を廃止することにあった（民法施行法35条）。また，②物権は絶対性と排他性を備えた権利であるから，その種類を限定し，内容を画一化しておかないと，取引の安全を害し，第三者が不測の不利益を被るおそれがある。②と関連するが，③物権は排他的な支配権として，社会において認識されるために帰属状態を恒常的に公示する必要があるところ，公示する際の技術的な理由からも類型強制が要請される。

2 民法上の物権

(1)　序　　説

　物権法の中核部分を占めるのが，民法第2編「物権」編の規定である。そこには，占有権，所有権，地上権，永小作権，入会権，地役権，留置権，先取特

権，質権，抵当権という10種の物権が規定され，物権に共通する原則的なルールが抽出され，物権総則規定（175条〜179条）として冒頭におかれ，その後に入会権を除いて各則規定が上記の順序で続いている（入会権の規定は，所有権の章〔263条〕と地役権の章〔294条〕に分けておかれている）。

(2)　本権と占有権

　民法は物の事実的支配状態に暫定的な保護を与えるための権利として占有権を物権の一種として位置づけた。事実状態そのものに権利性を認める点に特色がある（180条）。これに対して，占有権以外の9つの権利は現実に物を支配していることから認められる権利ではなく，物の支配を適法なものとするための権利であり，本権としての物権と呼ばれている。

(3)　所有権と制限物権

　本権としての物権は，自己の所有物上に成立する権利としての「所有権」と，他人の所有物上に成立する物権としての「他物権」とに分類される。

　所有権は，目的物を法令の制限の範囲内において自由に使用・収益・処分しうる権利である（206条）。所有権は全面的支配権として，本権秩序の根幹をなしている。

　他物権は，目的物に対する権能（使用・収益・処分権能）の一部分のみを支配する権利であり，他人が有する所有権の全面的な支配権能を制約することになるから，制限物権とも呼ばれる。

　制限物権はさらに，用益物権と担保物権に分類される。用益物権は土地の使用収益のみを目的とするものであり，地上権（265条以下），永小作権（270条以下），地役権（280条以下），共有の性質を有しない入会権（294条）の4種がある。動産や土地以外の不動産に設定可能な用益物権は存在しない。

　担保物権は目的物をその交換価値に着眼して債権担保の目的で支配するものであり，留置権（295条以下），先取特権（303条以下），質権（342条以下），抵当権（369条以下）の4種がある。留置権と先取特権は，法律要件を満たすことにより当然に成立するため「法定担保物権」，質権と抵当権は，合意により設定されるため「約定担保物権」と呼ばれる（第9章 **2**(1)）。

3 慣習法上の物権

(1) 慣習法と成文法

わが国は成文法主義の法体系をとっており，民法175条にいう「法律」としては，主に制定法が念頭におかれている。しかし，立法者が社会に必要なルールを遠い将来まで予測して，あらかじめ網羅的に決めておくことはおよそ不可能である。社会の変化や発展は新たな法的手段を不断に要請し，社会は立法に先んじて新たな取引形態を生み出す。いわば慣習として取引社会で生成した法律関係に，175条が障害となって物権性が認められないと，社会の需要を法が適切に満たすことができないことになる。そして，慣習も「法」として規範的効力をもちうることは一般に承認されている（法適用3条，民92条等参照）。

物権法定主義の根拠からすれば（本節**1**(2)），内容が明確かつ合理的なもので，何らかの公示方法があり，慣習法といえる程度の法的確信に支えられたものであれば，慣習法上の物権を認めてもよいと考えられる。

判例は，例えば土地上の所有関係を階層的に捉える「上土権」や「底地権」等の権利観念は，旧慣上の複雑な権利関係を温存することになり，容認できないとし，上土権を民法の地上権であると性質決定をした（大判大正6・2・10民録23輯138頁）。他方，上記物権法定主義の趣旨に反しないもの，例えば温泉専用権のような慣習法上の物権の存在を容認している（大判昭和15・9・18民集19巻1611頁）。さらに担保取引において商慣習として成立してきた所有権留保（第12章第4節）や譲渡担保（第12章第2節）等の物権も取引社会において必要性の高い合理的な物権として，175条に抵触しないと考えられている（もっとも譲渡担保については，虚偽表示〔94条〕該当性がかつて議論された）。

(2) 法 的 根 拠

慣習による物権の承認は理論的にはどのように説明されるのか。補充的な法源として慣習を位置づける考え方からは，2つの説明が考えられる。1つは，民法175条にいう「法律」に法適用法3条による慣習法が含まれる，という説明，もう1つは，民法175条は慣習による物権の発生を一般的に否認する趣旨を含まず，物権が慣習により生じるかどうかは法適用法3条にいう「民法に規

定のない」事項であり，端的に法適用法 3 条に基づいて慣習法が承認される，というものである。

第 **2** 章

物権の効力

第1節　序　　説
第2節　物権の優先的効力
第3節　物権的請求権

　この章では，物権に特有の効力である優先的効力と，物権が侵害され，または侵害の危険がある場合に発動する物権的請求権について説明する。

第1節　序　　説

　物権は物に対する直接的支配権として，絶対性と排他性を備える（第1章第1節**1**）。そのために，債権と対比したときに物権にみられる特徴的な効力としては，優先的効力と物権的請求権によって実現されるべき妨害の除去・予防的効力が挙げられる。

　物権は有体物に対する支配状態の保護を目的とする権利であるから，支配状態の妨害に対しては直接的にその妨害の除去を求める権利が認められる必要がある。その根拠が，物権の排他性・直接支配性のいずれに基づくのかについては，議論がある。

　排他性に基づくとすれば，物権でも対抗要件を備えない以上は，妨害排除請求権が認められず，不動産賃借権のように債権でも登記その他の対抗要件を具備することにより排他的支配を確立した場合には（605条），妨害の停止や物の返還を求めることができる（605条の4）。直接支配性に基づくとすれば，たとえ賃借権が対抗要件を備えたとしても，目的物に対して間接的支配しか有しな

いことに変わりないので，妨害排除請求権は認められないはずである。この点につき，判例法上，物権的請求権の行使において対抗要件の具備は無関係であると解されており（第 4 章第 4 節**2**），これは物権の直接支配性に求める立場に親和的である。

第 2 節　物権の優先的効力

1 物権相互間の優先的効力

　優先的効力とは，両立しえない物権が同一物上で衝突する場合には，時間的に先に成立した物権が他方に優先することをいう。これは物権の排他性から導かれる効力である。例えば無主の動産について所有の意思をもって占有した者が所有権を取得する無主物の帰属（239 条 1 項）という制度も，物権の優先的効力に基礎をもつ。また不動産に所有権を取得した者は，その後にその同一不動産上に所有権を取得したとする主張を排斥して，自分だけが唯一の所有者であると主張することができる（もっとも，公示の原則，対抗要件主義〔177 条・178 条〕による制約はある〔第 3 章第 1 節**2**〕）。

　これに対して，債権には優先性がない。つまり債権成立の時間的先後関係は債権の効力に何らの差をもたらさない。例えば A が B から 100 万円を借りた後，さらに C から 100 万円を借りたとする。履行期が到来しても A が B および C に対する借金を返済することができず，かつ A の責任財産が 100 万円しかない場合，B は A から優先的に 100 万円を回収することはできない。強制執行手続が開始されて，BC 双方がこの手続に参加した場合，B は債権額の割合に応じて C と平等な立場で，50 万円の弁済を受けるにとどまる（債権者平等の原則）。

2 物権の債権に対する優先的効力

　物権の優先的効力は債権との関係でも説かれている。これは同一物に対して物権と債権が競合する場合には，物権が債権に優先することを意味する。

(1)　所有権と利用を目的とする債権が競合する場合

使用借権 (593 条) および賃借権 (601 条) はいずれも物の支配を目的とする権利であるが，物を直接支配するのではなく，他人 (貸主) の行為を介して間接的に支配する権利である。例えば所有者が物を無償で貸して借主に引き渡した後，その物を第三者に譲渡した場合，譲受人の所有権は物権として使用借人の債権に優先する。かつてはこの理が賃借人と所有権の譲受人との間にも同様に妥当し，いわゆる「売買は賃貸借を破る」という考え方が 19 世紀のドイツ法等において説かれていた。

もっとも，現在では，不動産賃借権も，登記を備えると第三者 (賃貸不動産の譲受人等) に効力を主張することができる (605 条)。ただし，賃借人は賃貸人に対して賃借権設定登記を求める請求権を有していないので (第 4 章第 5 節 **5**)，賃貸人が任意に登記手続に協力しない場合，賃借人は対抗要件を備えるすべがない。そこで借地借家法は，不動産の賃貸借について，賃貸人の協力がなくても，借地権者は地上に登記された建物を所有することによって (借地借家 10 条 1 項)，借家権者は引渡しを受けることによって (借地借家 31 条)，特別に第三者対抗要件を備えることができるよう手当てをしている。

このように対抗要件を備えた不動産賃借権は実質的に物権と同等の保護を受けうる状態にある。この現象を不動産賃借権の物権化と呼んでいる。

(2)　担保物権と一般債権とが競合する場合

次に担保物権の一般債権 (無担保債権) に対する優先的効力が挙げられる。債権には債権者平等の原則が妥当するところ，担保物権が約定または法律上付与されることにより，他の一般債権者に先んじて目的物から優先弁済を受けることができる。例えば債務者の所有する不動産に抵当権の設定を受け，設定登記をしておけば，その不動産を競売した売却代金から，他の債権者に優先して債権を回収することができる。これも物権が債権に対して優先的な効力を発揮できる一場面である。

第3節　物権的請求権

1 序　説

(1) 所有権に基づく物権的請求権の意義

　所有権に基づく物権的請求権とは，所有権の内容の実現が侵害され，または侵害の危険がある場合に，所有者が，侵害者または侵害する危険のある者に対して，侵害状態または侵害の危険の除去を請求することができる権利である。

(2) 根　拠

　なぜ所有者には，このような請求権が認められるのか。

　第1に，物権は物に対する支配状態を保護する権利であるから，その支配が侵害された場合に，物権を有する者は円満な支配を可能とする状態への是正措置をとることができなければならない。すなわち支配権である物権としての特質から当然に認められるべきものと考えられる。

　第2に，民法は，物権の1つである占有権に関し，占有の訴えとして，物権的請求権を与えている（197条）。このことからの勿論解釈として，事実状態に仮に物権的保護を与える占有権にすら認められている権能は，全面的支配権として物権秩序の大元ともいうべき所有権にも，当然に認められるべきである。

　第3に，202条は占有の訴えとともに本権の訴えが認められることを当然の前提としているとみることができる。

(3) 法 的 性 質

　物権的請求権の法的性質に関しては議論がある。この議論は，①物権的請求権に債権法の規定を類推適用することができるか，②物権的請求権を物権本体から独立して処分することができるか，③物権的請求権は消滅時効にかかるか，④物権的請求権と債権的請求権が競合した場合に前者は後者に優先するか，等の解釈問題について結論上の差異をもたらす可能性がある点において，実益がある。

(a) **債権または債権に準じる権利と捉える説**　この考え方によると，④は消極，①②を積極に解した上，③は権利行使が可能であることを知った時から 5 年または権利行使可能時から 10 年の消滅時効にかかるとの結論を導きやすい（166 条 1 項）。

(b) **物権から派生するが物権本体とは独立の請求権であるとする説**　この考え方によると，④は消極，①②を積極に解した上，③は権利行使可能時から 20 年の消滅時効にかかるとの結論を導きやすい（166 条 2 項）。なお判例は，①に関して，所有権に基づく返還請求権に不当利得に関する 708 条の類推適用を認めている（最大判昭和 45・10・21 民集 24 巻 11 号 1560 頁）。また後述する物権的請求権の費用負担の問題において，過失相殺に関する 722 条 2 項を類推適用して費用を分担する結論を導くためには（本節**3**(3)），これら(a)(b)説が親和的であるといえよう。

(c) **物権の効力すなわち物権の動的形態として捉える説**　この見解によると，①は消極に解する方向に親和するが，物権的請求権に 708 条を類推適用する可能性ならびに費用分担のために 722 条 2 項を類推適用する可能性が論理的に封じられるわけではない。②に関しては，物権的請求権について物権から独立した譲渡可能性は否定される（大判大正 6・3・23 民録 23 輯 560 頁）。また③について，所有権の効力として物権的請求権が生じるとすれば，所有権そのものが消滅時効にかからない以上，物権的請求権だけが物権本体から独立して消滅時効にかかることはないと解される（大判大正 5・6・23 民録 22 輯 1161 頁）。このように判例および学説の趨勢は(c)の立場を一応前提とするものと考えてよい。

(4)　種　　類

占有権に基づく請求権は，①占有回収の訴え（200 条），②占有保持の訴え（198 条），③占有保全の訴え（199 条）に分けられている。所有権に基づく物権的請求権も，占有の訴えにおける①〜③の分類に対応させて説明するのが通例である。

(a) **物権的返還請求権**　物権的返還請求権は，現に占有すべき権利があるのに占有を喪失している場合に，その占有の返還を求める請求権である。例えば自転車を盗まれた者が，自転車の返還を求める場合等に問題となる。占有が

「奪われた」場合（200条）より広く，占有の喪失が要件である点において占有の訴えと異なる。上記①に対応する。

(b)　**物権的妨害排除請求権**　　占有の喪失以外の態様により目的物に対する支配を妨害された場合に妨害排除請求権が生じる。例えば自分の所有地上に他人が自転車を乗り捨てていった場合等に，妨害物である自転車の除去を求めることができる権利を妨害排除請求権という。上記②に対応する。

(c)　**物権的妨害予防請求権**　　現実には侵害状態が生じていないものの，侵害の危険性がすでにある場合に，侵害の防止に必要な措置を行うよう請求する権利である。例えば隣地上に生育している巨木が病気に罹患し，自己の所有地上に倒れてくる危険性が高い場合に，倒木を回避するために必要な措置を求めることができる。上記③に対応する。

(5)　**物権的請求権と他の請求権との競合**

(a)　**契約上の請求権との競合**　　例えばAが所有する物をBに売る契約をした場合，Bは，売買契約の成立と同時に取得した所有権に基づく引渡請求権をもつほか，売買契約に基づく引渡請求権を有する。このとき，物権的引渡請求権と債権的引渡請求権が単純に競合し，Bはいずれの請求権を行使してもよいとする考え方を請求権競合説という。これに対して，契約関係で結ばれた当事者間においては，特別法たる契約法上の請求権のみを行使できる（一般法である物権的請求権は後景に退く）とする考え方を法条競合説という。判例通説は請求権競合説に立っているとみられる。

(b)　**不当利得返還請求権との競合**　　同様の問題は不当利得返還請求権との関係においても生じうる。例えばAが，所有する物をBに売却し，Bに引き渡した後，錯誤を理由に取消権を行使したとする（95条1項）。このとき取消しの遡及効により所有権は一度もAからBに移転しなかったことになる（121条）。したがって，Aは，所有権に基づく返還請求権を有すると同時に，無効な契約に基づく債務の履行として給付を受けたBに対して原状回復に向けた返還請求権をも有する（121条の2第1項）。

② 所有権に基づく物権的請求権の要件

(1)　客観的違法状態

　有体物に対する違法な侵害を要件として，侵害者に対して発生する物権的請求権は，不法行為（709 条）に基づく損害賠償請求権とは性質を異にする。すなわち，損害の発生や侵害者の故意・過失，さらには侵害者の行為すら要件ではない（大判昭和 12・11・19 民集 16 巻 1881 頁）。物権的請求権の行使において問題となる侵害者の責任は，客観的に違法な侵害状態に対する責任（状態責任）であると解されている。侵害の成否は外形的に画一的に判断されるが，結局のところ社会通念によって判断するほかない。侵害の程度が比較的軽微な場合には，物権的請求権がそもそも生じないか，その行使が権利濫用（1 条 3 項）と評価される可能性がある。

(2)　請求の相手方

　物権的請求権は誰を相手方として行使すべきか，妨害排除請求権を行使する場面にそくして考えてみよう。例えば A の所有地に見なれないスーツケースが放置されている場合，A は妨害排除請求権を誰に対して行使すればよいか。妨害を除去するにはその権限を有する者を相手取らなければならない。したがって，請求の相手方は原則として，妨害物の実質的所有者であると考えられる。スーツケースに B の名前が書かれていれば，B を探索して持ち帰りを請求すべきである。無主物の場合にはただちに，遺失物の場合は所定の手続を経て，A はその所有権を取得した上で，自ら廃棄することができる。

　同様に土地を不法占拠する建物が存在して，土地所有者が建物収去土地明渡請求訴訟を提起する場合，建物の実質的所有者を相手とするのが原則である。したがって，例えば自己の所有地上に無権原で建物が建築されたので，その建物の収去土地明渡しを求める場合に，虚偽表示により建物の所有権を取得しないにもかかわらず，登記名義人となっている者は，土地所有者からの建物収去土地明渡請求の被告たりえない（最判昭和 47・12・7 民集 26 巻 10 号 1829 頁）。また未登記建物の所有者が未登記のまま建物を第三者に譲渡し，その後その意思に基づかないで譲渡人名義に所有権取得の登記がなされても，建物所有権を確

定的に喪失しており，土地を占有していないと主張することができる（最判昭和 35・6・17 民集 14 巻 8 号 1396 頁）。

　これに対して，自らの意思に基づいて，建物所有権取得の登記を経由した建物所有者は，建物を譲渡しても登記名義を保有するかぎり，177 条の対抗要件主義の趣旨（物権変動を登記しなかった者はそのことに伴う不利益を甘受すべきであるとする考え方）に照らし，また信義則の観点からも，譲渡による所有権喪失を主張して，建物収去土地明渡義務を免れない（最判平成 6・2・8 民集 48 巻 2 号 373 頁 ◆判例 2-1◆）。もし，このような場合にまで，土地所有者が地上建物の実質的所有者を探知した上で，明渡訴訟を提起しなければならないとすれば，土地所有者に実質的所有者を確知する困難な作業を強いることになるからである。なお実質的所有者を確知できる場合に，その所有者を相手取ることは無論可能である。登記名義人のみが被告適格を有するわけではない。

◆判例 2-1◆　最判平成 6・2・8 民集 48 巻 2 号 373 頁

【事案】Y は A 所有の建物甲の所有権を単独相続により取得し，これを B に売却したが，相続による Y への所有権移転登記がなされたまま放置されていた。甲の敷地乙にはかつて賃借権が設定されていたが，賃貸借契約が解除された後甲の所有者 B はその敷地である乙の利用権原を欠く状態にある。競売により乙を買い受けた X は，所有権に基づき建物収去および土地明渡しを Y に対して請求した。第 1 審，第 2 審ともに X 敗訴。X 上告。

【判旨】破棄自判。「他人の土地上の建物の所有権を取得した者が自らの意思に基づいて所有権取得の登記を経由した場合には，たとい建物を他に譲渡したとしても，引き続き右登記名義を保有する限り，土地所有者に対し，右譲渡による建物所有権の喪失を主張して建物収去・土地明渡しの義務を免れることはできないものと解するのが相当である。けだし，建物は土地を離れては存立し得ず，建物の所有は必然的に土地の占有を伴うものであるから，土地所有者としては，地上建物の所有権の帰属につき重大な利害関係を有するのであって，土地所有者が建物譲渡人に対して所有権に基づき建物収去・土地明渡しを請求する場合の両者の関係は，土地所有者が地上建物の譲渡による所有権の喪失を否定してその帰属を争う点で，あたかも建物についての物権変動における対抗関係にも似た関係というべく，建物所有者は，自らの意思に基づいて自己所有の登記を経由し，これを保有する以上，右土地所有者との関係においては，建物所有権の喪失を主張できないというべきであるからである。もし……建物の『実質

> 的所有者』をもって建物収去・土地明渡しの義務者を決すべきものとするなら
> ば,土地所有者は,その探求の困難を強いられることになり,また,相手方におい
> て,たやすく建物の所有権の移転を主張して明渡しの義務を免れることが可能
> になるという不合理を生ずるおそれがある。他方,建物所有者が……登記を自
> 己名義にしておきながら自らの所有権の喪失を主張し,その建物の収去義務を
> 否定することは,信義にもとり,公平の見地に照らして許されない」。

　妨害物の所有権を担保目的で保有する者も,物権的請求権行使の相手方とな
りうるか。譲渡担保,所有権留保,リース等の場合に問題となる。判例は,賃
料不払を理由に駐車場利用契約を解除した土地所有者が土地上に放置された自
動車の撤去を請求する場合,所有権留保により自動車の登録名義を有する留保
売主も,被担保債権の弁済期到来により,自動車につき占有処分権限を取得し
ていれば,土地所有者に対して撤去義務を負うものとしている（最判平成21・
3・10民集63巻3号385頁。第12章第4節**1**(2)も参照）。

3 所有権に基づく物権的請求権の効果

(1)　侵害状態の除去・差止め・予防

　物権的請求権の効果は,一般論としては,次のように定義することができる。
すなわち,返還請求権については,目的物の占有移転を求めること,妨害排除
請求権は,妨害の停止・除去を求めること,妨害予防請求権は,侵害の危険を
生ずる原因を停止・除去して,侵害を未然に防ぐことである。

　民法は損害賠償の方法につき金銭賠償を原則としているので（417条）,侵害
に対する救済手段として,物権的請求権と損害賠償請求権との機能領域の間に
明確な線引きをすることが可能である。例えば老朽化したダムに亀裂が入り,
その亀裂から水が大量に流出し,下流の土地を水浸しにして,農作物や人身に
被害を及ぼした場合,土地工作物責任（717条）または営造物責任（国賠2条）
による損害賠償責任と物権的妨害除去責任との役割分担はどうなるのか。ダム
の亀裂修復は,物権的妨害除去・予防請求権によって実現される。被害を受け
た農作物や家屋の修復費用・生命身体が侵害されて生じた損害の賠償は,不法
行為責任の問題となる。それでは,亀裂から流出した水をポンプ等で汲み上げ
るための費用負担の問題はどうなるのか。水が下流の土地に付合すれば妨害除

去請求権が生じる余地はなく，不法行為責任の領域に属する。しかし，付合しないままある場所に溜っている場合にどう考えるべきかについてはなお解釈論上の問題が残る。

(2) 費用負担の問題

　物権的請求権の内容は，相手方に積極的な作為を求めうる権利なのか，それとも自己が行う回復措置の受忍を求めうる権利か。これは実質的には，妨害除去費用をいずれの当事者が負担すべきか，という問題でもある。

　(a) **行為請求権説**　　物権的請求権の内容を，相手方に対して，自らの費用において妨害状態の除去に必要な行為を請求できる権利と解する説である。判例は原則として，物権的請求権の内容を行為請求権と解する一方で，侵害またはその危険が不可抗力によって生じた場合および被侵害者自ら侵害を認容すべき義務を負う場合について，判断を留保している（大判昭和 12・11・19 民集 16 巻 1881 頁）。そのためにこれを契機として請求権の内容につき議論がなされた。

　例えば高低差のある甲乙地に大雨が降り，高地甲の土砂が低地乙に流出した場合に，甲の所有者 A と乙の所有者 B の間にいかなる物権的請求権が成立するのか。ここで A 所有の土砂が B が乙地に対して有する所有権を占有以外の方法で侵害しており，B が A に対して妨害排除請求権を有することに異論はない。行為請求権説は，B の権利内容を，A に土砂の除去という積極的行為を求めるものと考える。しかし，もし，B が乙地上に流入した A 所有の土砂を占有するものと評価され，A の B に対する返還請求権が成立するとすれば，A も B に対して土砂の返還という積極的行為を求めることができ，2 つの物権的請求権が衝突し，この点が行為請求権説の難点であると指摘されてきた。

　ところが，上の例においては，そもそも B が崩落した土砂につき占有を取得したといえるのか，問題となる（占有権の取得には「自己のためにする意思」を要する〔180 条〕ところ，たとえ物を所持していても，その者に占有する意思がおよそ認められない場合には，占有していると評価すべきではない）。仮に占有取得を認めたとしても，その占有が違法といえるのかも問題となる。この場面では社会通念に照らして，A 所有の土砂による B の土地支配に対する侵害すなわち B の妨害排除請求権のみが発生し，物権的請求権の衝突は生じないとも考えられる。

ただし，土砂に高価な物質が含まれていてその価値を保持したいために，Bが引取りを拒絶し，あるいは嫌がらせでAによる土砂の回復を邪魔するような場合にのみ，Aに返還請求権が生じる。このように考えれば，問題は解決される。

(b)　**忍容請求権説**　　忍容請求権説は，自己が妨害状態の除去に必要な措置をとることを相手方が忍容すること，上の例では，Bが土砂を返還するために甲地内に立ち入ることをAが妨害することなく，認諾するよう請求する権利と捉える。この説によると，(a)説のように，2つの物権的請求権の衝突問題は生じないが，いずれもが費用のかかる回復作業を自ら行うことを厭い，侵害状態が継続するおそれがある。とくに相手方に帰責性がある場合に，単に消極的な受忍しか請求できないようでは，支配権の保護手段として脆弱すぎるようにも思われる。

(c)　**責任説**　　責任説は，他人に対して支配を及ぼすことなく物権の効力を実現するには，相手方に対して受忍という消極的な協力を求めることしかできず，積極的行為義務は原状回復を目的とする不法行為制度と連なっており，相手方に積極的行為を請求できるのは，侵害に関して相手方に不法行為責任が認められる場合でなければならない，とする考え方である。上記の例のように，ABいずれにも侵害状態の発生に責任がない場合においては，相手方に作為を求めることはできないことになる。

(3)　**費用分担の可能性**

(a)〜(c)いずれの説によっても，不可抗力により侵害が生じた場合，オール・オア・ナッシングで一方当事者のみがその危険を負担することになる。たしかに不可抗力のリスクは目的物の所有者自身が負担するのが私法の基本原則であるが，隣接地所有者相互間の公平を図るために，相隣関係の規定の趣旨に依拠することも考えられる。すなわち費用分担を正当化するため，境界標または囲障の設置および保存費用につき相隣者間で平分すべきことを定める224条・226条の類推適用という方法が一部の下級審判決ではとられている（東京高判昭和51・4・28判時820号67頁，横浜地判昭和61・2・21判時1202号97頁）。また，学説においては，侵害状態の発生に対する各隣接地所有者の帰責性の割合を考

慮した上で，物権的請求権にも過失相殺規定（722 条 2 項）を類推適用することにより，費用の分担を導くものもある。

　もっとも，地震等の大規模災害のようなケースに関しては，単なる私益間調整の問題を超え，社会全体で負担すべきリスクの様相が強まる。したがって，地域共同体が，場合によっては国が，公益的な見地から特別の措置を講じる必要がある。

◢4◣　所有権以外の物権に基づく物権的請求権

(1)　用益物権に基づく物権的請求権

　用益物権のうち，物の物理的な支配を権利内容とする地上権，永小作権に関しては，所有権と同様，侵害形態に応じて，返還請求権，妨害排除請求権，妨害予防請求権が発生する。

　これに対して，地役権には設定行為によりさまざまな内容が盛り込まれうるところ，権利の性質上当然に権利者に占有権が付与されるとはかぎらないから，返還請求権が問題にならない場合も多い。また妨害排除請求権の要件・効果に関しても地役権の特殊性に配慮する必要がある（自動車による通行地役権に関する最判平成 17・3・29 判時 1895 号 56 頁。第 8 章第 3 節◢3◣(2)）。

(2)　担保物権に基づく妨害排除請求権

　留置権・質権は，占有喪失または占有を奪われることにより権利が失われるので（302 条・353 条），こうした場合に返還請求権は問題にならない（立法論的には問題もある）。抵当権は，非占有担保として，目的物に対する占有権限を当然には有しないため（369 条），不動産質権と異なり（356 条），自己への返還請求権は原則として認められない。さらに抵当権に基づく妨害排除請求権の要件および効果についても，非占有担保という性質から，とくに考慮すべき点がある（第 10 章第 4 節◢2◣(1)(b)）。

> ### ▌Column 2-1▐　賃借権に基づく妨害排除請求権
>
> 　賃借権は，賃貸人に対して目的物を使用収益させるよう請求しうる権利（債権）であるから，目的物を第三者が違法に侵害したとしても，賃借権に基づく妨害排除請求権は本来当然には認められないはずである。実際判例・通説は，

一般論として賃借権に基づく妨害排除請求を否定し（なお賃借人は所有者の妨害排除請求権を代位行使〔423条〕することができ〔大判昭和4・12・16民集8巻944頁〕，またすでに占有している場合は占有の訴え〔197条以下〕を使うこともできる），例外的に対抗要件を備えた不動産賃借権にかぎって不動産の占有に対する妨害の停止および返還の請求を認めている（605条の4）。

　ところで，判例は，所有者が目的物の不法占拠者に対して物権的請求権を行使する関係を対抗関係にあたらないと解している（第4章第4節 **2** (2)(a)(ⅲ)）。その根底には，対抗要件の具備を求められる本来的場面は物権の排他的主張の局面であるという理解がある。

　それでは不法占拠者に対して権利の排他的主張をしているわけではない賃借人に，なぜ上記のような妨害排除請求権能を付与するために対抗要件の具備が求められるのか。利益衡量に基づく「勿論解釈」としてその結論自体は十分是認できる。すなわち対抗要件を備えた賃借権は，時間的に後れる所有権取得者，地上権者，賃借権者に対して排他的効力を主張できる（605条）。対抗要件を備えた（＝物権的な地位を得た）賃借人との関係で，無権原の不法占有者が適法な有権原者より厚く保護される道理はないから，バランス上妨害排除請求権は当然に認められるべきであろう。しかし，この結論を正当化する「理論」は明確でない。この点に関しては，次のように考えることもできる。すなわち，不法行為法においては被侵害利益の種類・性質と侵害行為の態様との両面から，相関的に損害賠償責任を基礎づける違法性の有無が判断されていると評されることがある。こうした相関的な違法性判断は妨害排除請求権に関する「侵害」要件の充足場面にも妥当すると考えられないか。すなわち同じ賃借権でも，対抗要件を備えず相対権にとどまる場合と，対抗要件を備えて排他的支配権（物権的権利）化した場合とでは，被侵害利益の強固さに顕著な差がある。対抗要件を備えた賃借権に対する侵害は，単なる債権侵害ではなく，絶対権侵害に準じて，侵害によりただちに妨害排除請求権が基礎づけられる一方，対抗要件を備えない賃借権に対する侵害の場合であっても，侵害態様が極めて悪質な場合には妨害排除請求が認められてよい。

物権変動総論

　この章では，物権変動に一般的に妥当する基本枠組みとして，意思表示に基づく物権変動の効果を当事者間の関係と対第三者間の関係に分ける考え方の意義を学ぶ。あわせて当事者間における物権変動の効果発生時期の問題も扱う。

第1節　序　　説

1　物　権　変　動

(1)　物権変動の意義

　物権の変動とは，物権の取得・喪失・変更・消滅を総括する概念である。これらを物権変動の当事者の視点からみると，物権の「得喪変更」と言い換えることもできる（177条）。物権変動の原因は，①権利者の意思に基づくものと，②法律の規定に基づくものに大別できる。①はさらに，新たに権利を設定するもの（設定的承継）と，既存の権利を移転するもの（移転的承継）に分けられる。

(2)　物権の取得

　物権の取得には，原始取得と承継取得の2種がある。承継取得とは法律行為や相続等により前主の法的地位を後主がそのまま承継することをいう。原始取

得とは，法律の規定により，または一定の事実行為により，原始的に権利を取得することをいう。原始取得の場合，目的物に第三者の権利の負担や瑕疵が付着していたとしても，その負担や瑕疵が取得者に当然に承継されるとはかぎらない。

　所有権の原始取得原因としては，即時取得（192条），無主物の帰属（239条），遺失物拾得（240条），埋蔵物発見（241条），添付（242条以下）等が物権編に規定されている。取得時効のように，物権のみならず，広く「財産権」の取得原因とされているものは，総則編に規定されている。

(3)　物権の変更

　物権の同一性が失われない範囲で，物権の客体や内容が変わることをいう。建物の増築や地上権・永小作権の期間延長等が挙げられる。

(4)　物権の消滅

　物権は，目的物の滅失，放棄，混同，消滅時効，公用徴収等によって消滅する。

　(a)　滅失　　物権は現存する有体物に対する支配権であるから，支配の対象が滅失すれば，存在意義を失って当然に消滅する。滅失したかどうかは社会通念によって決められる。所有権，用益物権，担保物権いずれも目的物の滅失により消滅するが，担保物権の場合は，目的物の滅失により債務者が受けるべき金銭その他の物に対して担保物権に基づく優先権を行使することができる（物上代位〔304条1項・350条・372条〕。第10章第3節**2**）。

　(b)　放棄　　放棄とは権利を消滅させる単独行為である。地上権および永小作権などの用益物権を放棄することができるだけでなく（268条1項・275条），所有権の放棄も一定の場合は明文上認められている（255条〔共有持分〕・287条〔承役地所有権〕）。所有権を放棄するには，放棄の意思表示が何らかの形で外部に表明されれば足りる。不動産の所有権を放棄した場合，不動産は無主物となり国庫に帰属する。もっとも，所有権の放棄が公序良俗違反を理由に無効とされることがあるほか，物権の放棄によって第三者の利益が害される場合は物権の放棄は許されない（398条参照）。

　(c)　混同　　混同とは，同一物につき併存させておく意味が無い2つの権

利が同一人に帰属した場合に，一方の権利を消滅させる制度である。例えば A が地上権を有する土地の所有権を B から取得した場合，特別の事情がないかぎり，A の地上権と所有権を並存させておく意義は乏しい。そこで，この場合，混同によって A の地上権は消滅する（179 条 1 項本文）。

　また，これと似た状況は，所有権以外の物権とこれを目的とする他の権利が同一人に帰属した場合にも生じる。例えば A が B の所有地上に地上権を有し，この地上権に C のために抵当権を設定していた（369 条 2 項）ところ，A が当該抵当権を取得した場合，抵当権は存在意義を失って消滅する（179 条 2 項前段）。

　しかし，物またはその物権が第三者の権利の目的になっている場合には混同を生じない（179 条 1 項ただし書）。この規定は所有権と対抗要件を備えた賃借権との関係にも類推適用される（最判昭和 46・10・14 民集 25 巻 7 号 933 頁）。

　(d)　消滅時効　　所有権以外の物権は，20 年間行使しなければ時効により消滅する（166 条 2 項）。用益物権だけではなく，抵当権も被担保債権から独立して時効にかかると解されている（最判平成 30・2・23 民集 72 巻 1 号 1 頁）。

　(e)　公用徴収　　道路敷設その他公共の利益のために，国などが強制的に所有権を徴収する場合（憲 29 条 3 項，収用 2 条・5 条，農地 7 条 1 項・12 条 1 項，鉱業 105 条，所有者不明土地 34 条），徴収者は権利を原始取得し，被徴収者は権利を失う。

2 物権取引の安全と公示・公信

(1)　公示の原則

　公示の原則とは，物権変動は，外部から容易に認識できるように，その事実を一般に知らせる必要があるという法原理である。物権は，債権と異なり，支配権として絶対性・排他性を備えた権利である。物権においては，同一物に対して同一内容の権利が両立しえないために，物権の帰属状態を恒常的に社会一般に公示しておく必要がある。社会生活に参加する者は，取引活動その他の活動を通じて他人の所有権その他の物権を違法に侵害することがないように注意しなければならないからである。このような排他性を有する絶対権保護の要請から，ある物の所有者が誰であり，またその物に誰のどのような制限物権が付

着しているのかを外部から容易に認識できるようにしておく必要がある。これが物権取引の安全を図るために公示が必要とされる理由である。

これに対して，債権は，債務者に対する行為請求権として，相対的で排他性のない権利である。内容的に両立しえない債権関係の成立が容認されている上，債権は遠からず消滅することが予定されているから，恒常的に債権の帰属状態を公示する必要性に乏しい。それゆえに公示の原則は物権変動における一般原理として説かれていると考えられる。

(2) 公信の原則

公信の原則とは，物権の存在を推測させる表象を信頼した者は，たとえその表象が実質的な権利を伴わないものであった場合にも，なおその信頼を保護されねばならない，という原則である。

何人も自己が有する以上の権利を他人に移転することはできない，という不文の法原理が近代法の根底に存在している。これを無権利の法理という。自己の所有物を知らない間に他人に勝手に売却された場合に，自己の権利が当然に失われてしまうようでは，取引社会の基盤が極めて不安定なものとなる。誰にどのような財貨を帰属させるべきかという私法秩序の根幹（所有権秩序）がまずは十分に保障される必要がある。財貨帰属秩序の安定性が保障されてはじめて，他者と共存しながら個人が自由に発展してゆくための制度的基盤が整うことになる。無権利の法理が要請されるのはそのためである。

もっとも，近代以降，取引の活発化に伴い，権利者の外観すなわち公示方法に対する善意の第三者の信頼を保護すべき要請も強くなってきた。そこで動産では公信の原則がルール化されている（192条）。すなわち，動産の占有には公信力による保護があり，善意無過失で占有者の処分権限を信頼して取引行為により自ら占有を始めた者は，その権利取得に対する期待をそのまま保護される。その際に外観作出の経緯は原則として考慮されない（ただし193条・194条により，盗品遺失物について公信力は一定の制限を受ける）。

手形・小切手・株券やその他の有価証券についてはその強度の流通性を考慮して，より徹底した公信の原則がとられている。すなわち，これらの有価証券については，無権利者と取引した者が善意無重過失であればその信頼を保護さ

れ，外観作出の経緯は全く不問とされる（手16条2項・77条1項1号，小21条，会社131条2項，民520条の5・520条の7・520条の15・520条の17・520条の20）。

　不動産登記には192条に対応する規定はない。しかし，動産に比べて不動産においては真の所有者の静的安全を重視する必要があるにせよ，国家が管掌する公的記録である登記記録の記載を信頼して取引した者の信頼を保護する必要性は，等しく存在する。そこで，判例法上不実登記に対する信頼保護法理が形成されている（第4章第2節**3**）。

第2節　物権変動を生ずる法律行為

1 意思主義と形式主義

(1) 意 思 主 義

　取引行為によって権利を設定または移転する場合，権利変動の根拠は当事者の意思である。両当事者が物権変動を目的とする意思表示を行えば，他に何らの形式を備えることなく，物権変動が生じるものとする立法主義を意思主義という。その際，取引の安全は，第三者との関係で公示方法の具備を物権変動の効力を主張する際の要件とすることで，保護すべきことになる。このように物権変動の効果を当事者と第三者との関係に分けて規律する立法主義を意思主義＋対抗要件主義と呼ぶ。

(2) 形 式 主 義

　これに対して，公示方法の具備を物権変動の効力発生要件とする立法主義を形式主義という。例えば動産については占有移転（引渡し）を，不動産については登記を備えなければ物権変動自体が生じないとする考え方である。形式主義によると，物権をめぐる権利関係が簡明になり，物権の絶対性にも合致した制度設計が可能になる。しかし，物権はすべての人との関係で誰に帰属するかしないかが決まることになり，権利の相対的帰属が認められず，反面で硬直的になる危険性をはらむ。

(3)　日本民法における意思主義＋対抗要件主義

　わが国の民法は公示の原則をルール化するにあたり，意思主義＋対抗要件主義を採用した。すなわち物権変動は当事者の意思表示のみによって効力を生ずるものの（176条），物権の得喪変更を第三者に対抗するには不動産の場合は登記を（177条），動産の譲渡を第三者に対抗するには引渡しを要するものとした（178条）。

2　債権行為（義務負担行為）と物権行為（処分行為）

(1)　176条の「意思表示」の意味

　物権変動は当事者の意思表示のみによって生じる（176条）。自己の所有物を売却する場合，売買契約により売主から買主に所有権が移転するためには，売主が買主に対して「所有権を移転する」旨の意思表示を有効に行えば十分である。

　ところが，例えばBがAの所有物につきCと売買契約を結ぶ，他人物売買契約の場合を考えてみよう。Bは目的物の処分権限を有していないので，契約締結により当然に所有権移転の効果が生じることはない。しかし，この場合，BのCに対する「所有権を移転する」旨の意思表示は，Bに目的物の処分権限がない以上，法的に無意味であり，売買契約自体も無効になるのだろうか。

(2)　物権行為の独自性

　売買契約の本質的な構成要素として，民法は，売主の財産権移転義務と買主の代金支払義務を定めている（555条）。上に挙げたBC間における他人物売買契約は，BC間の債権的合意としては有効で，Bは所有権移転義務を負い，それを履行できないときには債務不履行責任を負う（561条）。このように，民法は，売買契約に基づく所有権移転の過程を義務負担行為の部分と処分行為の部分に分けて観念する。そのため債権関係を設定する行為と物権変動を生じさせる行為を区分しているとみる余地もある。しかし，所有権を移転する意思は所有権移転義務を負う意思を伴うのが通常であると考えられる一方，所有権移転義務を負担する意思を有しつつ所有権移転を意欲しないという事態も考えにくい（所有権の移転の効果発生を一定の条件に係らしめる場合はあるとしても）。よって，

判例・通説は，売買の場合には，債権契約である売買契約の効果として所有権移転の効果が生じ（最判昭和40・11・19民集19巻8号2003頁），売買契約と独立別個の法律行為が履行過程で改めて行われるものとは考えていない（独自性否定説）。

(3)　物権行為の無因性

　物権変動の原因行為が無効であり，または取り消された場合に，物権変動の効力にどのような影響を及ぼすであろうか。原因行為の無効・取消しが処分行為である物権変動の行為にも直接影響を与え，物権変動も無効となるという考え方を物権行為の有因主義，逆に原因行為の無効・取消しと無関係に，物権変動の効力は影響を受けず維持されるという立法主義を無因主義と呼んでいる。無因主義を採用する立法例としてドイツ法が挙げられる。

　例えば A → B → C と不動産が転々譲渡されたが，AB 間の譲渡原因行為が無効である場合または取り消された場合に，有因主義によると C は無権利の B と取引したことになり，権利を承継取得できない。これに対して，無因主義によると，AB 間の所有権移転の効果は債権行為の無効・取消しの影響を受けることなく存続し，C は所有者である B と取引したことになり，常に所有権を取得することができる。A は B に対して不当利得返還請求権を行使することで原状回復を求めるべきことになる。

　このように無因主義は，元来取引の安全を保護する機能を担っていた。さらに登記手続に関して実質的審査主義をとるドイツ法では，登記官による審査の対象を，所有権移転に向けられた譲渡人と譲受人の登記申請意思に限定することで，登記手続における審査の簡易迅速化を図る要請も背後にあった（実質的審査主義については，第4章第5節 **3** (2)参照）。

　無因主義は物権の独自性肯定を論理的に前提とするため，その前提を欠く日本法では妥当する余地がなく，必然的に有因主義に依拠することになる。

(4)　債権譲渡法との共通点

　意思主義＋対抗要件主義の法構造および処分行為の独自性否定・有因主義は，債権譲渡と物権変動に共通する，いわば権利変動論総則としての性質を有して

いる。

第 3 節　所有権移転時期

本節では，売買や贈与等，所有権移転を目的とする契約に基づく物権変動の
効果がいつ発生するかという問題を考察する。

1 特約がない場合

(1)　契約締結時移転説

特定物売買において，物権変動に必要な意思表示は，売買契約において表明
された意思表示で足り，意思表示のみの効果としてただちに所有権移転の効果
を生ずると考えられる。判例は，代金の 7 割に相当する額を支払った買主が残
代金の履行を提供して目的不動産の引渡しと移転登記手続を求めた事案で，
「売主の所有に属する特定物を目的とする売買においては，特にその所有権の
移転が将来なされるべき約旨に出たものでないかぎり，買主に対し直ちに所有
権移転の効力を生ずる」とした（最判昭和 33・6・20 民集 12 巻 10 号 1585 頁）。

不特定物売買の場合には目的物が特定した時点で所有権を移転しうる状態と
なり（401 条 2 項。最判昭和 35・6・24 民集 14 巻 8 号 1528 頁），他人物売買の場合
には売主が所有権を取得した時点で（最判昭和 40・11・19 民集 19 巻 8 号 2003 頁），
ただちに買主に所有権が移転することになる。

農地売買のように都道府県知事等の許可がないと所有権移転の効果が生じな
いとされている場合には，許可が与えられて，法律上の障害が取り除かれた時
点で所有権移転の効果を生ずる（最判昭和 61・3・17 民集 40 巻 2 号 420 頁）。

平成 29 年改正前民法が採用していた危険負担に関する債権者主義（改正前民
法 534 条 1 項。なお，改正 536 条参照）や先履行義務を負う売主の代金支払請求権
を担保する動産および不動産の売買先取特権（321 条・340 条）は，契約締結と
同時に所有権が買主に移転するという法的構成と整合的である。

しかし，この考え方によると，第 1 に，買主が取得した所有権に基づき，代
金を支払わないまま物権的請求権を行使して，移転登記または引渡しを売主に
請求した場合に，売主は自己の利益をどのようにして守るのか（同時履行の抗

弁権〔533 条〕を物権的請求権に類推適用できるか）という問題，第2に，売主の売買代金請求権が時効により消滅した後に，長年履行請求をしなかった買主が突然所有権に基づく移転登記・引渡しを求めた場合に売主にいかなる保護を与えるべきか（買主の物権的請求権の行使を信義則違反・権利濫用として封ずることができるか），という問題を生じる（この点については，請求権競合論につき法条競合説をとり，契約関係にある当事者間では契約法規範が一般法規範の適用を排除し，買主による物権的請求権に基づく主張自体を認めないという解釈もありうる）。

(2)　履行行為（引渡し・登記・代金支払）時移転説

　引渡しまで果実収取権を売主に認める規定（575 条 1 項）を手掛かりにすると，果実収取権は所有者の使用・収益権能（206 条）の具体化と見ることができるから，所有権は引渡しによって買主に移転するという意思解釈の基準を導くことができる。

　また判例は，代金を支払った買主に目的物の果実収取権を認めている（大判昭和 7・3・3 民集 11 巻 274 頁）。そうすると代金が完済されている場合も，所有権は移転したものとみてよい。さらに不動産取引の場合は登記の移転あるいは登記申請に必要な書類の交付がなされた場合には，引渡し以上に重要な法的意義（対抗要件の具備）をもつ行為がなされたのであるから，所有権移転の効果を認めてよいことになる。結果的に，代金支払・引渡し・登記申請のいずれかがなされた時点をもって所有権が移転する，というものである。

　さらに債権行為と物権行為を区別する立場からは（本章第 2 節**2**(2)），所有権移転の効果が発生するためには物権変動の外部的徴表を伴う行為として，動産譲渡の場合は引渡し，不動産の場合には登記等の行為を必要とするから，物権行為の時点に所有権移転の効果が発生することになる。効力要件主義への志向から，登記申請行為時移転説も主張されている。

　売買の本質的要素である財産権移転義務と代金支払義務を同時履行関係に立たせる 533 条の存在は，即時移転否定説に親和的であると考えられる（もっとも，引渡・登記協力義務〔560 条〕と代金支払義務が同時履行の関係に立つと見ることもできるから，これは決定的な論拠とはいえない）。

⑶　移転時確定不要説（段階的移転説）

　売買契約の成立から締結に至るまでの一連の過程のどの時点で所有権が移転するのか，一点に確定する必要性はなく，強いていえば，売主から買主になし崩し的に，所有権を組成する個々の権能が移ると解する見方も存在する。第三者との関係は対抗問題として処理され，内部的な関係は特約または任意規定（536 条・567 条〔危険負担〕・575 条〔果実収取権〕等）によって規律される。もっとも，この考え方に対しては，所有権移転時期を確定しなければ解決できない問題も残っているとの反論もある。

2　特約がある場合

　売買契約において当事者が特約によって所有権移転時期を契約締結時とは別の時点に定めた場合，その時点まで所有権は移転しない。これは意思主義の論理的帰結である。例えば，「〇月〇日までに代金を持参しない場合は売買契約が当然に失効する旨」の特約がある場合，代金支払まで所有権は移転しないという趣旨の合意と解され，所有権移転時期は代金支払時まで先延ばしにされる（最判昭和 35・3・22 民集 14 巻 4 号 501 頁）。

　また，売買代金債権を担保するために，とくに高額動産を分割払によって購入するとき等，代金が完済されるまで所有権を売主に留保する特約が付されることが多い。このような特約による所有権留保は売買代金債権の履行を確保するという意味で債権担保としての機能を果たしている（第 12 章第 4 節）。

3　まとめ──契約締結時移転説の再評価

　例えば代金全額が支払われるまでは買主に所有権が移転しない，というように，実際の不動産取引においては，売買契約書で所有権移転時期につき明確な定めがある場合が多い。

　また，不動産売買契約成立の認定を慎重に行うことによって，当事者が所有権移転をまさに意識するほどに両者の関係が熟した段階において，はじめて売買契約の成立を認定するという手法で，意思主義という理論的基礎を維持しながらも，取引慣行からの乖離を埋める解釈論も有力になっている。

第4章

不動産物権変動

　この章では，177条において扱われる不動産物権変動の効力を第三者に対して主張する場合の問題を検討する。登記が私法上どのような機能を有しており，登記をしないと物権変動の効果を第三者に対して主張できないのはどのような場合か，という問題を中心に考察する。

第1節　序　　説

1 公示方法としての登記制度

　不動産に関する物権の得喪および変更は，不動産登記法その他の登記に関する法律の定めるところに従い，登記をしなければ第三者に対抗することができない（民177条）。不動産登記法は，不動産登記を「不動産の表示及び不動産に関する権利を公示するための登記に関する制度」として設計している。その目的は「国民の権利の保全」を図り，もって「取引の安全と円滑に資すること」にある（不登1条）。また「その他の登記に関する法律」として，例えば，立木法は，樹木の集団に所有権保存登記がなされた場合に，それらの立木に関する譲渡および抵当権設定につき，立木登記による対抗力を認めている（立木1条）。

　不動産登記法における「不動産に関する権利」として主に想定されているのは物権である。それに加えて，体系上は債権に分類されているものの，用益物権

と実質的に同等の機能を果たしている賃借権や配偶者居住権も登記によって公示することができる（民605条・1031条2項，借地借家10条，不登3条8号・9号）。不動産登記法が，「不動産に関する物権」ではなく，「不動産に関する権利」と広く定義しているのもそのためである。

2 不動産登記簿

(1) 登記簿の編成

不動産登記簿は，登記記録が記録される帳簿であって，磁気ディスクによって調製されるものをいう（不登2条9号）。登記記録とは，表示に関する登記または権利に関する登記について，1筆の土地または1個の建物ごとに作成される電磁的記録をいう（同条5号）。登記記録は「表題部」と「権利部」に分けて作成され，表題部は表示に関する登記が記録される部分（同条7号），権利部は権利に関する登記が記録される部分（同条8号）を意味する。

かつての不動産登記簿は，登記用紙を綴じたバインダー方式の帳簿であり，不動産に関する情報へのアクセスは，帳簿を直接閲覧し，あるいは謄写することによって行われていた。また旧不動産登記法では，土地と建物に関する物権変動の公示は，不動産登記簿と建物登記簿という別々の登記簿によって行われていた。さらに，登記用紙は表題部と甲区乙区に区分され，表示に関する事項は登記用紙の表題部に，権利に関する登記のうち所有権に関する事項は甲区の事項欄に，所有権以外の権利に関する事項は乙区の事項欄に記載されていた。

現行の不動産登記制度は紙媒体による不動産登記簿ではなく，電磁的記録の集積による登記記録を前提として整備されているので，土地登記簿と建物登記簿を区分する必要性はなくなった。また利害関係人が登記情報を必要とする場合は，登記所に対する申請に基づいて，登記事項証明書または登記事項要約書の交付を受けることによって情報提供がされる（不登119条1項・2項）。

このように大きく様変わりした部分もあるが，現行不動産登記法は，登記記録の編成の細目を省令に委ねており，同法15条の委任に基づく省令では，従前どおり，表題部と権利部を区分した上で甲区乙区の事項欄に相当する区分が権利部に設けられている。すなわち個々の登記記録の構成の仕方について大きな変更はされていない。

(2)　登記事項証明書の写し

①様式例　土地

東京都特別区南都町1丁目101 全部事項証明書　　　（土地）

表　題　部　（土地の表示）		調製	余　白		不動産番号	0000000000000
地図番号	余　白		筆界特定	余　白		
所　在	特別区南都町一丁目				余　白	

①　地　番	②　地　目	③　地　積　　m²	原因及びその日付〔登記の日付〕
101番	宅地	300：00	不詳 〔平成20年10月14日〕

所　有　者	特別区南都町一丁目1番1号　甲　野　太　郎

権　利　部　（甲区）　（所　有　権　に　関　す　る　事　項）			
順位番号	登記の目的	受付年月日・受付番号	権　利　者　そ　の　他　の　事　項
1	所有権保存	平成20年10月15日 第637号	所有者　特別区南都町一丁目1番1号 　甲　野　太　郎
2	所有権移転	令和1年5月7日 第806号	原因　令和1年5月7日売買 所有者　特別区南都町一丁目5番5号 　法　務　五　郎

権　利　部　（乙区）　（所　有　権　以　外　の　権　利　に　関　す　る　事　項）			
順位番号	登記の目的	受付年月日・受付番号	権　利　者　そ　の　他　の　事　項
1	抵当権設定	令和1年5月7日 第807号	原因　令和1年5月7日金銭消費貸借同日設定 債権額　金4,000万円 利息　年2・60％（年365日日割計算） 損害金　年14・5％（年365日日割計算） 債務者　特別区南都町一丁目5番5号 　法　務　五　郎 抵当権者　特別区北都町三丁目3番3号 　株　式　会　社　南　北　銀　行 　（取扱店　南都支店） 共同担保　目録㋐第2340号

共　同　担　保　目　録			
記号及び番号	㋐第2340号	調製	令和1年5月7日
番　号	担保の目的である権利の表示	順位番号	予　　備
1	特別区南都町一丁目　101番の土地	1	余　白
2	特別区南都町一丁目　101番地　家屋番号101番の建物	1	余　白

これは登記記録に記録されている事項の全部を証明した書面である。

令和2年1月14日
関東法務局特別出張所　　　　　　　　　　登記官　　　　法　務　八　郎

＊　下線のあるものは抹消事項であることを示す。　　　整理番号　D12445　（1／1）　1／1

②様式例 建物

東京都特別区南都町1丁目101　　　　　　　　　　　全部事項証明書　　　（建物）

表　題　部　(主である建物の表示)	調製	余白		不動産番号	0000000000000

所在図番号	余白		
所　　在	特別区南都町一丁目　101番地		余白
家屋番号	101番		余白

① 種　　類	② 構　　造	③ 床 面 積　m²	原因及びその日付〔登記の日付〕
居宅	木造かわらぶき2階建	1階　　80：00 2階　　70：00	令和1年5月1日新築 〔令和1年5月7日〕

表　題　部	(附属建物の表示)			
符　号	①種　類	② 構　　造	③ 床 面 積　m²	原因及びその日付〔登記の日付〕
1	物置	木造かわらぶき平家建	30：00	〔令和1年5月7日〕

所　有　者	特別区南都町一丁目5番5号　法　務　五　郎

権　利　部　(甲区)　(所 有 権 に 関 す る 事 項)			
順位番号	登記の目的	受付年月日・受付番号	権 利 者 そ の 他 の 事 項
1	所有権保存	令和1年5月7日 第805号	所有者　特別区南都町一丁目5番5号 　　法　務　五　郎

権　利　部　(乙区)　(所 有 権 以 外 の 権 利 に 関 す る 事 項)			
順位番号	登記の目的	受付年月日・受付番号	権 利 者 そ の 他 の 事 項
1	抵当権設定	令和1年5月7日 第807号	原因　令和1年5月7日金銭消費貸借同日設定 債権額　金4,000万円 利息　年2・60％（年365日日割計算） 損害金　年14・5％（年365日日割計算） 債務者　特別区南都町一丁目5番5号 　　法　務　五　郎 抵当権者　特別区北都町三丁目3番3号 　　株　式　会　社　南　北　銀　行 　　（取扱店　南都支店） 共同担保　目録(あ)第2340号

共　同　担　保　目　録				
記号及び番号	(あ)第2340号		調製	令和1年5月7日
番　号	担保の目的である権利の表示	順位番号		予　　　備
1	特別区南都町一丁目　101番の土地	1		余白
2	特別区南都町一丁目　101番地　家屋番号101番の建物	1		余白

これは登記記録に記録されている事項の全部を証明した書面である。

令和2年1月14日
関東法務局特別出張所　　　　　　　　登記官　　　法　務　八　郎

＊　下線のあるものは抹消事項であることを示す。　　　整理番号　D12445　（1/1）　1/1

法務省ウェブページ掲載のものを基に作成

第2節　登記の効力

対 抗 力

(1)　狭義の対抗力と広義の対抗力

　登記の主要な効力は物権変動に対抗力を与えることにある。不動産登記は，物権変動を登記することで，当該物権変動に対抗力を備えさせ，その結果として現在の物的帰属状態を公示する機能を有する。したがって，権利変動の効果を第三者に主張することの意味としては，競合する権利変動相互間の優劣を決定する機能（狭義の対抗要件）と並んで，権利変動の結果として取得した権利を行使するために備えるべき資格要件としての機能（広義の対抗要件）をも併有すると考えられる（本章第4節 (2)。例えば，賃貸人の地位に基づいて賃借人に対して賃料請求する場合）。

(2)　「対抗することができない」の意義

　不動産物権の得喪変更は，不動産登記法の定めに従い，登記をしなければ第三者に対抗することができない。「対抗することができない」とは，物権変動の効力を第三者に対して主張できないことを意味し，逆にいえば，第三者は未登記物権変動の効力を否認することができる。第三者が未登記物権変動を承認すれば，その物権変動は未登記のままで対抗力を有する。この法律関係を理論的にどう説明すべきかについて，従来から不動産の二重譲渡事例を素材として議論されてきた。176条は177条といかなる関係に立つのか，物権の排他性と意思主義との関係で二重譲渡がそもそも可能なのかどうかをめぐり，大別すると，次のような見方が対立している。

(a)　二重譲渡肯定説

まず，未登記の物権変動は効力が不完全にしか生じておらず，例えば二重譲渡の未登記第一譲受人は排他性を備えた物権を取得していないとする考え方である（不完全物権変動説）。譲渡人は譲渡済みの不動産を別人（第二譲受人）に譲渡する何らかの権能を保持しており，第二譲受人は権利者と取引したことになる。その意味で二重譲渡を法的に可能とみるのであ

る。この考え方を突き詰めると，未登記物権取得者の地位は特定物債権者のそれと変わらないことになる（債権的効果説や二段階物権変動説〔絶対的物権は登記移転時まで移転せず，契約締結時または目的物の引渡し時には萌芽的な相対的物権しか移転しないとする説〕はこの系譜に属する）。判例には無償行為による物権変動の事案において不完全物権変動説に近い立場をとるものがある（最判昭和 39・3・6 民集 18 巻 3 号 437 頁〔遺贈の事例〕）。これらの説に対しては，登記効力要件主義へ傾斜した考え方であり，立法論としてはともかく，解釈論としては意思主義を軽視しすぎているのではないかとの批判が考えられる。

　次に，意思表示のみで物権変動の効果は完全に生じるものの，第三者は，登記欠缺の主張をして未登記物権変動の効力を否認することができ，その結果として，他人物譲渡である第二譲渡契約につき，譲渡人の処分権欠缺という無効原因が治癒され，遡及的に第二譲受人への承継取得が可能になるとする考え方がある（否認権説）。また，先行する物権変動と両立しない反対事実を主張することで否認権行使と同等の効果を生じるとする見解（反対事実主張説）もこの系列に属する。これらは第三者主張説と一括されることがある。しかし，無権利者と取引した第二譲受人が先行物権変動の効力を否認する権限を有するのはなぜなのかが明らかにされていない。仮にそれが 177 条の規範自体に求められるとすれば，次にみる法定制度説と実質的には変わらなくなる。

　さらに 176 条にいう意思主義は，もともと 177 条による制限を予定しており，第一譲渡後も目的不動産につき有効に権利を承継取得しうる第三者の出現を許容しているとみる考え方がある（法定制度説）。仮に 176 条しかなければ二重譲渡は法的には不可能であるはずのところ，177 条が存在することの法定効果として二重譲渡が法的にも可能になるという。この説には理論的分析の放棄ではないかとの批判がなされている。

　(b)　**二重譲渡否定説**　　他方で，意思主義の下において二重譲渡は不可能であるとして，第二譲受人の権利取得を無権利者からの法定取得と構成する考え方も主張されている。

　1 つは，意思主義により所有権が第一譲受人に確定的に移転した以上，第二譲受人が無権利者である譲渡人から権利を承継取得することは不可能であり，信頼保護法理によって保護に値する善意者のみが例外的に権利を取得できると

いう考え方である（公信力説）。すなわち 177 条は即時取得（192 条）と同じ趣旨の信頼保護規定であって，取引相手に処分権限が存在するものと過失なく信じて譲り受け，かつ登記を備えたことによる法定の効果として，第二譲受人が原始取得し，その反射として第一譲受人が失権するとみるのである。しかし，民法が動産に関して 178 条と 192 条を区別していること（第 5 章第 2 節・第 3 節）との体系的整合性，94 条 2 項類推適用法理との関係性等で問題があるのではないかと批判されている。

　もう 1 つは，意思表示のみで第一譲受人が所有権を完全に取得するという前提を公信力説と共有するものの，第二譲受人は譲渡人との取引行為に基づき登記（対抗要件）を先に取得することにより，177 条の法定効果として所有権を取得し，その反射として第一譲受人は権利を失うとみる説である（法定取得─失権説）。第二譲受人の法定取得は信頼保護制度に基づくものではなく，登記を懈怠した第一譲受人の制裁に重点がおかれ，第二譲受人は悪意でも登記を先に具備すれば優先しうるとする点で公信力説と異なる。この説に対しては，第二譲受人にとっては登記がいわば権利取得の要件としての意味をもつことになり，第二譲受人と第一譲受人にとって登記を要求されることの意味が異なることの妥当性が問題となる。

　(c)　「二重譲渡」を権原の競合問題とみる考え方　　二重譲渡の法的可能性という観点からではなく，177 条を物権変動の基礎にある権原相互間の優劣決定規範と捉える見解も存在する。1 つは，登記を物権変動原因の存在および時間的先後関係についての法定証拠と捉える考え方である（法定証拠説）。もう 1 つは，176 条と 177 条の規範構造を次のように捉え直す考え方である（規範構造説）。すなわち変動原因規範である 176 条には時間的に先に権原を得た者が優先するという権原の優劣決定規範が内在するところ，177 条はこれに外在する物権の排他的帰属を決定する規範である。競合する権原相互間の優劣は本来 176 条に内在する優劣決定規範によって決まり，第一譲受人が第二譲受人に勝つべきところ，177 条が適用されると第一譲受人と第二譲受人の権原は法的に対等に扱われ，登記の先取得を基準として優劣が判定される，というものである。いずれの説も (a)か(b)かの対立軸を超える視点を提示する点に主眼があるから，別類型として整理することができる。前者に対しては，旧民法と異なり，

現行法は登記を証拠法上の制度と位置づけているとは言いがたいという批判が，後者に対しては，177 条は物権変動の第三者対抗力に関する規範の体裁をとっており，その趣旨を権原相互間の優劣決定機能に限定すべき根拠が明らかにされていないとの批判が考えられる。

(3)　双方未登記の状態での法律関係

　二重譲渡の第一譲受人・第二譲受人いずれもが登記を備えていない状態における法律関係はどうなるのか。意思主義と優先的効力により，第一譲受人が未登記でも第二譲受人に物権変動を対抗できるのか。判例は一貫して，177 条の文言どおり，いずれも相互に物権変動の効果を対抗できない結果，優先的地位を主張することはできないとして（大判明治 43・1・24 民録 16 輯 1 頁，最判昭和 33・10・14 民集 12 巻 14 号 3111 頁），いわゆる「両すくみ」状態を肯定する。

　不完全物権変動説・債権的効果説・二段階物権変動説によると，未登記では物権変動が不完全である以上，第一譲受人と第二譲受人相互間の優劣がつかず，互いに対抗できないという結論が導かれる。第三者主張説からは，論理的には肯定・否定いずれの解決も導くことができる。すなわち第三者が相手方の登記欠缺を主張して物権変動を否認する資格として自らの登記具備を必要としないとすれば，両すくみ状態が発生する。第三者側の登記具備を必要とするならば，第一譲受人優先説となる。法定制度説は両すくみ肯定説に立っている。

　二重譲渡否定説の間でも見解は分かれている。公信力による保護を享受するための要件として，第二譲受人に登記具備を要求する立場からは，両すくみ否定説（第一譲受人優先説）となり，不要とする立場からは両すくみ肯定説が親和的である。法定取得―失権説からは，第一譲受人優先説が親和的とみられるが，登記促進の観点を強調して，両すくみ肯定説に立つことも論理的にはありうる。

　法定証拠説によると，登記がない場合は一般の証拠により第一譲受人優先説が導かれ，規範構造説は両すくみ肯定説と親和性があるといえよう。

② 推 定 力

(1)　占有の推定力との関係

　占有の推定力については規定があり（188 条），占有者には本権が存在するこ

とが法律上推定される（第 6 章第 3 節 **2**）。すなわち占有の立証によって所有権の存在が推定されると，相手方は所有権の不存在を確信させる程度の反対証明に成功しないかぎり，推定をくつがえすことができない。ところで不動産に関する物権変動は登記を対抗要件とするから，少なくとも既登記不動産に関して占有の権利推定力が当然に働くと考えるべきではない。もっとも，不動産登記に関して，法文に明示的な定めはないものの，登記された物権変動については事実上の推定力があるとされている（最判昭和 34・1・8 民集 13 巻 1 号 1 頁）。なお，推定力は本登記に認められる効力であり，仮登記には権利取得についても変動原因事実の存在についても登記の推定力は働かない（最判昭和 49・2・7 民集 28 巻 1 号 52 頁。仮登記については，本章第 5 節 **4**）。

(2)　推定の意義

　登記の推定力によって，占有の推定力と同様に，登記された権利が存在するという内容の推定が働くのか。あるいは登記された物権変動原因事実が存在するという推定が働くのか。この点については，登記された権利変動の事実とその結果である登記された物権の帰属が推定されるにとどまり，登記原因事実の存在にまで推定力は及ばないと解するのが通説である。

　そして，登記の推定力は事実上の推定力であると解され，証明責任の転換は生じない（前掲最判昭和 34・1・8）。登記された物権変動は有効に成立している蓋然性が高いことが事実上の推定力の根拠である。もっとも，登記された物権変動の効力を争っている当事者間では登記の事実上の推定力は働かないと解されている（最判昭和 38・10・15 民集 17 巻 11 号 1497 頁）。例えば登記記録上 A から B へ不動産が譲渡された旨が記録されている場合，B は A に対して登記の推定力を援用できない。実質的妥当性からみるとこの結論は支持できるものであるが，蓋然性を根拠とする事実上の推定である以上，この場面でのみ登記の推定力が働くことを否定する理論的根拠が明確にされる必要がある。この点，意思主義（176 条）の下では，物権変動の当事者間において，対抗要件にすぎない登記が存在することは物権変動の存否を判断する上で何らの意味をもたず，物権変動の原因行為を組成する意思表示の効力を一般の証拠法則に従って判断すべきという考え方が基礎にあるものと考えられる。

　わが国の民法は物権変動につき意思主義をとり，形式主義をとっておらず，物権変動と登記が連動するとはかぎらない。登記されない（隠れた）物権変動の存在を一応容認するシステムになっている以上，登記された権利の現存に関して法律上の推定力を認めることには，問題がある。こうした点をふまえて，学説においては，登記された物権変動原因事実の存在のみに対する法律上の推定力を認める説も主張されている。

③　不実登記に対する信頼保護のための効力

(1)　公信力の不存在

　不動産登記は国家が運営・管理する精緻な公示手段であり，本来はその公示内容に対して高い信頼性が期待されてよいものである。しかし，不動産登記に公信力を与える趣旨の規定は民法には存在しない。現行法上，登記が実体関係を正確に反映するための制度的基盤が十分に整っているとはいえないこと，不動産のように非代替的な重要財産については，活発頻繁に取引され転々流通する動産のように取引の安全を優先するよりは，真の権利者の静的安全をより強く保護する必要があること，がその理由である。

　真の権利者が全く関知しない形で不実登記が作出された場合に，真の権利者保護が最優先されるべきことに異論はないであろう。もっとも，不実登記が作出された経緯次第では，不実登記を信頼して取引した者の保護を図る仕組みは必要である。そこで判例は，真の権利者に外観に対する一定の帰責性が認められる場合にかぎり，94条2項を類推適用（あるいは110条の趣旨をもあわせて援用）するという手法によって，登記に制限的な公信力を認めたのと同等の結果を導いている。問題は，真の権利者にどのような帰責性が認められれば，第三者の信頼保護のための失権を正当化することができるか，である。

(2)　94条2項類推適用法理

(a)　不実登記の作出・存続に対する意思的関与　　不実登記に対する信頼保護の手がかりを判例は94条2項に求めてきた。すなわち94条2項は意思表示の効力に関して，通謀して虚偽の意思表示の外観を作出した場合に善意の第三者に意思表示の無効を対抗できないとしている。この規定は，当事者が通謀し

て行った真意に反する意思表示の効力に関する規律である。ところが判例は，94 条 2 項の根底に，虚偽の外観を作出し，あるいは事後承認によりその存続に意思的に関与した者は，その外観を信頼して取引関係に入った善意の第三者に対して，実体権がないことを主張できないという，一般的法原理（権利外観法理）が存在するものと解し，不実の権利外観を信頼した善意者を広く 94 条 2 項の類推適用により保護している（最判昭和 29・8・20 民集 8 巻 8 号 1505 頁，最判昭和 45・7・24 民集 24 巻 7 号 1116 頁）。すなわち 94 条 2 項における虚偽表示者の帰責根拠は外観に対する意思的関与（虚偽表示の作出）に求められるところ，第三者が信頼した外観に対する真の権利者の明示または黙示の承認（最判昭和 45・4・16 民集 24 巻 4 号 266 頁，最判昭和 45・9・22 民集 24 巻 10 号 1424 頁），さらには外観をそれと知りながらあえて放置した，というような意思的関与がある場合には，94 条 2 項の根底にある非難可能性と同等の帰責性が認められると考えられている。なお，第三者は善意であれば足りるか（大判昭和 12・8・10 新聞 4181 号 9 頁），善意無過失を要するか，また保護享受の資格として自ら登記を備える必要があるかどうか，については見解の対立がある。

(b)　**不実登記に対する意思的関与がない場合の帰責性**　　さらに，判例は，真の権利者が虚偽の外観の作出にかかわった後，登記上の名義人が外観を真の権利者に無断で改変し，その改変された外観を善意無過失で信頼した第三者を 94 条 2 項・110 条の法意に照らして保護するという形で，94 条 2 項類推適用法理の裾野を拡大する一方（最判昭和 43・10・17 民集 22 巻 10 号 2188 頁，最判昭和 45・11・19 民集 24 巻 12 号 1916 頁），真の権利者が虚偽の外観作出に対して意思的関与をしていなくても，「余りにも不注意な行為に起因し」，外観を承認しあるいは外観をそれと知りながらあえて放置したものと同視しうる事情がある場合には，94 条 2 項・110 条の類推適用によって，善意無過失の第三者を保護するに至っている（最判平成 18・2・23 民集 60 巻 2 号 546 頁）。後者の判断は，外観に対する真の権利者の関与があったかどうかを主観的に捉えるのではなく，真の権利者の行為が不実登記の形成に加功したかどうかを客観的に評価し，帰責性を客観的基礎にも求めうることを認めた点において意義がある。このように，真の権利者の帰責性が(a)の場合よりも緩和される分，第三者側の保護要件は厳格化され，無過失が要求される。

判例法の現在における到達点は，不実登記に対する信頼保護の場面で真の権利者に求められる帰責性として，外観に対する意思的関与と同程度に非難に値する客観的な行為態様が認められれば足りるという重要な視点を提示している。ここでは意思に基づく権利変動ではなく，（制限的な）公信力による保護ともいうべき法定取得の要件が問題となっている。その際には真の権利者に要求される帰責性として意思的関与が必要であるという限界線は論理必然的には出てこない。即時取得のように，外観作出のきっかけを自らの意思で与えたという程度の帰責要件（与因原理）まで緩和するのは行き過ぎであるとしても，94条2項の枠を越える形で，帰責要件をどこまで幅広く捉えることができるかを考察することは今後の課題である。

第3節　177条が適用される物権変動

1 変動原因論総説

177条は，不動産に関する物権の「得喪及び変更」は，登記を備えなければ「第三者」に対抗できないとし，変動原因の種類をとくに限定していない。

(1) 意思表示制限説

不動産登記が取引安全の保護を主な目的としており（不登1条），177条が売買や抵当権設定等の意思表示に基づく物権変動を主な適用事例として想定していることは明らかである。しかも177条は176条の次の場所にある。177条を意思表示に基づく物権変動を規律する176条の特則とみるならば，177条の適用範囲も意思表示に基づく物権変動に限定されることになる。民法制定直後の判例は，177条の適用を意思表示による物権変動に制限していた（大判明治38・12・11民録11輯1736頁）。

> Column 4-1　非占有担保権の発展と登記制度
> 人々の権利意識が物に対する現実の支配に密着している社会においては，事実上の支配＝占有の移転によって物権変動を公示することで足りるかもしれない。ところが，取引活動が活発になり，権利が観念化してくると，引渡しによ

る公示のみに頼るわけにはゆかなくなる。とくに時代が進むにつれて，物権変動は売買による所有権移転や抵当権の設定等，法律行為（意思表示）に基づいて生じる場合が主流を占めるようになった。そもそも意思表示は，その性質上，当事者間でプライベートに交わされるものである。意思表示に特別な方式が要求されていなければ，物権変動を目的とする意思表示が当事者以外の人（第三者）にとって容易に認識可能な状態におかれる保障はない。ましてや，抵当権は，設定者が目的物を占有し続けたまま，債権者のために交換価値に着眼して物的支配を委ねる権利であるから（第10章第1節 **1** (2)），意思表示がされても，抵当権設定の事実は外部からみえない。それゆえに登記という公示方法が強く要請されることになる。動産譲渡および指名債権の譲渡・質入れを念頭においた登記制度が動産・債権に導入されたのも，（非占有）担保化の要請と密接に関連するものといえる（動産譲渡登記制度・債権譲渡登記制度については，第5章第2節 **3** (2)，第12章第2節 **2** (2)(b)(c)）。

(2)　変動原因無制限説

　しかし，177条は，対抗要件主義の機能領域を不動産所有権その他の不動産物権の譲渡・変更・放棄，差し押さえた不動産の競落および公用徴収を宣言した判決または行政上の命令による取得に限定していた旧民法（財産編348条）を修正して，広い射程をもたせることを意図して起草された。起草者の趣旨は，不動産に関する権利関係を可能なかぎり登記によって公示するために，変動原因を問わずに登記を要求する，というものであった。

　まもなく大審院は判例変更し，意思表示以外の物権変動にも177条が広く適用されうるものとした（変動原因無制限説。大連判明治41・12・15民録14輯1301頁 ◀ **判例 4-1** ▶ ）。理由は以下の3点である。

　(a)　176条は物権変動の当事者間の関係を，177条は第三者との関係を規律するものであり，適用領域を異にし，後者が前者の直後にあることは，意思表示制限説の論拠とならない。

　(b)　177条は第三者保護規定であり，第三者の立場からすれば変動原因が意思表示か否かによって未登記物権変動の対抗力が区別されるべきではない。

　(c)　登記手続上も，家督相続による物権変動は，意思表示による場合と同様に登記をなしうるのであり，両者を区別する必要がない。

> **判例 4-1** 　**大連判明治 41・12・15 民録 14 輯 1301 頁**

【事案】X は先代 A の隠居により家督を相続し，相続財産の一部である係争地の所有権を取得した。ところがその後 A は係争地を Y に贈与し，所有権移転登記を経由したので，X が Y に対して抹消登記手続を請求した。第 1 審判決は，その内容および事実の詳細は不明であるが，X の請求を棄却した。第 2 審は，隠居による不動産物権の取得にも 177 条が適用されるべきものとして，控訴を棄却した。X は，177 条が意思表示による物権変動のみに関する規定であり，相続による物権変動には適用がないと主張して，上告した。

【判旨】上告棄却。「右両条〔176 条・177 条〕は，全く別異の関係を規定したるものなり。……前者〔176 条〕は物権の設定及び移転に於ける当事者間の関係を規定し，後者〔177 条〕は物権の得喪及び変更の事為に於ける当事者と其得喪及び変更に干与せざる第三者との関係を規定したるものなり。故に偶第 177 条の規定……が前顕第 176 条の規定の次条に在るとの一事を以て第 177 条の規定は……意思表示に因らずして物権を移転する場合に於て之を適用すべからざるものとするを得ず。何となれば，第 177 条の規定は同一の不動産に関して正当の権利若くは利益を有する第三者をして登記に依りて物権の得喪及び変更の事状を知悉し以て不慮の損害を免るることを得せしめんが為めに存するものにして，畢竟第三者保護の規定なることは其法意に徴して毫も疑を容れず，……加之家督相続の如き法律の規定に因り物権を取得したる者に於ては意思表示に因り物権を取得したる者と均しく，……登記を為し以て自ら其権利を自衛し第三者をも害せざる手続を為し得べきは言を俟たざる所なれば其間敢て区別を設け……るの必要を認むるに由なければなり」。

　本判決の射程に関して見解は分かれうる。すなわち，相続とりわけ生前相続による物権変動のみに 177 条を適用したと狭く捉えることも可能である。この見方によれば，戦後の相続法改正により，相続が死亡による遺産相続に一本化されたこと，共同相続の場合に法定相続分につき登記なしに対抗できるという最高裁判決が出現したことにより（最判昭和 38・2・22 民集 17 巻 1 号 235 頁。本節 **4** (3)），本判決は先例的価値を失ったとみられなくもない。しかし，判決は上述のとおり，あえて一般的な射程を意識した理由づけをしており，その趣旨は相続の事例を超え，意思表示以外の他の変動原因にも及ぶものと考えられる。実際に大審院はその後，一貫して一定の場合に法定取得である時効取得にも 177 条を適用している（大連判大正 14・7・8 民集 4 巻 412 頁。本節 **3** (2)）。

　以下では，原則としてどのような物権変動についても177条の適用可能性がありうることを前提として各論の問題を検討してゆく。もっとも，建物の新築，朽廃，滅失のように，当該不動産に利害関係をもつ第三者の出現が想定しがたい場合には，事実上177条の適用が問題になる余地はない。その意味で定型的に177条の適用が問題にならない物権変動も存在しうる。また相続を原因とする物権変動については899条の2によって別途規律されている。

2　物権変動の遡及的消滅と登記

(1)　取消しと登記

　法律行為が錯誤・詐欺・強迫等意思表示の成立過程における問題や行為能力の制限等を理由に取り消されると，いったん生じた法律行為の効果は遡及的に消滅する（121条）。わが国では，物権行為の債権行為に対する独自性・無因性は認められず，原因行為の取消しは処分行為の効力にも影響する（第3章第2節**2**(3)）。取り消された原因行為に基づく物権変動は一度も生じなかったことになる。もっとも，これは擬制に他ならない。いったん生じた物権変動が消えるという意味における「物権変動」を観念することは，論理的に可能であり，感覚的にも奇異なことではない。

　そこで，このような遡及的「物権変動」に177条が適用されるか，問題となる。ここでは，不動産甲がA→B→Cと譲渡され，登記名義もCに移転したが，AがBへの譲渡の意思表示を取り消した場合を素材として，AC間の法律関係を検討してみよう。

　(a)　判例理論　　判例はCの出現時期が取消しの意思表示がされた時点の前か後かによって区別する。すなわち，(i)取消し時点で，甲がすでにCに転売されていた場合（取消し前の第三者）と，(ii)取消し時点ではまだBが甲所有者であったが，Aが取消し後に登記を回復しない間に，BがCに転売した場合（取消し後の第三者）とでは，異なる法理が適用されている。

　(i)　取消し前の第三者　　取消しの遡及効により，甲の所有権は一度もAからBに移転せず，Cは無権利者Bと取引したものと扱われる。また登記に公信力がない以上，AはCに対して甲の所有権を主張できる。これが原則である。

　もっとも，法がとくに第三者保護規定を設けている場合は事情が異なる。錯誤または詐欺による取消しの効果は善意・無過失の第三者に対抗できない（95条4項・96条3項。消費者契約法上の不当勧誘に基づく取消しにも同趣旨の規定がある〔消費契約4条5項〕）。すなわちAが自らの錯誤またはBの詐欺を理由に取り消した場合，Cは，取消原因である錯誤または詐欺の事実を過失なく知らなければ，取消しを対抗されない。その結果，Cは有効に甲の権利を取得し，Aは権利を失う。保護要件として，Cは自ら登記を備えている必要があるか，問題となるが，AC間では民法177条の対抗関係が生じない以上，少なくとも詐欺に関して登記の具備は必要がないものと解されている（最判昭和49・9・26民集28巻6号1213頁）。

　(ii)　取消し後の第三者　　(i)の場合と同様に，取消しの事実を知らない善意・無過失のCの信頼を保護する必要がある。しかし，96条3項は，取消原因が存在しないと正当に信頼して利害関係をもつに至った第三者を取消しの遡及的無効から保護するための規定であり，取消しの意思表示により無効が確定した後に新たに目的物に利害関係をもった第三者の保護を目的とするものではないと解されている。その上で，判例は，取消しによる遡及的消滅による「物権変動」に177条を適用する（大判昭和17・9・30民集21巻911頁）。(i)の場合，Aが取消しによる遡及的消滅の登記をB→Cの譲渡ならびにその移転登記前に備えることを期待することはできない。これに対して，取消し後に出現したCとの関係では，取消しの意思表示後，Bへの所有権移転登記の抹消登記手続を速やかに行うことを怠ったAに対しては，二重譲渡における第一譲受人と同様に登記懈怠の責めを問うことができる。いったんBへ移転した所有権が取消しによりAに復帰的に移転するという物権変動を観念することにより，これとBからCへの転売をBを中心とする二重譲渡関係に類比することができるため，復帰的物権変動説と呼ばれることもあった。

　(b)　**学説による批判と代替提案**　　しかし，上記の判例法理に対しては次のような批判がある。①取消し前の第三者との関係で取消しの遡及効を認める一方，取消し後に出現した第三者との関係で遡及効を制限するのは理論的一貫性がない。②177条は原則として登記により画一的に優劣を決めるルールである（177条の「第三者」に単純悪意者は含まれる〔本章第4節**3**(2)以下〕）。しかし，悪意

46

の C を勝たせるのは過剰な保護であり，実質的に妥当とはいえない。③錯誤・詐欺の場合はともかく，第三者保護規定がない（制限行為能力または強迫等の）場合，第三者の法的地位は，取消しの意思表示の時点との先後関係という偶然の事情に左右され，相当異なる処遇を受けることの当否も問題となる（一方で〔取消し前〕は取消権者が完全に保護され，他方で〔取消し後〕は登記先取得をめぐる競争関係となる）。そこで学説は以下のような代替案を提示している。

　(i)　遡及効貫徹説（94 条 2 項類推適用説）　　取消し後の第三者との関係でも，取消しの遡及効を貫徹した上で，端的にその外観（不実登記）から無権利者 B を権利者と信じた C を保護するために，94 条 2 項を類推適用する説が有力である。C が保護を受けるために善意であれば足り，かつ対抗要件を備える必要はないと解されている。他方で真の権利者である A の帰責性として，外観に対する意思的関与（承認または「知りながらあえて放置」）が必要になる（94 条 2 項・110 条類推適用では，さらに帰責性要件は緩和される〔本章第 2 節 **3** (2)(b)〕）。一見すると，A の帰責性要件と C の保護要件（善意か善意無過失か）を相関的に判断し，柔軟に個別事案の解決を導きうる点で 94 条 2 項類推適用説が優れるようにも思える。177 条適用説では登記具備という画一的な基準に従って優劣が判定されるのが原則だからである。もっとも，背信的悪意者排除論を柔軟に活用すれば（本章第 4 節 **3**），結論の妥当性を確保できるので，この点は決定的な論拠にならない。

　(ii)　遡及効制限貫徹説（対抗関係拡張説）　　上記の問題点③に対処するため，取消し後の第三者に関する判例法を支持した上で，取消し前の第三者との関係にも対抗要件主義の趣旨を拡大しようとする学説が存在する。すなわち取消し可能な状態が到来した時点以降，取消権者は速やかに取消しの意思表示をして物権を回復すべきであったのに，これを怠った不注意があるといえる。そうした不注意に対して 177 条における登記懈怠と同等の評価を加え，取消しの遡及効を取消し前の第三者との関係においても制限して，対抗問題として扱うべき場合があるという。121 条は第三者との関係で取消しの遡及効を原則として承認したものではないと理解するのである。

　しかし，この説には，そもそも 177 条の本来の適用領域を逸脱している上，意思表示を取り消すかどうかは本来取消権者の自由であり，取消し前（の第三

者）について取消し後における登記放置と取消権行使の緩慢さとを帰責の観点から同列に論じるべきではない，さらには取消し可能時という基準時はあいまいすぎて実用に堪えない，等といった批判がなされている。

(2)　契約の解除と登記

　相手方の債務不履行を理由に契約を解除した場合にも，取消しと登記と類似の問題が生じる。例えば不動産甲の売主 A が買主 B の代金不払を理由に売買契約を解除したところ，解除の時点ですでに甲が第三者 C に転売されていた場合，あるいは解除された後，甲の登記名義を A が回復する前に甲が第三者 C に転売されていた場合，A は C に解除の効果を主張することができるか。

　形成権の行使により，すでに生じた物権変動の効果が覆滅するかぎりにおいて，解除と取消しには共通点がある。しかし，取消しの場合は物権変動の原因行為自体に何らかの瑕疵があるのに対して，解除の場合は原因行為には問題がなく，双務契約の履行障害時における対価的牽連性の確保を主な目的とする点で，制度趣旨に相違がある。

　(a)　**解除前の第三者**　　解除により，契約当事者はそれぞれ相手方を原状に復させる義務を負う（545 条 1 項本文）。条文の文言からは，解除の効果につき，契約内容を清算関係目的の内容に変化させるという意味で，債権的な原状回復義務の発生と未履行債務の消滅をもたらすものと理解することも不可能ではない。しかし，判例は，解除により契約関係が遡及的に消滅するという直接的効果説に立つものと解されている（大判明治 44・10・10 民録 17 輯 563 頁，最判昭和51・2・13 民集 30 巻 1 号 1 頁）。

　もっとも，転得者 C が出現した場合，解除により AB 間の契約が遡及的に消滅すると，C は遡及効によって不測の不利益を被る。そこで，解除者 A は，解除によって第三者の権利を害することはできない（同項ただし書）とされており，C は 545 条 1 項ただし書の「第三者」として保護される。

　(i)　「第三者」の範囲　　545 条 1 項ただし書の「第三者」とは，解除の対象となった契約により給付された物につき権利を取得した者をいう（大判明治42・5・14 民録 15 輯 490 頁）。目的不動産につき所有権，抵当権等の物権の取得を目的とする法律行為をした者が典型例である。賃借人については賃借権の対

抗要件を備えるかぎりは同項ただし書の「第三者」に含めてよい。問題になるのは一般債権者とりわけ差押債権者である。民法が先履行義務を負う動産または不動産の売主に先取特権（321条・328条）による保護手段を付与しているのは，解除を差押債権者に対抗できないことを前提にするようにも考えられる。しかし，売主の代金相当額の回収における優先的地位を解除制度が保障すべきだと考える場合には，差押債権者を「第三者」から除外して解釈する余地もある。

　(ii)　「第三者」の保護要件　　「第三者」が545条1項ただし書の保護を受けるために対抗要件を備える必要があるか。解除により契約関係が遡及的に消滅するならば，Cは無権利者Bから譲り受けたことになり，AC間に対抗関係が生じない。ところが判例は登記を備えない「第三者」の優先を認めない（最判昭和33・6・14民集12巻9号1449頁）。これは権利保護資格要件としての登記を要求するものと解される。もっとも，解除の効果を債権的なものと捉えると（間接効果説），AC間は対抗関係として177条により処理される（545条1項ただし書は確認的規定とみることになる）。

　　第三者の主観的態様は条文上問題にされていない。悪意者でも「第三者」として保護されると解されるが，学説では争いがある。

　(b)　**解除後の第三者**　　解除に遡及効があるとすれば，解除後の第三者との関係は，無権利法理の適用場面として処理するのが論理的に一貫する。この立場からすれば，Cは善意の場合にかぎり94条2項類推適用により保護されるべきことになる。ところが，判例は解除の遡及効を解除後の第三者との関係では制限して，解除者と第三者の関係に177条を適用する（最判昭和35・11・29民集14巻13号2869頁）。したがって，第三者の主観的態様は原則として問題とならず，登記を先に備えたほうが優先する。解除の意思表示をした売主は，その後第三者へ譲渡がなされ，第三者が登記を先に備えた場合，先に解除による復帰的物権変動を登記できたのにこれを怠ったと評価することができ，失権してもやむをえないからである。

　　なお，同じ結論は解除の遡及効を否定し，解除に原状回復に向けた債権的効果のみを認めることによっても正当化可能である。この場合，(a)の解除前出現の第三者との関係も同様に177条の問題として扱うことが論理的には一貫する。

3 取得時効と登記

(1) 序　　説

(a) **時効における占有と登記**　　法が定める期間所有の意思をもって，平穏に，かつ，公然と他人の物を占有した者は，時効によりその所有権を取得する（162条）。このように取得時効は一定の態様による占有継続のみの効果として物権変動が生じることを認めている。他方で177条は登記を通じて権利関係を公示することで，不動産取引の安全を図っている。そこで，取得時効による物権変動も登記をしないと第三者に対抗できないと解すべきであろうか。ここでは，登記を具備しない時効取得者と登記名義人との間の所有権紛争において，占有のみによる取得時効を認めた趣旨と登記による取引の安全という177条の趣旨との調和をどう図るかが，問われている。

(b) **取得時効への177条の適用**　　時効取得は原始取得の一場合である。例えばBがAの物を時効取得すると，Bは法定効果として新たに権利を取得し，Aはその反射として権利を失う。権利が承継されるのではないため，Bの原始取得に利害関係をもつ第三者が出現する余地がないから，Bの権利取得に177条は適用されないとも考えられる。

(2) 判 例 理 論

しかし，判例は，一定の場合に，取得時効にも177条を適用する。

(a) **当事者の理論［第1準則］**　　(1)(b)の例において，時効取得により，Aが権利を失う一方で，Bが権利を取得するという連関が認められ，A→Bの物権変動を観念することができる。ABは時効取得による物権変動のいわば「当事者」の立場に類比され，Bは対抗要件と無関係に時効の効果を主張できる（大判大正7・3・2民録24輯423頁）。

(b) **時効完成前の第三者［第2準則］**　　BがAの不動産を平穏かつ公然と自主占有していたところ，Aが不動産をCに譲渡して，登記をCに移転したとする。A→Cの譲渡が時効完成前の場合，時効によりBが所有権を取得する反射として権利を失うのはAではなく，Cである。時効による物権変動はC→Bに生じている。そうするとBC間の関係も物権変動の「当事者」関係に

類比できる。よってBは，Cに対して時効の効果を登記なしに主張することができる（最判昭和41・11・22民集20巻9号1901頁）。

(c)　**時効完成後の第三者［第3準則］**　逆にCがAから譲り受けた時点が，Bの時効完成後であった場合，時効完成時の原所有者はAであるから，時効による物権変動はA→Bに生じたことになる。その後時効による所有権取得の登記をBが経由しない間に，Aが同じ土地をCに売却した場合，Bは物権変動を登記なしに第三者Cに対抗できない（大連判大正14・7・8民集4巻412頁）。時効完成後にBは自己の権利を保全するため，時効による所有権取得登記をすることができた。その登記を懈怠した時効取得者には，二重譲渡で第一譲受人が第二譲受人より先に対抗要件を具備できたのにこれを懈怠したため失権するのと同様の非難が可能だと考えられるからである。

(d)　**時効起算点の固定［第4準則］**　時効の起算点を時効取得を主張する者が任意に選択して，都合のよい時点を主張することを認めると第2準則と第3準則との区別が無意味化する。したがって時効の起算点を逆算することはできず，時効の基礎となる占有を開始した時点に固定されなければならない（最判昭和35・7・27民集14巻10号1871頁）。

(e)　**敗者復活［第5準則］**　登記がなく対抗できない占有者も，第二譲受人の登記経由時から，さらに時効期間占有を続けると，新たな時効の効果として，再び登記名義人に対して所有権取得を主張することができる（最判昭和36・7・20民集15巻7号1903頁）。この理は，Bの時効取得後にAがDのために抵当権を設定し，その抵当権設定登記後にさらにBが時効期間占有を継続した場合にも同様にあてはまる（最判平成24・3・16民集66巻5号2321頁。第10章第8節**5**(1)(a)も参照）。

(3)　判例理論の問題点

上記の判例理論に対しては，次のような問題点が指摘されている。

(a)　第1に，第2準則と第3準則を区別することは，時効の遡及効を無視するものであり（144条），民法の基本的立場と整合性を欠く。さらに時効完成後は時効取得者に適時の登記を期待できるという理由づけにも疑問がある。保護の必要性が高い善意占有者は時効の完成時点を意識しないことが多く，完成後

ただちに登記を要求するのは無理だからである。皮肉にも登記を期待できるのは，保護の必要性が低い悪意占有者のみということになる。

(b)　第2に，完成時前後で画一的に区分することは，時効を裁判上主張するには援用を必要とする（145条）民法の立場との整合性も問題となる。

(c)　第3に，永続した事実状態を尊重するという時効制度の趣旨を損ないかねない。本来は占有期間が長期化すればするほど占有者はいっそう保護されてよいはずである。ところが，判例によると，例えば善意・無過失の占有者の占有開始から12年後に第三者が出現した場合，未登記であったために権利を主張できないことになれば，占有だけを要件として権利を取得するという取得時効制度を設けた趣旨を没却することになる。

(d)　第4に，善意・無過失の占有者（短期時効）と悪意占有者（長期時効）を比べたときに，善意・無過失の占有者のほうがより保護されてよいはずである。それにもかかわらず，判例理論によれば，例えば，AがBCに同一の不動産を順次二重に譲渡し，Bが17年占有した時点でCへの譲渡がなされ，22年経過後時効完成を主張する場合，もしBが善意・無過失ならば，Cは時効完成後の第三者になり，登記をしないとBはCに対抗できないが，B悪意の場合にはCは完成前の第三者となり，未登記で対抗できる，つまり悪意占有者のほうが有利となってしまう。

(4)　学　説

以上の問題点があるため，第2準則と第3準則の区別の見直しを中心としていくつかの代替提案が学説においてなされている。

(a)　占有尊重説

(i)　逆算説　　時効期間の逆算を認める学説がある。すなわち，継続占有という事実を保護する時効制度の趣旨に照らせば，取得時効を援用する者は，現在時点を完成時として時効に必要な期間を過去に遡った時点を，起算点として，その時点以降の平穏かつ公然の自主占有の継続を主張すれば足りる（逆算説）。厳密な占有開始時点を特定することは，とくに長期時効の場合には現実的にしばしば困難であり，制度趣旨からすれば，逆算を認めるべきであるとも考えられる。また占有承継に関する187条も基本的には時効の起算点を当事者が自由

に選択できることを前提としている。時効の起算点を時効取得者が任意に選択できるとすれば，C は判例がいう「時効完成前の第三者」となり，B は常に時効取得を C に対抗できる。これにより，判例の第 2・第 3 準則の区別とそれを支える第 4 準則が否定される。

（ii）　原始取得説　　時効は原始取得であり，当該物権の発生に利害関係を有する第三者が観念されず，177 条の対抗問題が生じない，という理由で登記を要求しない説がある。しかし，これでは取引安全のために不動産登記制度を導入したにもかかわらず，占有さえしていれば占有者は権利を永久に主張できることになってしまう。

（iii）　折衷案　　そこで占有尊重説をベースにした折衷説として，次の 3 説が主張されている。1 つは，C の出現が時効完成前か後かを問うことなく，B は登記なしに時効取得を C に対抗できるが，BC 間で所有権をめぐって裁判上紛争になり B が勝訴し，あるいは和解により B の権利が認められた時は，その時点以降 B はただちに時効による所有権取得の登記を経由しなければ C に対抗できない，という説である（勝訴判決確定時以降登記要求説）。もう 1 つは援用時以降に登記を要求する説である。最後に，時効取得後も長期間登記しないため，実体権を欠く不実登記をあえて放置しているとみられるべき場合には，94 条 2 項類推適用によって，取引の安全を図る説もある。

（b）　**登記尊重説**　　単に占有を継続している時効取得主張者よりも登記名義を得た第三者こそ保護されるべきだと考える説である。利益衡量として登記を尊重する考え方にもいくつかのバリエーションがある。

（i）　登記による時効更新　　第 1 に，147 条 2 項・148 条 2 項・152 条 1 項は時効更新事由を制限的に列挙するものではなく，解釈により他の更新事由を認めることを排除しないと考えた上で，C が A から譲り受けて登記名義を得た時点で B の時効が更新されるとみる考え方がありうる。

（ii）　時効の遡及効（144 条）　　時効の遡及効を，177 条の第三者の出現可能性を許容するという制限付きのものと捉え，時効取得にも 177 条の適用を承認する。第 3 準則を採用する以上は，時効完成前の C と B の関係にもその趣旨を推及し，第 2 準則を廃棄し，177 条の問題とする説である。しかしながら，177 条を適用するには，未登記物権変動の効力を主張しようとする者に登記を

怠ったといえる事情が必要である。時効完成前に出現した C との関係で，C より先に時効取得の登記を B に要求できる場合はかぎられており，実質的には B は C に負けることになる。

(c)　**類型論**　時効が主張される状況がさまざまであることから，問題となる紛争類型ごとにきめ細かに準則を形成しようとする考え方を類型論という。とりわけ境界紛争類型と二重譲渡未登記類型では，登記の期待可能性に顕著な違いがあるとして，次のような準則を立てる。

(i)　境界紛争類型においては，時効取得者 B は C から請求を受けてはじめて時効を援用するのが通常であり，それ以前に登記を要求するのは酷である。境界紛争類型の通常形態である善意・無過失の越境事例では，時効完成前後を問わず，占有尊重説に従う。他方，悪意で越境している場合は，登記を期待できるので，時効完成後ただちに登記を要求すべきである，とする。

(ii)　二重譲渡未登記型では，本来なら登記を先に得た C が未登記の B に勝つはずである。時効を援用することにより，登記を怠った B が長期間の占有で対抗要件の不備を補うことできるというのでは，177 条の趣旨を没却してしまうことになる。そこで，二重譲渡未登記型では，登記なくして B は C に対抗できないものとする。

(5)　**判例の対応**

判例は，上述（とりわけ本節 **3** (3)(a)）の批判を受けて，時効完成後の第三者との関係にも背信的悪意者排除論を適用した上で，登記の期待可能性に乏しい時効取得者の利益にも配慮し，背信的悪意者排除論を弾力的に利用して，公平な結果を導く姿勢を示した（最判平成 18・1・17 民集 60 巻 1 号 27 頁。本章第 4 節 **3** (4)(c)）。類型論の手法ではなく，取得原因の特殊性をも勘案して，物権変動の効力を主張する側の帰責性と第三者側の要保護性との比較衡量により，事案に応じた柔軟な判断を可能にする枠組みを採用したものといえる。

4　**相続・遺贈と登記**

(1)　**序　　説**

物権変動は人の死亡によっても生じる（882 条）。人が死亡すると，相続によ

り，死者（被相続人）の権利義務が，一身専属的なものを除き，法が定める被相続人の近親者に包括的に承継される（896条）。このように法の規定に従って行われる相続を法定相続という。

　もっとも，被相続人は，生前に有効な遺言をすることにより（960条），法が定める相続分割合と異なる形で相続人に権利を承継させることもできる。このように被相続人の遺言の内容に従って行われる相続を遺言相続という。

　さらに，被相続人は，とくに自己の財産を相続人以外の第三者に無償で取得させたい場合には，その第三者と死因贈与契約を締結するほかに，遺贈（964条）という方法を用いることもできる。遺贈は，被相続人の意思表示による物権変動である点において相続と区別されるが，人の死亡を契機とする物権変動というかぎりで共通するため，あわせて取り上げる。

　人の死亡を契機とする物権変動の対抗に関しては，177条とは別に，相続による承継の場面をとくに規律する899条の2第1項が存在する。

(2) 単 独 相 続

　相続人が1人である単独相続の場合は問題が少ない。すなわち被相続人が生前に自己が所有する不動産を譲渡したが，所有権移転登記をすることなく死亡した場合，相続人は包括承継の効果として被相続人の登記義務をも承継するため，譲受人からの所有権移転登記請求に対して単独相続人は自ら当事者として履行義務を負う。そのため物権変動を第三者に対抗するという関係性が譲受人と相続人との間に生じない。

　これに対して，被相続人が生前に自己が所有する不動産を譲渡した後，被相続人を単独で相続した相続人が同じ不動産をさらに別の者に譲渡した場合の譲受人相互の関係は，相続を介した二重譲渡関係と同視することができ，177条が適用される（最判昭和33・10・14民集12巻14号3111頁）。

(3) 共 同 相 続

　相続人が複数いる場合には複雑な問題が生じる。以下では，不動産甲を所有するAが死亡し，子Bと子Cが法定相続分（900条4号）に応じて甲につき各2分の1の共有持分を取得する場合を素材として，いわゆる相続と登記に関す

る問題を順次みてゆくことにしよう。

(a) **法定相続分の取得**　　上の例で，BがCの相続放棄の申述書（938条）を偽造して単独でAを相続したものと仮装し，甲につき相続を原因とする所有権移転登記を備えた上で，Dに甲を譲渡したとする。このとき，Cは，法定相続分に応じた甲に係る共有持分の取得をDに対抗するために，持分所有権移転登記を備える必要があるか。

判例は，法定相続分の取得を第三者に対抗するために登記を備える必要はないものとしている（899条の2第1項反対解釈，最判昭和38・2・22民集17巻1号235頁）。すなわち，AからBへの所有権移転登記は，Cの共有持分に関しては無権利の登記である。登記に公信力がない以上，DはBの持分のみを取得しうるにとどまるため，Bの持分に係る更正（一部抹消）登記手続の請求が認められる。

相続が開始すると，共同相続人は，遺産を構成する各不動産につき，理論上，各自単独で共同相続登記を行うことができる（252条5項，不登63条2項）。しかし，相続開始後に欠格事由（891条）や廃除（892条・893条）など相続資格の喪失事由の存在が判明する場合があり，また相続開始後一定期間内は相続放棄や限定承認がされることもあり（915条1項），実際上相続開始後ただちに共同相続人に法定相続分に応じた相続登記を備えるよう求めることはできない。

また，遺産共有状態を継続する合意が相続人間にあるような場合を除き，遺産共有は，通常，遺産分割が終了するまでの間の浮動的・暫定的な状態だと考えられている。こうした事情から，共同相続登記と遺産分割結果の登記という2段階の手続をする費用と労力を節約するために，遺産分割によって遺産の最終的な帰属先が確定してから一度だけ登記が行われることが多い。

(b) **相続放棄**　　先の例で，Cが実際に相続を放棄したが，Cの一般債権者Eが放棄の事実を知らずに甲に係るCの持分を差し押さえたとする。相続放棄により，Cは相続開始時から一度も相続人の資格を有しなかったものとされる結果（939条），Bが単独で甲の所有権を取得する。このとき，Bは登記を備えることなしに，甲に係る自己の本来の共有持分を超えて，放棄がなければCが取得したはずの持分の取得をもEに対抗することができるか。

判例は，放棄の遡及効は絶対的であり，放棄をした相続人の法定相続分を差

し押さえた債権者に対して，他の共同相続人は放棄に伴う権利の取得を登記なしに対抗することができるものとしている（最判昭和42・1・20民集21巻1号16頁）。相続放棄は，相続人の資格という身分法上の地位の喪失にかかわる意思表示であるから，放棄者の意思が尊重されるべきであるという考慮に基づく。

　上の例においては，Cの放棄の意思を甲に係る法定相続分の取得に対するEの期待よりも優先させるべきであり，Bは，放棄の遡及効により，相続開始時から法定相続分として甲の単独所有権を取得したことになるから，放棄がなければCが有したはずの持分の取得についても登記を備える必要はないというわけである（899条の2第1項反対解釈）。

　(c)　**遺産分割**　　すでに述べたとおり，遺産共有は遺産分割によって遺産の帰属が最終的に確定するまでの暫定的な状態である。とはいえ，相続人間に争いがあるような場合，遺産分割に至るまで相当な年月を要することも少なくなく，相続放棄と異なり，その間に遺産を構成する不動産に法的な利害関係をもつ者が出現する可能性がある。遺産分割がされる前でも，各共同相続人は自己の共有持分を自由に処分することができ，相続人の債権者は遺産を構成する不動産に係る相続人の法定相続分を差し押さえることもできる。

　例えば先の例で，Bが遺産分割前に甲に係る共有持分に自己の債権者Fのために抵当権を設定したとする。その後，BC間において，Cが単独で甲の所有権を取得する旨の遺産分割協議がなされたとしても，Cは遺産分割協議の効果を主張して，遺産分割前に甲に係るBの共有持分に対して法的利害関係に入ったFの権利を害することはできない（909条ただし書）。すなわちFの抵当権設定登記の抹消登記手続を求めることができない。もっとも，「第三者」が同条の保護を受けるためには，自ら登記を備えている必要があると解するのが一般的である。

　他方，BC間において，Cが単独で甲の所有権を取得する旨の遺産分割協議がされた後，その登記がされる前にBの債権者Gが甲に係るBの共有持分を差し押さえた場合に，Cは遺産分割協議によるBの共有持分の取得をGに対抗することができるか。

　Cは，もともと甲に係る自己の法定相続分の取得を登記なしにGに対抗することができるが（(a)），法定相続分を超える部分（Bの共有持分）に係る取得を

第三者に対抗するためには，登記を備えなければならない（899 条の 2 第 1 項）。遺産分割により遺産の帰属が確定するから，遺産分割後は共同相続人に速やかに登記を備えるよう期待してよい。それにもかかわらず登記をしなかった以上，登記を怠ったものとして相続人が不利益を受けても仕方ないといえよう。

　もっとも，法定相続分を超える部分の取得について対抗要件の具備が求められる根拠については，複数の見方がありうる。1 つは，取消し後・解除後の第三者に 177 条を適用する判例の論理と同様に，遺産分割後の第三者との関係において遺産分割の遡及効は制限を受け，法定相続分を超える部分の取得は実質的には共同相続人間（BC）における持分の交換または贈与とみることができ，意思表示に基づく物権変動と類比しうるという説明である（最判昭和 46・1・26 民集 25 巻 1 号 90 頁参照）。もう 1 つは，899 条の 2 第 1 項を遺産分割の遡及効が制限を受けないことを前提とする規定とみた上で，C は相続開始時より A から甲の所有権を取得したことになり，自己の法定相続分を超える B の共有持分についてのみ第三者 G の権利と競合関係が生じるから，競合する部分についてのみ対抗要件の具備が求められる，という説明である。

⑷　遺言による物権変動

　被相続人は，遺言により，①自己の財産の全部または一部の贈与としての遺贈（964 条），②法定相続分と異なる相続分の指定（902 条），③遺産分割方法の指定（908 条）をすることができる。①は相続人でない者を名宛人とすることもできるが，②③の名宛人は相続人のみである。以下では，177 条または 899 条の 2 の適用が問題となる典型的場面を取り上げる。

　⒜　遺　贈　　例えば先の例で，A が「甲を H に遺贈する」旨の遺言を残して死亡した後，B の債権者 G が甲に係る B の法定相続分による共有持分を差し押さえたとする。このとき，H は，遺贈により甲の所有権を単独で取得したことを G に対抗するため登記を備える必要があるか。

　遺贈も人の死亡を契機とする権利変動原因であり，遺贈の効力が生じるのは，被相続人の死亡時である（985 条 1 項）。しかし，遺贈の権利変動原因は相続ではなく，被相続人の意思表示である。判例も，遺贈は無償の法律行為であり，贈与と同様に，その登記手続をしない間は完全に排他性のある権利変動を生じ

ないことから，第三者に遺贈を対抗するには登記を備えなければならないとして（最判昭和39・3・6民集18巻3号437頁），177条の適用を肯定する。受遺者が相続人以外の者でも，相続人でも，この点は変わりがない。

　もっとも，遺贈においては，そもそも被相続人による二重譲渡の可能性がないこと（1023条），遺言の存在を知りえないこともある受遺者に適時の登記を期待するのは酷であること，受遺者の犠牲において相続人の債権者を保護するのは適切でないこと，などを理由として，177条の適用を否定する説も有力である。

　(b)　**相続分の指定**　　先の例において，Aは，遺言により，法定相続分と異なる割合で，例えばBの相続分を3分の1，Cの相続分を3分の2と指定することもできる。この場合もCは，法定相続分を超える部分の取得については登記をしないと第三者に対抗することができない（899条の2第1項）。すなわち，指定相続分に従い，Cが甲につきBの持分3分の1，Cの持分3分の2とする共同相続登記をしない間に，Bの債権者Gが甲に係るBの法定相続分（2分の1）を差し押さえた場合，CはBが甲につき3分の1の持分しか有しないと主張して，強制執行に異議を唱えることはできない。

　(c)　**「相続させる」旨の遺言（特定財産承継遺言）**　　例えば，先の例で，Aが「甲をCに相続させる」という文言の遺言をすることがある。特定の遺産を特定の相続人に「相続させる」旨の遺言の意義については，遺言書の記載から，その趣旨が遺贈であることが明らかであるか，または遺贈と解すべき特段の事情がないかぎり，遺産分割方法の指定という性質を有し，しかも相続開始と同時に，何らの行為を要することなく，相続開始によりただちに特定の相続人に当該特定の財産が帰属するものと解されている（最判平成3・4・19民集45巻4号477頁）。したがって，上記Aの遺言は，特段の事情がないかぎり，遺産分割方法の指定として，遺産に属する特定の財産を共同相続人の1人または数人に承継させる旨の遺言（特定財産承継遺言）と解される（1014条2項）。

　特定財産承継遺言による権利取得は，「相続による権利の承継」の一場面であり，受益相続人が遺言により取得した財産のうち法定相続分を超える部分については，登記を備えなければ第三者に対抗することができない（899条の2第1項）。法定相続分を超える部分については，被相続人の意思に基づく物権変動

により第三者の権利との競合関係が生じることになるため，公示の要請が働くと考えられるからである。

したがって，先の例で，Cが特定財産承継遺言に基づく甲の所有権取得につき登記を備えないうちに，Bの債権者Gが甲に係るBの法定相続分による共有持分を差し押さえた場合，Cは，遺言がなければBが取得していた共有持分を自己が取得したことをGに対抗することはできない。この場合においても，Cは，自己の法定相続分として取得した共有持分については登記を備えることなく第三者に対抗することができる（(3)(a)）。

Column 4-2　相続登記申請の義務化

　対抗要件としての登記は不動産に関する権利を保全するためのものであり，登記を備えるかどうかは本来権利者の自由に委ねられている。しかも相続人は対抗要件を備えることなく法定相続分の取得を第三者に対抗することができる（(3)(a)）。そのため相続した土地の所有権にかかる法定相続分の取得についても相続人に登記を備えるインセンティブが働きにくい。登記手続には手間と登録免許税等の費用を要する。親族間で所有権の移転があっても，それを公にする特段の必要性がないかぎり，そうした手間と費用を節約したいと考える人は少なくないだろう。しかも，相続は，相続人の意思と無関係に生じる変動原因であるため，たとえば辺鄙な山林等利用価値が乏しい土地は管理も登記もされないまま放置される事態が起きやすい。そうした事態が何代にもわたり継続することで，所有者不明土地問題（第7章第2節**1**(2)）を生じさせてきた。

　そこで所有者不明土地の発生を可及的に防止するため，令和3年不動産登記法改正により，土地所有権の相続または遺贈による取得につき，相続人は公法上の登記申請義務を課せられている。すなわち，不動産の所有権の登記名義人について相続が開始したときは，当該相続により当該不動産の所有権を取得した者は，自己のために相続の開始があったことを知り，かつ，当該所有権を取得したことを知った日から3年以内に，所有権移転登記を申請しなければならない。遺贈により所有権を取得した相続人も同様である（不登76条の2第1項）。また共同相続登記後に遺産分割がされたときは，当該遺産分割によって法定相続分を超えて所有権を取得した者も，当該遺産分割の日から3年以内に所有権移転登記を申請しなければならない（同条2項）。正当な理由なく相続登記等の登記申請義務を怠った場合には10万円以下の過料が課される（不登164条）。

　公法上の登記申請義務を課すべき根拠としては，国民の諸活動の基盤であり，

その利用・管理が他の土地の利用と密接な関係を有するといった土地の特性ゆ
えに，土地所有者には土地の適正な利用・管理に関する責務があり，特に不動
産登記手続を適時にする責務を負うものと考えられ（土地基 6 条 2 項参照），自
然人である登記名義人の死亡による権利能力の喪失に関しては，そのような状
態の発生をふまえた公示が適時にされる必要性が高いことなどが挙げられる。

5 公法上の行為と登記

　国家権力による執行処分である競売・公売による物権変動（例えば国税処分に
よる差押えや民事執行法に基づく競売による所有権取得など）も物権の得喪にあたる
ため 177 条は適用されると考えられる。

第 4 節　177 条の「第三者」

1 序　説

　177 条は，登記がなければ対抗することのできない「第三者」について，と
くに文言上その範囲を限定していない。そこで「第三者」の意義が問題となる。

(1) 第三者無制限説

　起草者は 177 条の「第三者」を無制限とする趣旨であった。公示制度は公益
にもかかわるため，絶対的である必要があると考えられたからである。初期の
判例は，起草者の趣旨に沿い，無権利者（虚偽表示による譲渡がされた場合の譲受
人）との関係にも 177 条を適用していた（大判明治 40・2・27 民録 13 輯 188 頁）。
公示の原則を物権の絶対性により基礎づけるドイツ法の影響を強く受けた当時
の学説は，登記制度に，取引安全の保護に加え，社会全体に対して権利の帰属
状態を公示する機能を認め，177 条の解釈としても，すべての第三者との関係
で登記を要求したのである。こうした考え方によると，不動産物権の取得者は，
未登記であるかぎり，不法行為者に対する損害賠償請求，不法占拠者に対する
明渡請求，偽装文書による仮装譲渡の譲受人に対する抹消登記請求等もするこ
とができない。

(2)　第三者制限説への転換

　しかし，登記簿の整備が不完全で，人々が登記に十分馴染んでいない状況下
では，無制限説の主張は現実から遊離するものとして，むしろその不都合な点
に目が向けられた。不動産に対して何ら正当な利害関係を有しない者との関係
にまで登記を要求することは妥当か，物権の効力に直接基づく主張（物権的請
求権や所有権侵害に対する損害賠償請求権の行使）は対抗要件主義の枠外の問題で
はないか，と考えられるようになり，明治 41 年に 177 条の「第三者」を「登
記欠缺を主張する正当の利益を有する者」に限定する判断が大審院によって示
された（大連判明治 41・12・15 民録 14 輯 1276 頁 ＜ 判例 4-2 ＞ ）。この明治 41 年判
決は，公示の原則を物権の排他性に基礎づけ，対抗要件としての登記の機能を
私益間調整の法技術に純化して捉えている。177 条は個別具体的な取引の安全
を図る規範として位置づけられ，第三者側に物権変動の効力を主張する者の未
登記を非難する資格があるかどうかを問題とし，物権変動の当事者と第三者間
の具体的な利益衡量を行う判断枠組みへの転換が図られたのである。

　学説においては，177 条を両立しえない物権変動相互間の優劣を決する規範
として捉えた上で，そのような意味での「対抗問題」を生ずる第三者との関係
にのみ 177 条を適用する説（「対抗問題限定説」）も存在する。また登記制度の趣
旨が取引の安全を図ることにあることから，第三者を「当該不動産に関して有
効な取引関係にある第三者」と定式化する説も主張されてきた。しかし，判例
は，明治 41 年判決 ＜ 判例 4-2 ＞ の基準を一貫して維持している。

＜ 判例 4-2 ＞ **大連判明治 41・12・15 民録 14 輯 1276 頁**

【事案】 X は A から建物（倉庫）を買い受けた。A は建物の所有名義（家屋台
帳上の名義または東京市基本財産河岸地貸渡規則の適用上の名義）を便宜上 Y
（敷地を東京市から借りていた者）名義にしており，X も買受け後そのままにし
ていた。ところが Y が建物を自ら建築して原始取得したと主張してきたので，
X は Y に対して係争建物の所有権が自己に帰属することの確認を求めた。な
お Y は係争建物が X の所有であると過去に一度承認した事実が認定されてい
る。第 1 審は X の請求を認容したが，第 2 審は，Y が X への所有権帰属を承
認したとしても，未登記の X が所有権取得を Y に対抗できないことに変わり
ないとした。

【判旨】 破棄差戻し。「物権は本来絶対の権利にして待対の権利に非ず。而して

民法第 177 条には……第三者の意義に付て明に制限を加へたる文詞あるを見ず。是故に……所謂第三者とは不動産に関する物権の得喪及び変更の事為に於ける当事者及び其包括承継人に非ざる者を挙て指称すと云へる説は，誠に間然すべき所なきが如し。然れども精思深考するときは，未だ必しも其然らざることを知るに難からず。抑民法に於て登記を以て不動産に関する物権の得喪及び変更に付ての成立要件と為さずして之を対抗条件と為したるは，既に其絶対の権利たる性質を貫徹せしむること能はざる素因を為したるものと謂はざるを得ず。……物権は其性質絶対なりとの一事は本条第三者の意義を定むるに於て未だ必しも之を重視するを得ず」。

「〔177 条〕の規定は，同一の不動産に関して正当の権利若くは利益を有する第三者をして登記に依りて物権の得喪及び変更の事状を知悉し，以て不慮の損害を免るることを得せしめんが為めに存するものなれば，其条文には特に第三者の意義を制限する文詞なしと雖も，其自ら多少の制限あるべきことは，之を字句の外に求むること豈難しと言ふべけんや。何となれば，対抗とは彼此利害相反する時に於て始めて発生する事項なるを以て不動産に関する物権の得喪及び変更に付て利害関係あらざる者は本条第三者に該当せざること，尤著明なりと謂はざるを得ず。又本条制定の理由に視て其規定したる保障を享受するに直せざる利害関係を有する者は亦之を除外すべきは蓋疑を容るべきに非ず。由是之を観れば，本条に所謂第三者とは当事者若くは其包括承継人に非ずして不動産に関する物権の得喪及び変更の登記欠缺を主張する正当の利益を有する者を指称すと論定するを得べし。即ち同一の不動産に関する所有権抵当権等の物権又は賃借権を正当の権原に因りて取得したる者の如き，又同一の不動産を差押へたる債権者若くは其差押に付て配当加入を申立てたる債権者の如き，皆均しく所謂第三者なり。之に反して同一の不動産に関し正当の権原に因らずして権利を主張し，或は不法行為に因りて損害を加へたる者の類は皆第三者と称することを得ず」。

2 第三者の客観的範囲

(1) 「登記欠缺を主張する正当の利益」基準の定立

　明治 41 年判決〈判例 4-2〉は，177 条の「第三者」の意義を，当事者・包括承継人以外の者で，不動産に関する物権の得喪変更の「登記欠缺を主張する正当の利益を有する者」に限定し，対抗要件は「彼此利害相反」がある場合に機能し，第三者側の利益が 177 条の趣旨に照らし，保護に値する正当性を有する

かどうか，逐一吟味する判断枠組みを提示した。

その上で，「第三者」に含まれるべき者として，同一不動産上における，①物権・賃借権の取得を目的とする法律行為を行った者，②差押債権者，配当加入債権者等を例示する一方，「第三者」に含まれないものとして，③「正当の権原」によらずに権利を主張する者，④不動産に対する不法行為によって損害賠償責任を負う者が挙げられている。

(2)　「正当の利益」基準の運用

これら以外に，具体的にどのような者が「正当の利益」を有するのか，その基準の具体化は，後の判例法の展開に委ねられた。

(a)　「彼此利害相反」の意義

(ⅰ)　両立しえない権利相互間の優劣　　判決は，第三者側に「彼此利害相反」関係＝利害関係がなければ，そもそも対抗問題を生じないとしている。例えば不動産が A → B → C と順次譲渡された場合，AC は互いに 177 条の「第三者」にあたらない（最判昭和 39・2・13 判タ 160 号 71 頁）。A は，BC 間の物権変動を争っても，自己に権利を回復できるわけではなく，他方 C も AB 間の物権変動を争っても何の利益もないからである。このように公示方法の具備を紛争解決基準とする場面を「利害相反」局面に限定するかどうかにおいて，対抗要件主義と効力要件主義は顕著な違いをみせる（効力要件主義では，未登記の C は物権変動の効力を A との関係においても主張できない）。

これに対して，同一不動産上で物的帰属（「食うか食われるか」）を争う者（物権取得者等）が明治 41 年判決◆判例 4-2▷のいう利害関係を有することは疑いがない。目的不動産上の特定物債権者（二重譲渡の第二契約者で所有権を取得していない者）も，登記欠缺を主張できないと，目的不動産の所有権を取得しうる地位を失うから，その意味で食うか食われるかの，両立しない財貨獲得に向けられた地位が競合している点で変わりない。したがって「第三者」に含まれると考えられる（最判昭和 28・9・18 民集 7 巻 9 号 954 頁〔特定物（立木）引渡債権者が立木を伐採したので，未登記第一買主が損害賠償を請求する局面で，特定物引渡債権者たる第二買主を第三者と認めた事案〕）。

(ⅱ)　同種の利益対立ではない利害関係　　「彼此利害相反」あるいは「利害

関係」とは，同種の利益対立の存在を前提とするようにも思われる。しかし，明治41年判決 ◀ **判例 4-2** ▶ がすでに差押債権者・配当加入債権者等を第三者に含めるものとし（最判昭和39・3・6民集18巻3号437頁），「利害相反」が同種利益の対立である必要はないという指針を示している。これらの者は，未登記物権変動の効力を否認しなければ，強制執行が無価値（空振り）になり，金銭債権を強制的に回収できない，という意味でたしかに利益を有するが，登記欠缺を主張できなくても，自己の権利＝債権自体を失うわけではない。このように差押債権者らの摑取権能の実現に対する利益（同種利益の対立とはただちには言いがたい）についても，一応利害関係の存在を認めつつ，利益の正当性を実質的に判断する方法がとられている。

(iii)　権利者確知の利益と第三者の客観的行為態様　　それでは義務履行の相手方（権利者）を確知したいという債務者の利益はどうか。判例は，賃貸不動産の譲受人による解約申入れ・明渡請求のみならず，賃料請求の場面においても，対抗要件を備えた賃借人を「第三者」に含めている（最判昭和49・3・19民集28巻2号325頁，605条の2第3項も参照）。賃料請求の場面において譲受人の登記欠缺を主張する賃借人の利益は，二重払の危険を回避し，義務の履行相手を確知することにある。ここでの賃借人の利益は不法行為者の利益と同質であり，177条ではなく，受領権者としての外観を有する者に対する弁済（478条）や供託（494条2項）で保護すればよいとも考えられる。しかし判例は賃借人と不法行為者を区別している。同質の利益保護が問題になる場面で，第三者の義務を基礎づける原因関係と行為態様に照らし（一方は適法な権原〔賃貸借〕に基づく賃料支払義務，他方は違法行為に基づく損害賠償義務の履行），行為の違法性をも考慮した判断がなされている。不法行為者・不法占拠者（最判昭和25・12・19民集4巻12号660頁）の排除はこうして正当化される。

(b)　無権利者の排除　　無権利者は「第三者」に含まれない。明治41年判決 ◀ **判例 4-2** ▶ の事案も，実質的に所有者でない者が便宜上家屋台帳上の名義を保有し，真の権利者からの名義書換への協力を拒絶しており，不法占拠者に類比される。つまり一種の物権侵害状態を惹起する違法行為者と評価することができる。この事案では，無権利それ自体よりは，無権利者に行為の不法性（違法性）がみられることが，第三者から排除される実質的な根拠となっている

ようにも思われる。そして，登記に公信力はないため，無権利者からの譲受人も権利を承継できず，「第三者」に含まれない。

> **Column 4-3**　**登記を要求することのさまざまな意味**
>
> 　学説は理論的整序に際し，しばしば「権利保護資格要件」という概念を用いる（判例はこのような概念を使用していない）。ところが用語法が論者により異なっており，整理の必要がある。まず，①177 条の適用場面のうち，「食うか食われるか」という本来（狭義）の対抗問題とはいえないが，権利を行使する資格として物権変動の効力主張者側に登記を求める際に，「対抗要件としての登記」と区別する意味で使われることがある（例えば，賃貸不動産の譲受人が賃借人に賃料を請求する場面）。このように 177 条の文言に無理なく収まる場面は「対抗要件」の問題として統括する（「対抗問題」を広く捉える）方が理論的には明解ともいえる。同種の問題は，②判例が一応 177 条の射程外としながらも，対抗問題との利益状況における類似性と信義則違反を実質的な根拠として，不法占拠建物の登記名義保持者に対する土地所有者の明渡請求を認める結論（最判平成 6・2・8 民集 48 巻 2 号 373 頁〈 **判例 2-1** 〉）を理論化する際に，「責任免脱資格要件」としての登記が語られる場合にも存在する。この場合も，①と同様，端的に建物所有権の喪失の対抗問題として処理することが考えられる。
>
> 　次に，③177 条以外の第三者保護規定（例えば，95 条 4 項・96 条 3 項・93 条 2 項・94 条 2 項・545 条 1 項ただし書・909 条ただし書）における保護を受けるための要件として，「権利保護資格要件」が語られることがある。95 条 4 項・96 条 3 項・93 条 2 項・94 条 2 項では，無権利の法理を前提とした善意者保護規定の適用を受けるための資格として，545 条 1 項ただし書・909 条ただし書では，解除による物権変動の遡及的消滅または遺産分割の遡及効にもかかわらず権利を保持する資格として，学説によって登記具備の必要性が説かれている。その理論的な位置づけはあまり明確でないが，無権利の法理を前提とした善意者保護に関する規定については，次のような説明が可能であろう。これらの場面では，契約相手方の処分権欠缺の不知ゆえに，有効な契約に基づく契約利益の獲得に対する信頼保護が問題となっている。ここで法定取得の保護要件を構築する際，第三者が単に契約を締結した段階と，契約上の義務が履行され，契約利益の享受を現実に始めている段階とでは，私益保護の観点から第三者の要保護性に差があると考えられる。さらに対抗要件の具備によって権利の第三者への帰属が取引社会一般に公示されると，後続の取引関係の安定性を図るという社会全体の利益（公益）の観点からも，その第三者が契約義務の履行として受けた給付保持のために現状維持的保護を与えるのが望ましい。

③ 第三者の主観的態様

(1) 登記制度の機能

不動産登記制度および 177 条の役割につき，不動産紛争を登記の具備という客観的基準に従って画一的に処理する裁判規範としての機能を重視するならば，第三者の主観的態様を不問とすることが出発点に据えられる。

他方で，公示制度の趣旨が，物権変動の事実を知らない第三者に知らせることにあるとみるならば，登記記録外の情報により物権変動の事実を知る者（悪意者）に対しては，登記なしに物権変動を対抗できると考えられる。先行する物権変動の存在を知りながら，悪意で二重に買い受ける行為は，所有権侵害として不法行為にあたるのではないか，という疑念も生じる。そのために 177 条の「第三者」は善意であることが（隠れた）保護要件になっているとみる悪意者排除論も有力に主張されている。

(2) 立法趣旨

(a) 善意悪意不問の原則　　177 条の文言は第三者の主観的態様についても特別の限定を加えていない。これは，旧民法財産編 350 条が第三者を善意でかつ対抗要件を具備した者に限定していたのを，起草者が実質的に改めて，善意悪意を不問とする立場に修正したものである。起草者は，登記の先後という客観的基準に照らして不動産紛争の優劣を画一的に決定することで，予測可能性を高めて取引の安全に奉仕することを第一の要請と考え，同時に登記を促進しようという政策的意図も有していた。このように，第三者の主観的態様不問を原則としつつ，とくに悪質な者を第三者から排除するために，不動産登記法中に本条の例外則がおかれた。

(b) 不動産登記法の例外則（不登 5 条〔旧不登 4 条・5 条〕）　　民法 177 条が，競合権利者間で登記を先に具備した物権変動を優先させ，未登記の権利者を失権させていることには，登記を怠ったことに対し不利益を与えて，登記を促進する狙いがある。したがって，たとえ物権変動が未登記でも，その当事者が登記を怠ったと評価できない場合にまで，対抗不能という不利益を課すのは 177 条の趣旨に反する。

　不動産登記法 5 条の特則はそうした民法 177 条の趣旨に照らし，当事者が登記を怠ったとは評価し難い典型的な場合を定めている。すなわち詐欺または強迫による登記妨害（不登 5 条 1 項）においては，登記を妨害された未登記物権取得者が登記を怠ったと自ら妨害行為をした第三者が非難する資格はない。加えて第三者の行為は取引倫理に反する手段を用いた違法なものである。

　次に，他人のための登記義務違反に関する例外則（同条 2 項）の基礎には，特別の法律関係に基づき他人のために登記義務を負う者が，その他人の不利益において自己の利益を図ることは不当である（利益相反行為），という評価がある。例えば A が B に不動産を譲渡した後，登記を経由しないうちに A が C に二重に譲渡して C に登記名義を移転した場合，もし C が B の法定代理人として，AB 間の売買契約締結と履行に自ら関与し，登記申請義務を負っているのにもかかわらず，その地位を利用して C が A から自ら買い受けて登記を得ても，B は C に対して物権取得の効果を主張できることを意味する。ここでも B は C に登記具備を委ねるほかなく，いかなる意味でも B が登記を怠ったとはいえない一方，C の行為は取引倫理に反する違法なものである。

　このように，不動産登記法 5 条は，登記懈怠に対する非難可能性の有無という未登記譲受人側の事情と第三者側の行為態様を考慮し，優劣を実質的に判断するという比較考量の基盤を内包するものである。

(3)　背信的悪意者排除論の意義

　その後，判例は，不動産登記法の特則を手がかりとして，単なる悪意者にとどまらず，登記欠缺の主張が信義則に反する悪意者を 177 条の「第三者」から排除する理論を形成していった（背信的悪意者排除論）。

　すなわち，国（Y）が不動産の登記名義人（A）からの未登記譲受人（X）をその申告に基づき所有者と認めて X から税金を徴収した経緯がありながら，その 3 年 6 か月後に，A に対する国税滞納処分として当該不動産を差し押さえた事案につき，最高裁は当初，たしかに Y は悪意者であるものの，旧不動産登記法 4 条・5 条にあたる違法がなく，なお「登記欠缺を主張する正当の利益」があるものとしていた（最判昭和 31・4・24 民集 10 巻 4 号 417 頁）。しかし，その後，国がいったん物権変動を承認しつつ，それを前提に法的行為（税金の

徴収）をした後に，X の登記欠缺を奇貨として A の所有不動産とみなして差押えを行うのは，前後矛盾する行為といえ，信義則に違反するものとした（最判昭和 35・3・31 民集 14 巻 4 号 663 頁）。こうして不動産登記法の特則の枠から離れて，信義則違反を実質的な根拠とする第三者排除の道が開かれた。登記義務違反や登記妨害がなくとも，第一物権変動の効果を積極的に承認しつつ，その物権変動に関与しておきながら，後になって，未登記を理由に物権変動の効果を否認するのは，矛盾行為として許されないというわけである。

　判例は，一般論として「不動産登記法第 4 条または第 5 条のような明文に該当する事由がなくても，少なくともこれに類する程度の背信的悪意者」を民法 177 条の「第三者」から除外すべきことを述べつつも，悪意者でも保護される場合を認めている。すなわち二重譲渡における第一契約者が譲渡人に対して約束していた登録免許税の支払をいたずらに遅延しているため登記が経由されていない場合に，譲渡人と第一契約者との間で当該建物の所有権紛争が存在することを熟知しつつ，譲渡人から事情を説明された上で購入を懇願された第二契約者は，悪意ではあるが背信的悪意者ではないとし，あくまでも悪意者排除説と一線を画する態度を示している（最判昭和 40・12・21 民集 19 巻 9 号 2221 頁）。また，競売による不動産の買受人と元所有者との間で第一契約（買戻し）がなされ，代金の約半分が支払われたが，登記名義の移転が未了であったため，そのことを知りつつ，買受人に代金残額の提供と引換えに自己への登記名義移転を行うことを内容として相当代価での第二契約を行った者は悪意者であるが，その行為態様は自由競争の許容しうる範囲内であるとしたものがある（最判昭和 43・11・21 民集 22 巻 12 号 2765 頁）。

　このように，「第三者」に含まれる単純悪意者か，含まれない背信的悪意者かは，信義則違反にあたる事情の有無，実質的にみれば，第三者の行為態様が自由競争の範囲内のものとして許されるかどうかに係っているといえよう。

(4)　背信的悪意者排除論の具体例

(a)　手段・目的の違法性

　不動産登記法 5 条 1 項のように第三者の用いた手段の違法に関係する事例として，A から X に土地建物が贈与されたが未登記の状態で，X が A を相手取り処分禁止の仮処分を得たところ，AX をよく

知る不動産業者Yが両者間の紛争を知りつつ，Xを欺罔して仮処分を取り下げさせ，Xへの名義移転の妨害に協力した場合は，このようなYを背信的悪意者にあたるとしたものがある（最判昭和44・4・25民集23巻4号904頁）。不動産登記法5条1項の適用・類推適用でも対応可能な事例といえる。

　さらに，登記妨害行為がなくても，Aから山林を譲り受けたXが23年間占有利用していることを知りつつ，Xの登記未了にかこつけ，Xに高値で売りつける目的で第二契約者Yが不当な廉価で同山林をAから二重に買い受けた場合（最判昭和43・8・2民集22巻8号1571頁），係争土地が市道敷地として一般市民の通行の用に供されていることを知りながら，所有者である市が土地の所有権移転登記を経由していないことを奇貨として，不当な利益を得る目的で土地を取得した場合（最判平成8・10・29民集50巻9号2506頁）の第二買主は背信的悪意者にあたる。このように第二譲渡の目的・動機が違法・不当とみられる場合には，競争手段の違法と同様に，違法な行為として否定的評価を受ける。

　(b)　第一物権変動への関与　　他人のために登記申請義務を負っているわけではないが，代理人や立会人として第一物権変動に関与した者が，その立場を利用して自ら同一物につき権利を取得して登記を得た場合（最判昭和43・11・15民集22巻12号2671頁）や，譲渡人と実質的な当事者関係にある場合（法人とその代表者，親族間の無償取引）等，登記協力義務を不当に免れるために形式上第二譲渡が行われる場合（最判昭和48・4・12金判369号8頁）は，不動産登記法5条2項の趣旨の延長線上で「第三者」から排除される。

　根抵当権の放棄が未登記であるのを奇貨として，放棄の意思表示を事実上代理人として受領した主たる債務者が，その後根抵当権者から被担保債権とともに当該根抵当権を譲り受けた場合（最判昭和44・1・16民集23巻1号18頁），放棄が合意解除されたとして根抵当権の復活を主張する場合（最判昭和45・2・24判時591号59頁），いずれの場合も登記欠缺を主張する正当な利益をもたない。

　また，XA間で締結された土地交換契約に基づくAの義務をBが承継することを自認したところ，Xが交換契約に基づきAから取得した土地の所有権に基づき，Bの相続人であり係争地を占有中のYに土地の明渡しを求めたのに対して，YはXの登記欠缺を主張できない（最判昭和49・3・28金法719号35頁）。

　学説には，背信的悪意者排除法理を，悪意あるいは善意・有過失を要件とし

て第三者から排除される「不当競争類型」と，第三者の主観的態様を問うことなく譲渡人と第三者との特殊な関係性を重視した上で排除される「準当事者類型」に二分するものがある。すなわち，自由競争の範囲を逸脱する取引行為の態様として，違法な手段を用いて他人の所有権を侵害することが不法行為と評価されるのが「不当競争類型」であり，不動産登記法 5 条 1 項の趣旨を一般化したものといえる。他方で，譲渡人と第三者との間にみられる当事者に準じた関係の特殊性に着眼し，脱法行為としての実質ゆえに，主観的態様を問わずに，第三者から除外されるべき「準当事者類型」は，同条 2 項の延長線上にあるものといえる。

　(c)　**取得時効における背信的悪意者排除論**　　判例は，さらに，時効完成後の第三者との関係に背信的悪意者排除論を適用する場合に，悪意の認定を弾力化する姿勢をみせている。すなわち，取得時効の場合，時効完成の要件すべてにつき第三者が認識していることを証明するのは極めて困難であるから，不動産の譲受人が，占有者が「多年にわたり当該不動産を占有している事実を認識しており」占有者の「登記の欠缺を主張することが信義に反するものと認められる事情が存在するとき」その第三者は背信的悪意者にあたるとして，悪意要件充足の判断基準を緩和した（最判平成 18・1・17 民集 60 巻 1 号 27 頁）。この事例においては，目的・動機や手段の違法といった悪質な行為態様は認定されておらず，第三者側の悪意要件の充足が主な争点とされていた。それゆえ，仮に第三者が上記の悪意要件を満たしたとして，どのような場合に登記欠缺の主張が信義則違反と評価されるのか，その基準はなお明らかではない。

(5)　転得者が出現した場合の法律関係

　A が B に譲渡した不動産を二重に C にも譲渡し，さらに C が D に譲渡した場合に BD 間で不動産の所有権取得をめぐる権利の衝突が生じる。このときの BD 間の法律関係はどのように処理されるのか。

　177 条の適用範囲を同一前主を起点とする権原の競合場面に限定する考え方によると，対抗関係は A から直接譲り受けた BC 間にのみ生じる。したがって C が B より先に登記を備えれば，対抗関係の勝者は絶対的に C に確定する。D は勝者である C の地位を承継するため，自ら登記を備えているかどうかに

かかわらず，B に優先する。

　これに対して，BD が互いに同一物につき両立しえない物権変動の効力を争う関係にあり，D は AB 間の物権変動につき登記欠缺を主張する正当の利益を有する以上，BD 間に 177 条が適用されると考えると，登記を先に取得したほうが優先する。次の(a)(b)に場合分けして検討する。

　(a)　**背信的悪意者からの転得者が善意の場合**　　まず，背信的悪意者である第二譲受人から不動産を譲り受けた転得者と未登記第一譲受人との関係はどうなるか。第二契約の効力自体が 90 条違反により否定される場合（最判昭和 36・4・27 民集 15 巻 4 号 901 頁〔係争不動産を 20 年以上占有中の第一契約者に対して，別の紛争でもった恨みを晴らすことを主目的として，第一契約者のなした処分禁止の仮処分を偽造文書によって取り消すという登記妨害行為をなした上，低廉な価格でなされた第二契約〕），転得者は権利を前主から承継できず，94 条 2 項類推適用（信頼保護法理）等によって例外的に保護される可能性があるにとどまる。

　これに対して 90 条違反にあたらない場合はどうなるか。D が所有権とともに C の背信的悪意者としての（登記欠缺の主張が許されない）地位を合わせて引き継ぐと考えれば，B に敗れる地位を有するにとどまるので，D は登記を先に取得しても B に対抗できないことになる。しかし，判例は，背信的悪意者は信義則上（1 条 2 項）登記欠缺の主張が許されないだけで，無権利者ではなく，所有権を一応承継取得しており，C に固有の属性である信義則違反は D に承継されないとして，転得者自身が背信的悪意者に該当しないかぎり，登記を先に取得すれば優先することができると解している（前掲最判平成 8・10・29）。つまり最高裁は，177 条の適用範囲を，同一前主から両立しえない物権変動相互間の優劣を争う者どうしの関係に限定することなく，転得者が 177 条の「第三者」にあたりうることを前提としている。

　(b)　**善意の第二譲受人からの転得者が背信的悪意の場合**　　次に，善意の第二譲受人からの転得者の主観的態様に悪性が認められる場合はどうか。法的安定性を重視して，善意譲受人の登場時点で，二重譲受人相互間の優劣は確定的に定まるとする考え方からは，転得者の主観的態様にどのような悪性がみられようとも，善意で登記を得た者が勝つため，転得者も同様の地位を承継するとみられる（絶対的構成）。これに対して，背信的悪意者排除論を紛争当事者間で

相対的に適用する考え方からは，第二譲受人が善意でも第三者に背信的悪意と評価される事情がないかどうかを逐一個別的に判断すべきことになる（相対的構成）。

この問題を判断した最高裁判例は存在しないが，下級審判決には相対的構成を採用したとみられるものがある（東京高判昭和57・8・31下民集33巻5～8号968頁）。また時効完成後の第三者との関係が問題になった事案において，「特段の事情のない限り」絶対的構成に依拠しつつ，登記を備えたDがCをわら人形として利用する等，取引秩序に著しく反するような態様で不動産取引に関与した場合には，信義則上Bとの関係で例外的に権利主張を封ずるべきとするものもある（大分地判平成20・11・28判タ1298号167頁）。

(6)　その他登記欠缺の主張が信義に反する第三者

通行地役権に関しては，承役地が要役地の所有者によって継続的に通路として使用されていることがその位置，形状，構造等の物理的状況から客観的に明らかであり，かつ譲受人がそのことを認識していたかまたは認識することが可能であったときは，譲受人はたとえ善意でも，特段の事情がないかぎり，地役権設定登記の登記欠缺を主張するについて正当な利益を有しないとされている（最判平成10・2・13民集52巻1号65頁〈判例8-1〉）。また，通行地役権の承役地が担保不動産競売により売却された場合においても，最先順位の抵当権の設定時に，すでに設定されている通行地役権に係る承役地が要役地の所有者によって継続的に通路として使用されていることがその位置，形状，構造等の物理的状況から客観的に明らかであり，かつ，上記抵当権者がそのことを認識していたか，または認識することが可能であったときは，通行地役権者は特段の事情がないかぎり，登記なしに通行地役権を買受人に対抗することができる（最判平成25・2・26民集67巻2号297頁）。これらの事例においては，背信的悪意者排除論とは別の衡量基準に従い，すなわち係争地周辺の客観的状況から何らかの通行権の存在が認識可能な状態にあったのに，容易に行うことのできる調査をすることもなく，後で通行地役権を否認することが信義に反するとの評価が下されている。このように背信的悪意者排除論は，二重譲渡を典型例とする互いに両立不可能な所有権取得をめぐる競合事例に適用される法理であり，地役

権と所有権や地役権と抵当権のように，同一不動産上に一応両立しうる権利相互間の紛争解決は，それとは別の信義則違反の一般的基準によるべきものとされている。

(7)　まとめ——制限説の徹底としての背信的悪意者排除論

　背信的悪意者排除論の本質は，二重譲渡において，第一譲受人の未登記物権を第二譲受人が契約を介して違法に侵害する場合に，いわば取引的不法行為者として177条の保護範囲から放逐することにある。これは先にみた不法行為者・不法占拠者の排除と同等の価値判断に支えられている。すなわち背信的悪意者排除論は，制限説の趣旨を第三者の主観的態様の面においても徹底し，いわば善意悪意不問説と悪意者排除説の対立を止揚するものである。

　第一契約締結時点で自由競争が終了しているとみる悪意者排除説と善意悪意不問を原則とする背信的悪意者排除論の優劣は，不動産の所有権取得をめぐる競争関係を規律するにあたり，契約締結と登記取得のいずれを競争のゴールとするのが，わが国の取引秩序に適した制度設計であるかという観点から検討される必要がある。フランス法の意思主義は，公証人が不動産譲渡契約締結過程に密接に関与する伝統と不可分一体のものであり，そのような法制下では，たしかに契約締結による自由競争の終了を語ることにも一理ある。しかし，日本にはそのような伝統はなく，客観的かつ容易にアクセス可能で，公的機関が関与する登記名義の先取得を競争のゴールとする制度設計とそれを前提とする解釈を行うことが現実的である。判例理論の根底にはこのような考慮があると考えられる。とりわけ複数の抵当権が同一不動産に設定される場合における対抗関係に関しては受け入れやすい発想であろう。

　また判例は，変動原因論を第三者の範囲論に収斂させており，背信的悪意者排除論も，各変動原因の特殊性を勘案した運用をすることによって，登記による画一的処理がもたらす不当性を柔軟に修正し，実質的衡平を図る役割を果たしている。例えば取得時効における背信的悪意者排除論は，占有取得を要件とする時効制度の趣旨と登記による不動産取引の安全を図る177条の趣旨との調整弁として，占有尊重説と登記尊重説の対立を止揚する機能を果たしているとみることもできる。

第 5 節　不動産登記制度

1 登 記 手 続

(1)　不動産登記法の改正

　情報革命を経た 21 世紀には不動産登記制度のペーパレス化が進み，不動産登記法は平成 16 年に大改正を経験した。主要な改正点は，①オンライン登記申請の導入に伴う出頭主義の廃止，②本人確認手段として従来取引上重要な意義をもっていた登記済証（権利証）に代えて，登記識別情報（物件と登記名義人となる申請人ごとに通知される英数字を組み合わせた 12 桁の符号）を新設したこと（不登 21 条），③旧不動産登記法下では登記済証を紛失した場合に，本人確認の手段として用いられていた保証書制度（旧不登 44 条）を廃止し（制度の悪用による弊害も目立っていた），権利に関する登記の申請にあたっては，法令に別段の定めがある場合を除き，原則として登記原因証明情報の提供を義務づけたこと（不登 61 条）。④事前通知の方法を改善し，さらに資格者代理人による本人確認情報の提供等による確認制度を設けたこと（不登 23 条 4 項）等である。

(2)　申 請 主 義

　不動産登記は申請主義を原則とする。すなわち当事者の申請または官庁・公署の嘱託がなければ，登記をすることはできない（不登 16 条 1 項）。登記の申請に際して，不動産を識別するために必要な事項，申請人の氏名または名称，登記の目的その他の登記の申請に必要な情報（申請情報）を登記所に提供しなければならない（不登 18 条）。官庁・公署の嘱託による登記は，官公署自体が登記手続の内容である実体法上の権利関係の主体となる場合のほか，不動産の強制競売または不動産担保権の実行としての競売（担保不動産競売）の開始決定に係る差押えの場合（民執 48 条・188 条，公売処分による登記〔不登 115 条〕収用による登記〔不登 118 条〕）等に行われる。

　登記記録は登記の表題部と権利部からなる（不登 12 条）。表題部とは表示に関する登記が記録される部分であるのに対して（不登 2 条 7 号），権利部は，権

利に関する登記が記録される部分である（同条 8 号）。

2　表示に関する登記

　登記記録の表題部には，土地または建物の表示に関する事項が登記される（不登 2 条 7 号）。これを表示に関する登記という。土地については，所在地，地番，地目，地積等が登記される（不登 34 条〔本章第 1 節 **2**(2)①〕）。建物については，所在地，家屋番号，種類，構造，床面積等が登記される（不登 44 条〔本章第 1 節 **2**(2)②〕）。表題部には現存する土地や建物に関する情報がなるべく正確に表示されるのが望ましい。そのため，新たに生じた土地や表題登記のない土地の所有権を取得した者は，所有権取得の日から 1 か月以内に表題登記を申請しなければならない（不登 36 条）。同様に新築した建物や区分建物以外の表題部のない建物の所有権を取得した者は，所有権取得の日から 1 か月以内に表題登記を申請しなければならない（不登 47 条 1 項）。表示に関する登記は登記官の職権によっても可能である（不登 28 条）。登記官は，土地または建物の表示に関する事項を調査することができる（不登 29 条 1 項）。

3　権利に関する登記

(1)　共同申請主義

(a)　登記権利者と登記義務者による共同申請　　当事者による登記の申請は，原則として，登記によって直接に利益を受ける者（登記権利者。不登 2 条 12 号）と登記によって直接に不利益を受ける者（登記義務者。同条 13 号）が共同して行わなければならない（不登 60 条）。これにより登記された内容が真正であることを担保する機能が期待されている。

　申請者は，申請情報（不登 18 条）のほかに，登記義務者の識別情報（不登 22 条），登記原因を証明する情報である登記原因証明情報（不登 61 条），を提供する必要がある。申請情報を記載した書面を提出する方法のほかに，電子情報処理組織を使用したオンライン申請という方法もある（不登 18 条）。登記原因証明情報とは，登記内容の真正を確保するために必要な，登記原因となる事実または法律行為に該当する具体的な事実に関する情報である。

　登記が完了した場合，登記官は申請者に対して速やかに登記識別情報を通知

しなければならない（不登 21 条）。これは旧不動産登記法における登記済証に代わるものであり，オンライン申請の際には本人確認手段として機能する。

　(b)　**単独で申請できる場合**　　上記原則に対して例外的に単独で申請できる場合がある。意思表示に代わる判決による登記（不登 63 条 1 項），相続または法人の合併による権利の移転の登記（同条 2 項），相続人に対する遺贈の場合における遺贈による所有権移転登記（同条 3 項），登記名義人の表示の変更の登記（不登 64 条），登記義務者の承諾がある場合および仮処分がある場合の仮登記（不登 107 条 1 項），不動産の収用による所有権移転の登記（不登 118 条）等がそうである。

(2)　登記官の審査

　登記官は，登記の申請があった場合，申請の適法性を審査しなければならない。審査の対象は，登記の申請が不動産登記法の形式上の要件を満たすかどうかに限定されており，登記事項が実体的法律関係に合致しているかどうかを問題としない（形式的審査主義）。審査により却下事由に該当する場合（不登 25 条），登記官は申請を却下しなければならない。

　登記官の過誤により実体関係に合わない登記がなされ，関係者が損害を被った場合は，国が損害賠償責任を負う（国賠 1 条 1 項）。

(3)　登記の種類

　(a)　**本登記**　　本登記とは終局登記とも呼ばれ，対抗力をもたらすものをいう。単に「登記」というときは，本登記を指すと考えてよい。

　(i)　記入登記　　所有権移転登記，所有権保存登記，抵当権設定登記等，一定の登記原因に基づき一定の事項を記入する登記である。最も通常に行われる登記である。

　(ii)　変更登記　　変更登記とは，登記の内容が登記後に変わった場合に行う登記である（不登 2 条 15 号）。例えば抵当権の被担保債権が一部弁済により減少した場合等に行われる。

　(iii)　更正登記　　更正登記とは，登記の内容に錯誤や遺漏がある場合に登記の内容を訂正するための登記である（不登 2 条 16 号）。例えば抵当権の被担保

債権額が登記官の過誤により誤って登記された場合にこれを改める際に行われる。

　(ⅳ)　回復登記　　抹消された登記を回復するための登記である。登記記録の全部または一部が滅失した場合に行われる登記である（不登13条）。

　(ⅴ)　抹消登記　　抹消登記とは登記を抹消する登記である。例えば抵当権の被担保債権が全部弁済により消滅した場合等に行われる。登記簿上の利害関係を有する第三者がある場合は，その第三者の承諾がある場合にかぎり抹消登記を行うことができる（不登68条）。

　(b)　予備登記　　本登記に備えて行われる登記で，物権変動の対抗力を直接付与するものではない登記をいう。仮登記がこれに当たる。仮登記は，すでに生じた物権変動の効力または将来の物権変動に向けられた請求権を保全するための登記で，順位保全効にその存在意義がある（本節**4**）。

　(c)　主登記と付記登記　　主登記と付記登記は，登記の方法ないし形式による分類である。主登記とは，独立の順位番号を付してなされる登記である。そのため独立登記とも呼ばれる。所有権移転登記や抵当権設定登記等がこれにあたる。これに対して付記登記とは，「権利に関する登記のうち，既にされた権利に関する登記〔＝主登記〕についてする登記であって，〔主登記〕を変更し，若しくは更正し，又は所有権以外の権利にあってはこれを移転し，若しくはこれを目的とする権利の保存等をするもので〔主登記〕と一体のものとして公示する必要があるもの」（不登4条2項）をいう。例えば，抵当権の移転等の際に用いられる付記登記は独立の順位番号をもたず，主登記の順位番号に付記の順位番号（枝番号）を付して行われる。

4 仮登記

(1)　意　義

　仮登記は本登記の順位を保全する機能をもつ（不登106条）。例えばAがBに不動産を売り渡す契約を締結したが所有権移転時期を代金全額が支払われた時とする特約が付されている場合，Bは代金全額を支払うまで目的不動産の所有権を取得することができない。このような場合において，Bが所有権移転請求権を保全するために仮登記をした後，AがCに同じ不動産を二重に譲渡し，

Ｃが本登記を備えても，Ｂは仮登記に基づき本登記をした時点で，Ｃに対する優先的地位を主張することができる。

　仮登記は，登記義務者と登記権利者が共同して申請するのが原則であるが，登記義務者の承諾または仮登記を命じる処分（不登 108 条）を得ることにより，登記権利者が単独で申請することもできる（不登 107 条 1 項）。

(2) 種　　類

　仮登記は次の 2 つの場合に用いられる（不登 105 条）。

(a) 物権保全の仮登記（1 号仮登記）　　不動産登記法 3 条各号に掲げる権利について保存等があった場合に，登記申請のために登記所に提供すべき情報を提供できない等，手続上の要件を充足しない場合に用いられる。

(b) 請求権保全の仮登記（2 号仮登記）　　権利の設定，移転，変更または消滅に関して請求権（始期付き，停止条件付き，その他将来確定することが見込まれる請求権を含む）を保全するための登記である。物権変動がまだ生じていない段階で，その物権変動の効力を保全する目的で用いられる。担保目的での譲渡請求権を保全するための仮登記はとくに「担保仮登記」と呼ばれている。

(3) 仮登記の効力

(a) 仮登記で保存される対抗力の発生時期　　仮登記による順位保全の効力は，本登記の効力を仮登記時までに遡及させるか。例えばＡが農地をＢに譲渡する契約を結んだが，譲渡の許可が得られるまでは本登記ができないため，さしあたりＢが仮登記を備えたとする。Ａがその農地をＣに賃貸し，Ｃが賃借権設定登記をした後に，Ｂが仮登記を本登記に改めた場合，Ｃは，Ｂの仮登記時から本登記時までの間農地を無権原で占有していたことになり，賃料相当額の不当利得返還義務ないしは不法行為に基づく損害賠償義務をＢに対して負うべきか。対抗力の具備が仮登記時に遡及するか否かによって結論が変わってくる。判例はかつて，本登記の対抗力が仮登記時に遡及するとしていたが（大判大正 3・12・10 民録 20 輯 1064 頁），その後 2 号仮登記の事案において，本登記の対抗力は仮登記時に遡及しないと解している（最判昭和 54・9・11 判時 944 号 52 頁）。学説も一致して対抗力不遡及説を支持している。

　したがって，賃料相当額の利得または損害として，BはCに対し，仮登記時からではなく，本登記時以降に生じた部分のみ返還または賠償請求できることになる。

　(b)　**仮登記のままでの効力**　　仮登記はそれ自体としては，本登記の順位を保全する効力をもつにとどまる。仮登記のままで，それが保全する物権変動の対抗力まで当然に備えられるわけではない。したがって，仮登記権利者が，たとえ実体上所有権を取得していても，民法177条に基づき登記欠缺を主張しうる第三者に対して，仮登記がされていることを根拠に所有権確認の訴え（最判昭和32・6・18民集11巻6号1081頁）や所有権に基づく明渡しの訴え（最判昭和38・10・8民集17巻9号1182頁）を提起することはできない。

　もっとも，担保仮登記に関しては，それが実質的には担保権の公示的機能を果たしているとみられることから，担保権の本登記と同等の特殊な効力が仮登記担保法によって付与されている（第12章第3節）。

(4)　**仮登記に基づく本登記の手続**

　所有権に関する仮登記に基づいて本登記を申請するには，登記権利者と登記義務者の共同申請または判決による登記権利者の単独申請によることを前提として，登記上の利害関係を有する第三者が存在するときは，その第三者の承諾を必要とする（不登109条1項）。例えばAが所有する不動産をBに譲渡し，Bが仮登記を経由した後，同じ不動産をAがCに譲渡し，本登記を経由した場合，Bは仮登記を本登記に改めるために，利害関係人Cの承諾を証する情報またはその者に対抗することができる裁判があったことを証する情報を添付しなければならない（不登令別表69の項添付情報欄イ）。

　そしてBのために本登記がなされたときは，Cの登記は職権で抹消される（不登109条2項）。Bは，仮登記のままで中間処分により所有権その他の権利を取得したCに対して本登記申請への承諾を求めることができるが，Cには承諾を拒否することでBの本登記を遅らせる可能性が与えられていることになる。仮登記の抹消については，仮登記の登記名義人が単独で申請することができる（不登110条）。

5　登記請求権

(1)　登記請求権の意義

　物権変動を公示するために，あるいは実体的法律関係に合わない登記名義を是正するために権利に関する登記をする場合，登記権利者は登記義務者と共同で登記を申請することが原則とされている（不登 60 条）。そのために，登記権利者には登記義務者に対して登記手続への協力を求める権利が認められる必要がある。これを登記請求権と呼んでいる。なお，ここでの「登記権利者」とは，権利に関する登記をすることにより，登記上，直接に利益を受ける者をいう（間接に利益を受ける者を除く〔不登 2 条 12 号〕）。「登記義務者」とは，逆に，登記上，直接に不利益を受ける登記名義人をいう（間接に不利益を受ける登記名義人を除く〔同条 13 号〕）。

　登記請求権は私法上の権利であり，私人が登記官に対して行政行為を求める公法上の行為である登記申請権とは区別される。

(2)　引渡請求権との対比

　上述のとおり，登記請求権は，不動産登記法が共同申請の原則を採用していることから必要になる実体法上の権利である。物の引渡請求権と本質的にはパラレルに捉えることができる。すなわち，動産の売買契約に基づき買主は売主に対して動産の引渡請求権を有し，その根拠としては，所有権に基づく物権的な請求権とともに，売買契約に基づく債権的な請求権を観念できる。同様に不動産の売買契約に基づいて，買主が売主に対して移転登記手続への協力を請求する場合にも，物権的な登記請求権と債権的な登記請求権を観念することができる（560 条）。

　もっとも，登記は，国家機関が関与する高度に組織化された手続であり，1 個の公的制度を形成している点において，原始的な公示方法である引渡しにはない特別な側面をもっている。

(3)　登記請求権の根拠

　判例は登記請求権の法的根拠を統一的に説明しておらず，個々の発生原因に

ついて類型化の基準を示しているわけでもない。学説はおおむね次のような類型化を行っている。

(a)　物権的登記請求権　　実質的には物権が存在しないか，物権変動が生じていないにもかかわらず，登記が存在する場合，実体的法律関係と登記の不一致を除去するために認められる登記請求権である。冒認登記や仮装登記等の場合に実質的権利者が不正登記の抹消登記請求をする局面（大判明治 43・5・24 民録 16 輯 422 頁）等で問題となる。また，例えば A → B → C と不動産が転々と売買され，それぞれ移転登記が行われたが，AB 間の売買が無効で，かつ C の信頼を保護する規範が適用されない場合，A は AB 間，BC 間の移転登記を抹消するかわりに，真正な登記名義の回復を登記原因とする移転登記を C に対して請求することもできる（最判昭和 30・7・5 民集 9 巻 9 号 1002 頁）。これに対して，不動産が A から B に贈与された後，B が死亡して C が B の遺産を承継した場合，C は A に対して真正な登記名義の回復を登記原因とする移転登記を請求することはできない（最判平成 22・12・16 民集 64 巻 8 号 2050 頁）。

(b)　物権変動の事実そのものから生ずる請求権　　実質的に物権変動があったのに登記を伴わない場合に，物権変動の事実そのものから，当然に当事者間に登記請求権が発生する。不動産売買の買主の登記請求権（大判明治 44・11・14 民録 17 輯 708 頁），地上権設定契約における地上権者の登記請求権（大判明治 39・2・7 民録 12 輯 180 頁）などがこの類型に属する。買主が目的不動産を第三者に転売した後も売主に対する登記請求権を失わないこと（大判明治 43・7・6 民録 16 輯 537 頁），売主の買主に対する登記義務は特約がなくても当然に発生すること（大判大正 9・11・22 民録 26 輯 1856 頁，560 条），また買主の登記請求権が独立して消滅時効にかからないことは，このことから説明することができる（大判大正 5・4・1 民録 22 輯 674 頁，大判大正 9・8・2 民録 26 輯 1293 頁）。

　売買契約における登記権利者は通常買主だと考えられるが，例えば売主 A が登記名義人として固定資産税を負担し続けるのを嫌って，買主に対して登記の引取りを求める場合がある。このような登記引取請求権も物権変動の事実に合致した登記を求める権利として位置づけられる（次に述べる債権的請求権として構成することも可能である。最判昭和 36・11・24 民集 15 巻 10 号 2573 頁）。

(c)　債権的登記請求権　　当事者間に登記をする特約がある場合，債権的な

登記請求権としても成立しうる。地上権・永小作権等の用益物権者が設定者に対して地上権設定登記，永小作権設定登記について物権の効力として登記請求権を有することは疑いがない。ところが賃借権は債権であり，賃借権の内容は，賃貸人に対して目的物を使用収益させることを求める権利に尽きている（601条）。対抗力の具備までは権利内容を構成しないため，特約がないかぎり，賃借権に基づく登記請求権を否定するのが判例の立場である（大判大正 10・7・11民録 27 輯 1378 頁）。なお配偶者居住権は債権であるが，権利の性質に照らし，配偶者に登記請求権が法律上与えられている（1031 条 1 項）。

　もう 1 つは，いわゆる中間省略登記の場合である。例えば A → B → C と所有権が移転した場合，本来は A → B，B → C の 2 つの所有権移転登記をすることが，実体法上の権利変動過程に忠実である。ところが登録免許税や司法書士に支払う手数料の節約等の理由から，中間者 B を省略し，A → C の所有権移転があったという内容の登記を申請したい場合がある。

　C は A に対して，中間省略登記を請求できるかどうかが問題となる。かつては物権変動過程を忠実に記載すべきという登記法の要請を重視し，全面的に否定する説，ABC 全員の合意がある場合にかぎり肯定する説，中間者 B の同意の有無を問わず，AB の利益を害しない場合のみ肯定する説が対立していた。

　判例は，C が A に対して直接の登記請求権を取得するのは ABC 全員の合意または AC 間の直接登記に対する中間者 B の同意がある場合にかぎる立場を採用するものと理解されてきた（最判昭和 40・9・21 民集 19 巻 6 号 1560 頁 ◀判例 4-3▶）が，学説においては，平成 16 年改正により登記原因証明情報の提供が厳格化されたことにも鑑み，全面的否定説が有力である。

◀**判例 4-3**▶ **最判昭和 40・9・21 民集 19 巻 6 号 1560 頁**

【事案】A は所有する建物を子 Y に譲渡し，Y への移転登記がなされた。その 2 年後 X は当該建物を B から買い受けた。X が自己の前主 B が当該建物の所有者であることにつき，①主位的に，B が Y から代物弁済により所有権を取得した，②予備的に，A との代物弁済予約に基づいて B が A から所有権を取得した，と主張した上で，Y から直接自己への移転登記をするにつき中間者 B の同意があるとして，Y に対して所有権移転登記手続を請求した。Y は YB 間の代物弁済の効力を否定して，X の所有権取得を争った。第 1 審は X の請求を認容したが，第 2 審は，Y または A の承諾があることの主張立証がなく，

請求自体失当であるとして，請求を棄却した。

【判旨】上告棄却。「甲乙丙と順次に所有権が移転したのに登記名義は依然として甲にあるような場合に，現に所有権を有する丙は，甲に対し直接自己に移転登記すべき旨を請求することは許されないというべきである。ただし，中間省略登記をするについて登記名義人および中間者の同意ある場合は別である。……本件においては，……また，登記名義人や中間者の同意がない以上，債権者代位権によって先ず中間者への移転登記を訴求し，その後中間者から現所有者への移転登記を履践しなければならないのは，物権変動の経過をそのまま登記簿に反映させようとする不動産登記法の建前に照らし当然のことであって，中間省略登記こそが例外的な便法である」。

> **Column 4-4** **実務における中間省略登記の代替手段**
>
> 　判決に基づく中間省略登記は可能であるとされる（昭和39・8・27民事甲2885号民事局長通達参照）。他方で，全員が合意の上，A→B→Cと所有権が移転したという証拠書類を整えて，A→Cの移転登記を申請しても，登記実務はこれを受理しない。登記申請にあたり，申請者は登記原因情報の提供を義務づけられており（不登61条），登記原因情報中にA→B，B→Cの物権変動原因の記載がある場合には，登記申請は却下される。そのため中間省略登記と実質的に同じ効果をもたらすためには，例えば第三者のためにする契約（民537条。大判明治41・9・22民録14輯907頁）あるいは買主の地位（契約上の地位）の移転という法形式をとり，所有権がA→Cに直接移転したことを示す登記原因情報を提供する必要がある（平成19・1・12民二52号民事局民事第二課長通知）。

6 登記の有効要件

(1) 序　　説

　登記は不動産登記法が定める手続に従ってなされる必要がある。すなわち登記が有効であるには，登記の形式的有効要件を満たしていなければならない。また，登記内容が実体的法律関係に合致していなければならない。すなわち，登記の実質的有効要件をも満たしていないと，有効な登記とはいえない。

(2) 形式的有効要件

(a) 登記手続に瑕疵のある登記　　登記手続に際して何らかの形式的不備が

ある場合，これをことごとく無効としてしまうと，無効な登記が頻発すること
となり，登記制度に対する信頼を損なう可能性がある。そこで判例は手続上瑕
疵のある登記でも一定の場合には，すでになされた登記の有効性を是認する。
例えば，未成年者による登記申請の登記原因につき親権者の同意を証する書面
が欠けていた場合でも，実体的法律関係に符合するかぎり，登記は有効である
とされる（最判昭和 37・3・16 民集 16 巻 3 号 567 頁）。また無権代理人が偽造文書
を用いて行った登記申請に基づいて抵当権設定登記がなされたとしても，表見
代理が成立する結果，登記の内容が結果的に実体的法律関係に符合するかぎり
において，登記は有効であるとされる（最判昭和 37・5・24 民集 16 巻 7 号 1251
頁）。もっとも，その後，類似の事案に対して，判例は，実体的法律関係との
符合に加え，登記義務者においてその登記を拒みうる特段の事情がなく，「登
記権利者において当該登記申請が適法であると信ずるにつき正当の事由がある
とき」，という限定を付し，同様の結論を導いている（最判昭和 41・11・18 民集
20 巻 9 号 1827 頁）。本人（登記義務者）が無権代理行為を追認した場合も，本人
は設定登記の無効を主張することはできない（最判昭和 42・10・27 民集 21 巻 8
号 2136 頁）。これに対して，学説においては，①実体的法律関係に合致するか
ぎりすべて有効とする説，②登記義務者の登記申請意思の有無によって区別す
る説，③実体的法律関係に合致する登記でも，当該登記を拒むことのできる正
当な事由がある場合には，登記を無効とする説などが主張されている。

　(b)　**登記の記載がなくなった場合**　　いったん備えられた登記が登記官の過
誤や不法な抹消登記手続申請によって抹消された場合に，登記上の記載から消
えた物権変動の対抗力はどうなるか。判例は，抵当権設定登記が抵当権者不知
の間に第三者の申請に基づき不法に抹消されても，抵当権は対抗力を失わない
と解している（最判昭和 36・6・16 民集 15 巻 6 号 1592 頁）。また登記事項を新た
な登記ファイルに書き移す際に，登記官の過誤によって遺脱した場合も，登記
の対抗力は失われない（最判昭和 32・9・27 民集 11 巻 9 号 1671 頁）。このように，
登記の公示機能を多少犠牲にしても，権利保全に必要な措置を講じた真の権利
者の利益保護が保障されており，一度備えられた対抗要件はその存続に関係な
く，有効性を認められる。これに対しては登記の公示機能を重視する立場から
の批判もある。

　他方で，抵当権者から不動産の抵当権設定登記の抹消登記の委託を受けた者が誤って別の不動産の抵当権設定登記の抹消手続をしてしまった場合，当該抵当権の対抗力は失われる（最判昭和 42・9・1 民集 21 巻 7 号 1755 頁）。この場合，登記手続の代行を委ねられた者のミスや逸脱行為は，委任した登記名義人自身の権利領域内のリスクとして自ら甘受すべきである，という考慮が働いている。このように対抗力の維持に登記の存続が必要かどうかの判断において，判例は，現実の権利関係に合致しない登記が抹消された経緯に対する真の権利者の帰責性の有無を問題にしているとみることができる。

(3)　実質的有効要件

(a)　物権変動の不存在・無効　　実際に物権変動が生じていないのに，生じたかのような登記は不実登記として無効である。例えば不動産を売る意思がないのに，債権者からの執行を免れるため，あるいは脱税目的で通謀して虚偽の意思表示に基づき所有権移転登記をした場合（94 条 1 項）がこれにあてはまる。このとき真の権利者は無効な登記につき抹消登記を行うことができるほか，真正な登記名義の回復を登記原因とする移転登記をすることもできる（昭和 39・2・17 民事三発 125 号民事局第三課長回答）。

(b)　登記の流用　　実体関係と一致していた登記について，その後実体関係が消滅した後に，再び実体関係が回復される場合がある。このような場合に登記を流用することができるか，問題となる。

　(i)　建物保存登記の流用　　旧建物を壊して，同じ敷地に別の建物を建設した場合，登録免許税を節約するために，旧建物の所有権保存登記が新建物の所有権保存登記として流用されることがある。しかし，旧建物と新建物とは，たとえ同じ位置にあり，形状が類似しているとしても，別個の不動産であるから，登記の流用は認められない（最判昭和 40・5・4 民集 19 巻 4 号 797 頁）。

　(ii)　抵当権設定登記の流用　　被担保債権の弁済により抵当権が消滅したにもかかわらず，抵当権設定登記が残されている場合，この登記は実体関係を反映しない無効登記となる。しかし，その後同一当事者間に再び別の債権関係が生じ，その債権を担保するために同じ内容の抵当権が設定され，一旦無効になった登記を当事者が流用する合意をした場合はどうか。このとき，流用登記の

当事者は登記の無効を主張することはできないが（最判昭和37・3・15集民59号243頁），登記の流用により第三者の利益が害されてはならない。例えば，Aの所有不動産甲にBが抵当権設定登記を受けていたところ，被担保債権が弁済により消滅したとする。旧抵当権が弁済により消滅する前にCが甲の第二順位の抵当権設定を受けた場合，Cは抵当権の消滅に伴う順位昇進の期待を保護されるべきであり，Cは登記の無効を主張することができる（大判昭和8・11・7民集12巻2691頁）。もっとも，Cに劣後する後順位抵当権としての流用は差し支えない。弁済による抵当権の消滅後，登記流用までにCが第二順位の抵当権設定を受けた場合も，同様に順位昇進の期待が保護されるべきである。これに対して，Bによる流用後にCが抵当権設定を受けた場合は，原則としてCは登記の無効を主張することができないと解されている（大判昭和11・1・14民集15巻89頁〔第三取得者の事例〕　**判例 10-2**，最判昭和49・12・24民集28巻10号2117頁〔仮登記担保の事例〕）。詳細は抵当権の解説（第10章第2節**3**(3)）も参照。

　(c)　**中間省略登記**　　不動産がA→B→Cと転々譲渡され，中間者Bを省略して直接A→Cの移転登記がされた場合，その登記の有効性が問題となる。登記の機能が現在の物権の帰属状態の公示に尽きるとみれば，物権変動の過程を登記が忠実に記録しているかどうかに重きをおかず，中間省略登記の有効性を全面的に認めることも考えられる。しかし，BがCから代金全額の支払を受けていない段階で，CがAに直接移転登記を求め，Aがこれに応じた場合，Bは同時履行の抗弁によって代金支払を確実に受けられる利益を失うことになる。そこで，判例は，すでになされた中間省略登記の効力に関しては，現在の実体関係に適合しているかぎり登記の対抗力を承認し（最判昭和44・5・2民集23巻6号951頁），保護されるべき利益を中間者Bが有している場合には，Bが中間省略登記の抹消を求めうるとしている（最判昭和35・4・21民集14巻6号946頁）。もっとも，すでに所有権を喪失している中間者に抹消登記請求まで認めて保護すべき実質的利益があるのか疑問であるとし，抹消登記請求を全面的に否定し，中間者の利益は債権的請求権で保護すれば十分であるという見解もある。

第5章

動産物権変動

> この章では，動産物権変動に関する諸制度および主要な問題点を取り上げる。その要件とくに取引安全の図り方につき，不動産物権変動との相違に留意されたい。

第1節　序　　説

1 動産物権変動の特色

　動産の物権変動についても，不動産物権変動におけると同様の基本システムが採用されている。すなわち，当事者間において有効に物権変動を成立させるための要件においては意思主義がとられ（176条），第三者に対してその旨を主張して権利関係を確保することについては，対抗要件主義に基づいている（178条）。したがって，基本的には，不動産物権変動（第4章）における説明が動産物権変動についてもおおむね妥当するが，動産取引の特色に応じた次のような相違点に留意する必要がある。

　商品取引の大半を占める動産取引は，不動産取引と比較すると，大量性と高度な流通性を有している。そのため，取引における簡易迅速性と早期安定化の

要請が高い点が大きな特色となっている。このような動産取引の特色は，物権変動に関する規律にも反映されている。主なものとして，第1に，公示方法が原則として登記ではなく占有とされており，それに伴って「引渡し」が対抗要件となっている点（178条），第2に，そのことと関連して公信の原則が採用されている点（192条），が挙げられる。

　そこで，取引安全に対する法的手当てのあり方を中心に，動産物権変動に固有の問題点が生じてくる。本章については，こうした特色に十分注意しながら学習する必要がある。

2　動産物権の公示方法

(1)　民法上の原則——占有

　動産物権の公示方法は原則として占有である。すべての動産について登記を実施・管理するのは手続上困難である上，あらゆる動産取引に登記手続を要求すると，費用的負担が大きいことに加えて簡易迅速性の要請に反し，取引の円滑を害するおそれがある。そこで，物に対する外形的・事実的支配すなわち占有をもって，かかる支配に関する権利の公示方法とすることとされたのである。この公示方法の問題点については後述する。

　ちなみに，公示方法に関するこの原則についてはいくつかの例外がある。次の項目において解説する。

(2)　特別法上の公示方法

　(a)　**登録動産**　　特定の種類の動産については，権利の公示方法として登記・登録制度が採用・整備されており，特別法に基づく登記・登録手続をもって権利変動に関する対抗要件とされている。船舶（商687条），自動車（車両5条，自抵5条1項），航空機（航空3条の3，航抵5条），建設機械（建抵7条），農業用動産（農動産13条）等がこれにあたる。

　(b)　**動産譲渡登記**　　法人による動産譲渡につき，動産債権譲渡特例法は，その譲渡を動産譲渡登記ファイルに登記するという公示方法を定めている。(a)と異なり，動産の種類を問わない。この立法は，動産譲渡に関する公示方法が不十分である点に鑑み，動産譲渡担保を中心とする企業取引の安全確保と資金

調達の円滑化を目的としている。

第2節　動産物権変動の対抗要件

1 序　説

　動産物権の公示方法は占有であるため，動産物権の譲渡については，占有の移転・取得としての「引渡し」が公示の具備すなわち対抗要件となる（178条）。本節において留意すべき主な点は次の2点である。第1に，占有には現実の占有（直接占有）のほかに観念的占有（代理占有・間接占有）が認められていることから（第6章第2節**1**），引渡しの方法についても現実の引渡しと観念的引渡しがあること，第2に，公示方法の例外に照らして，引渡し以外の対抗要件が承認されていること，である。

> **Column 5-1**　引渡しを要する動産物権変動
>
> 　対抗要件として引渡しを要する動産物権変動は「物権の譲渡」に限定されており（178条），具体的には，所有権および被担保債権の譲渡に伴う質権の譲渡にかぎられている。その理由としては，①用益物権および抵当権は動産を対象としていない，②留置権は占有開始が成立要件であり，占有の継続は効力要件であって対抗要件ではない，③動産先取特権は債権者の占有開始または引渡しを要件としていない，④占有放棄による動産所有権の消滅について対抗要件の有無が問題となることはない，⑤取得時効における占有開始は成立要件であって対抗要件ではない，⑥相続は被相続人の地位の包括承継であり，占有も当然に承継されるため，引渡しを要する譲渡に含まれない，などが挙げられている。

> **Column 5-1-2**　引渡しを要する動産相続
>
> 　上の⑥で掲げた相続については899条の2に留意が必要である。同条は動産にも適用されるため，178条の特別規定として位置づけられる。これによれば，共同相続において，一部の共同相続人が遺産分割または遺言相続によって自己の法定相続分を超える動産物権を取得した場合は，引渡しがなければこれをもって第三者に対抗することができない。遺産分割または遺言の存否・内容を容易に知ることができない第三者の取引安全および，相続債権者・相続人の債権者の地位の安定化を図るためである。
>
> 　もっとも，被相続人による死亡後の引渡しを観念できないことから，引渡し

の方法がさらに問題となる。とくに，遺言の内容に不満を抱く他の相続人が目的動産を占有している場合は，受益相続人への任意の引渡しに応じずに第三者に処分することもありうるため，債権を相続した場合におけるように（899条の2第2項），受益相続人が遺言の内容を明らかにしてその承継を占有者に通知すれば足りるとするなど，受益相続人が単独でできる対抗要件具備の方法を手当てする必要があろう。

2 引渡しの方法

(1) 現実の引渡し

物に対する現実的占有の移転を指して，現実の引渡しという。引渡しの典型的方法であり，客観的・外形的にみて明確な物的支配の移転を意味する。

(2) 観念的引渡し

現実的占有を移転させずにもっぱら当事者の意思表示によって行う占有の移転を，観念的引渡しという。譲渡当事者の便宜に配慮した引渡方法であり，民法は次の3種類の方法を承認している。

(a) 簡易の引渡し　譲受人またはその代理人がすでに物を所持している場合，引渡しは当事者の意思表示のみによって行うことが許されている（182条2項）。例えば，賃借人として目的物を利用している者が，後に所有者からこれを譲り受けた場合，賃借人にいったんその物を所有者に返還した上で改めて現実の引渡しを受けることを求めるのは，当事者にとって不便であり，譲受人はすでに目的物を所持しているからその必要もない。そこで，この場合における引渡しは意思表示で足りるとされている。これを簡易の引渡しという。

(b) 占有改定の方法による引渡し　占有代理人が占有物につき本人のために占有する旨の意思表示をした場合，本人はこれによって占有を取得する（183条）。例えば，売買契約に基づいて買主に所有権が移転したにもかかわらず，売主が引き続き目的物の占有を継続する場合でも，売主が買主の所有物として占有する旨の意思表示をすることにより，引渡しが行われたものと認められ，買主は対抗要件を備えたことになる。これを占有改定の方法による引渡しという。譲渡後も譲渡人が使用収益の継続を望む場合や，譲受人のために管理

を行う場合等において有益な引渡方法であり，動産譲渡担保の対抗要件として判例上承認されている（第12章参照）。

　(c)　**指図による占有移転**　　本人が占有代理人に対して，以後第三者のために占有すべき旨を指図し，その第三者が承諾した場合，当該第三者への引渡しが認められる（184条）。例えば，寄託者が目的物の管理を受寄者に委ねたままでこれを譲渡した場合，寄託者が受寄者に対して今後は譲受人の所有物として管理を継続するよう指示し，譲受人がこれを承諾すれば，譲受人の対抗要件具備のために受寄者→寄託者→譲受人→受寄者と現実の引渡しを循環させる必要はない。この引渡方法を指図による占有移転という。このような引渡しについては，上述の設例に加えて，賃貸目的物の譲渡＋賃貸借関係の承継のように契約上の地位の移転を伴う場合が多い。

> **Column 5-2**　**間接占有者による占有改定**
>
> 　占有改定は，目的物を直接占有する占有代理人の意思表示ではなく，間接占有者からの意思表示であっても認められるか。BがAの委託を受けて同人のために管理・占有する動産につき，AがCに譲渡した場合における引渡方法としては，指図による占有移転（AのBに対する指図とCの承諾）があるが，AのCに対する占有改定の意思表示でもよいだろうか。Bが以後Cのために占有する旨の意思表示を行っていないにもかかわらず，AのCに対する意思表示のみにより，AB間の代理占有関係を基礎として，重畳的にBC間の代理占有関係を成立させてよいかが問われる。
>
> 　近時の事件として，輸入業者Aの輸入商品に関する信用状取引において，信用状を発行したC銀行のためにAが輸入した本件商品に譲渡担保を設定したが，Aは本件商品を直接占有したことはなく，Aから委託を受けた貨物取扱業者Bが本件商品の受領・通関手続および転売処分を行ったところ，その後Aにつき民事再生手続が開始し，Cが本件商品の転売代金債権に対して譲渡担保権に基づく物上代位権を行使したという事案において，譲渡担保権の対抗要件としての占有改定の成否が争点とされたものがある。最高裁は，①輸入取引においては輸入業者から委託を受けた貨物取扱業者によって輸入商品の受領等が行われ，輸入業者が目的物を直接占有することなく転売を行うことが一般的であり，AC間の譲渡担保の設定はこのような取引の実情の下で行われたこと，②信用状取引においては銀行が輸入商品につき譲渡担保の設定を受けることが一般的であり，AのBに対する委託も，本件商品につき信用状を発行

> した金融機関のために譲渡担保が設定された旨を当然の前提とするものであったことを理由として，占有改定の方法による引渡しを肯定した（最決平成29・5・10民集71巻5号789頁）。特殊な事例に関する決定ではあるが，その意義が問われている。

3 引渡し以外の対抗要件

　動産物権については占有以外の公示方法が認められていることに伴い，対抗要件にも引渡し以外の方法がある。

(1) 登 録 動 産

　特別法上の登録動産については登記・登録手続が対抗要件とされており（本章第1節 2 (2)），一般法としての民法上の対抗要件制度の適用は排除される。

(2) 動産譲渡登記

　法人による動産譲渡につき動産譲渡登記がされた場合，民法178条の引渡しがあったものとみなされる（動産債権譲渡特3条1項）。動産債権譲渡特例法によれば，動産譲渡登記は対抗力において引渡しと同レベルであり，民法上の対抗要件を排除してはいない。したがって，法人による動産譲渡においては，対抗要件として動産譲渡登記と引渡しが並存し，その優劣は具備の先後で決せられることになる。この点については，動産譲渡担保に関する優劣決定を明確化するためにも，少なくとも法人による動産譲渡に関しては登記を優先させるべき旨が指摘されたが，引渡しを排除することによる実務上の混乱や登記制度の濫用等，新たな問題の発生が懸念されたことから，並存方式とされたのである。

(3) 商法上の対抗要件

　海上運送人や倉庫営業者に荷物を預ける場合，荷送人・寄託者は，船荷証券・倉荷証券の発行を請求することができる。そして，その荷物を第三者に譲渡した場合，譲受人にかかる証券を引き渡すことにより，荷物自体の引渡しがなくても，譲受人はその所有権取得につき対抗要件を備えたことになる（商763条・607条）。

4 民法 177 条との相違点

　物権変動につき対抗要件主義が採用された点において，動産も不動産と共通するため，178 条に関しても，基本的には 177 条の解釈が妥当しようが，次の 3 点に注意すべきである。

(1)　対抗問題と公信問題の関係

　動産物権変動の対抗要件として観念的引渡しが認められることから，動産の二重譲渡において，第一譲受人が占有改定による引渡しを受けた後，現に動産の所持を継続する譲渡人がこれをさらに第二譲受人に譲渡した場合，一見すると対抗関係のようにも映るが，すでに第一譲受人が対抗要件を備えており，第二譲受人は無権利者からの譲受人にすぎない。もっとも，第二譲受人は，178 条ではなく，動産占有の公信力すなわち即時取得制度（192 条）によって権利取得することがなお可能である。また，法律行為の無効・取消しにおける第三者保護についても，93 条 2 項，94 条 2 項，95 条 4 項，96 条 3 項が適用される場合を除き，178 条ではなく，即時取得制度（192 条）によって図ると解するのが一般的である。この点については後に補足的説明を加える（本章第 4 節 **2** 参照）。

(2)　第三者の主観的要件

　178 条の第三者についても悪意者または背信的悪意者を排除すべきであろう。もっとも，第三者相互間において動産上の権利帰属が争われる問題の多くは即時取得制度（192 条）によって解決される上，仮に対抗関係において劣後したために権利取得できなかったとしても，占有改定による引渡しすら受けていない譲受人の要保護性が疑問であるのに加えて，通常は譲渡人に対する契約責任に基づく救済が選択されると思われるため，実務上はあまり問題とならない。

(3)　第三者の範囲

　178 条の第三者については，賃借人および受寄者もこれに含まれるか否かが問題となる。例えば，A が B に対して賃貸または寄託している動産を C に譲

渡した場合において，C が B に対して所有権に基づく引渡請求を行うにつき，対抗要件として指図による占有移転を要するか。判例は，賃借人に対しては対抗要件必要説（第三者肯定説）を採用する一方（大判大正 4・2・2 民録 21 輯 61 頁等），受寄者に対する関係では対抗要件不要説（第三者否定説）に立つ（最判昭和 29・8・31 民集 8 巻 8 号 1567 頁）。両者を区別する根拠は，賃借人には目的物の使用収益権限を維持する必要性があるのに対して，保管義務を負うにすぎない受寄者はいつでも返還すべき地位に立つ点（662 条 1 項）に求められるようである。

　これに対して学説においては，両者を区別せずに，賃借人および受寄者は譲受人と対抗関係に立たないことを理由とする対抗要件不要説と，賃借人および受寄者は，誰に対して目的物を返還すればよいかを確知するについて正当な利益を有することを重視する対抗要件必要説が有力に提唱されている。

> **Column 5-3　寄託物の返還と対抗要件の関係**
>
> 　寄託に関しては，平成 29 年改正により新設された 660 条 2 項および 3 項によれば，寄託者の指図または譲受人に引き渡すべき旨の確定判決がないかぎり，受寄者は寄託者に対して寄託物を返還しなければならず，その場合譲受人に対して責任を負わない。
>
> 　それでは，660 条 2 項および 3 項と 178 条との関係についてどのように理解すればよいか。譲受人に引き渡すべき旨の寄託者の指図または確定判決は，指図による占有移転と同一ではないため，受寄者の返還については，178 条の対抗要件の有無にかかわらず，もっぱら 660 条 2 項・3 項によって規律される。この点につき，同条 2 項・3 項は 178 条の対抗要件不要説に立脚しつつ，受寄者保護の見地からその返還義務について別個に定めた独自の規定と捉える解釈が示されている。これに対しては，誰に目的物を返還すべきかを確知することに関する受寄者の利益保護の観点および，譲受人は無条件で引渡請求をすることはできず，権利関係確認のための手続が求められる点に照らせば，660 条 2 項・3 項はむしろ対抗要件必要説を前提として，譲渡人の指図がない場合において譲受人のために対抗要件を補充する旨の 178 条の特別規定と解する見方もありえよう。

第 3 節　動産占有の公信力

1 問題提起──無権利者処分における動産取引の安全

　他人の物を占有する者が，処分権限がないにもかかわらずこれを所有者に無断で第三者に譲渡した場合，その所有権の帰属をめぐって紛争が生じる。ここで問題となるのは，真正所有者の権利確保と，他人の占有を信頼して取引関係を築いた第三者の取引安全のいずれを優先させるか，であり，動産取引に公信の原則を採用し，動産物権の公示方法である占有に公信力を認めるべきか，が問われる。この点につき，不動産登記に公信力がないことと同様に理解してよいであろうか。これについては，以下の点に着目しなければならない。①客観的・外形的な占有態様からただちに権利の有無・内容が明確とならない場合が多く，とくに代理占有・観念的引渡しが認められていることから，現に所持する者が処分権限を有しているとはかぎらず，その意味において，占有は権利の公示方法として不十分といわざるをえない。②動産は高度な流通性を有しているため，転々流通した後で真正所有者による権利回復を認めると，それまでに築かれた取引関係がすべてくつがえされ，権利関係が著しく不安定となる。③動産取引において，占有者の処分権限の有無につき，過去の流通経路を遡って入念に調査確認することを要するとなると，簡易迅速性の要請に反し，取引の円滑が害されるおそれが生じる。

　そこで民法は，一方において動産物権の公示方法を占有とし，かつ観念的占有・引渡しを認めて当事者の便宜を図る反面，それによって生じる占有の公示機能不全を補充するため，動産については占有に公信力を承認することにより，取引安全との調和に努めることとしたのである。

2 即時取得制度

(1)　即時取得制度の意義

　動産占有に対する公信力の付与は，即時取得制度（192 条）において体現されている。同制度は沿革上，所有者の支配領域を離れて流通するに至った動産

に対する所有権の追及効の制限および，第三者の占有取得の効果として把握されており，占有が物権取得に結びつく点において取得時効と共通する意義を有している。ただし今日においては，無権利者処分における動産取引安全を目的とした信頼保護のための制度として理解されており，それが要件面にも反映されるに至っている。

(2)　要　　件

(a)　対象となる動産　　即時取得の対象は動産である。この制度は占有の公示機能不全を補うことを目的としているため，特別法において登記・登録による公示方法が具備されている動産（船舶，自動車，航空機，建設機械，農業用動産等）には適用されない（最判昭和62・4・24判時1243号24頁）。なお，未登録ないし登録抹消後の動産については，即時取得の適用が認められている（最判昭和45・12・4民集24巻13号1987頁）。

　動産譲渡登記がされている場合であっても，法人による動産譲渡が常に登記されるとはかぎらない現状においては，目的物の性質・数量や取引の態様，当事者の地位に応じて，第三者が登記について調査確認せずに占有に依拠して取引することが許されるケースもありうるため，即時取得が成立する余地があると解されている。

(b)　金銭所有権の特殊性　　金銭はいわゆる価値表象物であり，特定の財産としての動産とはいえないため，封金される等して特定性を有する場合など等，特段の事情がないかぎり，占有者の所有に属する，と解するのが判例・通説である（最判昭和29・11・5刑集8巻11号1675頁，最判昭和39・1・24判時365号26頁）。すなわち，金銭の占有者は，その占有取得の経緯・権原を問わず所有者となる。そのため，例えば他人から預かった金銭をもって第三者への弁済に充てたような場合，その金銭は即時取得の適用をまたずに当該第三者の所有に属する。

　なお，共同相続人の1人が相続開始時に存した金銭を遺産として保管する場合は，上にいう特段の事情にあたり，かかる金銭が当然に保管者の所有に帰することにはならず，遺産分割の対象となるとされている（最判平成4・4・10家月44巻8号16頁）。

　もっとも，このような金銭所有権の帰属と，不当利得返還請求に基づく清算・調整の可否は別問題である。判例には，騙取金をもって貸金の弁済がされた事案において，受領者が悪意または重過失のときは被害者との間で不当利得が成立する，と解したものがある（最判昭和 49・9・26 民集 28 巻 6 号 1243 頁）。この点については，金銭についても誰に帰属すべき財産なのかを観念した上で，これが侵害されたときには物権的保護が与えられるべきであり，他人に帰属すべき価値であることに関して悪意の占有者に対しては，一般の動産におけると同じように「物権的価値返還請求権」を認めてよい，と構成する有力説がある。

　(c)　**前主の無権利**　　条文上明らかではないが，即時取得制度の意義を動産占有に対する公信力を認めた点に求めるとすれば，前主が無権利者である場合に適用されることになる。しかしながら，正確にいえば，これは即時取得の要件ではなく，「前主の権限の有無を問わない」という意味に解すべきであろう。したがって，第三者の側において前主の無権利を主張立証する必要はない。

　ここにいう無権利とは処分権限の欠缺を指すが，代理権の欠缺についてはもっぱら表見代理によって手当てされる点に注意すべきである。その意味において，所有権に対する信頼保護と代理権に対する信頼保護とは区別される。

　(d)　**有効な取引行為**　　即時取得が動産取引安全のための制度であることから，第三者が取引行為によって動産の上に権利関係を築いたことが求められる。なお，同条による保護は取引行為が有効であることを前提としている。そのため，権利取得に対する障害のうち「前主の無権利」以外のもの（第三者の取引行為における無効・取消原因）までが，即時取得により治癒されるわけではない。

　さらに学説には，贈与のような無償行為は即時取得による保護に値する取引行為とはいえない，と解するものがある。

　また，土地に生成する立木の譲受人は，明認方法なくしてその所有権取得をもって土地の差押債権者等の第三者に対抗することはできないが，後に伐採・搬出することにより即時取得が成立しうるかにつき，判例は，伐採・搬出という事実行為では即時取得は成立しないとした（大判昭和 7・5・18 民集 11 巻 1963 頁）。学説上は，立木が伐採された後の譲受人については即時取得の成立がありうることとの均衡を指摘する反対説があるが，立木はあくまで土地の構成部分であって，譲受人は速やかに明認方法を講じるべきであるから，この点にお

いて立木の譲渡と伐木の譲渡とは区別されてよいであろう。

(e)　平穏・公然・善意無過失　　即時取得による保護に値する第三者の態様
として，前主に処分権限ありと過失なく信じて取引行為を行い，かつ平穏にし
て公然に占有を始めたことが求められる。第三者が占有を開始することにより，
善意・平穏・公然は推定される（186条）。さらに，前主の占有が適法な本権に
基づくものと推定されるため（188条），それに対する第三者の信頼について間
接的に無過失が推定される（最判昭和41・6・9民集20巻5号1011頁）。したがっ
て，即時取得の成立を否定する当事者の側に，第三者の悪意または有過失に関
する立証責任がある。これについては，前主の所有権につき疑念を抱くべき事
情があり，同人の所有権の有無を容易に知りえたにもかかわらず，そのための
調査確認を怠った旨を立証することにより，過失が認定される（最判昭和42・
4・27判時492号55頁〈**判例 5-1**〉）。なお，即時取得の成否については，所有権
留保（第12章第4節）における転得者保護において問題となることが多い。

〈**判例 5-1**〉**最判昭和42・4・27判時492号55頁**

【事案】 建設機械等の販売業者であるXは土木建設業者Aに対して，本件建
設機械を売却したが，代金完済まで所有権をXに留保する旨の特約が付され
た。Aは代金を完済しないうちにこれを古物商Yに転売したため，XがYに
対して所有権に基づく引渡請求を行ったところ，Yが即時取得の成立を主張
して争った。原審はXが勝訴した。Y上告。

【判旨】 上告棄却。最高裁は，①建設機械につき所有権留保の割賦販売が行わ
れる取引慣行が存在すること，②Yは建設機械をも扱う業者であり，①のよ
うな消息について通じていること，から，「売主がいかなる事情で……本件物
件を処分するのか，また，その所有権を有しているのかどうかについて，疑念
をはさみ，売主についてその調査をすべきであり，少し調査をすると，Aが
本件物件を処分しようとした経緯，本件物件に対する所有権の有無を容易に知
りえたものであり，したがって，このよう措置をとらなかったYには，本件
物件の占有をはじめるについて過失があったとする原判決の判断は，当審も正
当として，これを是認することができる」と判示した。

(f)　占有開始　　第三者が動産の占有を開始したこと，すなわち引渡しを受
けていることが成立要件となる。ここにいう引渡しの意義については，現実の
占有を取得しなければならないのか，観念的な引渡しで足りるのか，が問われ
る。具体的には，占有改定の方法による引渡しおよび，指図による占有移転に

おける即時取得の成否が問題となる。以下に項目を改めて説明する。

(3) 観念的引渡しと即時取得の成否

(a) 占有改定による引渡しと即時取得

例えば，次のような設例を考えてみよう。A が所有する動産を B が保管していたが，これを B が A に無断で C に売却し，C は B が所有者であると信じてこれを買い受けた。BC 間の合意により，当該動産はそのまましばらく B が C のために管理することとされ，引渡しは占有改定の方法によった。A が B に対してその返還を求めたところ，AC 間で所有権の帰属をめぐって紛争が生じ，C が即時取得の成立を主張した。

このような場合，占有改定による引渡しにおける即時取得の成否が問われるが，これについては見解が対立している。

(i) 肯定説 即時取得制度の趣旨が，動産の占有に対する信頼保護によって取引安全を図ることにあるのだから，第三者が善意無過失で取引行為を行ったかどうかが重要なのであり，引渡しの方法を問わない，という考え方である。192 条は文言上とくに占有開始の態様を限定しておらず，民法は動産物権譲渡の対抗要件として観念的な引渡しを承認しているから，これを即時取得から除外する必要はない，という。

(ii) 否定説 即時取得の成否については，真正所有者を犠牲にすることの相当性および，第三者の取引安全確保の必要性に関する適切な利益衡量が行われなければならない。そこで判例は，即時取得が成立するためには「一般外観上従来の占有状態に変更が生ずるがごとき占有を取得することを要し，かかる状態に一般外観上変更を来たさないいわゆる占有改定の方法による取得をもっては足らないものといわなければならない。」として，否定説に立つ（最判昭和35・2・11 民集 14 巻 2 号 168 頁）。通説も次のような理由からこの方向を支持している。①B が現実の占有を継続している以上，目的物は依然として A の支配領域に属したままであり，この状態で C の即時取得を認めてしまうと，真正所有者 A に不当な犠牲を強いることとなり，相当でない。②他方において，動産の実質的支配が C に移転するに至っていないから，同人を保護すべき必要性に乏しい。③占有改定で足りるとすると，A が B に対して返還請求した場合に B が C の即時取得を理由としてこれを拒絶することができることにな

るが，Bが返還を拒むにつき正当な理由はない。仮にAに返還されたとしても，後にCがAに対して引渡請求した場合，Aはこれに応じなければならないというのは妥当でなく，実質的支配を回復した真正所有者を保護すべきである。④即時取得制度の趣旨は，占有の公示機能不全を補完して動産上の権利関係を安定化させることにあるが，Bが現実の占有を継続している状態でCの即時取得を認めても，Bがさらにほかの第三者に譲渡する等して紛争が生じることもありうるため，この制度目的が達成されない。

　(iii)　折衷説　否定説を貫くと，第三者が現実の引渡しを受けた時にはじめて即時取得が成立するため，善意無過失の判断基準時も引渡し時となる。そうすると，第三者は取引行為の時点で善意であっても，引渡しまでに事情を知った場合，即時取得による保護を受けられないことになるが，これでは占有に対する信頼保護により取引安全を図る制度趣旨が全うされない。そこで多数説は，否定説の方向を支持しつつもこれに修正を施し，取引行為時に善意無過失であれば即時取得は一応成立するが，真正所有者への返還またはほかの第三者への引渡しより先に現実の引渡しを受けた時において，確定的に所有権を取得する，と構成する。このように考えることにより，占有の公示機能不全を補い，動産に関する権利関係を安定させることが可能となる，というのである。

　このように，観念的引渡しと即時取得の成否については，①真正所有者を犠牲にすることの相当性の観点から，動産が同人の支配領域を離れて流通するに至ったといえるか，②第三者が保護に値する支配を獲得しているか，の2点が問われるべきことになる。

Column 5-4　譲渡担保における即時取得

　引渡方法として占有改定が用いられる動産譲渡として重要なのが，譲渡担保である（第12章第2節参照）。それでは，Aが所有する動産を占有しているBがCのために譲渡担保に供した場合において，Cは即時取得によって保護されるか。占有改定による即時取得につき否定説に立てば，譲渡担保の実行により現実の引渡しを受けないかぎりCは保護されない。これに対して，譲渡担保における取引安全を特別に考慮するなら，譲渡担保については肯定説に修正するか，所有権とは別個に譲渡担保権の即時取得を認めるべきことになるが，設定者が無権利者であった場合における譲渡担保をどこまで保護すべきかについては，なお検討課題である。

　最近の判例は，AB 間の売買における所有権留保特約に基づいて A に所有権が留保されている動産につき（第 12 章第 4 節参照），B が C のために譲渡担保に供した場合について，設定者である B が所有権を取得していない以上，C は A に対して譲渡担保権を主張することができないと解している（最判平成 30・12・7 民集 72 巻 6 号 1044 頁 ◁ **判例 12-6** ▷）。本判決では所有権留保と譲渡担保権の優劣が問われており，譲渡担保権に関する即時取得の成否は争点となっていないが（C が現実の引渡しを受けていない事案），完全な所有権を有しない者が設定した譲渡担保の保護を否定したものであり，占有改定では即時取得が成立しないことを前提とする判断といえよう。

(b)　指図による占有移転と即時取得　　指図による占有移転と即時取得の成否については，以下の 2 つの設例に分けて検討する必要がある。

　①A から動産の管理を委ねられた B が，これを A に無断で C に売却し，B が所持を継続して C のために管理することとされたが（占有改定による引渡し），さらに C がこれを D に転売して，B に対して以後 D のために管理するよう通知した。

　②A から動産の管理を委ねられた B が，これを自己の物であるとして C に預けた上で，A に無断で D に売却してしまい，C に対して以後 D のために保管するよう通知した。

　上記の設例において，指図による占有移転を受けた D のために即時取得が成立するであろうか。判例には，①類型について即時取得を否定し（大判昭和 8・2・13 新聞 3520 号 11 頁），②類型に関しては即時取得を肯定したものがある（最判昭和 57・9・7 民集 36 巻 8 号 1527 頁 ◁ **判例 5-2** ▷）。動産が真正所有者の支配領域を離脱して流通するに至ったかどうかという観点からみれば，①類型においては，占有改定による引渡しと即時取得におけると同様，B が現実の占有を継続しているかぎり，A の支配に属したままであるのに対し，②類型では，現に占有しているのは C であり，すでに A の支配領域から離れて流通するに至ったと評価することができ，即時取得の成立を認めてよいといえる。

◁ **判例 5-2** ▷ **最判昭和 57・9・7 民集 36 巻 8 号 1527 頁**
【**事案**】Y は本件豚肉を A に売り渡したが，代金完済までその所有権を Y に留保する旨の特約が付された。ところが，A が代金を支払わないうちに，本件豚肉は海上運送中に A → X と転売され，A は運送人からその引渡しを受け

た上で倉庫業者 P に寄託し，荷渡指図書と寄託者名義が X へと移転した。Y が X に対して本件豚肉の所有権確認を求めたのに対し，X は即時取得の成立を主張して争った。第1審，第2審ともに X が勝訴した。Y 上告。

【判旨】上告棄却。最高裁は，冷凍食肉の引渡方法として上記事案のような取引慣行があることを考慮しつつ，「X が右寄託者台帳上の寄託者名義の変更により A から本件豚肉につき占有代理人を P とする指図による占有移転を受けることによって民法 192 条にいう占有を取得したものであるとした原審の判断は，正当として是認することができる」と判示した。

(4)　効　　　果

上記の成立要件を充足すれば，第三者は「即時に動産の上に行使する権利を取得する」ため，取得時効と異なり，占有を開始すればただちに権利取得しうる。

即時取得による保護の対象となる権利は，所有権・質権・動産先取特権の一部（319 条）である。

即時取得の成立により，真正所有者は権利の喪失・制限という不利益を被る。なお，第三者の権利取得は，譲渡・相続におけるような承継取得ではなく，原始取得であると解されている。そのため，真正所有者の権利態様にかかわりなく，第三者はその信頼に見合った権利を新たに取得する。

(5)　盗品・遺失物に関する例外

(a)　即時取得の成否　　　即時取得の成否に関しては，第三者の取引安全のみならず，真正所有者の利益との調和に十分配慮しなければならない。それは上記の「占有開始」要件に関する議論に反映されているが，同様の見地から，盗品・遺失物については即時取得が制限されている。すなわち，原所有者は，盗難または遺失時から 2 年間，かかる動産を占有する第三者に対して回復請求することができる（193 条）。その場合であっても，第三者がその動産を競売もしくは公の市場において，または同種の物を販売する商人から善意で買い受けたときは，原所有者は第三者が支払った代価を弁償しなければ回復請求することはできない（194 条）。

盗品・遺失物については，真正所有者がその意思に基づかずに動産の占有を

喪失した点に鑑みて，一定期間の限度において回復請求を認めている。第三者は善意無過失であってもこれに応じなければならない。しかしながら，第三者が市場において商品として購入した場合においても同様とすると，商品取引安全を著しく害するため，原所有者は代価を弁償して第三者の対価出捐を塡補しなければ回復請求できない，とされている。

　(b)　**所有権の帰属**　　原所有者が回復請求するまでの間，所有権は誰に帰属するであろうか。これについては見解が分かれている。

　(i)　原所有者帰属説　　盗品・遺失物の場合は即時取得の成立が制限されるため，回復に関する 2 年間の権利行使期間が満了するまで即時取得は成立せず，依然として原所有者は所有権を失わない（大判大正 10・7・8 民録 27 輯 1373 頁）。したがって，193 条・194 条の回復請求権は，所有権に基づく返還請求権であり，これに対して占有者が有する代価弁償権は抗弁権である（大判昭和 4・12・11 民集 8 巻 923 頁）。

　(ii)　第三者帰属説　　盗品・遺失物の場合であっても，即時取得が一応成立するが，一定期間内であれば原所有者はとくに回復請求することができる。194 条における代価弁償権は第三者の所有物であることを前提としている。したがって，ここにいう回復請求権は，占有のみならずとくに認められた権利の回復請求権であり，代価弁償権は，権利を失う占有者の代償請求権である。

　(c)　**使用利益の返還**　　第三者が 192 条の要件を満たさず，即時取得が否定された場合，同人が動産を占有していれば，真正所有者は物の返還だけでなく，あわせて占有期間における使用利益の返還請求をすることができる。この場合，真正所有者に本来帰属すべき利益の侵害として不当利得返還請求権を行使することになる。なお，189 条における果実には使用利益も含まれるが，同条 2 項により，第三者は真正所有者の本権に基づく訴え提起時より果実収取権を失う（第 6 章第 4 節 **2**）。

　それでは，194 条によって即時取得が制限される場合も同じであろうか。すなわち，原所有者が回復請求するまでの間に第三者に生じうる使用利益の帰属が問題となる。判例は，使用利益は第三者に属すると解している（最判平成 12・6・27 民集 54 巻 5 号 1737 頁）。その理由は以下の点に求められている。194 条が適用される場合，原所有者は，代価を弁償して回復請求するかまたは，弁

償しないで回復を断念するかにつき選択しうるところ，後者であれば第三者が所有者として使用利益を享受しうることとの均衡上，前者のときは使用利益を失うというのでは，占有者の地位が不安定になり，原所有者と第三者との均衡を図る194条の趣旨に反する。

　使用利益に関するこのような結論は，所有権の帰属につき第三者帰属説をとれば整合的であるが，原所有者帰属説に立っても，回復請求あるまで第三者に適法な使用権限が認められる，と構成することができよう。なお，この点については，第三者には代価弁償があるまで留置権が認められるにすぎない，とする見解もある。

第4節　動産取引の安全——まとめ

1 無権限取引における第三者保護——不動産取引との比較

(1)　公示方法とその特色
　不動産物権の公示手段が登記であるのに対し，動産物権のそれは原則として占有であるが，登記と比較して簡便な方法である反面において，客観的・外形的な占有態様から占有者の権利の有無・内容が明確にならず，公示機能として不十分である。

(2)　公信力の有無
　不動産においては真正権利者の静的安全が重視されており，登記に公信力が認められていない。これに対して，動産取引は大量性と高度な流通性のために簡易迅速性および動的安全重視の要請が強く，占有に公信力を与えてその公示機能不全を補完している（192条）。

(3)　94条2項類推適用と即時取得
　不動産登記には公信力がないため，不実登記を信頼して取引した第三者は当然には保護されないが，不実登記の作出・存続が真正権利者の意思に基づく場合は，同人の静的安全を保護すべき合理的理由に欠け，94条2項類推適用に

より第三者が権利取得しうる。

　動産占有に対する信頼保護は即時取得制度により図られる。第三者は善意無過失で取引し，占有を開始すればただちに権利取得する。真正権利者の側については，94 条 2 項類推適用におけるような虚偽の外形作出・存続に対する意思関与までは要求されないが，盗品・遺失物における例外（193 条・194 条）から，自らの意思に基づく占有移転は必要である。

　なお，即時取得につき，判例・通説は第三者の側に現実の占有取得を要求する。これに対し，94 条 2 項類推適用においては，真正権利者の帰責事由が大きいことから第三者の登記不要と解されているが，権利保護資格要件として登記具備を求める見解もある。

２　対抗問題と即時取得の関係

⑴　178 条と 192 条の関係

　動産物権の取得につき，対抗関係において劣後しても，なお即時取得による保護がありうる。動産取引においてはとくにこの点が重要である（本章第 2 節 ４⑴）。例えば，動産の二重譲渡において第一譲受人が占有改定により引渡しを受けた後で第二譲受人があらわれた場合，同人はもはや 178 条によっては保護されないが，譲渡人が現に動産を占有していることから，観念的引渡しの先後では確定しきれず，なお即時取得の成否が問われる。判例・通説によれば，第二譲受人が先行譲渡につき善意無過失で取引し，現実の引渡しを先に受ければ，最終的にその動産は第二譲受人が取得する。したがって，結果的には現実の引渡しの先後により決定されるに等しいが，これは 192 条の効果である。

　このように，動産上の権利帰属の争いにおいては，192 条に基づいて終局的に権利関係が確定する場合が多い。法律行為の無効・取消し・解除等における第三者保護についても 192 条が適用され，不動産における対抗問題説と 94 条 2 項類推適用説との対立のような議論があまりみられないのは，動産物権変動のこうした特色に由来するといえよう。

⑵　動産譲渡担保における権利関係の確定

　動産取引の安全については，動産譲渡担保も重要である。具体的には，①無

権利者による譲渡担保設定および，②譲渡担保の二重設定が問題となる。①については，動産譲渡担保における取引安全を重視して，とくに譲渡担保権の即時取得については占有改定の引渡しで足りると解してよいか，譲渡担保の実行により設定者が現実の支配を失うまで即時取得の成立を認めるべきではない，とすべきかが問われる（ Column 5-4 参照）。②では，第一譲渡担保において占有改定による引渡しが行われた後は，第二譲渡担保の設定に対しては①と同じく即時取得による保護がありうると構成するか，対抗要件具備の先後に従い，第一順位の譲渡担保権と第二順位の譲渡担保権を観念すべきか，が検討されなければならない。譲渡担保の法的性質にもかかわるが，真正譲渡と担保目的の譲渡との識別が事実上困難な場合もある（最判平成 18・2・7 民集 60 巻 2 号 480 頁，最判平成 18・7・20 民集 60 巻 6 号 2499 頁）。

(3)　177 条と 192 条の関係

抵当不動産の構成部分または従物（例えば，抵当山林に生成する樹木や，抵当建物の効用にとって不可欠な設備動産）を分離・搬出して第三者に譲渡した場合，かかる分離物につき，抵当権者の譲受人に対する搬出差止請求または原状回復請求の可否が問題となる。考えられる筋道としては次のものがある。第 1 に，抵当権の追及効すなわち，抵当権設定登記の対抗力が分離物にも及ぶかが問われるが，これは不動産抵当権の対抗つまり 177 条の問題である。そして，分離物にはもはや登記による公示が及ばず，抵当権の対象である旨を第三者に対して対抗することができない，と解するなら，後は譲受人が 177 条の第三者にあたるか否かを検討すればよい。第 2 に，設定登記が存続している以上，その後の分離によって対抗力が失われることはない，と考えれば，抵当権者はその譲受人に対して抵当権の効力を対抗することができるため，譲受人は 177 条によっては保護されず，192 条に基づく動産の即時取得の可否を考えるべきことになる。

第 5 節　立木・未分離の果実の物権変動

伐採した樹木や果樹から分離・収穫された果実が動産であることはいうまで

もないが，土地に生育したままの立木および未分離の果実（みかん，桑葉，稲立毛など）は，土地の一部（構成部分）であり，独立した所有権の客体とならないのが原則である。しかしながら，一定の取引価値がある立木・未分離の果実については，これらを売却処分あるいは担保として活用したり，これらの所有権を留保して土地を処分することに対する社会的需要が古くからあった。そこで，これに応えるべく，特段の意思表示によって土地とは別個独立の取引対象とすることが認められるとともに，そのための方法につき特別法および判例法による手当てが行われてきた。不動産および動産物権変動の両者が交錯する応用問題であるが，本書では後者に付随して生じる問題として取り上げる。

　第 1 に，立木法が定める一定の樹木の集団は，登記をすることによって独立した不動産となる（立木 2 条）。

　第 2 に，立木法の適用対象とならない立木および未分離の果実につき判例は，登記に代わる公示手段として，土地とは別個に所有者が存在する旨を外部から容易に認識することができる明認方法を講じることにより，これをもって第三者に対抗することができると解している（最判昭和 34・8・7 民集 13 巻 10 号 1223 頁，最判昭和 35・3・1 民集 14 巻 3 号 307 頁など）。その方法としては，権利者の氏名を記載した立札を現地に立てるなどが挙げられる。なお，学説には，第三者対抗要件にとどまらず，立木法における登記と同じく，明認方法をもって立木・未分離の果実を土地とは別個の所有権の客体とするための「効力要件」と解するものが多い。

　明認方法が講じられた後にこれが消滅した場合，判例はその対抗力も喪失すると解している（最判昭和 36・5・4 民集 15 巻 5 号 1253 頁）。適法な登記手続が行われた後に権利者の関与なくして登記の記載が失われたとしても，その対抗力の維持が認められること（第 4 章第 5 節 **6** (2)(b)参照），との相違に留意すべきである。公的機関によって管理される登記と異なり，明認方法は私人による事実上の公示手段であり，その維持・管理については権利者の責任において行うべきものと解されるためであろう。

占 有 権

　この章では，占有権の諸機能について解説する。物の支配をめぐる権利関係において占有が果たしている役割は多様であるため，これらを適切に整理する必要がある。

第 1 節　序　　説

1　占有権の意義

　客観的な事実状態としてある物を支配する態様を指して，「占有」という。例えば，動産を所持する，あるいは土地や建物に居住するというような，物に対する事実的支配それ自体が占有にあたる。ところで，こうした占有には，所有権や用益物権，賃借権等，その支配を基礎づける実体法上の適法な権利に基づく場合もあれば，正当な権原（占有を行う原因）によらない場合（例えば，他人の物を不法侵奪する，賃貸借終了後も正当理由なく利用を継続する，無効な売買・相続に基づいて支配する）もあるが，民法は，占有を正当に基礎づける権原の有無・内容を問わず，物に対する事実的支配そのものにつき一定の保護を与えて

いる。このような法的保護を指して「占有権」という。

　占有に対して一定の法的保護が与えられる趣旨は，物に対する現在の支配状態をとりあえず適法なものとして尊重することにより，私人の実力行使に対して秩序の安定・維持を図ることに求められる。したがって，占有権とは事実的支配に対する「仮の保護」であり，物権の分類においては，適法な支配を基礎づける実体的権利としての「本権」とは区別すべきものとして理解されている。

2 占有権の内容

　それでは，占有に対してはどのような法的保護が与えられているか。主なものにつきあらかじめ概観しておこう。その内容は多様である。第1に，占有には適法な権利推定（188条），善意の推定や自主占有の推定（186条）等の推定力が認められており，本権の帰属をめぐる紛争において，現に占有する者が有利に扱われる。第2に，取得時効（162条）や動産の即時取得（192条）等，一定の占有の継続または開始が本権の取得をもたらす場合がある。第3に，占有者には，物から生じた果実を適法に取得する権利（189条）や物の維持管理・収益のために投下した費用の償還を求める権利（196条）のほか，円満な占有に対する侵害を排除してその維持回復を求めるために，「占有の訴え」を行う権利（197条以下）等が付与されている。以下に解説していこう。

第2節　占有の態様および占有権の要件

　占有に対してどのような保護ないし効力が認められているのかに関する具体的な説明に先立ち，保護に値する占有の態様・要件についてみておこう。

1 占有の態様

(1) 直接占有・間接占有

　占有は，現実に物を支配利用している者についてのみ認められるのではなく，代理人によって行うこともできる（181条）。これは代理占有が認められていることを意味している。例えば，ある物を他人に賃貸・寄託した場合であっても，賃貸人・寄託者はなお占有の効果を享受しうる。このような代理占有を通して

行う占有を間接占有といい，現実的支配を意味する直接占有と同様の保護が与えられる。ここにいう代理とは，本人に占有の効果が及ぶことを指すが，代理占有者にも直接占有が認められる。このように，民法は，現実の占有（直接占有）のみならず，観念的占有（代理占有・間接占有）をも，保護に値する支配として認めている。

　なお，家族や使用人あるいは従業員等が本人のために物を所持する場合，これらの者を本人の占有機関または占有補助者といい，これについては独立した支配としての占有が認められず（代理占有も成立しない），その所持を通して本人の直接占有が成立するにすぎない。法人の代表機関が法人のために物を所持する場合において判例は，直接占有者は法人のみであり，代表者個人のためにも所持するものと認めるべき特別の事情があれば，代表機関も直接占有者たる地位を有する，としている（最判昭和32・2・15民集11巻2号270頁）。

(2)　自主占有・他主占有

　所有の意思をもって自己の物として行う占有を自主占有といい，他人の物であることを前提とする占有のことを他主占有と呼ぶ。この区別は取得時効の成否等に影響する。「所有の意思」とは，「所有者として占有する意思」であるが，占有者の主観的態様ではなく，所有者として支配していると評価しうる客観的態様をいう。自己が所有者であると信じることを指す「善意」占有と混同してはならない。所有の意思の有無は占有の取得原因たる権原の客観的性質によって定まる。したがって，売買や贈与を原因とする占有は自主占有であり，賃貸借や寄託に由来する賃借人・受寄者としての占有は他主占有である。

(3)　善意占有・悪意占有

　適法な権原に基づくものと信じて行う占有を善意占有と呼び，適法な権原がないことを知りながら開始した占有のことを悪意占有という。即時取得の成否，取得時効の期間，果実取得の可否，本権を有する者に対する損害賠償責任の範囲，費用償還請求権等において，保護の仕方に差異が設けられている。

　なお，ここにいう善意とは，ある事実の不知ではなく，支配権限に対する積極的な信頼を指すものと解されている。そのため，本権の有無につき疑念を抱

いている場合は善意と評価されない。

2 占有権の要件

　民法は，占有権取得の要件として，①物の所持（占有の体素），②自己のため
にする意思（占有の心素）の 2 つの要素を定めている（180 条）。これらの要素は，
占有権を認めて法的保護を与えるにふさわしい事実的支配といえるかどうかに
つき，評価するためのものである。

　①は，社会的・客観的にみて，独立した物の事実的支配として評価しうる態
様を意味している。上述の直接占有・間接占有，自主占有・他主占有，善意占
有・悪意占有の区別は問わないが，前述したように，占有機関または占有補助
者による所持は独立した支配とはいえず，使用人としての所持等に固有の占有
権を認めて保護する必要はない。

　②は物を所持する者の意思を指すが，自主占有をもたらす「所有の意思」で
ある必要はなく，「物の所持による事実上の利益を自己に帰属させる意思」で
足りるとされている。もっとも，そのような意思の有無は所持者の主観的態様
いかんによって決定されるのではなく，判例・通説は，その物を所持するに至
った権原の性質に照らして客観的に判断すべきものと解している。判例には，
未成年者（意思能力あり）に自己のために占有する意思を認定したものがある
（最判昭和 41・10・7 民集 20 巻 8 号 1615 頁）。

　このように②要件はかなり緩和されているが，今日ではさらに進んで，②要
件を独立の要件とすべき意義はなく，法的保護に値する事実的支配といえるか
どうかの評価はもっぱら①要件に集約させてよい，として，心素と体素の区別
に疑問を呈する見解も有力化している。

第 3 節　本権取得と占有の意義

1 序　　説

　占有権の内容が多様であることはすでに述べたが，はじめに，所有権等の本
権の取得または保全ないし確保に結びつく諸効果について説明しておこう。こ

れには，第 1 に，動産物権の取得に関する対抗要件としての占有の承継・取得
（引渡し），第 2 に，本権を表象する機能に基づく占有保護，第 3 に取得時効の
要件としての占有の態様，がある。第 1 の機能についてはすでに解説したため
（第 5 章第 2 節），本節では上の第 2，第 3 の機能について述べる。

2 本権表象機能に基づく占有保護

(1)　占有態様の推定

　占有者は，①所有の意思をもって，②善意で，③平穏かつ公然と，占有する
ものと推定される（186 条 1 項）。これらはすべて取得時効および即時取得の要
件であるが，占有者の側が自らこれらについて証明する必要はなく，その成否
について紛争が生じたときは，立証責任において占有者に有利となる。これは，
現在の事実的支配をとりあえず保護に値するものとして扱うことが秩序安定に
資する，という観念に由来する。

(2)　適法占有の推定

　占有者による物についての権利行使は，その支配態様に見合う適法な本権に
基づくものと推定される（188 条）。現実に行われている事実的支配を一応正当
な支配として尊重することが，秩序維持の観点から望ましいとともに，本権に
基づく支配は占有を通して具現化するのが通常であること（占有の本権表象機
能）に照らせば，このような推定は本権の効率的な保護につながる。とくに所
有権については，所有者が過去における移転・取得経緯の適否にまで遡ってこ
れを厳格に証明することが困難である場合が多いため，適法占有の推定は所有
権に関する証明困難を救済し，真正所有者の円滑な保護と社会秩序の安定化を
もたらす。したがって，所有の意思をもって現に占有する者（自主占有について
も推定される）は，自身の所有権を証明しなくてよい。このことは，物の支配
に関する本権の帰属が争われた場合，占有者が有利に扱われることを意味する。
　この推定は，真正所有者と直接に権利関係を築いた占有者と当該所有者との
間では機能しない。例えば，所有者と占有者間において賃借権の有無が争われ
た場合，当該所有者に対する関係では占有者に適法占有の推定は働かず（最判
昭和 35・3・1 民集 14 巻 3 号 327 頁），もっぱら契約法上の問題として処理される。

　また，不動産について本権の帰属が争われた場合は，登記に権利の表象としての機能が認められているため，登記の推定力が占有の権利推定に優先するとされている（最判昭和 34・1・8 民集 13 巻 1 号 1 頁）。

　最後に，適法占有の推定は，その占有に対する信頼が正当であることを導く。このことから，占有を信頼して取引関係を築いた第三者の無過失が推定される（最判昭和 41・6・9 民集 20 巻 5 号 1011 頁）。

3 取得時効の要件としての「占有」

(1)　序　　説

　前述したように占有者は適法な本権を有するものとして推定されるが，これを争う者において占有者の無権利が反証された場合であっても，なお占有者は取得時効により本権を取得することがある。そこでは占有の態様および継続が問われるが，これらについては以下のように規定されている。

(2)　自主占有の推定および反証

　すでにみたように（本節**2**(1)参照），自主占有については推定されるため（186 条），占有者の取得時効を否定するためには，これに異議を唱える者が反証しなければならないが，どのような事実ないし事情を証明することが求められるであろうか。

　第 1 に，他主占有権原の存在が明らかである場合，これが証明されれば自主占有の推定はくつがえされる。すなわち，その占有が他主占有を基礎づける権原（賃貸借や寄託等）に基づいて開始された旨の立証がこれにあたる。しかしながら，占有が長期間継続した場合，占有者の権原の存否および性質が不明となる場合も少なくない。このようなときは他主占有権原の証明が困難となる。

　そこで，第 2 に，他主占有事情の証明によって反証することが認められている。これは，所有者であれば通常はとらない態度を示し，または所有者として当然にとるべき行動に出ない等，客観的にみて所有者としての支配を認めるには不自然と評価しうる旨について基礎づける諸事情をいう（最判昭和 58・3・24 民集 37 巻 2 号 131 頁）。所有権移転登記請求や固定資産税負担をしていない等の事実が該当しようが，これらも，占有者と登記名義人間の人的関係（例えば，

親族関係）等によっては必ずしも不自然といえない場合もありうることから
（最判平成 7・12・15 民集 49 巻 10 号 3088 頁），占有に関する経緯・状況を個別具
体的に評価するほかない。

(3)　占有の承継

取得時効の成立には占有の継続が必要であるが，占有者が占有開始時および
現時点における占有の事実を証明すれば，その間の占有継続は推定される
（186 条 2 項）。

それでは，占有の継続は同一人によるものでなければならないか。この点に
ついては，占有の承継が認められている。すなわち，相続または売買等により
占有者が代わった場合，現占有者はその選択に応じて，自己の占有のみを主張
するか，前主の占有と併合して時効援用してもよい（187 条 1 項）。前主の占有
とあわせることにより時効期間を満たすときに有用であるが，併合主張を選択
する場合はその瑕疵をも承継するため（同条 2 項），前主が他主占有であれば取
得時効は成立せず，悪意有過失のときは自己が善意であっても悪意占有として
評価されることになり，自己の占有のみを主張したほうが有利なこともある。

それでは，承継人の占有に瑕疵がある場合はどうか。例えば，前主が善意無
過失であったが承継人が悪意であるとき，同人は併合により 10 年の取得時効
（162 条 2 項）を援用しうるだろうか。前主の占有期間が 10 年に満たない場合
に問題となるが，判例は，占有開始時において善意無過失であれば 162 条 2 項
が適用されると説く（最判昭和 53・3・6 民集 32 巻 2 号 135 頁）。前主の取引安全
の観点からこれを支持する学説が多いが，前主には保護に値する期間の占有継
続がなく，承継人も悪意である以上，どちらも短期取得時効により保護すべき
合理的理由に欠けるとして，反対する見解もある。

(4)　占有の性質の変更

(a)　**他主占有から自主占有への転換**　　賃貸借等に基づく占有は他主占有で
あるため，賃借人として長期間占有を継続しても，取得時効（所有権）は成立
しない。しかしながら，次の 2 つの場合，占有の性質が自主占有に転換するた
め（185 条），取得時効が認められる余地が生じる。

　第1に，賃借人等の占有者が，自己に占有をさせた賃貸人に対して，以後自己の所有物として占有する旨を表示した場合が挙げられる。

　第2に，売買や贈与等，新たな権原（占有取得原因事実）に基づいて自己の物として占有を始めるに至った場合がある。例えば，賃借人が占有継続中に賃貸人から賃借物を買い取ったが，その後売買が解除されたにもかかわらず，同人がなお占有を継続したような場合，同人の占有の性質は売買という新権原によって変容したものと評価され，以後は自主占有が認められる。

　これらの場合において，占有者が所有権を取得するに至っていないときは，さらに占有を継続することにより，取得時効が成立しうる。もっとも，真正所有者がこのような他人による自主占有の事実を覚知して時効完成を阻止することについての期待可能性の有無にも配慮する必要がある。

　(b)　**相続と新権原**　　Aが自己所有の絵画の管理をBに委ね，Bがこれを管理占有していたが，やがてBが死亡し，相続人Cが，当該絵画をBの遺産の一部であると誤信して自宅に持ち帰った。その後，AがCに対して所有権に基づいて同絵画の返還を請求した場合，Cは取得時効を主張してこれを拒むことができるだろうか。

　このような事例においては，そもそもCが当該絵画につき自主占有を開始したと評価しうるか否かが問われる。検討すべきは以下の2点である。第1に，Bの占有は他主占有であり，CはBの受寄者としての地位を相続により承継したにすぎないとすれば，相続が当然に新権原となるわけではなく，Cが自主占有を開始する余地はない。しかしながら，第2に，現に行われている事実的支配の尊重という占有制度の趣旨に鑑みれば，相続を契機としてCが新たに開始した事実的支配を別個に評価すべきであるともいえる。

　判例は，占有者において，外形的客観的にみて新たな支配が開始され，かつ，それが独自の所有の意思に基づくものと解される事情を自ら証明した場合，かかる占有は所有の意思に基づくものと評価しうると解している（最判平成8・11・12民集50巻10号2591頁 ⟨ **判例 6-1** ⟩）。したがって，Cにおいて，前主Bとは別個独自に所有者としての事実的支配を新たに開始したことを基礎づける諸事情について立証できれば，自主占有が認められる。

　なお，上記の判例は，相続が新権原にあたるか否かにつき明示していない。

これは，自主占有・他主占有の認定において権原の性質が明らかでない場合は，占有に関する諸事情に照らして判断するとの判例法理（本節**3**(2)）が定着をみたことによるものと解される。

> **〈判例 6-1〉** 最判平成 8・11・12 民集 50 巻 10 号 2591 頁
>
> **【事案】** A が所有する甲不動産につき，その子の 1 人である B が占有管理を開始し，賃料収受等を行っていた。B の死亡後，その相続人 X らが甲不動産の占有を承継して管理を専行し，固定資産税を納付するほか，登記済証を所持するに至っていた。やがて A が死亡したが，甲の登記は A 所有名義のままとなっていたため，X が A の他の相続人である Y らに対して，自己への所有権移転登記手続につき協力を求めたところ，Y らが異議を唱えたことから，X が AB 間の贈与および取得時効の成立を主張して提訴した。第 1 審，第 2 審ともに X が勝訴した。Y 上告。
>
> **【判旨】** 破棄自判。最高裁は，他主占有者の相続人による占有が所有の意思に基づくものと評価しうるためには，取得時効の成立を主張する「占有者である当該相続人において，その事実的支配が外形的客観的にみて独自の所有の意思に基づくものと解される事情を自ら証明すべき」である（「この場合には，相続人の所有の意思の有無を相続という占有取得原因事実によって決することはできないからである。」）として，X の取得時効の完成を認めた。

> **Column 6-1** **相続と取得時効**
>
> 　親族など緊密な関係にある者の間では，無償かつ無期限で不動産の自由な利用を認めることがあるが，後にその権利関係をめぐって争いが生じる場合がある。例えば，A が自己所有の不動産につき，弟である B に占有支配させることとしたが，両者の間では口頭で「好きにしてよい」程度の合意がされたにとどまり，それが贈与なのか，それとも使用貸借なのかが明らかでないまま，A および B の死亡後に A 相続人 C と B 相続人 D との間で所有権の帰属をめぐり紛争が生じたとしよう。
>
> 　この場合，第 1 に登記の推定力が占有の本権推定に勝るとすれば，B に所有権移転登記がされていなければ，D が AB 間の贈与の事実等，適法な権原を証明して登記上の権利推定をくつがえさなければならない。第 2 に，それができない場合は取得時効の成立を主張することになろう。D は B の占有と併合主張してもよい。このとき，D の自主占有が推定されるため，今度は C の側において，B ひいては D の占有が他主占有である旨を反証する必要がある。このようなケースでは権原の証明・認定が困難であるが，C は AB 間の使用貸

借の事実を立証することができなくても，他主占有事情を基礎づける諸事実について主張立証することにより，取得時効の成立を否定することができる。もっとも，AB 間の人的関係から，たとえ贈与があったとしても，A が B の便宜を図るために，登記名義を A 所有のままとして固定資産税を負担することもありうるため，登記名義や公租公課負担のみではただちに判断できない。

　なお，B の占有が他主占有と認定された場合であっても，D は，相続を契機として所有の意思に基づく新たな事実的支配を開始した旨を立証することにより，D 固有の取得時効の成否を争うことができる。

第４節　占有独自の保護 I ── 果実収取権・費用償還請求権

■1 序　説

　ここまでは，占有の機能につき本権の取得ないし確保に結びつくものを取り上げてきたが，本権に基づかない占有に対しても民法は一定の保護を与えている。このような効果は本権から切り離された占有固有の保護といえるが，はじめに，果実収取権と費用償還請求権について説明する。

■2 果実収取権

(1)　善意占有者の果実収取権

(a)　善意占有者保護の意義　　ある物につき，自己が果実の取得権能を含む本権（所有権，用益物権，賃借権等）を有すると信じて占有する者は，たとえその占有が適法な本権に基づかない場合であったとしても，占有物から生じた果実を適法に取得することができる（189 条 1 項）。本来であれば，本権を有する者（例えば所有者）は，占有者に対して，不当利得として占有物だけでなく果実の返還を請求することができるはずであるが，自己に果実が帰属すると信じて占有物に対して資本・労力を投下した占有者が，それに基づいて収取・消費または処分した果実につき，後で返還しなければならないというのは酷であり，財の効率的利用の観点からも望ましくないからである。したがって，善意占有者は，192 条あるいは 94 条 2 項類推適用などによって保護される場合を除い

て，占有物の返還請求には応じなければならないが，果実は返還しなくてよい。

ここにいう果実には，野菜や果実等の天然果実，賃料等の法定果実のほか，使用利益も含まれると解されている。

なお，占有取得が認められる果実の範囲については，消費・処分の有無を問わず，物から生じた果実を積極的に取得する権利を占有者に認めるのが通説であるが，消費・処分してしまった果実についてのみ返還を免れるにすぎないと解する見解もある。この見解によれば，現存する果実につき占有者は返還義務を負う。

(b)　不当利得・不法行為責任との関係　本権に基づく回復者と占有者との間の関係については，不当利得と不法行為責任との関係に注意する必要がある。

(i)　不当利得との関係

(ア)　不当利得特則説　不当利得法の一般規定によれば，占有者は現存利益の範囲で果実を返還しなければならないが（703条），189条は，善意占有者の返還義務を免除する点において，その特則としての意義を有する。そして，占有者の権原の性質および，回復者・占有者間の契約関係の有無にかかわらずこの特則が妥当する。これが伝統的学説の理解である。

(イ)　類型説　これに対して，近時の有力説は，不当利得における類型論に基づいて，不当利得法との関係を次のように整理する。

第1に，189条により保護すべき善意占有は，売買や賃貸借等，取引に基づいて占有を開始した者の信頼保護（前主の権利に瑕疵があり本権取得に至らなかった場合）の機能を有する。例えば，Aの所有物をBが勝手に善意のCに売買または賃貸借した場合におけるAC間の関係が該当する。

第2に，回復者・占有者間に契約関係がある場合，果実の帰属は法律行為ないし契約に関する諸規定によって規律され，189条は適用されない。例えば，Aの所有物がBに売却されたが，後に売買契約が取消し・解除の対象となった場合，AB間における果実返還の可否はもっぱら121条の2第1項あるいは545条3項により解決される。よって，解除の場合，買主は原状回復義務を負い，使用利益を返還しなければならない。

このことと関連して，189条は侵害不当利得としての果実を対象としており，給付不当利得の返還については適用されない。

第3に，土地の所有者が隣地との境界線を誤認してその一部を占有し，越境部分から果実が生じた場合，189条の適用がありうる。

(ii) **不法行為責任との関係**　189条において保護される善意占有者に過失がある場合，本権を有する回復者に対して不法行為責任を負うか。これについては，不法行為として占有者が果実相当額の損害賠償責任を負うとすると，189条の存在意義が薄れるとする否定説と，果実取得と損害賠償責任とは問題を異にしており，189条と709条は両立すると解する肯定説とが対立している。

なお，前述したように，善意占有者であっても占有物の返還は免れず，これを過失によって滅失・損傷させた場合，本来であれば価格賠償しなければならないが，その範囲は現存利益に限定される（191条本文）。善意の自主占有者が自己の物として占有物を損傷させたとしても，非難に値しないからである。これに対して，他主占有者はもともと占有物の返還義務を負っているため，このような保護を受けられない（同条ただし書）。

(2) 悪意占有者の返還義務

(a) **返還義務の範囲**　自己に果実収取権を含む本権がないことを知っていた占有者は，収取した果実を返還し，消費・処分・過失による損傷・収取の懈怠により返還することができない果実については，その代価を償還しなければならない（190条1項）。強暴または隠匿による占有者についても同様である（同条2項）。

善意占有者も，本権の訴えにおいて敗訴した場合は，その訴え提起の時点から悪意占有者とみなされる（189条2項）。後に返還すべき旨を訴え提起時より覚悟すべき立場にあるからである。

(b) **不法行為責任との関係**　190条は果実の返還ないし償還について規定するにとどまるため，それ以外に生じた損害賠償請求を妨げるものではなく，悪意占有者に対して709条が重ねて適用されることがありうる。なお，占有物の損傷・滅失につき，悪意占有者は回復者に対し損害の全部を賠償しなければならない（191条）。

3 費用償還請求権

　本権に基づかない占有者は占有物の返還をする際，回復者に対して，占有継続中にその物のために支出した費用の償還請求を行うことができる。

(1)　償還されるべき費用

　第1に，占有物の保存・管理のために支出した必要費の償還請求をすることができる（196条1項本文）。修繕費用や公租公課の負担等がこれにあたる。なお，善意占有者が果実を取得した場合，かかる費用は同人の負担となる（同項ただし書）。

　第2に，占有物の改良または価値の増加のために支出した有益費については，その価値の増加が現存する場合にかぎり，占有者は，①支出した費用相当額，②占有物の増価額のいずれかにつき償還請求することができるが，その選択は回復者に従う（196条2項本文）。回復者が望まない改良について過大な負担を負わせないよう配慮する必要があるとともに，占有者による「利得の押し付け」を抑制するためである。なお，悪意占有者の償還請求につき，裁判所は回復者の請求により相当の期限を付与することができる（同項ただし書）。これにより，悪意占有者に留置権は成立せず（295条1項ただし書），回復者は増価した占有物の使用収益を開始してから償還してもよいことになる。

(2)　事務管理・不当利得との関係

　回復者・占有者間に適法な契約関係がある場合（賃貸借等），必要費・有益費の償還請求については契約法により規律される。

　なお，回復者・占有者間に事務管理が成立する場合，そのかぎりで適法な占有となるため，事務管理の規定に従う。

　占有ないし管理・改良行為が適法な権原に基づかない場合，費用償還につき法律行為または契約法上とくに規定がないため，196条が適用されてよい。

第5節　占有独自の保護Ⅱ——占有の訴え

1 序　説

(1)　占有の訴えの意義

占有が他人によって侵奪または妨害されるか，あるいはそのおそれがある場合，占有者はその侵害または侵害の危険を排除するために訴えを提起して，円満な支配の維持回復を図ることができる。これを「占有の訴え」という。占有に認められる固有の権利行使として最も強力な保護手段であり，「占有権」の物権性がとくに色濃くあらわれている。

占有の訴えは，占有が適法な本権に基づくものか否かを問うことなく，現実に行われている支配状態を一応適法なものとして保護することが，社会秩序の維持にかなうという考え方に基づいて認められている。占有それ自体に対して簡易迅速な救済が与えられる根拠は，以下の点に求められている。

第1に，占有が本権に基づく場合であれば物権的請求権が認められるが（第2章第3節），本権の証明が困難なときや，権利の帰属をめぐって争いがある場合，占有者は本権の証明をしなくても物的支配を維持回復しうる。

第2に，賃借人や使用借人，留置権者，質権者，所有権留保買主，さらには受寄者や運送人等，物権的請求権が当然に与えられているとはいえない占有者については，占有の訴えによる侵害排除が意義を有する。

第3に，たとえ占有が不適法な場合であっても，現在の支配状態を保護することが，私人とりわけ真正権利者の実力行使による回復を抑止し，自力救済の禁止にも資する。後述するように，この場合，本権に基づく訴えによる本来あるべき支配の回復が妨げられるわけではない。

(2)　占有の訴えの主体・相手方

(a)　**占有の訴えの主体**　　占有の訴えによる保護は，占有の性質および占有者の態様を問わずに認められる。したがって，自主占有・他主占有（197条），善意占有・悪意占有，直接占有・間接占有の区別はない。そのため，盗人とい

えども占有の訴えを提起することができる。とはいうものの，占有の訴えはあくまで仮の保護であり，物的支配に関する秩序維持のための過渡的な応急手段である点に留意しなければならない。この点については後でさらに説明する。

　なお，占有機関または占有補助者は独立の占有主体たりえないため，独自に占有の訴えを提起することはできない。

　(b)　**占有の訴えの相手方**　　占有の訴えは，請求の時点において現に占有を侵害する者に対して行われる。侵害除去・支配回復のための費用は，占有の訴えの効果の一環として侵害者が負担すべきであると解するのが通説である。

　また，後述するように，占有者は占有の訴えとあわせて損害の賠償を請求することができるが，この場合は侵害の事実のみでは足りず，不法行為責任と同じく，侵害者の故意・過失および，侵害排除だけでは塡補されない損害の発生を要すると解されている。

▐2▌ 占有の訴えの種類

　占有の訴えには次の 3 類型がある。

(1)　占有回収の訴え

　他人に動産を盗取・強奪される，あるいは不動産を占拠される等，占有者が「占有を奪われたとき」，同人はその占有侵奪のみを根拠として，占有回収の訴えにより，侵害者に対してその返還および損害の賠償を請求することができる（200 条 1 項）。

　占有回収の訴えは，侵奪者またはその包括承継人（相続人等）に対してのみ行うことができるにとどまり，侵奪者が占有物を善意の第三者（特定承継人）に譲渡したような場合には認められない（同条 2 項）。善意譲受人の占有を保護する必要がある一方，占有の訴えが侵害者に対する応急処置的な保護にすぎないことのあらわれである。

　占有回収の訴えにより占有が回復された場合，占有が継続しているとみなされ（203 条ただし書），時効は更新されない。

⑵ 占有保持の訴え

　他人により占有が妨害されたとき，占有者は侵害者に対して占有保持の訴えにより，その妨害の停止および損害の賠償を請求することができる（198条）。占有地に粗大ゴミが投棄される，あるいは占有者に無断で看板が設置されたような場合，占有が侵奪されたとまではいえないが，円満な占有が部分的に侵害されているため，占有者はこうした侵害の除去を請求することができる。

⑶ 占有保全の訴え

　占有が妨害されるおそれがあるとき，占有者は占有保全の訴えにより，その妨害の予防または損害賠償のための担保の提供を請求することができる（199条）。例えば，隣地の崖が軟化し，自己の占有地上に土砂崩れが起こるおそれが生じた場合や，隣家の看板が占有建物上に落下する危険があるとき，占有者は占有保全の訴えにより，危険の除去に必要な措置を講じるとともに，かかる危険が具現化した場合に生じうる損害を賠償するための担保を提供するよう，隣人に対して請求することができる。

⑷ 権利行使期間

　占有回収の訴えは侵奪時から1年，占有保持の訴えは妨害が存続する間またはその終了時より1年の期間制限に服する（201条）。占有の訴えはあくまで現在の支配維持・回復のための応急的保護にすぎず，迅速に権利行使しなければ，今度は侵害状態のほうが保護すべき現在の占有状態に転化するからである。

③ 本権の訴えとの関係

⑴ 問 題 提 起

　占有の訴えは，本権とは別個に，占有そのものを根拠として認められるが，物権的請求権に代表される本権の訴えとの関係について整理しなければならない。第1に，占有者が本権に基づく訴えを提起しうる立場にある場合における占有の訴えとの関係，第2に，占有の訴えの相手方が本権を有するとして争った場合における両者の関係，が問題となる。

　所有者が自己の所有物につき占有を侵害された場合，同人は占有の訴えと物

権的請求権の行使のいずれについても，常に自由に選択して行うことができるであろうか。具体的には，①どちらか一方に基づく訴訟を提起した後に，重ねて他方の訴えを行ってもよいか，②一方の訴訟において敗訴しても，なお他方に基づく訴えを提起することは妨げられないか，が問われる。

　202条1項は，占有の訴えは本権の訴えを妨げず，また，本権の訴えは占有の訴えを妨げない，と定めているが，その意味については解釈が分かれている。

(2)　占有の訴えと本権に基づく訴えの関係

(a)　自由選択説　　民法上の判例・通説は，占有者が2つの権利につき選択的・重畳的・補充的に行使することを認めている。現に行われている事実的支配に対する簡易迅速な救済と，本権に基づくあるべき支配秩序の回復とは必ずしも同一ではなく，両者を別個独立の保護手段として捉えるべきである，という理解に基づいている。そうでないと，占有者は実質的に一方の訴えによる保護しか受けられず，慎重な選択を強いられることになるが，これは明らかに酷であり，簡易迅速な救済を旨とする占有の訴えの意義にも反するからである。

(b)　新訴訟物理論　　これに対して，民事訴訟法において有力に展開されている新訴訟物理論の立場は，202条1項は，物的支配の回復に向けられた同一目的・内容の請求を基礎づける実体法上の権利が2つあることを定めたにすぎず，訴訟上それらの権利行使をどのように規律すべきかについては別問題であると説く。その上で，占有の訴えであれ，本権の訴えであれ，同一物の返還請求・妨害排除請求についてその可否を審理すべきことに変わりはなく，両者を1個の訴訟に統合して「占有物の返還請求・明渡請求」に関する攻撃・防御方法と捉えることにより，一方の訴訟において請求の可否を総合的に判断すればよい。そのため，重ねて他方に基づく訴え提起を認める必要はなく，敗訴が確定すれば他方の訴えにより救済すべき理由はなくなる，と唱える。そのほうが訴訟の効率性という観点からも望ましく，たとえ占有者が1個の訴訟において十分な主張をしなかったとしても，それによる不利益を甘受しなくてはならない，というのである。

(3) 交互侵奪──自力救済の禁止と占有の訴え

　Aが所有する自転車をBが盗取したが，その後に，その自転車がBの自宅前に駐輪してあったのをAが偶然発見し，これを取り返した。BはAに対して占有回収の訴えを提起して，この自転車を再び奪還することができるか。

　Aは所有者であるが，自力救済の禁止により，法的手続によらない権利行使は認められず，Bの占有の訴えを認めてよい，とも考えられる。判例には，異なる事案についてではあるが，占有の訴えによる損害賠償請求を肯定したものが見受けられる（大判大正13・5・22民集3巻224頁◀ 判例 6-2 ）。

> ◀ 判例 6-2 ▶ **大判大正 13・5・22 民集 3 巻 224 頁**
>
> 【事案】Yが所有する小丸船をAが盗取し，これを購入したXが河岸に鉄鎖で繋いで施錠しておいたところ，それを発見したYが鍵を壊して同船を奪還した。そこでXはYに対して，同船の返還と使用利益の償還を求めた。原審はXが勝訴した。Y上告。
>
> 【判旨】上告棄却。返還請求の可否につき大審院は次のように判示した。「民法第200条第1項の規定に依れば，占有者が其の占有を奪われたるときは，占有回収の訴に依り其の物の返還及損害の賠償を請求すること得べく，其の占有者の善意悪意は問うところに非ざるを以て，悪意の占有者と雖，尚占有回収の訴を以て占有侵奪者に対し占有の侵奪に因りて生じたる損害の賠償を請求することを得るものと解せざるべからず」。

　これに対して，学説の多くは以下の理由から反対している。①Bによる侵奪時から1年以内であれば，Aも占有回収の訴えを提起することができ，その場合Bには果実収取権もなければ（190条），必要費・有益費を投下しても留置権が成立しないため（295条2項），Bの訴えを認める実益に乏しい。訴訟経済上も不経済である。②かかる期間内であれば，Aの占有侵害状態が継続しており，Bの占有は保護に値するほど安定するに至っていないため，Aによる奪還は本権に基づくあるべき支配の回復として許容される。③Aの所有権保全にあたり，ただちに実力行使しないと，後の訴訟による権利の実現が著しく困難となるおそれがあり（状況の緊急性），かつ，その手段が権利確保に必要な限度において相当と認められる場合（手段の相当性）には，自力救済が許されてよい。

　一般的には，上記①②の理由により，Aによる占有回収の訴えが認められ

る期間内は自力救済の範囲内と解されている。問題はその期間を過ぎた場合であるが，上記③および，Ａによる奪還よりＢによる侵奪のほうが非難が大きいと認められるときは，自力救済を肯定してよいとする学説が有力である。

(4)　本権に基づく反訴

占有の訴えにおいて，本権に関する理由に基づいて裁判することはできない（202 条 2 項）。Ａが占有使用しているパソコンをＢが持ち去ったところ，これに対してＡが占有回収の訴えを提起した場合，その裁判においてＢが所有権の帰属またはＡの利用権の存否を争ったとしても，裁判所はそのような権利の有無について判断してはならない。占有の訴えの認否が本権に関する争いによって左右されると，本権から切り離して現に占有する者を簡易迅速に救済しようとする制度趣旨に反するからである。たとえＢが所有者であるとしても，Ａに対する占有侵害は自力救済にあたり，原則として許さないため，まずはＡによる占有の訴えを認める必要がある。

もっとも，Ｂが別訴を提起して所有権に基づく主張をすることは妨げられない。したがって，最終的には本権に基づいて解決されることになり，不法占有者による支配がいつまでも保護されるわけではない。

それでは，Ａの占有の訴えに対して，Ｂが反訴（民訴 146 条）として所有権に基づく返還請求をすることはできるか。反訴の場合は同一の訴訟手続となり，202 条 2 項に反するかどうかが問題となるが，Ａの占有の訴えに基づく返還請求とＢの本権に基づく返還請求とは別個の請求であり，Ａの請求の認否につきＢの所有権の有無は判断されないため，これを肯定するのが判例・通説である（最判昭和 40・3・4 民集 19 巻 2 号 197 頁）。これに対しては，自力救済禁止の見地から反訴を否定する見解もある。

なお，反訴肯定説に立った場合，Ｂは，Ａが占有を回復したときに自己に返還すべき旨の将来の給付を求めることになる（民訴 135 条）。

Column 6-2　物権としての占有権の意義

これまでみてきたように，占有に対して与えられる法的保護は実に多様であり，「占有権とはどのような権利か」について一言で説明するのは困難である。このような多様性は，日本の民法典が，本権とは別個に事実状態としての占有

そのものを尊重することを通して社会秩序の維持を図ろうとした，ローマ法上のポセッシオ（Possessio）と，本権を効果的に保全するためにその表象としての現実的支配を保護する，ゲルマン法上のゲヴェーレ（Gewere）の両方を継受したためと解されている。

ところで，占有に関する法的保護を，物権としての占有権と捉える意義はどこにあるだろうか。これらの保護には，物的支配を導く権利としての性質に乏しいものが多く，占有に対して付与される保護ないし利益の総称として理解すれば足りると指摘する学説もある。もっとも，占有の訴えには物権性があらわれているが，これについても，①本権証明の困難は占有・登記の推定により回避しうる，②債権的利用権の保全については，賃借権に基づく妨害排除請求や債権者代位権の転用等による保護が充実している，③簡易迅速な救済は，仮処分等の執行手続により一定程度図られる，ことから，その存在意義は限定されている。

第6節　占有権の消滅

占有に対する諸効果は，保護に値する事実的支配の継続により認められるが，以下の場合にはその根拠を失うため，占有権が消滅する。

1 直接占有における消滅原因

占有権の取得は，①「自己のためにする意思」をもって，②物を所持することによって成立するため（180条），ⓐ占有意思の放棄および，ⓑ所持の喪失が消滅原因となる（203条本文）。なお，占有者が占有回収の訴えを提起した場合はこのかぎりではないが（同条ただし書），占有継続には，勝訴して所持を回復することが必要となる。

2 代理占有（間接占有）における消滅原因

占有代理人を通して占有する場合，本人の占有権は，①本人が代理占有させる意思を放棄したとき，または，②代理人が本人に対して，以後は自己または第三者のために所持する意思を表示したとき，③代理人自身が所持を失ったときに消滅する（204条1項）。

　なお，占有権は客観的な事実状態の保護を目的としているため，賃貸借契約あるいは寄託契約のような本人・占有代理人間の法律関係が終了しても，賃借人・受寄者としての占有が事実上継続していれば，占有権は消滅しない（同条2項）。

第 7 節　準 占 有

1 準占有の意義

　占有権は物に対する事実的支配の保護を目的とするものであるが，物の占有を目的としない財産権の行使についても，行使者が権利者であるか否かを問わず，事実状態としての権利行使を保護すべく，占有権に関する諸規定が準用される（205条）。これを準占有という。例えば，預金通帳を所持し，預金者として預金債権を行使する場合には，債権に対する準占有が認められる。抵当権・先取特権のように占有を目的としない物権についても成立する。とくに重要なものは，著作権・特許権・商標権等の知的財産権である。

2 準占有の効果

　占有権に関する諸規定が準用される結果，権利推定（188条），果実の取得（189条），費用償還請求（196条），（準）占有の訴えによる侵害排除（197条以下），権利の継続的行使による時効取得，等による保護が準占有者に与えられる。

　ただし，即時取得（192条）に基づく権利取得は認められない。同制度は，物の占有を公示方法とする動産物権において，高度な流通性と迅速性を有する動産取引の安全のためにとくに設けられたものであり，他の財産権についても当然に認めるべきではないからである。したがって，無権利者から債権あるいは知的財産権等を譲り受けたとしても，即時取得による保護はない。

第 **7** 章

所　有　権

　この章では，物権の中心であり，実際の社会でも重要な役割を果たしている所有権について，意義，内容と制限，取得，共有に関するルールを取り上げる。あわせて，所有者不明土地等の管理制度，区分所有建物をめぐる所有関係も概観する。

第 1 節　序　　説

1 所有権の意義

　所有権とは，何らの拘束を受けずに何人に対しても主張することができる，物の全面的な支配権である。

　所有権のこのような性格は，近代以前には確立していなかった。例えば，封建的な土地所有では，領主が土地の領有権（上級所有権）を，土地を現実に保有し耕作する農民が土地の下級所有権をそれぞれ有すると構成され，後者の下級所有権には，領主の農民に対する政治的支配と直結したさまざまな拘束が含まれていた。このような状態を打破して個人の自由な所有権を確立したのが，

市民革命であった。近代市民社会の基本法典である民法も，これと歩調を合わせ，所有権から政治的・団体的・身分的な支配の要素を取り除き，所有権を純粋に「人の物に対する権利」として一元的に構成した。

2 所有権の内容と制限

(1) 所有権の内容

　所有者は，自己の所有物を自由に使用・収益・処分することができる（206条）。このうち，収益とは物の果実（88条参照）を取得すること，処分とは物理的処分（消費・改造のほか，放棄や破壊も含む）と法律的処分（譲渡や用益物権・担保物権の設定等）を指す。

　このように，所有権は，物権の中でも，物に対する全面的支配性を有するところにその特徴がある。

(2) 所有権の制限

　以上の所有権の自由は，野放しの自由を意味するわけではない。206条自体，所有権の自由は「法令の制限内において」認められるとしており，所有権に対する制約が当初から予定されている。また，憲法上，所有権は財産権としての保障を受けるものの（憲29条1項），その権利の内容は「公共の福祉」に適合するように法律で定めるものとされており（同条2項），社会公共の観点からの制約に服している（民1条1項も参照）。

　今日では，社会公共の観点からの法令による所有権制限が極めて多くなっている。具体的には，社会の安全（防災，衛生，公害防止等），公共施設（道路・鉄道・河川等）の建設・維持，自然環境や文化財の保護，経済政策の遂行，国土の合理的利用や都市環境の形成等の目的から，主として行政法による制限が行われている。これらの制限は，土地以外に関するものもあるが（食品に対する食品衛生法による規制，文化財に対する文化財保護法による規制等），多くは土地所有権の制限にかかわる。

　他方で，所有権が私法上で制限を受ける場合もある。第1に，所有者が自己の所有物について他人との間で賃借権設定等の契約を結んだ場合，所有権は他人の権利（賃借権等）によって制限を受ける。第2に，土地所有権については

相隣関係や土地管理制度による制限が，また，建物所有権については建物管理制度による制限がそれぞれ規定されている（本章第2節**3**および第5節）。第3に，所有権の行使が権利濫用の禁止にあたり許されない場合がある（1条3項）。第4に，「建物の区分所有等に関する法律」等，民法の特別法により所有権が制限されている例もある。

第2節　土地所有権の内容と制限

1 土地所有権の特殊性

(1) 土地所有権の制限の必要性・意義

　土地は，人間が諸活動をするために必要不可欠であるが，物理的には有限であり，土地の所有を一部の者が独占すれば他の者の活動が困難となる。また，土地は連続していることから，ある土地の利用・管理が必然的に別の土地の利用・管理にも影響を及ぼす。以上のように，土地は公共の利害にかかわる特性を有するため，土地については公共の福祉が優先するものとされている（土地基2条）。

　土地のこのような特性を反映して，土地所有権には法令によるさまざまな制限が課されている。民法においても，土地所有権の内容および範囲に関して特別の規定がおかれている。民法による制限は本節**2 3**などで取り上げるので，ここでは，民法以外の法令による制限の一例をみておこう。

　例えば，ある土地が都市計画区域に指定され第一種低層住居専用地域（都計5条1項・8条1項1号・9条1項）とされると，その土地の所有者は，建築基準法で許容された一定の用途でしか土地を利用することができない（建基48条1項・別表第二（い）項。例えば，住宅の建築は認められるが店舗や工場等の建築は原則として認められない）。また，許容された用途の建築物を建てる場合も，容積率（建築物の延べ面積が敷地面積に占める割合）・建蔽率（建築物の建築面積が敷地面積に占める割合）・高さ等について一定の規制を受ける（建基52条1項1号・53条1項1号・55条1項）。

　このように，土地所有権は今日，まちづくり・自然保護・産業開発等を目的

とする法令によって大きな制約を受けている（本章第1節**2**(2)）。しかし，都市環境の破壊や自然の乱開発等の事態はなお各地で起きており，土地所有権に対する制限が依然として不十分であるとの批判も強い。

(2) 所有者不明土地の問題と民法・不動産登記法改正

最近では，人口の減少や高齢化などによって土地の需要が減ったため，土地の価値は上がらないのに税金や管理のコストばかりがかかり，土地への関心が薄れている。土地を相続しても，土地所有者が相続登記をしないまま土地を放置する事態などが生じている。その結果，不動産登記簿の記載事項を調べるなど相当な努力を払っても，所有者（あるいは共有者。以下同じ）が誰であるか分からない土地や，所有者は分かっていてもその所在が分からない土地が増えている。これらの土地（「所有者不明土地」と呼ばれる）が増加すると，所有者を探索・発見するのに多大な時間と費用がかかり，土地の取引や公共事業の妨げになったり，所有者が土地を適切に管理しないために，土壌が崩壊するなどして近隣の住民に害悪を与える。

以上の問題状況を受けて，所有者不明土地の発生を予防するとともに，既存の所有者不明土地を円滑に利用できるようにすることを目的として，令和3年，民法・不動産登記法の改正等が行われた。主な改正点として，相続登記の申請の義務化，共有者の一部が不明な場合への対応，所有者不明土地等を管理する制度の導入などが挙げられる（　Column 4-2　，本章第4節および第5節などを参照）。これらの改正により，所有者不明土地への対応という観点から，土地所有権に新たな制限が加えられている。

2　土地所有権が及ぶ範囲

土地所有権は，法令の制限内において，その土地の上下に及ぶ（207条）。したがって，上空や地下を他人が無断で利用していれば，土地所有権に対する違法な侵害となり，土地所有者は，土地所有権に基づく物権的請求権を行使して，その利用の停止等を請求することができる（ただし，土地所有者の請求が権利濫用にあたり許されないとされることもある。大判昭和10・10・5民集14巻1965頁等）。土地の上空や地下を他人が適法に利用するには，土地所有者との間で区分地上権（269条の2）や地役権（280条）の設定契約を結ぶ等して，土地所有者の同意

を得る必要がある。

もっとも，土地所有者の土地利用の利益を保護することが本条の目的であるから，土地所有権の効力が及ぶ範囲も，その利益が存在する範囲にかぎられると解されている。例えば，土地のはるか上空を航空機が通過しても，土地所有権の侵害とはいえない。

地下に関しては，地中の物にも土地所有権が及ぶのが原則であるが，「法令」により土地所有権が及ばないとされている場合もある（未掘採の鉱物について鉱業 2 条・7 条・8 条等参照）。さらに，地下の利用については，「大深度地下の公共的使用に関する特別措置法」により，首都圏等の対象地域において，一定の要件と手続の下で，道路・河川・鉄道・通信・電気・上下水道等の公共の利益となる事業の実施のため，認可を受けた事業者に大深度地下（同法 2 条 1 項および同法施行令 1 条によれば少なくとも 40 メートル以上の地下）を使用する権利が与えられる。その反面，土地所有者は，事業者による大深度地下の使用を妨げたり支障を及ぼす限度で，自己の権利の行使を制限される（同法 25 条）。このような制限によって具体的な損失を被った土地所有者は，当該事業者に対し，その損失の補償を請求することができるにとどまる（同法 37 条 1 項）。

③ 相 隣 関 係

(1) 意 義

土地は物理的に連続しているため，ある土地の利用が周囲の土地の利用に影響を及ぼすことは避けられない。そのような影響を放置すると，土地が有効に利用されず，土地所有権の共存が妨げられてしまう。そこで，近隣の土地相互の利用を調整する必要から，相隣関係の規定が設けられている。

相隣関係は，土地利用の調整のために，一方の土地所有権の内容を制限し，その分だけ，他方の土地所有権の内容を拡張する形で規定されている。例えば，甲土地の所有者は，甲土地上の建物を修繕するために必要な範囲内で，隣地である乙土地を使用することができる（209 条 1 項 1 号）。ここでは，乙土地の所有権の内容は，甲土地の所有者による使用を受忍しなければならない分だけ制限される反面，甲土地の所有権の内容は，乙土地の使用が認められる分だけ拡張する。

図表 7 - 1　相隣関係の規定の概観

隣地の使用・通行に関するもの	隣地の使用（209 条） 公道に至るための他の土地の通行権（隣地通行権）（210 条～213 条）
設備の設置・使用に関するもの	継続的給付を受けるための設備の設置権等（213 条の 2・213 条の 3）
水に関するもの	自然水流に関する規定（214 条・215 条・217 条） 人工水流に関する規定（216 条・217 条） 水流の管理に関する規定（219 条・222 条） 雨水に関する規定（218 条） 排水に関する規定（220 条・221 条）
境界に関するもの	境界標の設置（223 条・224 条） 囲障の設置（225 条～228 条） 境界線上の工作物に関する規定（229 条～232 条）
境界線付近の竹木に関するもの	枝の切除および根の切取り（233 条）
境界線付近における建築・工事に関するもの	建物と境界線との距離（234 条・236 条） 目隠しの設置（235 条・236 条） 掘削の制限（237 条・238 条）

　土地所有権の内容のこのような制限・拡張は，一定の要件を満たせば法律上当然に認められる。上の例で，建物の修繕をしたい甲土地の所有者としては，乙土地の所有者との合意により，乙土地の一部を使用する権利（賃借権や使用借権）を設定してもらうこともできる。しかし，合意が成立しなければ乙土地を使用できないというのでは，修繕工事が進まない等，土地の有効な利用が図られなくなる。しかも，このような事態は乙土地の所有者にも同様に起こりうる（いわば「お互い様」の状況）。そこで，民法は，法律上当然に認められる土地所有権の内容の制限・拡張として，隣地の使用の規定（209 条）を設けた。

　なお，相隣関係の規定は，土地所有者間に適用されるだけでなく，地上権者間または地上権者と土地所有者との間にも準用される（267 条）。地上権（265 条）に基づいて土地を利用する場合にも，近隣の土地の利用と調整を図ることが必要だからである（このような必要性ゆえに，永小作権〔270 条〕や賃借権〔601 条〕に基づいて土地を利用する場合にも相隣関係の規定が準用されるべきだと解されている。最判昭和 36・3・24 民集 15 巻 3 号 542 頁参照）。

(2) 概 観

　相隣関係の規定を概観すると，**図表7-1**のようになる。217条・219条3項・228条・236条にみられるように，民法の規定と異なる慣習がある場合には慣習が優先される場合もある。

　以下では，今日においても一定の役割を果たしており，解釈上も争いのある規定を取り上げる。その他の規定は条文を一読してもらいたい。

(3) 公道に至るための他の土地の通行権（隣地通行権）

(a) 原 則

図表7-2

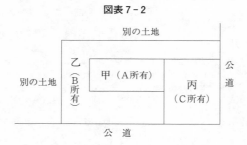

　(i) 要 件　　A所有の甲土地が，B所有の乙土地とC所有の丙土地に囲まれて公道に通じていないとする（**図表7-2**）。これでは，甲土地を利用するAにさまざまな不都合が生ずるだけでなく，土地が有効に活用されない点で社会的な損失にもなる。BがAに対し乙土地の通行を認めた場合や，AとCが丙土地に通行地役権（280条）を設定する契約を結んだ場合には，上述の事態は回避されるが，問題はBやCがこれを拒否している場合である。

　そこで，他の土地に囲まれて公道に通じていない土地（「袋地」と呼ばれる）の所有者は，公道に至るため，袋地を囲んでいる他の土地（「囲繞地」と呼ばれる）を通行することができる（210条1項）。これを隣地通行権という（以前は囲繞地通行権といわれていたが，近時の語法に従い，隣地通行権と呼ぶ）。池沼・河川・水路・海を通らなければ公道に至ることができない土地や崖があって公道との間に著しい高低差のある土地についても（準袋地と呼ばれる），同様である（同条2項）。

ある土地が袋地にあたるかどうかは相対的に理解されている。すなわち，土地が公道に全く接していない場合（**図表7-2**の甲土地を参照）だけでなく，既存の通路等で公道に出入りできる場合であっても，土地を用途に応じて利用するにあたって既存の通路では不十分であれば，その土地は袋地であると評価されて，当該土地の所有者のために隣地通行権が認められる（既存の通路を拡幅して通行することや既存の通路とは別のところを通行することを認める等。大判昭和13・6・7民集17巻1331頁参照）。

なお，判例は，袋地の所有権を取得した者は，袋地について所有権移転登記を経由していなくても，囲繞地の所有者に対して隣地通行権を主張することを認めている。土地相互間の利用の調整という相隣関係の趣旨が公示制度よりも優先されるからである（最判昭和47・4・14民集26巻3号483頁）。

(ii)　内　容　　通行の場所と方法は，通行権者のために必要であり，かつ，囲繞地のために損害が最も少ないものでなければならない（211条1項。同条2項はさらに，必要があるときには通路の開設も認める）。袋地所有者の通行の必要性と囲繞地所有者の負担の程度のほか，付近の地理的状況その他の事情も考慮して判断される。したがって，**図表7-2**において，Aが乙土地と丙土地のいずれを通行することができるか，また，乙土地あるいは丙土地のどの部分を通行することができるかは一概に決まらず，上述の具体的な諸事情を考慮して個々の事例ごとに判断される（通常は，乙土地または丙土地の端の部分で，甲土地から公道までの距離が短いほうを通行することができるだろう）。

(iii)　償　金　　隣地通行権に基づく通行は通行権者に利益をもたらす反面，囲繞地の所有者に損失を及ぼす。そこで，通行権者は囲繞地の損害に対して償金を支払わなければならない（212条）。これは，適法行為（隣地通行権に基づく通行）によって生じた損害を補償するものであり，不法行為による損害賠償（709条）とは異なる。また，償金は通行権の対価ではない（隣地通行権は法律上当然に認められる）から，通行権者が償金の支払を怠っても隣地通行権は消滅しないと解されている。

(iv)　隣地通行権の成否および内容をめぐる現代的な問題　　隣地通行権の成否および内容をめぐって，次のような問題が生じている。

第1に，建築基準法43条1項は，都市計画区域または準都市計画区域内に

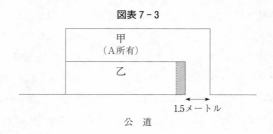

図表 7 - 3

ある建築物の敷地について，原則として同法所定の道路に 2 メートル以上接することを要求している（以下「接道要件」という）。接道要件を充足していないと，建築物の新築や改築において原則として建築確認を受けられない（建基 6 条 1 項参照）。それでは，**図表 7 - 3** のように，公道と幅員 1.5 メートルで接している甲土地の所有者 A は，甲土地で建築物の新築や改築をするために，隣接する乙土地の幅員 0.5 メートルの部分（図中のアミかけ部分）について隣地通行権を主張することができるだろうか。

　判例はこれを否定する。A は，甲土地への往来通行のために必要不可欠な通行権を主張しているわけではない。往来通行に必要不可欠な通路を確保して袋地の利用を全うさせることを目的とする民法 210 条と，主として避難または通行の安全を目的とする接道要件とではその趣旨・目的が異なるから，単に特定の土地が接道要件を満たさないとの一事をもって，接道要件を満たすべき内容の隣地通行権が当然に認められるわけではないとする（最判昭和 37・3・15 民集 16 巻 3 号 556 頁，最判平成 11・7・13 判時 1687 号 75 頁）。

　これに対して，学説では，A の主張を一切認めないと甲土地の有効利用が図られなくなることを理由に，接道要件も一要素として考慮しながら隣地通行権の成否・内容を判断すべきであると解する見解が有力である。

　第 2 に，自動車の普及に伴い，徒歩であれば公道に出入りできる土地のために，自動車通行を内容とする隣地通行権が認められるかどうかが争われている。袋地の概念の相対的な理解（本節 **3**(3)(a)(i)）を前提として，個々の事例ごとに，袋地のために自動車通行を認める必要性，周辺の土地の状況，囲繞地が被る不利益等の諸事情を総合考慮して判断するべきである（最判平成 18・3・16 民集 60 巻 3 号 735 頁）。

(b) **土地の分割・一部譲渡によって袋地が形成された場合の特則**　共有地の分割または土地の一部譲渡によって袋地が生じた場合には，袋地所有者は，囲繞地のうちの残余地（分割によって生じた他の土地または譲渡前に一体をなしていた他の土地）についてのみ隣地通行権を有する。この場合には償金を支払う必要はない（213条）。例えば，**図表7-2**において，甲土地と乙土地が元は1筆の土地でABが共有していたが，共有物の分割（本章第4節**5**参照）によって，甲土地がAに，乙土地がBにそれぞれ帰属した場合には，袋地になった甲土地の所有者Aは，乙土地のみを無償で通行することができ，丙土地を通行することはできない（同条1項）。甲土地と乙土地が元は1筆の土地でAが所有しており，Aがこれを分筆して乙土地をBに譲渡した結果，甲土地が袋地になった場合も，同様である（同条2項）。

この規定の趣旨は以下のとおりである。①通行の場所が残余地（乙土地）にかぎられるのは，分割・一部譲渡による袋地の発生に関与した土地（甲土地と乙土地）の間で通行権の問題を処理すべきであり，これに関与していない第三者所有の他の囲繞地（丙土地）に不利益を及ぼすべきではないからである。②償金の支払が不要とされるのは，当事者（AB）はあらかじめ通行権が発生することを想定して，分割・一部譲渡の範囲を決めたり譲渡の対価に反映させたりする等の対応をとれたはずなので，残余地（乙土地）が通行の負担を受けても損害は生じていないと見るべきだからである。

なお，213条2項は，厳密には一部譲渡にあたらない場合にも類推適用されている。**図表7-2**において，甲土地と乙土地いずれも元はAが所有しており，Aが乙土地のみをBに譲渡した場合や，甲土地と乙土地いずれも元はDが所有しており，Dが甲土地をAに，乙土地をBに同時に譲渡した場合にも，Aは乙土地のみを無償で通行することができる。これらの経緯で甲土地が袋地となった場合にも，上述の①②の趣旨があてはまるからである（最判昭和37・10・30民集16巻10号2182頁，最判昭和44・11・13判時582号65頁等）。

(c) **残余地の特定承継人に対する無償通行権の主張の可否**　(b)で見たように，**図表7-2**において，甲土地と乙土地が元は1筆の土地でABが共有していたが，共有物の分割によって，甲土地がAに，乙土地がBにそれぞれ帰属した場合には，Aは乙土地（残余地）のみを無償で通行することができる

（213 条 1 項）。その後，B が乙土地を E に譲渡したときも，A は，乙土地に成立したこの無償通行権を E に対して主張することができるだろうか。

　判例は，213 条に基づいて成立した無償通行権は，その後に残余地に売買等の特定承継があった場合でも，残余地の特定承継人に対して主張することができると解している。その理由として，(b)で挙げた 213 条の趣旨①のほか，袋地所有者にとって，残余地の特定承継という自己の関知しない事情によって無償通行権が主張できなくなるのは不合理であること，および，213 条の無償通行権は袋地・残余地自体に付着する物権的な権利・負担であるから，関係者の変動があっても存続し続けることを挙げる（最判平成 2・11・20 民集 44 巻 8 号 1037 頁 ◀ 判例 7-1 ▶，最判平成 5・12・17 判時 1480 号 69 頁）。

　これに対しては，分割・一部譲渡の当事者間では予期して袋地を発生させたから無償通行権が妥当するとしても，残余地の特定承継人にまで無償通行権を負担させるのでは特定承継人に不測の不利益が及ぶこと等を理由に，残余地に特定承継があった場合は 213 条に基づく無償通行権の存続を否定し，隣地通行権の一般則（210 条〜212 条）に戻って通行権の内容を決めるべきだと解する見解も有力である（もっとも，この見解も，210 条〜212 条を適用する際には，残余地で無償通行権が以前から行使されていたことなど，従前の経緯等の諸事情を十分に考慮して判断する。そのような判断の結果，残余地に 210 条に基づく隣地隣行権が認められ，また，償金の支払は不要とされることもありうる）。

◀ 判例 7-1 ▶ **最判平成 2・11・20 民集 44 巻 8 号 1037 頁**

【事案】A は自己の所有地を甲土地と乙土地に分筆し，公道と接続していない甲土地を X に譲渡した。A は従来，隣接する Y 所有の丙土地を賃借して野菜の植栽等に使用していたが，甲土地を X に譲渡するに先立って丙土地を通路として整備したところ，Y と争いになり，Y が A の用法違反を理由に丙土地の賃貸借契約を解除した結果，丙土地は通路として使えなくなった。他方，乙土地はその後 A から C に譲渡されたが，C が乙土地に地盛りをして石垣を設け居宅を建てたため，X にとっては，丙土地を通行する以外に甲土地から公道へ出入りする方法がなくなった。そこで，X は，Y に対し，丙土地に 210 条に基づく隣地通行権を有すると主張した。原審は，X は，A から甲土地の譲渡を受けた時点で，213 条 2 項により，残余地である乙土地のみを通行する権利を取得しており，乙土地が A から C に譲渡されたのに伴いその通行権を

C にも主張しうるから，丙土地に 210 条に基づく X の隣地通行権は認められないとした。X から上告。

【判旨】 上告棄却。「共有物の分割又は土地の一部譲渡によって公路に通じない土地（以下「袋地」という。）を生じた場合には，袋地の所有者は，民法 213 条に基づき，これを囲繞する土地のうち，他の分割者の所有地又は土地の一部の譲渡人若しくは譲受人の所有地（以下，これらの囲繞地を「残余地」という。）についてのみ通行権を有するが，同条の規定する囲繞地通行権〔隣地通行権〕は，残余地について特定承継が生じた場合にも消滅するものではなく，袋地所有者は，民法 210 条に基づき残余地以外の囲繞地を通行しうるものではないと解するのが相当である。けだし，民法 209 条以下の相隣関係に関する規定は，土地の利用の調整を目的とするものであって，対人的な関係を定めたものではなく，同法 213 条の規定する囲繞地通行権〔隣地通行権〕も，袋地に付着した物権的権利で，残余地自体に課せられた物権的負担と解すべきものであるからである。残余地の所有者がこれを第三者に譲渡することによって囲繞地通行権〔隣地通行権〕が消滅すると解するのは，袋地所有者が自己の関知しない偶然の事情によってその法的保護を奪われるという不合理な結果をもたらし，他方，残余地以外の囲繞地を通行しうるものと解するのは，その所有者に不測の不利益が及ぶことになって，妥当でない」（本文に述べた有力な見解を支持する反対意見が付いている）。

(4)　建物と境界線との距離

(a)　規制の内容　建物を築造するには，境界線から 50 センチメートル以上の距離を保たなければならない（234 条 1 項）。境界線に接した建築を認めてしまうと，隣地で建物の建築・修繕をするためにスペースが必要な場合に，隣地内でそのスペースを確保せざるをえなくなり，隣地の所有権が間接的に害される（先に境界線に接して建築した者が不当に有利となる，つまり早い者勝ちになる），というのが立法趣旨のようである。

この規制に違反して建築しようとする者がいるときは，隣地所有者は，その建築の中止または変更を請求することができる。ただし，建築着手時から 1 年を経過し，または建物が完成した後は，損害賠償の請求しかできない（同条 2 項）。取壊しによる社会的損失を避けるためである。

以上と異なる慣習があるときは，その慣習に従う（236 条）。繁華街等では，

50 センチメートルの距離を保つことを不要とする慣習があるといわれている。もっとも，このような慣習がない場合に，当事者の合意で距離を短縮することは許されないと解されている。

　(b)　**建築基準法 63 条との関係**　　建築基準法 63 条は，防火地域または準防火地域内の建築物で外壁が耐火構造であれば，その外壁を隣地境界線に接して設けることができるとしている。

　判例は，建築基準法 63 条所定の建築物については同条が適用され，民法234 条 1 項の適用は排除されるとする（最判平成元・9・19民集43巻8号955頁）。建築基準法 63 条は，耐火構造の外壁が防火上望ましいという見地や防火地域等における土地の合理的・効率的利用を図るという見地から，相隣関係を規律する趣旨でこのような特則を定めたといえるからである。また，建築基準法には建築物の外壁と境界線との距離を直接規制する原則規定がなく，そこで，建築基準法 63 条に何らかの意味をもたせるには，民法 234 条 1 項をその原則規定とし，建築基準法 63 条をその特則と解する必要があるからである。

> **Column 7-1**　　**ライフラインの設備の設置権・使用権**
>
> 　土地で生活や事業を営むためには，電気・ガス・水道水の供給（その他これらに類する継続的給付。以下「継続的給付」という）を受けることが必要不可欠である。そこで，ある土地（甲土地とする）の所有者は，他の土地に設備を設置したり他人の所有する設備を使用しなければ継続的給付を受けることができない状況にある場合には，継続的給付を受けるため必要な範囲内で，他の土地に設備を設置することや他人の所有する設備を使用することができる（213 条の 2 第 1 項。ただし，甲土地の所有者は，あらかじめ，設備の設置や使用の目的・場所・方法を，他の土地の所有者・利用者または設備の所有者に通知しなければならない〔同条 3 項〕）。
>
> 　以上の甲土地は，他の土地に囲まれて公道に通じない土地（210 条）や，排水のために低地や通水用工作物を使用する必要のある土地（220 条・221 条）と類似した状況にある。そこで，これらの土地に適用されるのと同様のルールが，ライフラインの設備の設置権・使用権にも設けられている。具体的には，設備の設置・使用の場所や方法は他の土地または他人の所有する設備のために損害が最も少ないものを選ばなければならない（213 条の 2 第 2 項），他の土地や他人の所有する設備に損害が生じた場合には償金を支払わなければならない（同条 5 項・6 項），他人の所有する設備の修繕・維持等に要する費用を分担しなけ

ればならない（同条 7 項），分割・一部譲渡によって上述のような甲土地が生じた場合の特則（213 条の 3），などである。

> ### Column 7-2　枝や根の切除・切取り
>
> 　隣地の竹木の枝や根が境界線を越えて土地に侵入している場合，土地所有者は，枝についてはその切除を竹木所有者に請求しなければならない（233 条 1 項）のに対し，根については自分で切り取ることができる（同条 4 項）。枝も根も竹木所有者の所有に属する以上，土地所有者が自分で切り取ることは許されない（竹木所有者に切除してもらう必要がある）ところ，民法は，根について土地所有者の自力救済を認めたわけである。その理由は，①枝は竹木所有者が隣地内で切除できるのに対し，根は竹木所有者を土地に立ち入らせて切除させる必要があり不便である，②枝は価値の高い場合が多い（成熟した果実が付いている場合など）のに対し，根はそうではない，などと説明されている。
>
> 　しかし，竹木所有者が不明な場合などは，枝についても土地所有者が自分で切り取ることができた方が便利である。そこで，令和 3 年の改正は，一定の要件の下でこれを認めることにした（同条 3 項）。土地所有者の自力救済が認められる場合を枝にも拡張したといえるだろう。

第 3 節　所有権の取得

1 所有権の取得の諸形態

　所有権の取得には，承継取得と原始取得の 2 つの形態がある。

　所有権の承継取得としては，売買・贈与等の法律行為による場合や相続による場合が典型例である。

　これに対して，所有権の原始取得には，取得時効（162 条），即時取得（192 条），家畜外動物の取得（195 条），無主物の帰属（239 条），遺失物の拾得（240 条），埋蔵物の発見（241 条），添付（242 条～248 条）等がある。実際上重要な意義を有しているのは取得時効と即時取得であるが，これらは別のところで説明されるので（前者について本シリーズ民法総則，後者について第 5 章第 3 節 **2** ），以下では，それ以外の所有権の原始取得を扱う。

2 無主物の帰属・家畜外動物の取得・遺失物の拾得・埋蔵物の発見 ──

(1) 無主物の帰属 (無主物先占)

　所有者のない動産 (無主の動産) を所有の意思をもって占有した者は，その動産の所有権を取得する (239条1項)。無主の動産には，当初から所有者がいない動産 (野生の魚や鳥等。捕獲した者が同項によってその所有権を取得する) のほか，以前は所有者がいたが，その所有者が所有権を放棄したために現在は所有者がいない動産 (ゴルフ場の池にゴルファーが放置したロストボール等。ゴルフ場経営者が同項によってその所有権を取得する) も含まれる。

　これに対して，所有者のない不動産 (無主の不動産) は国庫に帰属し (同条2項)，先占による所有権取得の対象とならない。

> **Column 7-3**　**土地所有権の放棄と相続土地国庫帰属制度**
>
> 　本章第2節 **1** (2)でも触れたように，所有者不明土地は，土地の価値よりも税金・管理の負担の方が大きい場合に発生する。そこで，土地所有者がそのような土地の所有権を放棄することができれば，当該土地は所有者のない不動産になり，その所有権は国庫に帰属するので (239条2項)，土地所有者は税金・管理の負担を免れることができそうである。土地所有権の放棄について民法は特に規定していないが，権利者は自己の権利を自由に処分できるのが原則である以上，土地所有者も自らの意思で土地所有権を放棄することができ，ただし，放棄が権利濫用や公序良俗違反にあたる場合には例外的に許されないと解されている (税金・管理の負担を国に押し付けるような放棄は例外にあたると考えられる)。
>
> 　他方で，所有者不明土地は，相続によっても発生する。子が親から土地を相続しても，別の所に住んでおり土地の使い道がないような場合には，放置されてしまうからである。このような形で所有者不明土地が発生するのを防ぐために，令和3年，相続 (または遺贈。以下同じ) によって土地所有権の全部または一部を取得した相続人が申請をして，所定の厳格な要件を満たすならば，法務大臣の承認を受けることによって土地所有権を国庫に帰属させることができる制度が新設された (相続土地国庫帰属制度。相続国庫帰属2条以下)。この制度は，相続によってやむなく土地所有権を取得した場合に限定して，国が承認という行政処分によって土地所有権を所有者から承継取得するものである (前段落で述べた，土地所有権の放棄＋国庫帰属という構成を採用したわけではない。

令和 3 年の改正では，土地所有権の放棄に関する改正自体は見送られた）。

(2) 家畜外動物の取得

他人が飼育していた「家畜以外の動物」を占有する者は，占有開始時に善意であり，かつ，その動物が飼主の占有を離れた時から 1 か月以内に飼主から回復の請求を受けなかったときは，その動物の所有権を取得する（195 条）。

これに対して，他人が飼育していた「家畜」の場合は，遺失物に準じて扱われ，遺失物法の定めるところに従って所有権の取得が認められる（240 条，遺失 2 条 1 項参照）。また，人が飼育していない動物（野生の動物）を占有する者は，無主物の帰属の規定（民 239 条 1 項）に基づいて所有権を取得する（(1)）。したがって，195 条は，家畜以外の動物であるためにその動物を無主物と考えた占有者を保護する観点から，飼主の利益にも配慮して，遺失物と無主物との中間的な取扱いを認めたといえる。

(3) 遺失物の拾得

遺失物を拾得した者は，遺失物法の規定に従い公告をした後 3 か月以内にその所有者が判明しないときは，その所有権を取得する（民 240 条）。拾得とは，遺失物の占有を取得することであり，先占とは異なり所有の意思を要しない。

遺失物とは，占有者の意思によらずにその所持を離れた物であって，盗品でない物をいう。なお，誤って占有した他人の物，他人の置き去った物，および，逸走した家畜（(2)で述べた他人が飼育していた家畜）は準遺失物と扱われ（遺失 2 条 1 項），その拾得にも民法 240 条が準用される（遺失 3 条・2 条 2 項）。

遺失物の拾得に関する要件と効果は，遺失物法に詳しく定められている（遺失者への返還や警察署長への提出等の拾得者の義務〔遺失 4 条〕，公告の方法〔遺失 7 条〕，公告後 3 か月以内に遺失者が判明した場合における拾得者の報労金請求権〔遺失 28 条〕，所有権を取得できない物件〔遺失 35 条〕等）。

(4) 埋蔵物の発見

埋蔵物とは，土地その他の物（包蔵物）の中に埋蔵されて外部から容易に目撃できない状態にあり，かつ，現在は誰が所有者であるか判別しにくい物をい

う（最判昭和 37・6・1 訟月 8 巻 6 号 1005 頁）。

　埋蔵物を発見した者は，遺失物法の規定に従い公告をした後 6 か月以内にその所有者が判明しないときは，その所有権を取得する（民 241 条本文）。ただし，他人の所有する物（包蔵物）の中から埋蔵物を発見したときは，発見者と包蔵物の所有者が等しい割合でその埋蔵物の所有権を取得する（同条ただし書）。発見とは，埋蔵物の存在を認識することをいい，占有の取得を要しない。埋蔵物の発見についても，遺失物法の規定が適用される（遺失 2 条 1 項・2 項参照）。

　なお，土地に埋蔵されている文化財（埋蔵文化財）については文化財保護法に特別なルールがあり，発見者や土地所有者は埋蔵文化財の所有権を取得することはできないが（国庫あるいは当該文化財の発見された土地を管轄する都道府県の所有となる），一定の報償金を支給される（同法 104 条・105 条）。

3 添　　付

⑴　序　　説

⒜　**添付の意義**　　所有者の異なる 2 つ以上の物が結合して 1 個の物になった場合（付合），所有者の異なる複数の物が混ざり合って識別することができなくなった場合（混和），および，ある者が他人の動産に工作を加えて新たな物を作り出した場合（加工）を，あわせて添付という。

　添付においては，次のような点が問題となる。①どのような場合に，新たに生じた物（合成物・混和物・加工物）が 1 個の物として所有権の客体になった（その反面，その一部となった元の物の所有権が消滅した）といえるか。②添付によって新たに生じた物の所有権は誰に帰属するか。③添付によって元の物の所有権を失い，新たに生じた物の所有者にもなれなかった者は，所有者になった者に対してどのような請求をすることができるか。

　これらのうち，①に関する規律は，社会経済的損失の回避や取引安全の確保という社会公共の利益にかかわることから（⒝参照），強行規定であると解されている。これに対して，②③に関する規律は，当事者間の私的な利害調整の問題であり，任意規定であると解されている。

⒝　**添付の趣旨**　　A 所有の建物の床に B 所有の木材が誤って組み込まれた場合（⑵で述べる不動産の付合に該当する）を例に，添付制度の趣旨を確認して

おこう。

　このような事態が生じても，木材の所有権が B から A に当然に移転するわけではなく，B は，木材の所有権に基づき，その返還を A に請求することができるはずである。しかし，そのような B の請求を認めて建物と木材を分離すれば，建物も木材も損傷を受け，社会経済的な利益に反する結果となる。

　そこで，民法は，B 所有の木材が A 所有の建物の一部になった（＝「従として付合した」）と扱い，A が木材の所有権を取得すると構成した。このように構成すれば，木材についての B の所有権が消滅する結果，所有権に基づく B の返還請求も認められなくなる。木材の所有権を失った B は，その代わりに，木材の所有権を取得した A に対し，不当利得の規定（703 条・704 条）に従って償金を請求することができる（248 条）。以上によると，添付制度の趣旨は，結合した物を元の物に分離するのは社会経済上の利益に反するから，それを否定すること（物の分離による社会経済的損失の回避）に見出される。

　他方で，木材が建物に付合することは，木材が建物の一部となり，独立の所有権の対象ではなくなることを意味する。もし木材に独立の所有権が成立するとすれば，建物の取引の際に木材について別個に取引しなければならず，取引の安全を害することになりかねない。この点では，添付制度は，所有権が及ぶ範囲（物の 1 個性）を確定することによって，取引の安全を確保する機能も果たしている。

　このように，添付制度の趣旨は以上の 2 つの観点から説明される。

⑵　不動産の付合

⒜　**不動産の付合の意義**　　ある物が不動産に「従として付合した」場合には，不動産の所有者がその物（附属物）の所有権を取得する（242 条本文）。これは，附属物の所有権が不動産の所有権に吸収されるという意味である。

　⑴⒝で挙げた例のように，不動産と動産の付合が一般的であるが，不動産と不動産の付合も排除されないと解されている（例えば，離れ家等の附属建物を母屋に接続させた場合）。ただし，建物は，土地とは別個独立の不動産であるから（370 条・388 条・389 条参照），土地には付合しないと解されている。

　242 条本文によって附属物の所有権を失った所有者は，附属物の所有権を取

得した不動産所有者に対し，償金を請求することができる（248条）。

　(b)　「**従として付合した**」**の意味**　　物の分離による社会経済的損失の回避という趣旨からすれば，「従として付合した」とは，不動産と物（附属物）を分離すると社会経済上不利益になる場合であり，具体的には，一方もしくは両方を損傷しなければ分離することができなくなった場合，または，分離するのに過分の費用を要する場合（243条参照）と解される。他方で，取引の安全の確保という趣旨を強調すれば，附属物が取引上の独立性を失ったと評価される場合が，「従として付合した」場合にあたる。

　もっとも，以上の抽象的な基準から具体的で明確な結論を導くことは難しい。そこで，これらの趣旨を考慮しながら，具体的な事案ごとに検討されている。例えば，A所有の土地にBが権原なく植えた種苗や樹木は，上記の趣旨に照らすと，根付いていれば土地に付合したものと解されている。また，建物の増改築と付合の成否については，(d)で取り上げる。

　(c)　**権原による附属**

　(i)　**権原による附属の意義**　　物が不動産に従として付合した場合であっても，権原を有する者がその物を附属させたときは，附属物は不動産所有者の所有とはならず，附属させた者の所有にとどまる（242条ただし書）。権原者は，留保した所有権に基づき，その附属物を分離することができる。ここでいう権原とは，地上権・永小作権・土地賃借権等，他人の不動産に物を附属させてその不動産を利用する権利をいう。

　例えば，A所有の土地を賃借して農作物を栽培するBは，土地の賃借権（＝権原）に基づき農作物の所有権を留保しているから，その後に土地の賃借権を失ったとしても，所有権に基づいて農作物を収穫することができる。

　(ii)　**強い付合と弱い付合**　　ところが，上の例でBが種をまいた直後に土地の賃借権を失ったとすると，種の所有権を留保しているBは，土地から種を収去しなければならない。しかし，このような収去はBに不可能を強いるに等しく，Bにとって不都合である。Bのような耕作者を保護するのであれば，種の所有権は，Bに留保させずにAの土地所有権に吸収させたほうがよい。Bは種の所有者でなくなるからその収去義務を負わず，むしろ，（種の所有権を取得した）Aに対して償金を請求することができるからである。また，独立性を

認識できない種について所有権を認め，土地と別個独立の取引の客体とするのは，取引の安全の観点からも適切ではない。

　そこで，学説は，附属物が完全に独立性を失って不動産の構成部分になる場合（強い付合）と，付合しても独立性を失わない場合（弱い付合）とを分け，強い付合の場合には 242 条ただし書の適用はなく，弱い付合の場合にのみ同規定の適用があり，権原者が所有権を留保できると解している。こう解すると，Bの植えた農作物は，種の状態では土地の構成部分になるが（強い付合），成熟に伴い独立性を獲得すると，Bが賃借権（＝権原）に基づいてその所有権を留保するので（弱い付合），上述の不都合な結論を回避することができる。

　(ⅲ)　**権原の第三者への対抗**　　例えば，A 所有の土地を B が賃借して立木を植えると，B は立木の所有権を留保する（242 条ただし書）。この場合において，A が（立木を別扱いせずに）土地を C に譲渡したときは，B は，権原についての公示方法（この例では土地の賃借権の登記）あるいは附属物自体についての公示方法（この例では立木についての明認方法）を備えていなければ，留保した立木の所有権を C に対抗することができないと解されている（最判昭和 35・3・1 民集 14 巻 3 号 307 頁参照）。立木を土地とは独立した所有権の対象とし，その所有権を B に帰属させることは一種の物権変動とみられるから，公示を備えなければ第三者に対抗することができないというわけである。

　これに対しては，立木の所有権は当初から B が留保しており，A から B に譲渡されたわけではない（AB 間に物権変動はない）から，BC 間は対抗問題にならないとして，立木について無権利の A と取引をした C の保護は 94 条 2 項の類推適用によるべきだとする説も有力である。

　(d)　**賃借人による建物の増改築と付合**　　A 所有の建物を B が賃借して建物に増改築を行った場合，増改築部分の所有権は誰に帰属するだろうか。

　(ⅰ)　**増改築部分の構造上・利用上の独立性と付合の成否**　　付合を否定して増改築部分を独立の所有権の対象にすると，建物の一部に建物とは別個独立の所有権が成立することになるが，これを常に認めれば，排他的支配権たる物権の客観的範囲が不明確となり取引の安全を害する。そこで，判例は，増改築部分に構造上・利用上の独立性（建物区分 1 条参照）がある場合には増改築部分に区分所有権が成立しうるが，そのような独立性がない場合には増改築部分は建

物に付合すると解している（大判大正 5・11・29 民録 22 輯 2333 頁，最判昭和 38・10・29 民集 17 巻 9 号 1236 頁，最判昭和 43・6・13 民集 22 巻 6 号 1183 頁等）。

したがって，B が附属させた増改築部分に上述の独立性がない場合には，増改築部分は付合により A の建物所有権に吸収される（242 条本文）。しかも，この場合には，242 条ただし書の適用はないと解されており（(c)(ii)で述べた強い付合にあたるといえよう），たとえ B が A から増改築について承諾を受けていたとしても，B が増改築部分の所有権を留保することはできない（最判昭和 44・7・25 民集 23 巻 8 号 1627 頁）。

(ii)　増改築部分に構造上・利用上の独立性がある場合　　多くの学説は，この場合には 242 条ただし書を適用する余地があるとした上で（(c)(ii)で述べた弱い付合にあたるといえよう），付合が権原をもってされたかを基準として，増改築部分につき B の区分所有権が認められるかどうかを判断している。

まず，B の有する建物賃借権は，権原にあたらないと解されている。建物賃借権は，増改築する権能や増改築部分の所有権を賃借人に留保する権能を賃借人に当然に与えているわけではないからである（606 条参照）。本来，242 条ただし書の権原とは，農地の賃借人が農作物を土地に植えて収穫することを当然の内容とする農地賃借権のようなものを意味している（(c)(i)参照）。

次に，B が増改築するについて A から得た承諾を，権原とみることはできるだろうか。A の承諾は，B が増改築をしても用法遵守義務（616 条・594 条 1 項）の違反による債務不履行にはならないとするための承諾にすぎず，増改築部分の所有権を B に帰属させる趣旨までは含んでいないのが通常である。そこで，A の承諾にこのような趣旨まで含まれているならば，A の承諾が権原となり，増改築部分について B の区分所有権が認められると解されている（前掲最判昭和 38・10・29 は，賃貸人の承諾がこのような趣旨を含む可能性を示唆した）。

(iii)　償金請求　　(i)(ii)で述べた解釈によると，ほとんどの場合，増改築部分の所有権は A に帰属する。増改築部分の所有権を取得しない B は，A に対し，増改築の費用の償還を請求することができるだろうか。

その根拠としては，248 条に基づく償金請求のほか，608 条 2 項に基づく有益費償還請求が考えられるが，608 条は賃借人が賃借物について費用を支出した場合の賃貸人・賃借人間の利益を調整するために特別に設けられた規定であ

る以上，AB 間のような賃貸借契約の当事者間では 608 条 2 項のみが適用されると解すべきである（これには A への「利得の押し付け」を防止する意味もある。**Column 7-4**）。同項によると，増改築部分が建物から収去されないことを前提として（622 条・599 条 1 項ただし書参照。増改築部分が収去された場合には，建物の価格の増加がないから有益費償還請求は成立しない），増改築が有益であると評価される場合には，B は，賃貸借終了時に，建物の価格の増加が現存するかぎりで，A の選択に応じて，支出額か増価額のいずれかの償還を A に請求することができる（ただし，608 条 2 項は任意規定であるから，AB 間に A の費用償還義務を免除する旨の特約がある場合には B の請求は認められない）。また，A からその支払を受けるまで，B は建物全体を留置することもできる（295 条）。

(3)　動産の付合

　所有者を異にする複数の動産が結合し，損傷しなければ分離することができなくなったとき，または，分離するのに過分の費用を要するときは，合成物の所有権は主たる動産の所有者に帰属する（243 条）。例えば，船体にエンジンが据え付けられて上述の状態になると，動産の付合が成立し，エンジンは船の所有者に帰属する。付合により所有権を失った者（エンジンの所有者）は，合成物の所有権を取得した者（船の所有者）に対し，償金を請求することができる（248 条）。

　結合した動産のいずれが主たる動産であるかは，価格等を考慮しつつ社会通念に従って判断される。上の例では，船が主たる動産と評価されることが多いだろうが，エンジンのほうが著しく高価であれば，エンジンが主たる動産と評価され，エンジンの所有者が船の所有権を取得すると解する余地もある（大判昭和 18・5・25 民集 22 巻 411 頁参照）。

　結合した動産の間で主従の区別ができないときは，各動産の所有者は，付合当時の価格の割合に応じて合成物を共有する（244 条）。

　なお，互いに主従の関係にない A 所有の甲建物と B 所有の乙建物が，その間の障壁を取り除く等して 1 棟の丙建物になった場合（「合体」と呼ばれる）も，244 条を類推適用し，AB は，合体当時の甲建物・乙建物の価格の割合に応じて丙建物を共有すると解されている。また，この場合において，甲建物に C

の抵当権が設定されていたときは，247条2項を類推適用し，Cの抵当権はA
が丙建物について有する共有持分の上に存続する（最判平成6・1・25民集48巻
1号18頁。第10章第8節**5**(1)(b)も参照）。

(4) 混　和

　混和とは，所有者の異なる複数の物が混ざり合って識別することができない
状態になることをいう。例えば，水と酒が混ざり合った場合である。

　243条・244条の準用により（245条），混和した物について主従の区別がで
きる場合には混和物は主たる物の所有者に帰属し，主従の区別ができない場合
にはそれぞれの物の所有者が混和当時の価格の割合に応じて混和物を共有する。
例えば，ABCDが宝くじ40枚を共同購入することにしAがこれを購入した
が，その際にAも個人的に宝くじ10枚を購入し，両者が識別不可能となった
場合には，50枚全部につき出資の割合に応じた共有となり，当選くじの賞金
も出資の割合に応じて分配される（盛岡地判昭和57・4・30判タ469号210頁）。

(5) 加　工

(a) 要　件　　加工とは，他人の動産（材料）に工作を加えて新たな物（加
工物）を生じさせることをいう。A所有の布地をBが洋服に仕立てた場合や，
C所有の小麦粉を使ってDがパンを焼き上げた場合等がこれにあたる。

　新たな物の成立を要件とするのが，判例（大判大正8・11・26民録25輯2114頁
等）・通説である。できあがった物が材料と同一性を有するのであれば，材料
の所有者に帰属するのは当然であり，新たな物が生じたからこそ，所有権が誰
に帰属するかを規定することが必要になるからである。新たな物が生じたかど
うかは，取引通念に従って判断される。もっとも，工作によって新たな価値を
創造したこと（それゆえに加工者が所有権を取得しうること）を重視する観点から，
新たな物の成立を緩やかに解する見解や，新たな価値の創造があれば加工の規
定を適用してよいとする見解もある。

　246条は動産の加工のみを対象とする。不動産に工作が加えられても，加工
者が(b)のルールにより工作後の不動産の所有権を取得することはない。

(b) 効　果　　原則として，加工物の所有権は材料の所有者に帰属する

（246条1項本文）。この場合には，加工者は，材料の所有者に対し，償金を請求することができる（248条）。

これに対して，加工者が加工物の所有権を取得することがある。第1に，工作によって生じた価格が材料の価格を著しく超えるときである（246条1項ただし書）。第2に，加工者が自己の材料も提供した場合には，加工者の提供した材料の価格と加工者の工作によって生じた価格の合計価格が他人の材料の価格を超えるときである（同条2項）。これらの場合には，材料の所有者は，加工者に対し，償金を請求することができる（248条）。

もっとも，加工物の所有権を誰が取得するかについて材料の所有者と加工者との間に合意がある場合には，合意が優先する（本節 **3** (1)(a)）。実際上もそのような合意が存在するのが通常であり，(a)の例でも，AB間・CD間の請負契約や雇用契約等のなかで合意されているだろう。したがって，民法のルールが適用される場面は多くない（C所有の小麦粉をDが誤って使った場合等）。

(c) 246条の適用範囲 　加工の規定が適用されるかが問題になった事案として，請負人が自ら材料を提供して建築を始めたが，不動産たる建物になっていない状態（「建前」と呼ばれる）で工事を中止した後，第三者がその建前に自ら材料を提供して工事を続行し，建物を完成させた場合がある。

動産たる建前と第三者提供の動産たる材料とが付合して建物ができたとみれば，動産の付合に関する243条・244条を適用することも考えられる。しかし，判例は，第三者の施した工事（工作）の価値を無視できないとして，加工に関する246条2項を適用し，第三者の施した工事・材料の価格と請負人の建築した建前の価格とを比較して，建物の所有者を決めている（最判昭和54・1・25民集33巻1号26頁 **判例 7-2** 。なお，本判決の結論は，建築請負契約における完成建物の所有権の帰属について，いわゆる請負人帰属説を前提としている）。

判例 7-2 　最判昭和54・1・25民集33巻1号26頁

【事案】 Yは本件建物を建築するためにAと請負契約を結び，Aと下請契約を結んだXが工事に着手した。Xは棟上げを終え屋根下地板を張り終えたが，Aが下請報酬を支払わないため，建前の状態（その価格は多くても90万円）で工事を中止した。Yは，Aとの請負契約を合意解除した上で，Bと請負契約を結んでBに工事を続行させ（建物の所有権はYに帰属する旨の特約付き），B

は自らの材料を提供して工事を行い独立の建物（その価格は少なくとも418万円）として，これをYに引き渡した。Xは，できあがった建物のうち主たる部分は自ら資材を調達して建設した動産，Bの工事により造られた部分は従たる動産であり，両者が付合して独立の建物となったから，243条により本件建物の所有権はXに帰属すると主張し，Yに対し，本件建物の明渡しを求めた。原審はXの請求を棄却した。X上告。

【判旨】上告棄却。「建物の建築工事請負人が建築途上において未だ独立の不動産に至らない建前を築造したままの状態で放置していたのに，第三者がこれに材料を供して工事を施し，独立の不動産である建物に仕上げた場合においての右建物の所有権が何びとに帰属するかは，民法243条の規定によるのではなく，むしろ，同法246条2項の規定に基づいて決定すべきものと解する。けだし，このような場合には，動産に動産を単純に附合させるだけでそこに施される工作の価値を無視してもよい場合とは異なり，右建物の建築のように，材料に対して施される工作が特段の価値を有し，仕上げられた建物の価格が原材料のそれよりも相当程度増加するような場合には，むしろ民法の加工の規定に基づいて所有権の帰属を決定するのが相当であるからである」。246条2項の適用においては，「〔Bの工作が終了した〕状態に基づいて，Bが施した工事及び材料の価格とXが建築した建前のそれとを比較」するべきところ，前者が後者をはるかに超えているので，本件建物の所有権は加工者であるBに帰属する。そして，BY間の前記特約により，本件建物の所有権はYに帰属する。

⑹　添付の効果

⒜　分離請求の否定，権利の帰属・消滅，添付によって損失を受けた者の償金請求権　　添付の基本的な効果は各所で述べてきたが，まとめれば以下のようになる。

添付（付合・混和・加工）の要件を満たすと，添付により新たに生じた物（合成物・混和物・加工物）が1個の物として所有権の客体となり，元の物に分離せよとの請求は認められなくなる。以上に関する規定は，強行規定と解されている。

添付によって新たに生じた物の所有者は，付合・混和・加工のそれぞれのルールに従って決定される。所有者となる者が新たに生じた物の所有権を原始取得する結果，所有者とならない者が有していた元の物の所有権は消滅する。この場合には，所有権を失った元の物の所有者は，新たに生じた物の所有者に対

し，不当利得の規定（703条・704条）に従って償金を請求することができる（248条）。以上に関する規定は任意規定と解されており，当事者間に別の合意があればそれに従う。

(b)　添付にかかわる物の上に第三者の権利が存在している場合　このような権利（制限物権や賃借権等）の扱いについて，247条は以下のように規定する。この規定は，第三者の権利にかかわるゆえに強行規定と解されている。

　添付によって物の所有権が消滅したときは，その物の上に存在していた権利も消滅する（247条1項）。権利の客体が消滅したからである。権利を失った者は，これにより利得を受ける者（新たに生じた物の所有者等）に対し，償金を請求することができる（248条）。なお，例えば，Aの動産がBの動産売買先取特権の対象であるところ，Aの動産の所有権がCの不動産への付合により消滅した場合（242条本文）には，Bの動産売買先取特権も消滅するが，Bは，AがCに対して取得する248条に基づく償金請求権の上に物上代位権を行使し，そこからAの他の債権者に優先して弁済を受けることができる（304条。先取特権に基づく物上代位について第13章第3節**5**）。

　これに対して，添付によって物の所有者が合成物・混和物・加工物（以下「合成物等」という）の単独所有者となったときは，元の物の上に存在していた権利は以後，合成物等の上に存続する。また，添付によって物の所有者が合成物等の共有者となったときは，元の物の上に存在していた権利は以後，当該共有者が合成物等について有する共有持分の上に存続する（247条2項）。

> **Column 7-4　添付による償金請求権をめぐる諸問題**
>
> 　添付によって所有権を失った者は，当事者間に別の合意がある場合を除き，償金請求権（248条）により所有権の価値の回復という形で保護される。ところが，償金請求権は一般の債権と変わらないため，債権者（所有権を失った者）は債務者（所有権を取得した者）の他の債権者と平等に扱われてしまう。そこで，所有権を失った者は本来なら所有権に基づく物権的保護を受けられたこと，添付は当事者の意思に基づかずに生じること（それゆえに償金請求権について担保を設定する機会が確保されないこと），合成物に共有持分権を認めて物権的保護を図っている場合（244条）と不均衡であること等を理由に，立法論として，償金請求権に先取特権のような優先権を付与することが考えられよう。
>
> 　他方で，例えば，取壊し予定の賃貸建物に賃借人が大規模な増改築を行った

ような場合に，不動産への動産の付合を認め，客観的な価値の増加について不動産所有者に248条に基づく償還債務を負わせるならば，不動産所有者にとって不要な利得を動産所有者が押し付ける結果となる。そこで，悪質なケースでは賃借人の不動産所有者に対する償金請求を権利濫用にあたり許されないとしたり，償金請求を肯定するとしても，248条ではなく608条2項が適用されると解して（本節**3**(2)(d)(iii)），「利得の押し付け」防止に配慮することができる（有益費にあたらないとして償還を否定できること，賃貸借終了時に償還が認められること，賃貸人が支出額か増価額かを選択できること，裁判所による期限の許与が認められること，権利行使期間の限定〔622条・600条1項〕等）。

第4節 共　　有

1 序　　説

　複数の者が1つの物を共同で所有することを，共同所有という。1つの物を1人が所有する単独所有と対になる概念である。

　1つの物の上には同じ内容の物権は1つしか成立しないとする考え（一物一権主義）からすれば，共同所有は例外的な事態であるといえる。しかも，単独所有の場合と異なり，複数の者が関与することになるから，共同所有者の内部で，その物の使用や処分に関して一定の規律を設ける必要が出てくる。また，その物を侵害する者がいる場合に，各共同所有者が侵害者に対してどのような請求をすることができるかも問題となる。さらに，共同所有者が共同所有の関係を解消しようとする場合もある。

　このように，共同所有においては，その法律関係をめぐって，単独所有の場合には起こらないような諸問題が生じる。そこで，民法は，共同所有の法律関係に関していくつかの規律を用意している。それらの規律のうち，民法が共同所有の原則的な形態として想定しているのが，249条以下に定められた共有である（狭義の共有とか物権法上の共有と呼ばれる）。

　以下では，共有に関する各種のルールを取り上げたのち，その他のタイプの共同所有とも対比する。

2 共有者の持分権

(1) 持分権の意義

共有者が目的物について有する権利を持分権という。

持分権の法的性質をどのようにみるかについては，共有の法的構成とも関連して見解の対立がある（ Column 7-7 ）。しかし，いずれの見解に立っても，持分権は，共有の特質から一定の修正を受けつつも，原則として所有権と同質の権利であると理解されている。

なお，民法の規定では，「持分」という文言が，持分権の意味で使われている場合（252条・255条等）と後述の持分割合の意味で使われている場合（249条・250条・253条・261条）がある。

(2) 持 分 割 合

各共有者は共有物について一定の割合で持分権を有する。この割合のことを，持分割合という。

持分割合は，共有の成立原因によって決まる。合意によって共有が成立した場合，例えば，ABが共同でパソコンを購入し，持分割合を1:2とする旨の合意をした場合には，当該合意による（仮にAB間に明示の合意がなくても，支出した代金額の割合等の事情から，解釈により黙示の合意があるとされることも多いだろう）。これに対して，法律の規定によって共有が成立する場合には，当該規定による（244条等参照）。以上によっても決まらない場合には，持分割合は相互に等しいものと推定される（250条）。

なお，不動産について共有の登記をする場合には，各共有者の持分割合を記載しなければならない（不登59条4号）。

(3) 持分権の内容

(a) 持分に応じた使用 各共有者は，その持分割合に応じて，共有物の全部を使用することができる（249条1項）。例えば，ABが等しい持分割合でパソコンを共有している場合，AもBも，使える回数や時間を平等に分けて，パソコン全部を使うことができる（したがって，AとBがパソコンを半分ずつ所有

するというイメージは適切でない）。共有物の収益についても，以上と同様に解されている。

　共有物の具体的な使用方法は，共有者間の協議により決められる。協議が成立しない場合には，共有者間で一定の調整をする必要があるが，その調整は共有物の使用や管理・変更に関する規律に委ねられる（本節**3**(1)(2)）。

　(b)　**持分権処分の自由**　各共有者は，自己の持分権を自由に処分すること（譲渡，担保権設定，放棄等）ができる。明文の規定はないが，持分権の上述の性質（(1)），および，処分を認めても他の共有者の持分権に影響が及ばないことを理由に，当然に認められると解されている。上の例でいえば，Bはパソコンの持分権をCに譲渡することができる。また，DEが土地を共有している場合に，Dは土地の持分権にFのための抵当権を設定することが可能である（Fの抵当権が実行されるとDの持分権のみが競売される）。

(4)　持分権の放棄および相続人の不存在

　(a)　**持分権の放棄**　共有者の1人が持分権を放棄したときは，その持分権は他の共有者に帰属する（255条）。本来，放棄によって持分権の所有者がいなくなれば，動産であれば無主物の帰属の対象となり，不動産であれば国庫に帰属するはずである（239条）。しかし，これでは法律関係が煩雑になることから，255条の規律が設けられた。

　例えば，ABが物を共有する場合にAが持分権を放棄すると，その持分権はBに帰属する（その結果，物はBの単独所有となる）。また，ABCが等しい持分割合で物を共有する場合においてAが持分権を放棄したときに，Aの持分権がBCにいかなる割合で帰属するかについては規定がないが，BCそれぞれの持分割合に応じて帰属すると解されている（その結果，BC2分の1ずつの持分割合による共有となる）。

　なお，上の例において，共有物が不動産の場合，BCは，Aの持分権の放棄によってその持分権を取得したことを第三者に対抗するには，当該持分権の移転登記を備えていなければならない（最判昭和44・3・27民集23巻3号619頁）。また，Aが不動産の持分権にDのための抵当権を設定していた場合には，Aの持分権の放棄によってDが害されるべきではないから（398条参照），BCは，

D の抵当権の負担がついた持分権を取得すると解されている。

(b) 相続人の不存在　　ABC の共有において C が死亡した場合，C の持分権は C の相続人 D に相続され（896 条本文），その後は A，B，D の共有となる。それでは，C に相続人がいない場合はどうなるだろうか。

相続人のいない相続財産については，所定の清算手続（951 条以下参照）を経てなお残存するものは国庫に帰属するから（959 条），A，B，国の共有となりそうである。しかし，これでは法律関係が煩雑になることから，255 条は，持分権の放棄の場合と同様に，C の持分権が AB に帰属するとした。この点で，255 条は 959 条の特則である。

> **Column 7-5**　**255 条と 958 条の 2 との関係**
>
> 　本文の例で，C に相続人はいないが，C と生計を同じくしていた者や C の療養看護に努めた者その他 C と特別の縁故があった者（特別縁故者）がいる場合には，①所定の清算手続を経てなお残存する C の持分権について，家庭裁判所は，相当と認めるときは，特別縁故者の請求によってこれを特別縁故者に分与することができる（958 条の 2 第 1 項）。そして，②C の持分権が特別縁故者へ分与されず，承継すべき者のいないまま相続財産として残存することが確定したときにはじめて，255 条により他の共有者 AB に帰属する（最判平成元・11・24 民集 43 巻 10 号 1220 頁）。つまり，958 条の 2 が優先的に適用されるわけである。

③ 共有者相互の関係

(1) 共有物の使用

各共有者は共有物の全部を使用できるとはいえ，それはあくまでも「その持分に応じた」使用にとどまる（249 条 1 項。本節**②**(3)）。このことから，次の 2 つのルールが導かれる。ABC が等しい持分割合で自動車甲を共有しているとしよう。

第 1 に，ABC は，善良な管理者の注意をもって，甲を使用しなければならない（同条 3 項）。甲を使用する ABC はそれぞれ，他の共有者の持分との関係では実質的に他人の物を管理している以上，（他人の物を管理するときに課される）善管注意義務を負うべきだからである。そして，例えば，甲を使用する A が善管注意義務に違反して甲を損傷させた場合には，BC は，A に対し，同義

務違反を理由とする損害賠償を請求することができる。

　第2に，Bが甲を独占使用している場合には，Bは，ACに対し，自己の持分を超える使用の対価を償還する義務を負う（同条2項）。甲の使用の対価（一般に賃料相当額と評価される）が月9万円だとすれば，Bは，自己の持分3分の1を超える使用の対価（月6万円）をACにそれぞれ月3万円ずつ償還しなければならない。この償還義務は，Bが自己の持分3分の1を超えて使用する部分について，Bが法律上の原因なく利益を受け，それによってACが損失を被っている点で，不当利得返還義務としての性質を有するものである。

　ただし，ABC間に別段の合意（Bの独占使用を無償とする旨の合意など）がある場合には，Bは償還義務を負わなくてよい。

(2)　共有物の変更・管理・保存行為

　共有物の変更・管理・保存行為について，民法は(a)以下の規定をおいている（**図表7－4**参照）。

　もっとも，共有者間に異なる合意がある場合は，その合意に従って解決される（共有の成立の原因や経緯等から合意が黙示的に認定されることもある）。例えば，共有物の管理に関する事項について（民法上は各共有者の持分価格の過半数で決定可能。(b)参照），共有者全員の同意が必要である旨の合意があればそれに従う。したがって，民法の規定が適用されるのは，そのような合意がない場合である。

　(a)　変　更　①各共有者は，共有物に変更を加える場合には，他の共有者全員の同意を得なければならない（251条1項）。ただし，②変更であっても，それが共有物の形状または効用の著しい変更を伴わない場合（以下「軽微変更」という）には，(b)の管理に従い，各共有者の持分価格の過半数によって決定することができる（同項括弧書・252条1項）。以上によると，共有者全員の同意を必要とする①の変更とは，共有物の形状または効用の著しい変更を意味する。

　②のルールは，形状・効用の著しい変更がなければ共有者への影響は軽微であるから，共有者全員の同意までは必要ないという考えに基づいている。そこで，ある変更行為が①と②のどちらにあたるかは，共有物の種類・性質，形状（外観・構造等）や効用（機能・用途等）を変更する範囲・程度，費用の多寡などの事情を考慮し，共有者への影響が軽微かそうでないかを基準にして判断され

図表7-4　共有物の変更・管理・保存行為

種　類		要　件	根拠条文
変更（軽微変更を除く）		共有者全員の同意	251条1項
管理	軽微変更	各共有者の持分価格の過半数による決定	251条1項括弧書・252条1項
	（狭義の）管理		252条1項
保存行為		各共有者が単独でできる	252条5項

る（例えば，共有物が住宅の場合，外壁を大規模に修繕する工事は，外観や構造が大きく変わらず住宅の用途も維持される限りで②にあたるが，事務所に改築する工事は，用途の著しい変更を伴うから①にあたると解される）。

　なお，共有物について売却その他の法律上の処分（抵当権の設定等）をする場合にも，共有者全員の同意が必要であると解されている。その理由は，変更にあたるからではなく，共有物の処分が各共有者の持分権の処分にあたるから，各共有者の同意が当然に必要であると説明される。

　(b)　**管　理**

　(i)　**過半数による決定**　　共有物の管理に関する事項は，各共有者の持分の価格に従い，その過半数で決定することができる（252条1項前段）。管理には，軽微変更と（狭義の）管理が含まれる。軽微変更は(a)②で既に述べた。（狭義の）管理とは，物の性質を変えることなく物を利用・改良する行為であり（103条2号参照），共有物の利用方法を決めることや共有物を改良すること等が典型例である。

　例えば，ABC が等しい持分割合で物を共有する場合には，BC の賛成による管理に関する決定をもって，その物について軽微変更や狭義の管理をすることができる（これに対して，例えば，DE が等しい持分割合で物を共有している場合には，D の賛成だけでは過半数に達しないから，E が反対すると管理行為をすることはできない。これに不満がある D は，自己の持分権を処分して共有関係から離脱するか〔本節**2**(3)(b)〕，共有物の分割請求をして共有関係を解消するしかない〔本節**5**〕）。

　(ii)　**共有物を使用する共有者がいる場合**　　ABC が等しい持分割合で甲建物を共有し，そのうちの C が甲建物を現に使用している場合であっても，(i)のルールは適用される（252条1項後段）。すなわち，ABC の持分価格の過半数

により管理に関する決定をすることができ，Cはその決定に従わなければならない（現に使用しているCの同意は不要である。(3)(d)も参照）。

ただし，Cの使用が「共有者間の決定」（例えば，Cが店舗営業のために甲建物を使用することを認める旨のABC間の管理に関する決定）に基づいている場合には，Cの利益にも配慮して，要件が追加される。すなわち，管理に関する決定を変更することがCに「特別の影響を及ぼすべきとき」には，Cの承諾を得なければならない（同条3項。仮にCが「共有者間の決定」に基づかずに使用している場合〔ABに無断で使用している場合など〕は，このルールが適用されないことに注意）。「特別の影響を及ぼすべきとき」とは，共有物の種類・性質に応じて，①管理に関する決定を変更する必要性・合理性と②共有物を使用する共有者に生じる不利益を比較し，その不利益が当該共有者の受忍すべき限度を超えると認められる場合をいう。上の例で，例えば，ABは甲建物を使用する必要性がそれほどなく，Cは店舗営業で生計を立てているにもかかわらず，ABの賛成により，甲建物の使用目的を住居専用に変更する旨の管理に関する決定をする場合などは，①の必要性・合理性が乏しい反面，②のCに生じる不利益は重大であり受忍限度を超えると認められるから，Cに「特別の影響を及ぼすべきとき」にあたり，この決定にはCの承諾が必要になるだろう。

(iii)　使用収益権の設定　　共有者は，持分価格の過半数による決定をもって，所定の期間を超えない賃借権その他の使用収益を目的とする権利を共有物に設定することができる（252条4項。この決定が(ii)で取り上げた同条3項の要件を満たす場合には，そのルールも適用される）。所定の期間は，252条4項1号〜4号に定められている（短期賃貸借〔602条〕と同様である）。

注意を要する点として，①共有物が土地の場合に，建物の所有を目的とする賃借権（借地権。借地借家2条1号）を設定するには，共有者全員の同意が必要である。借地権の存続期間は30年以上とされており（借地借家3条），所定の期間＝5年を超えるからである（民252条4項2号反対解釈）。②共有物が建物の場合に，所定の期間＝3年（同項3号）を超えない賃借権を設定するには，持分価格の過半数で決定すればよさそうである。しかし，建物賃貸借には原則として借地借家法に基づく存続保護（借地借家26条〜28条）が適用される結果，賃貸借が長期間継続する可能性があり各共有者に大きな影響を与えるから，共

有者全員の同意が必要であると解されている（これに対して，存続保護が適用されない建物賃貸借〔借地借家38条の定期建物賃貸借など〕であれば，3年を超えないかぎり，過半数による決定をもって設定可能である）。

(c) **保存行為**　共有物の保存行為は各共有者が単独ですることができる（252条5項）。共有物の修繕等，物の現状を維持するための行為がこれにあたる。

さらに，共有者全員の利益になる行為も，共有物の保存行為にあたると解されることがある。例えば，共有物の侵害者に対する妨害排除請求は，保存行為として各共有者が単独ですることができるとされる。もっとも，同様の結論を異なる根拠から導く見解もある（詳しくは(3)および本節**4**(2)）。

(d) **共有物の変更・管理を円滑に行うための制度**

(i)　共有物の管理者　共有者が多数の場合などは，共有物の管理にあたり，共有者間で過半数による決定をその都度行うよりも，特定の者に管理を委ねた方が共有者にとって都合がよい。そこで，共有物の管理に関する事項として，共有者は，持分価格の過半数による決定をもって，共有物の管理者を選任（および解任）することができる（252条1項括弧書）。

選任された管理者は，①共有物の管理行為をすることができるが（252条の2第1項本文），②共有者全員の同意を得なければ，共有物に変更を加えることはできない（同項ただし書）。共有者の中に所在等不明共有者（(ii)参照）がいる場合には，管理者の請求によって，裁判所は，所在等不明共有者以外の他の共有者全員の同意を得て共有物に変更を加えることができる旨の裁判をすることができる（同条2項）。また，③管理者は，共有者が共有物の管理に関する事項を決定した場合には，それに従ってその職務を行わなければならない（同条3項）。これに違反して行った管理者の行為は，共有者に対してその効力を生じないが，共有者はこのことを善意の第三者には対抗することができない（同条4項）。

(ii)　所在等不明共有者がいる場合　例えば，相続等による権利の承継が何回も生じると，現在はABCDが等しい持分割合で動産甲を共有する関係になっているにもかかわらず，ABCにはDという共有者の存在を知ることができない場合（Dという共有者を特定できない場合）や，Dという共有者の存在は知っていても，Dの所在を知ることができない場合（Dの所在が不明な場合）が起

こりうる。知ることができない共有者および所在の不明な共有者を，「所在等不明共有者」という（262 条の 2 第 1 項参照）。

　共有者の中に D のような所在等不明共有者がいると，①甲に変更を加えるには共有者全員の同意が必要となるのに（(a)），D の同意を得られない，②甲の管理に関する事項は持分価格の過半数によって決定できるが（(b)），AB が賛成し C が反対していると過半数に達しない，などの事態が起こる。これでは，共有物の変更や管理が滞り，共有物の利用等に支障が生じる。

　そこで，共有者（例えば A）の請求によって，裁判所は，所在等不明共有者（D）以外の他の共有者全員（ABC）の同意を得て共有物に変更を加えることができる旨の裁判や，所在等不明共有者（D）以外の共有者（ABC）の持分価格の過半数で共有物の管理に関する事項を決定することができる旨の裁判をすることができる（251 条 2 項・252 条 2 項 1 号。裁判をするための手続については非訟 85 条参照）。前者の裁判を使うと，①の場合に，D を除外し，ABC の合意のみで甲に変更を加えることができる。また，後者の裁判を使うと，②の場合に，（D を除外した）ABC の持分価格の過半数で甲の管理に関する決定をすることができるから，AB の賛成で過半数に達し管理行為をすることが可能になる。

　以上の制度は，共有物の変更・管理に関する共有者間の意思決定から，所在等不明共有者を除外し，残りの共有者で意思決定することを認めるものである。

　(iii)　賛否を明らかにしない共有者がいる場合の管理　　上の例で D が所在等不明共有者ではない場合にも，(ii)と同様の制度が設けられている。すなわち，共有者（例えば B）が，D に対し，相当の期間を定めて共有物の管理に関する事項を決定することについて賛否を明らかにすべき旨を催告した場合において，D がその期間内に賛否を明らかにしないときには，裁判所は，D 以外の共有者（ABC）の持分価格の過半数で共有物の管理に関する事項を決定することができる旨の裁判をすることができる（252 条 2 項 2 号。非訟 85 条参照。なお，D が共有物の変更について賛否を明らかにしない場合には，同様の制度が設けられていない点に注意）。

(3)　共有者間での請求

(a)　問題の所在　　例えば，共有者の 1 人が他の共有者の共有物利用を妨害

している場合，他の各共有者は，単独で妨害排除等の請求をすることができそうである。

　しかし，問題はそれほど単純ではない。ある共有者の単独請求を認めると，それ以外の共有者の法的地位にも影響を及ぼしかねないからである。ある共有者の単独請求がそれ以外の共有者の法的地位にも影響を及ぼしてよいとするのであれば，その根拠が示されなければならない。そこで，各共有者が単独でどこまでの請求ができるか，その根拠はいかなるものかが議論されている。

　(b)　持分権の確認　　各共有者の有する持分権は，上述のように，所有権類似の性質を有する。したがって，各共有者は，他の共有者に対し，自己の持分権の確認を請求することができる（大判大正 13・5・19 民集 3 巻 211 頁等）。

　(c)　一部の共有者が共有物の管理・変更に関する規律に違反している場合

　土地の共有者の 1 人が勝手に大量の土砂を搬入して土地の現状を改変している等，一部の共有者が共有物の管理・変更に関する規律（(2)(a)および(b)）に違反して共有物を利用している場合には，他の各共有者は，当該共有者に対し，単独でその行為の禁止や妨害の排除を請求することができる。

　単独での請求が認められるのは，各共有者は自己の持分権に基づいて共有物全部につきその持分に応じた使用収益をしうるところ（249 条 1 項），一部の共有者の上記行為は，各共有者のそのような持分権を侵害する行為にあたるからである（大判大正 8・9・27 民録 25 輯 1664 頁，最判平成 10・3・24 判時 1641 号 80 頁等）。もっとも，同様の結論を，妨害排除等の請求が共有物の保存行為（252 条 5 項）に該当するから各共有者が単独でできる，と説明する見解もある。

　なお，他の共有者は，当該共有者に対し，持分割合に応じて，不法行為による損害賠償請求をすることもできる（最判昭和 41・3・3 判時 443 号 32 頁）。

　(d)　一部の共有者が共有物を無断で独占使用している場合　　等しい持分割合で土地を共有している ABC のうち，A が共有物の管理に関する決定を経ることなく BC に無断で土地を独占使用している場合には，①B（あるいは C，以下同じ）は単独で，A に対し，持分に応じた使用を妨げてはならないとの不作為の請求をすることができる（大判大正 11・2・20 民集 1 巻 56 頁）。さらに，②B は，A に対し，A の持分を超える使用の対価の償還を請求することもできる（249 条 2 項。A の持分 3 分の 1 を超える使用の対価は賃料相当額の 3 分の 2 と算定され，

この 3 分の 2 につき BC は等しい割合で A に償還請求することができる）。

これに対して，③ B が持分権の侵害や保存行為にあたることを理由に A に対して土地の返還を請求しても，当然には認められない。独占使用する A も自己の持分権に基づいて共有物全体を使用収益する権限を有しており（249 条 1 項。本節 **2**(3)参照），B の返還請求を認めれば，A のこのような権限までも奪ってしまうからである（最判昭和 41・5・19 民集 20 巻 5 号 947 頁）。

もっとも，共有物の利用方法を決めることは共有物の管理に関する事項にあたるから，共有者の持分価格の過半数で決定することができ，かつ，このことは共有物を現に使用する共有者がいる場合にも当てはまる（252 条 1 項。当該共有者の同意は不要である。(2)(b)(ii)参照）。そこで，例えば，ABC 間で協議をし，BC の賛成によって土地を B に使用させる旨の管理に関する決定をした場合には，B は，A に対し，土地の返還を請求することができるようになる（なお，この決定に基づいて B が土地を独占使用しているところ，今度は A に使用させる旨の決定をする場合には，B の承諾が必要になることがある。B は「共有者間の決定に基づいて共有物を使用する共有者」にあたり，252 条 3 項が適用されるケースも考えられるからである。(2)(b)(ii)参照）。

他方で，土地を独占使用しているのが仮に AC であるような場合には，B に使用させる旨の管理に関する決定をするのは実際上無理だろう（B しか賛成しないから）。B としては，上述の①や②の請求をするほか，持分権を処分して共有関係から離脱する（本節 **2**(3)(b)），共有物の分割請求をして共有関係を解消する（本節 **5**）等の手段をとるしかない。

> **Column 7-6　共有者の 1 人に共有物を独占使用させる旨の合意**
>
> 　具体的な事案によっては，共有者間において，共有者の 1 人に共有物を独占使用させる旨の合意が認定されることがある。
>
> 　P には子 ABC がおり，A は P の許諾を得て P 所有の建物に同居していた。その後，P が死亡し，ABC が建物を共同相続した（これにより建物は ABC の共有となる）が，A が建物を独占使用している場合において，判例は，AP 間で，P が死亡し相続が開始した後も，遺産分割までの間は A に引き続き建物を無償で使用させる旨の合意があったと推認され，P 死亡時から遺産分割終了までの間，P の地位を承継した BC を貸主，A を借主とする建物の使用貸借契約関係が存続しているとした（最判平成 8・12・17 民集 50 巻 10 号 2778 頁）。こ

れによると，遺産分割までの間，Aに建物を無償で独占使用させる旨の合意がABC間にあるから，B（あるいはC）のAに対する建物の返還請求（さらに不作為請求や対価の償還請求）は認められない。

　また，上の例のAがPの配偶者であり，P所有の建物に無償で居住していた場合には，Pの死亡後，Aは，所定の期間，建物について無償で使用する権利を有する（配偶者短期居住権。1037条1項1号）。この場合も，B（あるいはC）のAに対する返還請求等は認められない。

(e)　**不動産の共有者の1人が勝手に単独所有名義で登記している場合**　　ABCが等しい持分割合で共有している土地についてBの単独所有名義の登記がある場合，A（またはC，以下同じ）は，Bに対し，その登記の全部の抹消登記手続を請求することはできない。B名義の登記はBの持分権の限度では実体関係に符合しているし，Aも自己の持分権についてのみ妨害排除請求ができるにすぎないからである。したがって，Aが持分権に対する妨害排除として請求しうるのは，Aの持分についてのみの更正登記手続（Aの持分を3分の1，Bの持分を3分の2とする登記への更正登記手続）にかぎられる。Cの持分も含めて，実体関係に合致するように更正登記手続を請求することはできない（最判昭和59・4・24判時1120号38頁。ただし，登記上の制約により更正登記手続ができない場合には，Aは，自己の持分権に基づいて登記全部の抹消登記手続を請求することができる〔最判平成17・12・15判時1920号35頁参照〕）。

(4)　共有物に関する費用の負担

(a)　**費用等の負担**　　共有物についての「管理の費用」（共有物の使用・保存・管理・変更のために必要な費用等）や「負担」（公租公課等）は，各共有者がその持分割合に応じて負担する（253条1項）。

　この負担義務を共有者が1年以内に履行しないときは，他の共有者は，相当の償金を支払ってその者の持分権を取得し，その者を共有関係から排除することができる（同条2項）。この権利の行使は不履行者に対する一方的な意思表示によってなされる（不履行者の同意を要しない）が，持分権移転の効力が生ずるには「相当の償金」の現実の提供が必要であると解されている。

(b)　**共有物に関する債権の特則**　　共有者が他の共有者に対して共有物に関

する債権を有している場合について，債権の支払を確保するために 2 つの特別
な規律がある。

　第 1 に，債権者たる共有者は，債務者たる共有者の特定承継人に対してもそ
の債権を行使することができる（254 条）。例えば，AB の共有において，B が
共有物の管理費用を支払わず A がそれを立て替えた場合，A は，B だけでな
く，B からその持分を買い受けた C に対しても，当該費用の支払を請求する
ことができる。もっとも，共有物に関する債権は公示されていないことから，
本条の適用は特定承継人（上の例の C）に不測の損害をもたらすおそれがある。
そこで，本条は，共有物の使用・管理・負担に関する債権（上の例の管理費用債
権等）にかぎって適用されるべきだとする見解が有力である（共有物購入のため
の借入債務を共有者間で分担する旨の契約がある場合に，当該契約から生ずる債務は承
継されないとした大判大正 8・12・11 民録 25 輯 2274 頁参照）。

　第 2 に，共有物分割の際に，債務者たる共有者に帰属すべき共有物の部分を
もって，未履行の費用等を立て替えた債権者たる共有者への弁済に充てること
ができる（259 条 1 項）。債権者たる共有者は，その弁済を受けるために必要で
あれば，債務者たる共有者に帰属すべき共有物の部分の売却を請求することも
できる（同条 2 項）。ここでは，第 1 の特定承継人の場合（254 条）とは異なり，
債務者たる共有者が不測の損害を被ることはないから，259 条 1 項の「共有に
関する債権」を限定する必要はないだろう。

４　共有者と第三者との関係

　共有者間での請求（本節**３**(3)(a)）で述べたことと同じ理由から，第三者に対
する請求においても，各共有者が単独でどこまでの請求ができるか，その根拠
がいかなるものかが問題となる。

(1)　持分権の確認請求

　各共有者は，第三者に対し，単独で自己の持分権の確認を請求することがで
きる（大判大正 13・5・19 民集 3 巻 211 頁，最判昭和 40・5・20 民集 19 巻 4 号 859 頁
等）。各共有者は自己の権利（持分権）の範囲でその主張をしているにすぎず，
他の共有者の権利に直接影響を与えるわけではないから，共有者全員が共同し

て主張する必要はない。

(2)　物権的請求権

(a)　**共有物に対する第三者の妨害**　　第三者が共有物に関する権利の行使を妨害し，または妨害するおそれがある場合には，各共有者は，当該第三者に対し，共有物に対する妨害の排除または予防を単独で請求することができる（大判大正 7・4・19 民録 24 輯 731 頁，大判大正 10・7・18 民録 27 輯 1392 頁）。

　各共有者の単独請求を認める結論自体には異論がない。しかし，ここでの妨害排除請求（予防請求も含む。以下同じ）は，持分権の確認請求とは異なり，共有物全体の妨害排除でもある（したがって他の共有者の法的地位にも直接関わる）から，単独請求を認める根拠をどう説明するかが問題となる。共有物に対する妨害の排除は共有物の保存行為（252 条 5 項）にあたるから，各共有者の単独請求が認められるとする見解（前掲大判大正 10・7・18 等），共有物に対する妨害は各共有者の持分権の侵害にあたるから，各共有者は自己の持分権に基づいて単独で妨害排除請求ができるとする見解（大判大正 8・9・27 民録 25 輯 1664 頁等）がある。最近では後者の見解が多数説である。

　なお，各共有者としては，第三者に対し，持分割合に応じて，不法行為による損害賠償を請求することも考えられる（本節 **3** (3)(c)）。

(b)　**第三者が共有物を無断で独占使用している場合**　　第三者が共有者に無断で共有物を占有している場合には，各共有者は，当該第三者に対し，単独で共有物全部の返還を請求することができる。その根拠は，(a)の妨害排除請求の場合と同様に，返還請求が共有物の保存行為（252 条 5 項）に該当すること（大判大正 10・6・13 民録 27 輯 1155 頁等），あるいは，第三者によって各共有者の持分権が侵害されていること（近時の多数説）に求められる。

　ただし，第三者が共有者の 1 人から承認を得て共有物を独占使用している場合は，以上と異なり，共有者の 1 人が共有物を独占使用している場合（本節 **3** (3)(d)）と同様に扱われ，各共有者の第三者に対する返還請求は当然には認められない。第三者の占有は，これを承認した共有者の持分権に基づく占有権原に由来するからである（最判昭和 63・5・20 家月 40 巻 9 号 57 頁）。

　なお，各共有者は，独占使用する第三者に対し，持分割合に応じて，不当利

得の返還請求ないし不法行為による損害賠償請求をすることもできる。

(3) 登 記 請 求

共有不動産について，実体上何らの権利も有していない者が登記名義人となっている場合には，各共有者は，共有物の保存行為（252 条 5 項）として，単独でその登記の抹消登記手続を請求することができる（最判昭和 31・5・10 民集 10 巻 5 号 487 頁，最判昭和 33・7・22 民集 12 巻 12 号 1805 頁）。もっとも，近時の多数説は，不実の登記があることは各共有者の持分権の妨害にあたることを理由に，各共有者は自己の持分権に基づく妨害排除請求として単独で抹消登記手続の請求ができると説明している。

また，ABC が共有する不動産についてその旨の登記がされた後，B の持分について D 名義の不実の持分移転登記がされた場合も，A（あるいは C，以下同じ）は，自己の持分権に基づき，D に対し単独でその持分移転登記の抹消登記手続を請求することができる。D 名義の不実登記によって共有不動産に対する妨害状態が生じているからである（最判平成 15・7・11 民集 57 巻 7 号 787 頁）。B の持分について D 名義の不実登記があっても，A の持分については実体関係に合致した登記があるから，A の持分権は侵害されておらず，A の請求は否定されるともいえそうである。しかし，D 名義の不実登記の存在は実際上，共有不動産の適正な管理を阻害し将来の紛争の火種を残す点で，共有不動産全体に対する各共有者の円満な持分権行使（249 条 1 項）を妨害していると評価したわけである。なお，本判決は，持分権に基づく請求であると構成している点で，近時の多数説と親和的であることも注目される。

> **Column 7-7**　**共有者の単独請求の根拠と共有の法的性質**
>
> 各共有者が単独で妨害排除等の請求ができる根拠として，「共有物の保存行為（252 条 5 項）」と「自己の持分権」という異なる法律構成が主張されていることは，共有の法的性質の理解をめぐる対立にかかわる。
>
> ①共有の法的性質を 1 個の所有権が各共有者に量的に分属した状態であるとすれば，持分権とは 1 個の所有権の分量的一部ということになる。各共有者が自己の持分権に基づいて妨害排除等の請求をすることは，共有者全員で有している所有権の主張を意味するため，原則として共有者全員での請求が必要となる。ただし，共有者の 1 人に，共有物全体ないし他の共有者の持分権を特別に

　管理処分する権限が与えられた場合は，当該共有者の単独請求が認められる。そのような権限の根拠となるのが共有者間の合意または法律の規定であり，252条5項は保存行為について各共有者に管理処分権限を認めたとされる。

　②共有の法的性質を，各共有者が各自1個の所有権（これが持分権にあたる）を有するが，その所有権どうしが一定の割合で抑制し合い，その内容の総和が1個の所有権に等しい状態になると理解する見解もある。これによると，各共有者が自己の持分権に基づいて単独請求をしても，自己の所有権を行使するにほかならず，①のような権限は不要である。ただし，他の共有者の持分権に干渉する権利はないから，単独請求が認められるのは自己の持分権の範囲にかぎられる。それでは，各共有者は単独で共有物全体について妨害排除請求等ができないかというと，そうではなく，持分権が共有物全部に及ぶこと（249条1項）を理由にこの請求が肯定される。

　以上の対立は，共有者の1人が妨害排除請求等の訴訟を提起した場合に，その判決の既判力が他の共有者に及ぶかどうかにもかかわる。①では，共有者全体にとって適切であるがゆえに保存行為として管理処分権限が与えられたのだから，共有者の1人がした行為の結果に他の共有者も拘束され，判決の既判力も他の共有者に及ぶと考えられる。これに対して，②では，共有者の1人は自己の権利を行使しているにすぎないから，判決の既判力は他の共有者に及ばない。共有者の1人が敗訴したとしても，他の共有者は自己の持分権に基づき別訴を提起することができるとされる。

　近時では，②の説明のほうが民法の個人主義に適合すること，①では共有者の1人の敗訴によって他の共有者が不利益を受けること等を理由に，②が有力である。

　もっとも，前者の理由は説明の仕方にすぎないから，決定的な理由にはならないだろう。後者の理由も，①に立ちつつ保存行為の範囲を厳格に解すれば，他の共有者が不当な不利益を受けることもないだろう。そもそも，252条5項の意味を①のように捉える必然性はなく（共有者の1人が自己の持分権保全のために必要な行為をする場合に，他の共有者に忍容を義務づけたにすぎず，管理処分権限まで付与したわけではないと説明することもできる），判決の既判力は他の共有者に及ばないと解する余地もある。また，各共有者の単独訴訟が許されるかどうかは，共有の法的性質からただちに決まるわけではなく，訴訟政策的な観点も考慮する必要があると指摘されている。

(4) 共有関係の主張

これまでの場合とは異なり，共有者が共有関係にあることを第三者に主張する場合には，共有者全員でしなければならない（訴訟の形態は固有必要的共同訴訟となる）。一定の者で物を共有していることの確認の訴え（最判昭和 46・10・7 民集 25 巻 7 号 885 頁等），共有者名義への所有権移転登記手続請求（前掲最判昭和 46・10・7），共有地の境界（筆界）確定を求める訴え（最判昭和 46・12・9 民集 25 巻 9 号 1457 頁）等がこれに該当する。これらの場合には，共有関係をめぐる紛争の解決を共有者全員について矛盾なく合一的に確定する必要があるとの理由から，共有者全員で訴えを提起しなければならないとされている（もっとも，境界〔筆界〕確定を求める訴えについては，当事者の主張に拘束されずに裁判所が正当と認める境界を定めるという特質ゆえに，共有者のうち訴え提起に同調しない者がいるときは，他の共有者は，隣接する土地の所有者とともにその非同調者を被告にして訴えを提起することができる。最判平成 11・11・9 民集 53 巻 8 号 1421 頁）。

5 共有物の分割

(1) 分割請求の自由

各共有者は，いつでも共有物の分割を請求することができる（256 条 1 項本文）。

分割請求の自由を認めた背景には，共有は不経済な状態であるとの考えがある。つまり，共有者間で意見が一致しなければ共有物の利用や改良がうまく進まないし，各共有者も単独所有の場合ほど共有物に関心を払わず，共有物が十分に利用・改良されないことが多い。そこで，分割によって速やかに共有関係を解消し，単独所有に移行することが望ましいとされた。

もっとも，共有者は，不分割契約を結んで分割を禁止することができる。ただし，その期間は 5 年を超えることができず，不分割契約を更新した場合も同様に 5 年を超えることができない（同条 1 項ただし書・同条 2 項）。不分割契約は，共有者の特定承継人をも拘束すると解されているが（254 条の「債権」に含まれる。本節 **3** (4)(b)），共有物が不動産の場合には登記をしなければ特定承継人に対抗することができない（不登 59 条 6 号）。

なお，境界線上に設けた境界標等を相隣者が共有している場合は，分割請求

が禁止されている（民257条）。境界標等の性質上，共有関係の存続が予定されており，分割するべきではないからである。

(2) 分割の手続と方法

(a) 協議分割の原則 協議による分割（協議分割）を原則とし，共有者間での協議が調わないとき，または，協議をすることができないときには，裁判による分割（裁判分割）が行われる（258条1項）。

(b) 協議による分割 共有者全員による協議が調うかぎり，自由に分割することができる。つまり，契約自由の原則により，分割の方法は自由であるし，分割による取得分を持分割合に厳格に対応させる必要もない。

分割の方法には，以下のものがある（裁判分割に関する(c)(ii)も参照）。例えば，ABが土地を共有している場合であれば，土地を現実に分けてABが各部分を取得する方法（現物分割），Aに，Bの持分の全部（Aの持分と合わせると土地全部）を取得させつつ，その持分の価格を賠償する債務を負担させる方法（賠償分割），土地を売却して売却代金をABで分割する方法（代金分割），である。AB間の協議が調えば，いずれの方法をとってもよいし，複数の方法を組み合わせてもよい。

(c) 裁判による分割

(i) 裁判分割が行われる場合 共有者間に協議が調わないとき，または，協議をすることができないときは，各共有者は，共有物の分割を裁判所に請求することができる（258条1項）。協議をすることができないときとは，共有者の一部に協議に応じる意思がないため共有者全員による協議ができない場合（最判昭和46・6・18民集25巻4号550頁）や，共有者の中に所在等不明共有者（本節**3**(2)(d)(ii)参照）がいる場合である。

分割の訴えは，分割請求をする共有者以外の共有者全員を被告としなければならない（固有必要的共同訴訟）。各共有者はいずれも分割に直接の利害関係を有しており，共有者全員について画一的に処理する要請が強いからである。

(ii) 分割の方法 具体的には，①「共有物の現物を分割する方法」（現物分割。258条2項1号），②「共有者に債務を負担させて，他の共有者の持分の全部又は一部を取得させる方法」（賠償分割。同項2号），③共有物を「競売」に

より売却し，売却代金を分割する方法（競売による代金分割。同条 3 項），がある。ABC が土地を共有している場合を例にして，具体的に見ていこう。

①現物分割は，土地を ABC の持分割合に応じて現実に分け，各部分を ABC それぞれが取得する方法である。各部分が ABC それぞれの単独所有となる（さらに，A の持分割合の限度で土地を現実に分けて A の単独所有とし，土地の残余部分を BC の共有として残す方法も認められる。最大判昭和 62・4・22 民集 41 巻 3 号 408 頁）。

②賠償分割は，A に，BC の持分の全部または一部を取得させつつ，その持分の価格を賠償する債務を負担させる方法である。A は，BC の持分の全部を取得する場合には（自己の持分と合わせて）土地全部を，また，BC の持分の一部を取得する場合には（自己の持分と BC から取得する持分を合計した）土地の持分をそれぞれ取得するが，BC から取得する持分の価格を BC に賠償しなければならない（なお，判例は，例えば DE が甲土地・乙土地を共有する場合に，甲土地を D，乙土地を E の単独所有とした上で，甲土地の価格が D の持分の価格を超過するときには，D が超過分の価格を E に賠償することによって過不足分を調整する方法を認めているが〔前掲最大判昭和 62・4・22〕，これも，D に，E の持分の一部を取得させつつその価格を賠償する債務を負担させる点で，賠償分割に含まれる）。

③競売による代金分割は，土地を競売によって売却し，売却代金を ABC の持分割合に応じて分割する方法である。

(iii)　裁判所が命じる分割の方法　　裁判所は，原則として，現物分割あるいは賠償分割を命ずることができる（258 条 2 項）。ただし，これらの方法により分割をすることができないとき，または，分割によって共有物の価格が著しく減少するおそれがあるときは，競売による代金分割を命ずることができる（同条 3 項）。

裁判所は，共有物分割の裁判において，「金銭の支払，物の引渡し，登記義務の履行その他の給付」を当事者に命ずることができる（同条 4 項）。例えば，賠償分割であれば，BC の持分の全部または一部を取得する A に対し，持分の移転登記と引換えに持分の価格を支払うよう命ずることができ，これによって賠償債務の履行が確保される。

(iv)　賠償分割が認められるための特別の要件　　258 条 2 項によると，裁判

所は常に賠償分割を命ずることができそうである。しかし，判例は，賠償分割のうち，Aに，BCの持分の全部を取得させつつ（最終的にAだけが土地を取得する），その持分の価格を賠償する債務を負担させる方法（全面的価格賠償と呼ばれる）が許されるためには，①「当該共有物を共有者のうちの特定の者に取得させるのが相当であると認められ」，かつ，②「その価格が適正に評価され，当該共有物を取得する者に支払能力があって，他の共有者にはその持分の価格を取得させることとしても共有者間の実質的公平を害しないと認められる特段の事情」が必要だとしている（最判平成8・10・31民集50巻9号2563頁。①②を判断する際には，共有物の性質・形状，共有関係の発生原因，共有者の数および持分割合，共有物の利用状況および分割された場合の経済的価値，分割方法についての共有者の希望およびその合理性の有無等の諸事情が総合的に考慮される）。

　以上の賠償分割（全面的価格賠償）では，BCは，土地の現物を取得できず金銭の賠償しか得られない。また，現物を取得するAに賠償債務を負わせても，資力が十分でなければBCが賠償を受けられないおそれがある。これらの点に配慮して，判例は①②を要件にしたとみられる。これによると，例えば，BCは別の所に住んでいて土地を取得する必要性が乏しい反面，Aは土地に建物を建てて家族とともに居住しており，Aに土地を取得させるのが相当といえ（①），かつ，土地の価格が適正に評価されAに支払能力もあるので，ABC間の実質的公平を害しないと認められるならば（②），裁判所は賠償分割を命ずることができるだろう（他方で，賠償分割のうち，Aに，BCの持分の一部を取得させつつ，その持分の価格を賠償する債務を負担させる方法〔部分的価格賠償と呼ばれる〕についても，①②の要件が課されるかは明らかでなく，今後の課題である）。

(3)　分割への参加

　共有物について権利を有する者（地上権者・賃借人・担保権者等）および各共有者の債権者は，自己の費用で分割に参加することができる（260条1項）。分割によって不利益を受けないためである。参加の請求があったにもかかわらず参加させないで行った分割は，その請求をした者に対抗することができない（同条2項）。もっとも，共有者の側は，分割にあたって，これらの利害関係人に通知する必要はない。また，上記の利害関係人が参加して意見を述べても，

その意見を尊重すべき義務もない。その意味では，利害関係人の利益の保護にはあまり役立たない。

⑷ 分割の効果

⒜ 基本的効果 分割により共有関係は将来に向かって消滅し（909条の遺産分割とは異なり遡及効はない），各共有者は，その時から，従来の持分権を失って新たな財産を取得する。取得する財産には，単独所有権，新たな共有持分権，金銭債権，金銭等，分割の方法によってさまざまなものがある。

各共有者は，他の共有者に対し，その持分割合に応じて売主と同様の担保責任を負う（261条）。分割は実質的に，共有者間で持分の交換ないし売買という有償行為を行ったといえるからである（遺産分割に関する911条以下と同趣旨）。例えば，ABC が共有する車を A の単独所有とし，BC が A から持分の価格の賠償を受ける方法での賠償分割がされたが，車に欠陥が存在していたときは，BC は，持分割合に応じて，562条以下に定められた売主の責任と同様の責任を A に対して負う（ただし，裁判による分割の結果を解除によってくつがえすことは認めるべきでないと解されている）。

なお，共有物に関する証書の保存について，262条の規定がある。

⒝ 持分権上の担保物権の帰趨 持分権上に担保権が設定されていた場合，分割によって持分権が消滅すると，担保権もその客体を失って消滅することになりそうである。しかし，このような結論は担保権者を害することになり妥当でない。そこで，以下の解釈がとられている。AB の共有する甲土地につき，A がその持分権上に C のための抵当権を設定しているとしよう。

第1に，A が B の持分の価格を賠償して甲土地の全部を取得した場合には，179条1項ただし書の類推適用により，A の持分権は消滅せず，C の抵当権も従来どおり A の持分権上に存続する。

第2に，甲土地が乙土地と丙土地に現物分割されて A が乙土地を取得した場合には，C の抵当権は，甲土地全体に（つまり分割後の乙土地にも丙土地にも），A の持分割合に応じて存続する（大判昭和17・4・24民集21巻447頁）。A が取得した乙土地にのみ C の抵当権が存続すると解すると，現物分割の仕方によっては（分割は C の関与なしにできるし，⑶で述べたように C が分割に参加しても意

見を述べるにとどまる），Cの予測に反する分割がされて，Cが不利益を被るおそれがあるからである。

　第3に，甲土地をDに売却して代金を分割する等，Aが持分の代価のみを取得する場合には，Cは，Aの受けるべき金銭債権に対して物上代位権を行使することができる（372条）。これに加えて，甲土地がBあるいはDの所有になってもAの持分権は消滅せず，その上のCの抵当権も存続すると解するのが通説である。第2の場合と同様，分割によってCの抵当権が害されるべきではないからである。このように解しても，BやDは，分割によって甲土地を取得する際に，Cの抵当権の負担を考慮して取得額を決める等すれば事前に対応することができるし，取得後も，Aの担保責任（261条・565条・570条）を追及する可能性が認められているので，不測の不利益を被ることはない。

(5)　共有物の全部またはその持分が遺産（相続財産）に属する場合

　(a)　**遺産共有**　　例えば，Aが死亡し，BCDがAを共同相続すると，BCDが遺産（相続財産）を共有する関係が生じる（898条1項）。これを「遺産共有」という。

　遺産共有の性質は，物権法の定める共有（以下「通常共有」という）と同じであると解されている。上の例でいえば，遺産に含まれる甲土地について，BCDの通常共有が成立し，原則として通常共有の規定（249条以下）が適用される（その際には，法定相続分〔または指定相続分〕がBCDの持分割合とされる〔898条2項〕。以上について詳しくは，本シリーズ親族・相続参照）。

　(b)　**遺産分割の優先**　　もっとも，甲土地が遺産（相続財産）に属することを反映して，分割について，通常共有とは異なる処理が採用されている。

　上の例のように，①甲土地を共同相続人BCDが共有する場合（「共有物の全部……が相続財産に属する場合」）には，甲土地について，裁判による共有物分割（258条）をすることはできず，遺産分割手続によらなければならない（258条の2第1項）。遺産分割には特別な手続が用意されており（甲土地を含む遺産全体が対象になること，相続人の特別受益〔903条〕や寄与分〔904条の2〕を反映した具体的相続分が分割の基準になること，分割の際には906条の定める諸事情が考慮されることなど），共同相続人は，遺産分割手続によって遺産分割がされることについて

「遺産分割上の権利」を有する。共有物分割手続ではこの権利が害されてしまうからである。

　以上のルールは，②「共有物……の持分が相続財産に属する場合」にも適用される。例えば，①の例のD が甲土地の持分をE（A の相続人ではない）に売却すると，甲土地について，BC の遺産共有の持分とE の通常共有の持分が併存する状況になる。この場合もBC は遺産分割上の権利を有するから，BC の遺産共有持分については，遺産分割手続によらなければならない（258条の2第1項）。これに対して，BC の遺産共有持分とE の通常共有持分の間では，共有物分割手続によって分割がされる〔同項の反対解釈〕。例えば，共有物分割手続によって，E に，BC の持分の全部を取得させつつ，その持分の価格を賠償する債務を負担させる旨の賠償分割がされる。そして，E からBC に支払われる賠償金については，BC 間で遺産分割手続によって分割される）。

　ただし，②にあたる遺産共有持分については，相続開始時から10年が経過すると，共同相続人の遺産分割上の権利が制限される。すなわち，BC の遺産共有持分についても，E の通常共有持分と合わせて裁判による共有物分割をすることができる（同条2項本文。もっとも，10年を経過しても遺産分割手続によらなければならない場合がある。同項ただし書・同条3項を参照）。

6 所在等不明共有者の持分の取得・譲渡

(1) 意　　義

　共有者の中に所在等不明共有者がいる場合に，共有物の変更や管理を円滑に行うための裁判所の手続が用意されていることは既に述べたが（本節**3**(2)(d)(ii)），変更や管理のたびにこの手続を使うのは不便である。また，共有物を売却するには共有者全員の同意が必要であるが（本節**3**(2)(a)），所在等不明共有者からは同意を得ることができない。

　そこで，所在等不明共有者の持分について，その持分を他の共有者に取得させる制度（262条の2），および，その持分を譲渡する権限を他の共有者に付与する制度（262条の3）が設けられている。

　これらの制度は，所有者不明土地問題（本章第2節**1**(2)参照）への対応策として導入されたという経緯から，不動産を共有している場合に適用される（不動

産の使用収益権を準共有している場合にも準用される。(4)参照)。動産等を共有している場合には適用されないことに注意を要する。

(2)　所在等不明共有者の持分の取得

不動産が ABC の共有に属する場合において C が所在等不明共有者であるときは，裁判所は，共有者（例えば A）の請求により，その共有者（A）に，所在等不明共有者（C）の持分を取得させる旨の裁判をすることができる（262条の2第1項前段。以下「持分取得の裁判」という。裁判をするための具体的な手続は非訟87条参照）。これによって，A は C の持分を取得する。また，AB の請求により裁判所が持分取得の裁判をした場合であれば，AB は，その持分割合に応じて，C の持分を按分して取得する（民262条の2第1項後段）。

持分取得の裁判により A（あるいは AB。以下同じ）が C の持分を取得した場合には，C は，A に対し，C の持分の時価相当額の支払を請求することができる（同条4項。そこで，裁判所は，持分取得の裁判をするには，A に対し，一定の期間内に，C のために，裁判所が定める額の金銭を供託所に供託することなどを命じなければならない。非訟87条5項）。

ただし，民法262条の2第2項および3項が定める場合には，裁判所は持分取得の裁判をすることができない。これらの場合は，共有物分割や遺産分割によって適切な分割をするべきだからである。

(3)　所在等不明共有者の持分の譲渡

(2)と同様の例で説明すると，裁判所は，共有者（例えば A）の請求により，C 以外の共有者全員（AB）が特定の者（例えば P）に対して AB の持分全部を譲渡することを停止条件として，C の持分を P に譲渡する権限を A に付与する旨の裁判をすることができる（民262条の3第1項。裁判をするための具体的な手続は非訟88条参照）。

以上の裁判により付与された権限に基づいて A が C の持分を P に譲渡した場合には，C は，A に対し，不動産の時価相当額を C の持分に応じて按分して得た額（時価相当額が900万円であり C の持分が3分の1であれば300万円）の支払を請求することができる（民262条の3第3項。裁判所が A に対して供託などを

命じることは(2)と同様である〔非訟 88 条 2 項・87 条 5 項〕)。

　ただし，(2)と同様に，遺産分割によって適切な分割をするべき場合には，裁判所はこの裁判をすることができない（民 262 条の 3 第 2 項）。

(4)　不動産の使用収益権を準共有している場合への準用

　(2)(3)のルールは，数人が不動産を使用収益する権利（地上権・賃借権等）を準共有している場合にも準用される（262 条の 2 第 5 項・262 条の 3 第 4 項）。(1)でも述べたように，動産を共有している場合や動産を使用収益する権利を準共有している場合には準用されない（本節**7**も参照）。

7　準 共 有

　共有に関する規定は，数人が共同で所有権以外の財産権（用益物権・担保物権・債権・知的財産権等）を有する場合に準用される（264 条本文。ただし，262 条の 2・262 条の 3 は準用から除かれる。これらの規定は不動産の使用収益権を準共有している場合にのみ準用されるからである。本節**6**(1)(4)参照）。

　もっとも，法令に特別の定めがある場合には，共有に関する規定は準用されない（264 条ただし書）。特別の定めとして，地役権者が複数いる場合については 282 条・284 条・292 条，債権については多数当事者の債権関係に関する 427 条以下の規定等がある。その結果，共有に関する規定が準用されることは実際上多くない。

8　共有の位置づけ──共同所有の諸形態

　以上にみてきた共有（狭義の共有ないし物権法上の共有）は，各共有者が他の共有者の意思にかかわらず自由に持分権を処分して共有関係から離脱することができる点（本節**2**(3)(b)），および，いつでも自由に目的物の分割を請求して共有関係を解消することができる点（本節**5**(1)）に大きな特徴がある。個人主義的な色彩が強く，共同所有は一時的・暫定的な状態にすぎない（なるべく早く単独所有に移行するべきである）とされている。

　これに対して，共同所有の中には，むしろ共同の目的による団体的拘束が強く働き，共同所有の存続が図られるタイプのものもある。

　1 つは，組合財産の所有関係である。組合財産は総組合員の「共有」に属するとされているが（668 条），組合契約に基づいて共同の事業を遂行するために（667 条），組合員が組合財産についてその持分を処分すること等は制限されており（676 条 1 項・2 項），分割請求も自由にできない（同条 3 項）。

　このような特徴を有する共同所有形態は，共有と区別して，合有と呼ばれる。

　もう 1 つは，入会団体の構成員が共同で山林原野等の入会財産を所有する関係である。入会財産は実質的には入会団体の所有であり，入会団体により管理処分されているが，入会団体が法人格を有しないため，その構成員全員の共同所有とされている。民法はこのような権利を「共有の性質を有する入会権」と呼んでいる。しかし，以上の実態を法律構成に反映させるならば，共有とは異なり，構成員の持分権なるものはそもそも観念することができず，それゆえに構成員による持分権の処分や分割請求もありえない。構成員は，入会財産の管理等に関する入会団体の意思決定に参加し，入会団体の統制の下で入会財産を使用収益することができるにとどまる（詳しくは第 8 章第 4 節）。

　このような特徴を有する共同所有形態は，総有と呼ばれる（最判昭和 41・11・25 民集 20 巻 9 号 1921 頁，最判平成 6・5・31 民集 48 巻 4 号 1065 頁等）。判例は，権利能力なき社団の財産関係も総有であるとしている（最判昭和 32・11・14 民集 11 巻 12 号 1943 頁等。本シリーズ民法総則参照）。

第 5 節　所有者不明・管理不全土地建物の管理

1 序　　説

　「所有者不明土地」の発生防止および解消を目的とする令和 3 年改正により新設された規定のうち，本節は，所有者不明土地・建物管理制度および，管理不全土地・建物管理制度を対象とする。管理の主体となる所有者が不明であるか，または適正な管理を行っていない不動産について，裁判所が発する命令に基づいて選任された管理人による管理・処分を認めるための制度である。

　解説に先立って，次の点について注意を促しておこう。所有者が存在しないことが確定すれば，その不動産は無主物として国庫に帰属するが（239 条 2 項），

所有者不明土地・建物は，あくまで所有者が潜在的に存在することを前提としている。この点については不在者の財産と共通するが，不在者の財産管理制度（25条以下）が同人の総財産を対象とするのに対して，本節で取り上げる新設の管理制度は，特定の不動産のみを対象とするものである。

2 所有者不明土地の管理

(1) 所有者不明土地管理命令

「所有者不明土地」とは，登記簿・住民票および戸籍の調査あるいは居住確認など，必要な調査を尽くしても，所有者を特定することができないか，または，特定しているとしてもその所在を知ることができない土地をいう。このような土地（共有地において共有者の一部が不明である場合における，所在等不明共有者の持分を含む）につき，裁判所（地方裁判所）は，必要であると認めるときは，利害関係人の請求により，当該土地について管理人による管理を命ずる処分（所有者不明土地管理命令）をすることができる（264条の2第1項）。所有者不明土地管理人（以下「管理人」という）は，裁判所が所有者不明土地管理命令を発するに際して選任する（同条4項）。例えば，土地甲について所有者またはその所在が不明であるため，雑草木が繁茂するなど荒廃して近隣の景観が害されているか，または，固定資産税等が未納となっているか，あるいは，当該地域の再開発のための用地買収が進まない等の状況にある場合が考えられる。

管理の対象は，対象地または同地の共有持分のほか，同地上において所有者または所在等不明共有者が所有する動産にも及ぶ（同条2項）。

(2) 申 立 権 者

不在者の財産管理におけると同じく，所有者不明土地管理命令は利害関係人の請求に基づいて行われる。申立権者となりうる利害関係人には，国の行政機関または地方公共団体の長のほか，隣地所有者さらには，対象地の利用または取得を欲する民間事業者などの私人も含まれうると解されている。

(3) 管理人の地位および権限

(a) 管理人の地位　　管理人は所有者の代理人として対象地を管理するので

はなく，同地の管理・処分権限は管理人に専属する（264条の3第1項）。そのため，管理人は自己の名において対象地の管理・処分行為を行い，同地に関する訴訟についても当事者となる（264条の4）。これにより所有者は所有権そのものを失うわけではないが，その管理・処分権限が制限される。

(b)　**管理人の権限**　管理人は，対象地および同地上の動産ならびに，管理・処分その他の事由によって得た財産について，管理・処分権限を有する（264条の3第1項）。もっとも，すでに確認したように，潜在的に所有者がいることを前提とする他人の土地に関する管理であるため，不在者の財産管理（28条）におけると同じく，管理人の権限は原則として，①保存行為，②土地等の性質を変えない範囲内における，利用または改良行為に限定されている（264条の3第2項1号・2号）。例えば，土地の荒廃によって生じた近隣に対する害悪・危険を除去するために必要な措置や，不法占有者に対する妨害排除請求，取得時効の完成を阻止するための所有権確認その他，土地を保全または改良するために必要な行為がこれに該当しよう。

　管理人が上記のような管理行為の範囲を超える変更または処分行為を行うためには，裁判所の許可を得なければならない（同項柱書本文）。土地の効用を維持または向上させるための長期間の利用権設定，あるいは売却処分などがこれにあたる。管理人が裁判所の許可を得ずに行った変更または処分行為は効力を生じないが，裁判所の許可がないことをもって善意の第三者（管理人の越権行為の相手方）に対抗することはできない（同項柱書ただし書）。所有者不明土地管理においては，対象地の管理・処分権限が管理人に専属し，適切な管理のために管理人が変更または処分行為を行うことも予定されているため，管理人の権限に対する第三者の信頼保護を図る必要性が高く，同人は取引に際して裁判所の許可の有無に関する調査確認義務を負わない。なお，ここにいう善意には，裁判所の許可を得た変更・処分行為であると信じた場合のほか，裁判所の許可を要しない保存・管理行為に属すると信じた場合も含まれるか否かが問われるが，運用上の問題として残されよう。

　また，管理人は，総財産を対象とする不在者の財産管理人と異なり，対象地以外に所有者が有する財産については管理・処分権限を有しないため，預貯金の払戻しや貸金債務の弁済などを行う権限はない。

(4) 管理人の義務・報酬等・解任

(a) 管理人の義務 管理人が対象地を管理するに際しては，その所有者のために善良なる管理者の注意をもってその権限を行使しなければならない（264条の5第1項）。管理の対象が共有持分であるときは，共有者全員のために，誠実かつ公平にその権限を行使しなければならない（同条2項）。

(b) 管理人の報酬・費用 管理に要した費用および報酬は所有者の負担となり（264条の7第2項），管理人は，管理命令の効力が及ぶ対象地等から，裁判所が定める額の費用の前払および報酬を受けることができる（同条1項）。

(c) 管理人の解任・辞任 管理人が対象地に著しい損害を与えた場合，その他重大な事由があるときは，裁判所は，利害関係人の請求により，管理人を解任することができる（264条の6第1項）。また，管理人は，正当な事由があるときは，裁判所の許可を得て辞任することができる（同条2項）。

3 所有者不明建物の管理

(1) 所有者不明建物管理命令

2で述べた土地におけると同じく，「所有者不明建物」についても，裁判所は，当該建物について管理人による管理を命ずる処分（所有者不明建物管理命令）をすることができる（264条の8第1項）。所有者不明建物管理人（以下「管理人」という）は，裁判所が所有者不明建物管理命令を発するに際して選任する（同条4項）。

管理の対象は，対象建物または同建物の共有持分のほか，同建物内において所有者または所在等不明共有者が所有する動産および，同建物の敷地について上記の者が有する使用収益権限にも及ぶ（同条2項）。

なお，所有者不明建物管理の対象に敷地の所有権は含まれないため，敷地の所有者も不明である場合は，あわせて所有者不明土地管理命令が必要となると解される。その場合，建物の管理・処分については所有者不明土地および建物管理人双方の協議および合意を要することになろうが，裁判所は同一の管理人を選任することもできると考えられている。

(2)　管理人の地位・権限等

　管理人の地位，権限および義務，費用・報酬ならびに解任・辞任については，所有者不明土地管理人に関する諸規定が準用される（264条の8第5項）。

4　管理不全土地・建物の管理

(1)　序　　説

　所有者が不明となるに至っていない土地・建物であっても，所有者がこれらを放置したままで適正な管理を行わないために，雑草木が繁茂して害虫が発生したり，あるいは，崖崩れや土砂流出の危険があるなど，近隣に害悪・危険を及ぼし，またはそのおそれが生じている場合がありうる。そこで，所有者が不明である場合における上述の管理制度とは別個に，管理不全土地・建物管理制度が設けられた。

(2)　管理不全土地管理命令

　所有者による土地の管理が不適当であることによって他人の権利または法律上保護されるべき利益が侵害され，または侵害されるおそれがある場合において，裁判所（地方裁判所）は，必要があると認めるときは，利害関係人の請求により，当該土地について管理人による管理を命ずる処分（管理不全土地管理命令）をすることができる（264条の9第1項）。管理不全土地管理人（以下「管理人」という）は，裁判所が管理不全土地管理命令を発するに際して選任する（同条3項）。管理の対象は，対象地のほか，同地上において所有者または共有者が所有する動産にも及ぶ（同条2項）。

(3)　管理人の地位・権限等

　管理人は，対象地および同地上の動産ならびに，その管理・処分その他の事由によって取得した財産につき，管理・処分権限を有する（264条の10第1項）。ただし，所有者が判明している場合であるため，他人による管理・処分は必要最小限にとどめるべきであり，その権限は，以下の点において所有者不明土地管理人よりも制限されている。

　第1に，対象地の管理・処分権限は管理人に専属せず，管理人は適正な管理

を怠っている所有者に代わって，主として近隣への害悪・危険の除去または予防のための措置を講じることができるにとどまる。

第2に，①保存行為，②土地の性質を変えない範囲内における利用・改良行為（同条2項1号・2号）を超える変更・処分行為については，裁判所の許可を要するほか（同項柱書本文），所有者の同意を得なければならない（同条3項）。

第3に，裁判所の許可を得ずに行われた変更・処分行為につき，裁判所の許可がないことをもって対抗することができない第三者（管理人による越権行為の相手方）には，善意だけでなく無過失が要求される（同条2項柱書ただし書）。管理人の権限がより限定されており，変更・処分行為を行うことが当然に予定されているわけではないことに鑑みて，第三者は管理人と取引するに際して注意を払うことが求められ，裁判所の許可の有無に関する調査確認義務を負う。

このほか，管理人が上記の権限を行使するにあたり善管注意義務を負い，管理不全土地が共有地である場合は誠実・公平に権限を行使すべきこと（264条の11），管理に必要な費用および報酬は所有者の負担となること（264条の13），管理人の解任および辞任（264条の12）については，所有者不明土地管理人におけると同様である。

(4) 管理不全建物管理命令

建物についても，裁判所は，管理人による管理を命ずる処分（管理不全建物管理命令）をすることができる（264条の14第1項）。管理不全建物管理人（以下「管理人」という）は，裁判所が管理不全建物管理命令を発するに際して選任する（同条3項）。管理の対象は，対象建物のほか，同建物内において所有者または共有者が所有する動産，および，敷地に関する使用収益権限にも及ぶ（同条2項）。

(5) 管理人の地位・権限等

管理人の地位，権限および義務，費用・報酬ならびに解任・辞任については，管理不全土地管理人に関する諸規定が準用される（264条の14第4項）。

第6節　建物区分所有

1 区分所有権・区分所有建物の意義

　今日では，マンションにみられるように，1棟の建物を構造上数個の部分（○号室，△号室……等）に区分して，各部分を独立して住居・店舗・事務所等として利用することが広く行われている。このような各部分には，独立した所有権（区分所有権）の成立が認められる（建物区分1条・2条1項）。区分所有権が成立する建物のことを区分所有建物という。

　区分所有建物に関する法律関係は，「建物の区分所有等に関する法律」（以下「建物区分法」という）によって規律されている。

2 区分所有建物の所有関係

　区分所有建物は，区分所有権の対象となる専有部分，区分所有者が共有する共用部分，および，敷地利用権から構成される。これら三者は，法的には別個のものであるが，区分所有建物の特性ゆえに相互に密接な関係がある。

⑴　専　有　部　分

　専有部分とは，区分所有権の対象とされた建物部分のことである。構造上区分された独立の部分で，かつ，利用上の独立性をもつ建物部分が，専有部分となり区分所有権の対象となりうる（建物区分2条3項）。マンションの○号室，△号室などがその例である。

　区分所有者は，専有部分について排他的支配を有する。もっとも，専有部分は1棟の建物の一部分にすぎないから，区分所有者の排他的支配を無制限に認めれば，他の専有部分や共用部分・敷地に影響を及ぼし，区分所有建物の共同利用関係に反することになる。そのため，区分所有権はさまざまな団体的拘束に服している（本節**3**～**5**）。

(2) 共用部分

(a) 共用部分の意義　専有部分以外の建物部分（廊下・階段・外壁・エレベーター室等），専有部分に属しない建物附属物（ガス・水道管，電気配線等）等，区分所有者の全員または一部の者の共用に供される部分を，共用部分という（建物区分2条4項）。

(b) 共用部分の所有関係および管理　共用部分は区分所有者全員の共有に属する（建物区分11条1項本文。同項ただし書の例外も参照）。各共有者の持分は，その有する専有部分の床面積の割合によるのが原則である（建物区分14条1項）。

　共用部分の共有については，区分所有建物の特性を反映して，民法上の共有に関する規定の適用が排除されている（建物区分12条）。その結果，民法とは異なる規律に服する部分も多い（**図表7-5**）。

　例えば，変更に関するルールを見ると，民法の共有では共有者全員の同意が必要である（251条1項）。これに対し，共用部分の共有では，区分所有者全員の同意が必要だとすると，1人でも反対すれば変更ができず，共用部分の円滑な管理が妨げられてしまうことから，変更を行いやすくしている。すなわち，共用部分の変更は，集会（本節**3**(2)）にて，原則として区分所有者および議決権（各区分所有者の専有部分の床面積の割合によって決まる〔建物区分38条・14条1項〕）の各4分の3以上の多数による決議で決めることができる（建物区分17条1項本文。ただし，その変更が専有部分の使用に特別の影響を及ぼすべきときは，当該専有部分の区分所有者の利益に配慮し，その承諾を得なければならない〔同条2項〕）。

　また，持分処分・分割請求の自由についても，民法の共有ではこれが承認されているのに対し，共用部分の共有では，共用部分の持分権が区分所有権と一体であることを反映して，これらの自由は原則として認められない。

(c) 管理に伴う負担および利益の配分　各共有者は，規約に別段の定めがないかぎり，持分に応じて，共用部分の負担に任じ，共用部分から生ずる利益を収取する（建物区分19条）。したがって，共用部分を共有する各区分所有者は，その持分割合に応じて，修繕費や管理委託費等，共用部分の管理に要した費用を負担し，また，共用部分から生じた利益の分配を受けられる。

図表7-5　民法上の共有と共用部分の共有

	民法上の共有	共用部分の共有
使　用	共有物全体を持分に応じて使用することができる（249条1項）	持分にかかわらず，共用部分の用方に従って使用することができる（建物区分13条）
保存行為	各共有者が単独ですることができる（252条5項）	各共有者が単独ですることができる（建物区分18条1項ただし書）
（狭義の）管理・軽微変更	持分の価格の過半数で決する（252条1項・251条1項括弧書）	区分所有者および議決権の各過半数の決議で決する（建物区分18条1項本文・17条1項括弧書）
変　更	共有者全員の同意が必要（251条1項）	区分所有者および議決権の各4分の3以上の多数による決議で決する（建物区分17条1項本文）
持分処分	持分権処分の自由（明文の規定はないが当然に認められると解されている）	専有部分の処分に随伴し，原則として専有部分と分離して処分することはできない（建物区分15条）
分割請求	分割請求の自由（256条1項本文）	できない（建物区分法には分割請求を認める旨の規定がない）

鎌野邦樹＝山野目章夫編『マンション法』（有斐閣，2003年）56頁　表2-1を参考に作成

(3)　敷　　地

　区分所有者は，専有部分を所有するために，建物の敷地に関する権利（「敷地利用権」）を有する（建物区分2条6項）。敷地利用権が所有権である場合は，区分所有者全員が建物の敷地を共有する。他人の所有する土地に地上権・賃借権等が設定されて区分所有建物が建てられた場合は，区分所有者全員が建物の敷地の地上権・賃借権等を準共有する。

　区分所有者は原則として，敷地利用権を専有部分と分離して処分することができない（建物区分22条1項）。両者の帰属の分離を認めると，区分所有建物をめぐる法律関係が不明確かつ複雑になり不都合が生じるからである。そして，分離処分が禁止された専有部分および敷地利用権である旨を登記しておけば（不登44条1項9号・46条），これに違反する処分が無効であることは善意の第三者にも対抗することができる（建物区分23条ただし書）。

　区分所有者の共有に属する敷地の管理は，共用部分の管理（(2)(b)）と同様に扱われる（建物区分21条）。

③ 区分所有建物の管理関係

(1) 概 観

　区分所有建物のうち，区分所有者の共有に属する共用部分と敷地利用権については，区分所有者が共同で管理する必要がある。また，専有部分は原則として各区分所有者の自由な利用に委ねられるものの，各専有部分が隣接している以上，その利用にあたっては相互調整のための管理のルールが必要となる。

　そこで，建物区分法は，区分所有者が全員で建物や敷地等の管理を行うための団体を構成し，この団体（一般に管理組合と呼ばれる）が，集会を開き，規約を定め，管理者をおいて，建物等の管理を行うものとした（建物区分3条前段）。具体的には，区分所有者の団体は，集会による決議を通じて建物等の管理を行うが，重要な事項については集会においてあらかじめ規約で定めておくことができる。また，集会で選任された管理者に，共用部分等の保存，集会決議の実行，および規約で定めた行為を行わせることができる（建物区分25条・26条）。

　他方，区分所有者は，区分所有関係に入ることによって当然に区分所有者の団体の構成員となる。そして，団体の意思決定である集会における決議に参加し，集会で決議された事項に拘束される。

　なお，区分所有者の団体は，区分所有者および議決権の各4分の3以上の多数による集会決議で法人となることができる（建物区分47条1項。「管理組合法人」と呼ばれる。同条2項）。

(2) 集 会

　規約の設定・変更・廃止，管理者の選任・解任，共用部分・敷地の管理に関する事項等，区分所有建物等の管理に関する重要な事項は，原則としてすべて集会の決議によって定められる。その意味で，集会は，区分所有者の団体の最高意思決定機関として位置づけられている。

　集会の議事は，区分所有者および議決権の各過半数で決せられるのが原則である（建物区分39条1項。もっとも，建物区分法に別段の定めがある場合は，過半数よりも多数の定数に従って決せられる）。区分所有者の過半数とは区分所有者の人数の過半数，議決権の過半数とは議決権総数の過半数をそれぞれ意味する。議

決権は，各区分所有者の専有部分の床面積の割合による（建物区分38条・14条
1項。規約で別段の定めをすることも可能）。

(3)　規　　約

(a)　規約の意義

区分所有者の団体は，規約を定めることができる（建物
区分3条）。区分所有建物の適切な維持管理や区分所有者の円滑な共同生活を実
現するためには，区分所有者が相互に従うべき規則をあらかじめ作っておくこ
とが有用だからである。

規約で定めることができる事項は，建物等の管理・使用に関する区分所有者
相互間の事項（一般的規約事項），および，建物区分法が個別的に規約で定める
ことができると規定する事項（個別的規約事項）である（建物区分30条1項）。

(b)　規約の設定・変更・廃止

(i)　要　件　　規約の設定・変更・廃止（以下「規約の設定等」という）は，
区分所有者および議決権の各4分の3以上の多数による集会決議によってする
（建物区分31条1項前段）。

(ii)　規約の設定等が一部の区分所有者の権利に「特別の影響を及ぼすべきと
き」　　この場合はさらに，影響を受ける区分所有者の承諾も得なければならな
い（建物区分31条1項後段）。その承諾が得られなければ，規約の設定等は効
力を生じない。

「特別の影響を及ぼすべきとき」にあたるか否かは，規約の設定等の必要性
とこれによって一部の区分所有者が受ける不利益とを比較衡量し，区分所有関
係の実態に照らして，その不利益が当該区分所有者の受忍すべき限度を超える
と認められるかどうかを基準として，具体的な事案ごとに判断される（最判平
成10・10・30民集52巻7号1604頁参照）。

(iii)　規約の衡平性　　以上の要件に加えて，規約の内容は，専有部分，共用
部分，建物の敷地，附属施設の形状・面積・位置関係・使用目的・利用状況，
区分所有者が支払った対価，その他の事情を総合的に考慮して，区分所有者間
の利害の衡平が図られるように定めなければならず（建物区分30条3項），これ
に反する規約は無効とされる。これは，区分所有者間の衡平を損なう内容の規
約（例えば，特定の区分所有者だけに，共用部分たる駐車場を無償ないし低額の使用料

で専用使用する権利を与える内容の規約など）を規制するために，公序良俗違反（民 90 条）の判断要素を具体化・明確化したものである。

(c)　規約および集会決議の効力　規約および集会決議は，区分所有者全員に対してその効力を生ずる。さらに，譲渡や競売等によって区分所有権を特定承継した者に対してもその効力が及ぶ（建物区分 46 条 1 項）。区分所有権を取得すれば当然に区分所有者の団体の構成員となる以上，その団体の規範たる規約および集会決議にも拘束されるべきだからである。

また，専有部分の賃借人や使用借人等の占有者は，区分所有者の団体の構成員ではないが，建物等を占有・使用している以上，その使用方法について団体の規範に従う必要がある。そこで，これらの占有者も，建物や敷地等の使用方法につき，区分所有者が規約または集会決議に基づいて負う義務と同一の義務を負うものとされている（建物区分 46 条 2 項）。

4 義務違反者に対する措置

(1)　区分所有者の義務違反行為

区分所有者は，区分所有権に基づき専有部分を排他的に支配しているが，複数の区分所有者が共同で区分所有建物を利用する以上，それに応じた団体的制約にも服する必要がある。このような観点から，各区分所有者は，建物の管理または使用に関して，区分所有者の共同の利益に反する行為（以下「共同利益背反行為」という）をしてはならないとされている（建物区分 6 条 1 項）。建物の不当毀損行為（換気装置を設置するために外壁に穴を開ける等）や不当使用行為（居住専用マンションを営業事務所として利用する等），平穏な共同生活を妨害する行為（悪臭や騒音等）が共同利益背反行為にあたる。

区分所有者が共同利益背反行為をした場合またはそのおそれがある場合には，他の区分所有者の全員または管理組合法人は，違反区分所有者に対し，まず，①行為の停止，行為の結果の除去，行為の予防のために必要な措置をとるよう請求することができる（建物区分 57 条 1 項）。次に，②共同生活上の障害が著しく，①の請求ではその障害を除去して共同生活の維持を図ることが困難であるときは，相当の期間，違反区分所有者による専有部分の使用の禁止を請求することができる（建物区分 58 条 1 項）。さらに，③共同生活上の障害が著しく，

「他の方法」（上記①②の請求のほか，建物区分法7条に基づく先取特権の実行としての専有部分の競売等，民事上の法的方法を指す）ではその障害を除去して共同生活の維持を図ることが困難であるときは，違反区分所有者の区分所有権および敷地利用権の競売を請求することができる（建物区分59条1項）。

(2)　占有者の義務違反行為

　賃借人や使用借人等の占有者も，区分所有者と同様，共同利益背反行為をしてはならない（建物区分6条3項）。占有者がこの義務に違反しまたは違反するおそれがある場合には，違反占有者に対し，(1)の場合とほぼ同様の要件の下で，共同利益背反行為の停止等の請求（建物区分57条4項。(1)①の請求に相当），違反占有者と区分所有者との専有部分に係る契約の解除およびその専有部分の引渡しの請求（建物区分60条1項。(1)③の請求に相当）ができる。

5　復旧・建替え

　区分所有建物が災害等によって一部滅失した場合や年月の経過により老朽化した場合には，滅失した部分を原状に復して建物の効用を回復したり（復旧），建物を取り壊した上で新しく建物を築いたりすること（建替え）が必要となる。そこで，建物区分法は，復旧と建替えに関する特別な規律を設けて，区分所有者間の利害の調整を図っている。

(1)　復　　旧

　滅失の規模により，次の2つの場合に分けられる（なお，専有部分については，各区分所有者が自己の費用と責任で復旧することができる。建物区分61条1項本文）。

　建物価格の2分の1以下に相当する部分が滅失した場合には，集会の普通決議により，滅失した共用部分を復旧することができる（同条3項）。決議に反対した区分所有者もこれに拘束され，各区分所有者は復旧に要する費用を分担して負担しなければならない（建物区分19条）。

　これに対して，建物価格の2分の1を超える部分が滅失した場合には，復旧が大規模になり費用も高額になる。そこで，滅失した共用部分を復旧するためには，区分所有者および議決権の各4分の3以上の多数による集会決議が必要

である（建物区分61条5項）。そして，復旧に反対する区分所有者には，区分所有関係から離脱して復旧費用を負担しない選択肢が与えられる。すなわち，決議に賛成しなかった区分所有者は，賛成した区分所有者の全部または一部に対し，建物とその敷地に関する権利を時価で買い取るよう請求することができる（同条7項）。

⑵　建　替　え

⒜　建替えの意義　建替えとは，従前建物を取り壊して，その建物があった場所（従前建物の敷地が含まれていれば，その敷地を縮小したり，隣接する土地を合わせて敷地としてもよい）に新しい建物を建築することである。

⒝　要件・手続　建替えの決定は，区分所有者および議決権の各5分の4以上の多数による集会決議でしなければならない（建物区分62条1項）。5分の4以上という特別多数が要求されたのは，建替えが（従前建物の取壊しに伴い）区分所有権を一時的に消滅させるという強い効果をもたらすゆえに，厳格な制約の下でのみ認められるべきだからである。この建替え決議には，再築建物の設計の概要，従前建物の取壊しと再築建物の建築に要する費用の概算，これらの費用の分担，再築建物の区分所有権の帰属等の事項を，各区分所有者の衡平を害しないように定めなければならない（同条2項・3項）。

建替え決議を集会でするにあたっては，区分所有者が建替えの必要性および合理性を判断することができるよう，十分な情報と熟慮の機会を確保するための手続が用意されている。すなわち，集会の招集通知は，会日より2か月以上前に発しなければならず（同条4項），その際には，上記の決議事項のほか，建替えを必要とする理由，建替えをしない場合における建物の効用の維持・回復に要する費用，修繕積立金として積み立てられた額等の法定の事項も通知しなければならない（同条5項）。また，会日の1か月前までに，区分所有者に対する説明会も開催しなければならない（同条6項）。

> **Column 7-8**　建替えの要件
>
> 区分所有建物の建替えを促進するために，建替えの要件を緩和すること（集会決議に必要な区分所有者および議決権の各5分の4以上の多数を4分の3や3分の2にするなど）が主張されている。しかし，⒞でみるように，建替えに反対

する区分所有者は自己の権利を強制的に売却させられ，区分所有建物からの退去を余儀なくされる。これまでの居住環境を奪われてしまう区分所有者の不利益にも十分に配慮して，議論を進める必要がある。

　他方で，建替えの必要性・合理性を確保するためには，本文に述べた手続が重要な役割を果たしている。この手続によって区分所有者に十分な情報と熟慮の機会が与えられれば，不必要・不合理な建替えには賛成が集まらず，安易な建替えを阻止することができるからである。このような重要性に鑑みると，手続に瑕疵がある状態で建替え決議がされた場合には，その決議は原則として無効とするべきだろう。

(c)　**売渡請求**　　建替え決議があったときは，集会の招集者は，決議に賛成しなかった区分所有者に対し，建替えに参加するか否かを催告しなければならない。所定の期間経過後，建替えに参加する区分所有者（およびその全員の合意により指定された買受指定者）は，建替えに参加しない区分所有者に対し，区分所有権および敷地利用権を時価で売り渡すよう請求することができる（建物区分63条5項）。

　この売渡請求の意思表示によって売買契約が成立すると解されているので（形成権），これにより，建替えに参加しない区分所有者の権利はすべて，売渡請求権を行使した区分所有者および買受指定者に移転する。そして，建替えに参加する区分所有者および買受指定者の間には，建替え決議の内容により建替えを行う旨の合意が成立したものとみなされる（建物区分64条）。以上の合意に基づいて，建替えの事業が実施される。

Column 7-9　　**区分所有建物とその敷地の売却**

　近時，老朽化したマンション（区分所有建物）が増加し，建替えの必要に迫られている。しかし，多額の費用がかかる建替えは，費用の負担などをめぐって区分所有者間で意見が対立し，なかなか進まないことが多い。

　そこで，マンションとその敷地を一括して売却する方法が導入されている。この方法によると，区分所有者は建替えの費用などを負担せずに済むからである（区分所有者は売却代金の配当を受けて転居することになる）。具体的には，耐震性が不足していることや外壁の剥落等によって危害の生ずるおそれがあることを理由に，除却する必要がある旨の認定を特定行政庁から受けたマンションについて，区分所有者，議決権，敷地利用権の持分価格の各5分の4以上の多数による集会決議をすれば，マンションとその敷地を売却することができる

（マンションの建替え等の円滑化に関する法律 108 条。この決議をする際にも，建替えの場合と同様に，区分所有者に十分な情報と熟慮の機会を確保するための手続を経る必要がある。(2)(b)参照）。

第 *8* 章

用 益 物 権

> この章では，用益物権を取り上げる。それぞれの用益物権の特徴を把握するとともに，とくに地役権については，通行地役権の設定および対抗をめぐる議論を理解することが重要である。

　用益物権とは，他人の土地を使用収益することを内容とする物権である。土地に対する直接の支配権である点で，貸主に対して土地の使用等を請求することができる債権たる使用借権（593 条）や賃借権（601 条）とは異なっている。

　民法は，用益物権として，地上権，永小作権，地役権，共有の性質を有しない入会権を定めている。

第 1 節　地 上 権

1 地上権の意義

(1) 意　義

　地上権は，工作物または竹木を所有するために他人の土地を使用することを内容とする物権である（265 条）。工作物とは，建物・橋梁・トンネル・高架等，地上および地下の一切の施設をいう。また，竹木にはとくに制限はないが，植

栽することが耕作とみられる稲・茶・果樹等の植物は含まれない（これらを所有するために他人の土地を使用する物権は永小作権となる）。

　工作物・竹木を所有するために他人の土地を使用するには，債権的な利用権によることも可能である。しかし，債権的利用権の典型例である賃借権（601条）と地上権を比較すると，以下の点で違いがある。

　第1に，地上権は登記をすれば第三者に対抗することができる（177条）。土地賃借権も登記をすれば第三者に対抗できるが（605条），賃貸人が賃借権設定登記に応じない場合，賃借人は賃貸人に対して登記請求権を有さないため（大判大正10・7・11民録27輯1378頁），登記の具備は実際上難しい。これに対して，地上権者は土地所有者に対する登記請求権を有し，これを行使して確定判決を取得すれば単独で地上権設定登記の申請ができる（不登63条1項）。

　第2に，地上権の存続期間の約定には上限がなく，期間の定めがないときでも長期の存続期間が予定されているのに対し（本節**2**(2)），賃借権の存続期間の約定は上限50年であり（民604条1項），期間の定めがないときは賃貸人が容易に解約することができる（617条1項）。

　第3に，地上権者は自由に地上権を譲渡したり土地を賃貸することができ，地上権を抵当権の目的とすることもできるが（本節**3**(2)），賃借人が賃借権を譲渡したり土地を転貸するには賃貸人（土地所有者）の承諾を得なければならず（612条），また，賃借権を抵当権の目的とすることはできない。

　このようにみると，工作物・竹木を所有するために他人の土地を長期的に安定して利用するには，地上権のほうがふさわしいといえる。

(2)　特別法による修正

　ところが，地上権のような強力な権利がひとたび設定されると土地所有者には重い負担となることから，社会において実際に使われたのは賃借権であった。しかし，賃借権では長期的で安定した土地利用の確保が難しい。

　そこで，とくに社会生活の基盤となる建物所有を目的とする土地賃借権において，賃借人の地位の保護・強化が課題となった。このような課題を受けて，借地借家法は，建物所有を目的とする土地賃借権と建物所有を目的とする地上権に「借地権」という概念を与えて統一的な規律に服させ（借地借家2条1号），

借地権者（建物所有を目的とする土地賃借人・地上権者）の地位の保護・強化を図っている。例えば，(1)でみた相違点は以下のように修正されている。

第1の対抗力の点では，借地権自体の登記（すなわち地上権の登記または土地賃借権の登記）がなくても，土地の上に借地権者が登記された建物を所有していれば，借地権の対抗力が認められる（借地借家10条1項）。

第2の存続期間の点では，借地権の存続期間は一律に30年以上とされた（借地借家3条）。さらに，借地権の存続期間満了の際，一定の場合には契約が更新されたものとみなす制度も導入され（法定更新。借地借家5条・6条），借地権の存続保護が強化されている（ただし，更新を排除した定期借地権の制度もある。借地借家22条〜24条参照）。

第3の譲渡・転貸の点では，借地権設定者（土地所有者）が土地賃借権の譲渡や土地の転貸を承諾しないときであっても，借地権者の申立てにより，裁判所が借地権設定者の承諾に代わる許可を与えることができる（借地借家19条・20条）。この制度は，譲渡・転貸が制限された土地賃借権にとって重要な意味があり，地上権との相違を実質的に縮小している。

このように，現在では，建物所有を目的とする土地賃借権も地上権に類似する効力を有している（不動産賃借権の物権化と呼ばれる）。他方で，地上権でも建物所有を目的とするもの（つまり借地権にあたる地上権）には，借地借家法が適用されるので，民法のルールが修正される場合があることに注意を要する。

2 地上権の取得・存続期間・対抗要件

(1) 取 得

(a) 取得原因　地上権は通常，土地所有者と地上権者との地上権設定契約によって取得されるが，遺言による設定や時効取得もある。時効取得の場合には，土地の継続的な使用という外形的事実の存在に加えて，その使用が地上権行使の意思に基づくことが客観的に表現されていることが必要である（最判昭和45・5・28判時596号41頁等）。また，既存の地上権を譲渡や相続によって取得することもある。

地上権の取得にはさらに，388条や民事執行法81条による法定地上権の成立，都市再開発法88条に基づく地上権の取得等がある。

(b)　**地上権の認定**　　工作物・竹木を所有するために土地所有者との契約に
よって土地使用権が設定された場合に，その土地使用権が地上権と認定される
かどうかは，譲渡性の有無，存続期間の長短，修補義務の有無（本節**3**(1)），
契約書の文言等を総合的に考慮して判断される。一般的には，土地利用が無償
で行われている場合は使用貸借（593条以下）と認定されることが多い。地上権
のような強力な権利が無償で設定されると土地所有者にとって重い負担になる
ことから，無償の地上権と認定されるためには，あえて地上権という強力な権
利を設定することを意図したと認められる特段の事情が必要である（最判昭和
41・1・20民集20巻1号22頁，最判昭和47・7・18家月25巻4号36頁）。

(2)　存　続　期　間

(a)　**当事者が存続期間を定めた場合**　　原則として当事者の定めた期間によ
る。永小作権（278条）や賃借権（604条）と異なり，最長期の制限はなく，永
久の地上権も許される（大判明治36・11・16民録9輯1244頁等）。もっとも，「無
期限」という定めがある場合に，これを当然に永久という意味で理解するべき
ではなく，地上権の目的・内容その他諸般の事情から当事者の意思を推測する
べきである（存続期間の定めのない地上権と解する大判昭和15・6・26民集19巻1033
頁，炭坑経営の継続という不確定期限付きの地上権と解する大判昭和16・8・14民集20
巻1074頁等）。

　最短期についても制限はない。ただし，建物所有を目的とする地上権につい
ては，当事者が存続期間を定めても原則として30年以上となる（借地借家3条。
定期借地権等に関する22条〜24条も参照）。

(b)　**当事者が存続期間を定めなかった場合**　　慣習がある場合は慣習によっ
て定まる（268条1項）。慣習がない場合は，裁判所が，当事者の請求により，
20年以上50年以下の範囲（裁判時ではなく地上権設定時から20〜50年と解されて
いる）において，工作物・竹木の種類や状況，地上権設定当時の事情を考慮し
て存続期間を定める（同条2項）。ただし，建物所有を目的とする地上権で存続
期間の定めのないものは，一律に30年となる（借地借家3条）。

(3)　対 抗 要 件

地上権の設定・移転等は，登記をしなければ第三者に対抗することができない（177 条）。例えば，地上権設定後に土地が譲渡された場合，地上権者は，地上権設定登記をしていなければ，地上権の設定を受けたことを土地譲受人に対抗することができないのが原則である。

ただし，建物所有を目的とする地上権は，その土地の上に借地権者（地上権者）が登記された建物を所有していれば，対抗力を有する（借地借家 10 条 1 項。本節**1**(2)）。この場合には，土地上の建物が滅失しても，所定の事項を土地に掲示しておけば，滅失から 2 年間は対抗力が存続する（同条 2 項）。

3　地上権の効力

(1)　土地使用権

地上権者は，工作物・竹木を所有するために土地を使用することができる。使用の具体的な内容は，設定契約や遺言による設定の場合はその解釈により，時効取得の場合は従前の占有の態様により，法定地上権の場合はその制度趣旨により定まる。ただし，地上権者は，永小作人と同様に，回復困難な損害を生ずべき変更を土地に加えることは許されないと解されている（271 条参照。地上権者がそのような変更を加えた場合の効果について本節**4**(1)(b)）。

地上権は土地に対する直接の支配権であるから，地上権者は自分自身で，土地を利用に適した状態にすることができる。したがって，賃貸借の場合と異なり，地上権者は，土地所有者に対し，土地を利用に適した状態にせよ（修繕等をせよ）と請求することはできない。土地所有者の側は，地上権者の土地利用を妨げないという消極的な義務を負うにとどまり，賃貸人のように土地を使用収益させる積極的な義務（601 条・606 条）までは負わない。

地上権に基づいて土地を利用する場合も，近隣の土地の利用と調整を図る必要がある。そこで，相隣関係の規定（209 条〜238 条）は，地上権者間または地上権者と土地所有者との間にも準用される（267 条）。

(2)　譲渡・賃貸と担保権設定

地上権者は地上権を譲渡し，または，地上権の目的である土地を第三者に賃

貸することができる。明文の規定はないが，物権としての性質から当然に認められると解されている。賃貸借の場合（612条）と異なり，譲渡・賃貸につき土地所有者の承諾は不要である（本節**1**(1)）。これにより，地上権者は，土地の工作物・竹木とともに地上権を他人に譲渡する等して，土地に投下した資本を回収することが可能となる（地上権者が土地の工作物・竹木を他人に譲渡すると，反対の意思表示がないかぎり，地上権も移転する。大判明治37・12・13民録10輯1600頁）。

また，地上権者は，地上権を目的とする抵当権を設定することもできる（369条2項）。

(3) 地上権に基づく物権的請求権

地上権者は，物権たる地上権に基づき，その侵害者に対し直接に物権的請求権を行使することができる。物権的請求権の内容としては，地上権が土地を占有すべき権能を含むことから，所有権の場合と同様，妨害排除請求権・妨害予防請求権だけでなく返還請求権も認められる。

(4) 地代支払義務

(a) **地代の意義**　地代の支払は地上権の要素ではない（265条・266条，不登78条2号参照）。したがって，無償の地上権も存在しうるが，実際には稀であろう（本節**2**(1)(b)参照）。

(b) **地上権が有償の場合**　地代の内容は原則として，当事者の合意によって決定・変更される。ただし，裁判所が地代の内容を決定・変更する場合もある（388条，借地借家17条等）。また，地代額が諸事情により相当でなくなった場合，建物所有を目的とする地上権については，一定の要件の下で地代の増減額請求が認められている（借地借家11条1項）。

定期の地代を支払うべきときは，永小作権に関する民法274条～276条が準用される（266条1項）。274条～276条が定める以外の地代に関する事項には，性質に反しないかぎりで賃貸借の規定が準用される（266条2項。準用される主な規定として，611条・614条・312条以下等）。

(c) **地代の登記と地上権・土地所有権の移転**　地代とその支払時期の定め

は，地上権の登記事項である（不登 78 条 2 号）。この登記がされていない場合には，土地所有者は，地上権の譲受人に対し，地代に関する特約を対抗することができない（それゆえに地上権の譲受人は地代の支払を拒むことができる）と解されている（ただし，建物所有を目的とする地上権が借地借家 10 条の対抗要件によって対抗力を備えた場合には，地代を登記する方法がないことから，地代の特約を登記なくして対抗できると解すべきである）。

以上と異なり，地上権の設定された土地が譲渡された場合には，土地の譲受人は，地代の登記がなくても，地上権者に対して地代の支払を請求することができる。地上権者は地代の特約を結んだ当事者であり，特約を否定できる第三者にはあたらないからである（大判大正 5・6・12 民録 22 輯 1189 頁）。

4 地上権の消滅

(1) 消滅原因

物権一般の消滅原因のほか，存続期間の満了や地上権に特有の消滅原因によって消滅する。

(a) 存続期間の満了　存続期間の満了による消滅の際，当事者間で更新の合意をした場合を除き，民法では更新は予定されていない。しかし，建物所有を目的とする地上権については，一定の要件の下で更新されたものとみなされる等，存続保護が図られている（借地借家 5 条・6 条。本節**1**(2)）。

(b) 土地所有者からの地上権消滅請求　地上権者が定期の地代を支払う旨の合意があるにもかかわらず，引き続き 2 年以上地代の支払を怠ったとき（継続して 2 年分以上の地代の支払を怠ったという意味。大連判明治 43・11・26 民録 16 輯 759 頁）は，土地所有者は，地上権の消滅を請求することができる（266 条 1 項・276 条）。一方的意思表示によって地上権を消滅させることができ，地上権者の承諾は不要である。

さらに，回復困難な損害を生ずべき変更を土地に加える等，地上権者が土地所有者に対する義務（本節**3**(1)）に違反したことにより，地上権の存続を土地所有者に期待できない程度に至った場合には，541 条を準用し，土地所有者が地上権者に対し違反行為の停止を催告したにもかかわらず，地上権者が相当の期間内にこれに応じないならば，土地所有者からの地上権消滅請求を認めるべ

きである（永小作権に関する大判大正 9・5・8 民録 26 輯 636 頁参照）。

（c）**地上権者による地上権の放棄**　　存続期間の定めがある場合には，地上権者は，存続期間満了前に地上権を放棄することはできない（268 条 1 項本文の反対解釈）。ただし，無償の地上権については，放棄しても土地所有者の利益は害されない（むしろ地上権の負担から一方的に解放される）から，地上権者による放棄を認めてもよいと解されている。

　存続期間の定めがない場合には，地上権者は，別段の慣習がなければ地上権をいつでも放棄することができる（268 条 1 項本文）。ただし，有償の地上権を放棄する場合には，地代の支払を受ける土地所有者の利益への配慮から，1 年前に予告するか，または将来の 1 年分の地代を支払う必要がある（同項ただし書）。

　いずれの場合も，不可抗力により引き続き 3 年以上全く収益を得ず，または 5 年以上地代より少ない収益しか得られなかったときは，地上権者は，予告や将来の地代の支払をしなくても，地上権を放棄することができる（266 条 1 項・275 条）。

　なお，地上権を目的とする抵当権が設定されている場合には，地上権者は，地上権の放棄を抵当権者に対抗することができない（398 条）。

(2)　消滅の効果

（a）**地上権者の収去権・収去義務**　　地上権が消滅した場合の工作物等の処理については，当事者間に合意があればそれにより，合意がなければ慣習による。慣習もなければ，地上権者は工作物等を収去して土地を原状に復することができる。これは，地上権者の権利であると同時に義務でもある。ただし，土地所有者が時価相当額を提供して工作物等を買い取る旨を通知したときは，地上権者は正当な理由がないかぎりこれを拒むことができない（以上につき 269 条）。

　上記の買取権は，土地所有者の権利であって義務ではない。また，地上権者から土地所有者に対し，工作物等を時価で買い取るべきことを請求することはできない。したがって，土地所有者が買取権を行使しないかぎり，地上権者は工作物等の収去を強いられることになる。これでは，工作物等を設けた地上権

者の利益が確保されず，国民経済的にも損失となる。そこで，建物所有を目的とする地上権については，存続期間満了により地上権が消滅した場合に，地上権者（借地権者）は，土地所有者（借地権設定者）に対し，建物等を時価で買い取るべきことを請求することができる（建物買取請求権。借地借家 13 条。特約で排除しうる借地借家 22 条・23 条も参照）。

(b) 費用の償還請求　　地上権者が費用を支出して土地に地盛り工事や排水工事などを行い，その工事の結果が土地と一体化している場合（工事の結果を収去するのが困難な場合など。242 条参照）に，地上権者は，土地所有者に対し，その費用の償還を請求することができるだろうか（賃貸借であれば賃借人の賃貸人に対する費用償還請求が認められている〔608 条〕）。合意や慣習による別段の定めがない限り，次のように解されている。

地上権者が土地の利用のために必要な工事をしても，土地所有者に対する費用償還請求は認められない。土地所有者は，土地を地上権者の利用に適した状態にするべき積極的な義務を負っていない以上（本節**3**(1)），その費用を負担するべき義務も負っていないからである。

もっとも，地上権者が上記の工事によって土地の客観的価値を増加させた場合には，608 条 2 項類推により，土地所有者に対する費用償還請求が認められると解する見解が有力である。土地の価値の増加によって土地所有者が不当に利益を得ている状況は，608 条 2 項の場合と実質的に同様だからである。

5 区分地上権

とくに都市においては，空中にケーブルや橋梁を敷設し，地下に地下鉄やトンネルを建設する等，土地の立体的な各層を別個の権利者がそれぞれ利用する必要性が高い。このような要請に応えるために，地上権は，他人の土地の地下または空間の一部を，上下の範囲を定めて使用するためにも設定することができる（269 条の 2 第 1 項前段）。一般の地上権が土地の上下に及ぶのに対し，これは土地の一定の層のみを客体とする地上権であり，「区分地上権」と呼ばれる。

区分地上権の性質と内容は，基本的には一般の地上権と同様である。ただし，以下の特徴がある。

第 1 に，区分地上権は，工作物の所有を目的とする場合にのみ設定すること

ができる（同項前段）。

　第2に，区分地上権に基づく使用権は，設定行為で定められた層にのみ及ぶ（同項前段）。その他の層は，土地所有者が自ら使用したり，他の者のために別の区分地上権を設定することができる。ただし，区分地上権の行使のために必要があれば，設定行為により，その他の層を土地所有者等が使用することに制限を加えることができる（同項後段。区分地上権者が地下を利用する場合に，一定重量以上の建物を地上に建築しない等）。この制限は登記をすれば第三者にも対抗することができる（不登78条5号）。

　第3に，土地がすでに通常の地上権や他の用益的権利の対象となっている場合には，新たに区分地上権が設定されると，上記の権利者や上記の権利を目的とする権利者（地上権に抵当権の設定を受けた者等）の利益が害されるおそれがある。そこで，土地所有者が他人のために新たに区分地上権を設定するには，これらの権利者全員の承諾が必要である（民269条の2第2項前段）。そして，この承諾を与えた権利者は，区分地上権者の権利行使を妨げることができなくなる（同項後段）。

第2節　永小作権

1 永小作権の意義

　永小作権とは，小作料を支払って耕作または牧畜のために他人の土地を使用することを内容とする物権である（270条）。

　永小作権は今日，実際上の存在意義を失っている。一方で，耕作・牧畜のために他人の土地を使用するには賃借権（601条）によることもできるところ，農地法が，農地・採草放牧地に関して永小作権と賃借権をほぼ同等に取り扱うルールを定めている（存続保護の点ではむしろ賃借権を厚く保護している〔本節**4**(1)(a)〕）。他方で，権利関係の近代化や自作農への転換のために，既存の永小作権を消滅させる政策が採用された。以上の結果，耕作・牧畜のために他人の土地を使用する法律関係は，現在ではほとんどが賃貸借によっている。

② 永小作権の取得・存続期間・対抗要件

　土地所有者との設定契約，遺言による設定，時効等によって取得される。ただし，農地・採草放牧地についての永小作権の設定または移転は，原則として農業委員会の許可を得なければその効力を生じない（農地 3 条 1 項・6 項。農地・採草放牧地についての賃借権の設定・移転の場合も同様である）。

　存続期間を定める場合は，20 年以上 50 年以下でなければならず，50 年より長い期間を定めても 50 年となる（278 条 1 項）。存続期間の定めがない場合は，一律に 30 年となるが，異なる慣習があればそれによる（同条 3 項）。

　永小作権の設定・移転等は，登記をしなければ第三者に対抗することができない（177 条）。農地・採草放牧地の賃貸借の場合には，賃借人は土地の引渡しを受けていれば賃借権を第三者に対抗することができるが（農地 16 条），この規律は永小作権には適用されない。

③ 永小作権の効力

⑴　土地使用権

　永小作人は，設定行為で定めた目的または取得時効の基礎となった占有の態様に従い，耕作・牧畜のために土地を使用することができる（270 条）。永小作人が土地所有者に対して修繕請求権を有しないこと等は，地上権の場合と同様である（本章第 1 節 ❸ ⑴）。

　永小作人は，土地の使用にあたり，回復困難な損害を生ずべき変更を土地に加えることはできない（271 条）。土地の使用に関する永小作人のその他の義務については，設定行為で定めたところによるほか，性質に反しないかぎりで賃貸借の規定が準用される（273 条。例えば，606 条 2 項に基づいて土地所有者の土地保存行為を忍容する義務等）。いずれも，異なる合意や慣習（277 条）があればそれによる。

⑵　譲渡・賃貸と担保権設定

　永小作人は，異なる慣習がないかぎり（277 条），永小作権を譲渡し，または，永小作権の存続期間内において土地を耕作・牧畜のために第三者に賃貸するこ

とができる（272条本文）。永小作権に抵当権を設定することもできる（369条2項）。ただし，設定行為によって譲渡・賃貸を禁止することが可能である（272条ただし書。その定めは登記をすれば第三者にも対抗可能である。不登79条3号）。

(3)　永小作権に基づく物権的請求権

　永小作権は土地を占有すべき権能を含むことから，地上権と同様，妨害排除請求権・妨害予防請求権だけでなく返還請求権も認められる。

(4)　小作料支払義務

　地上権と異なり，小作料の支払は永小作権の要素であり，永小作人は小作料の支払義務を負う（270条）。したがって，永小作権を登記する際には小作料を必ず記載しなければならない（不登79条1号）。

　小作料の支払については，異なる慣習がある場合を除き（民277条），永小作権に関する規定および設定行為で定めたところに従うほか，性質に反しないかぎりで賃貸借の規定が準用される（273条）。これによれば，不可抗力で収益が減少しても，異なる慣習がないかぎり，永小作人は土地所有者に対し小作料の減免を請求することができない（274条。これに対して，賃貸借であれば賃料の減額請求が認められる場合がある〔609条〕）。ただし，農地法は，一定の要件の下で小作料の増減額請求を認めている（農地20条）。

4　永小作権の消滅

(1)　消滅原因

　物権一般の消滅原因のほか，存続期間の満了や永小作権に特有の消滅原因によって消滅する。

　(a)　存続期間の満了　　存続期間の満了の際，永小作権を更新することができるが，更新後の存続期間は更新の時から50年を上限とする（278条2項）。農地・採草放牧地の賃借権については，法定更新および解約制限の規定によって存続保護が強化されているが（農地17条・18条），永小作権には類推適用されない（最判昭和34・12・18民集13巻13号1647頁）。したがって，土地所有者が更新を拒絶すれば，永小作権は更新されずに消滅する。

(b)　永小作権に特有の消滅原因　　放棄（275条）および消滅請求（276条）について，地上権と同様のルールが適用される（本章第1節**4**(1)(b)および(c)。異なる慣習があればその慣習による〔277条〕）。

(2)　消滅の効果

永小作権が消滅した場合の地上物（果樹や牧柵等）の収去（279条・269条。ただし，借地借家法の適用はない）および永小作人が支出した費用についても，地上権の場合と同様に扱われる（本章第1節**4**(2)）。

第3節　地役権

◢ 地役権の意義・性質

(1)　意　　義

地役権とは，一定の目的に従って，自己の土地の便益のために他人の土地を利用することを内容とする物権である（280条）。例えば，自己の土地への出入りのために他人の土地を通行すること（通行地役権），自己の土地へ水を引くために他人の土地を利用すること（引水地役権），自己の土地からの眺望を確保するために他人の土地での建築を禁止すること（観望地役権），等がある。

地役権によって便益を受ける土地（「自己の土地」）を「要役地」と，要役地の便益に供される土地（「他人の土地」）を「承役地」とそれぞれいう。

地役権は用益物権として構成されているが，機能的には，要役地の便益を高めるために要役地と承役地の利用を調整する機能を果たしている。その点では，用益物権ではなく所有権の内容・制限として構成された相隣関係とも類似するが（第7章第2節**3**も参照），両者には以下のような違いがある。

第1に，相隣関係上の権利は，要件を満たした場合に法律上当然に成立する。例えば，ある土地が袋地と評価されると，囲繞地の所有者との合意がなくても，囲繞地を通行する権利が成立する（210条）。これに対して，地役権は，当事者の契約によって設定されるのが通常である。したがって，袋地ではない土地の所有者でも，自己の土地の便益を高めるために，他の土地の所有者と交渉して

通行地役権の設定を受けることが可能である。

第2に，相隣関係は近隣の土地相互の利用を調整するのに対し，地役権には
そのような限定はない。例えば，送電線を通す土地を承役地，遠方の発電所や
変電所の敷地を要役地とする地役権も認められる。

第3に，相隣関係上の権利は法律の定めるものに限定されているのに対し，
地役権の目的となる便益の種類や内容は原則として自由である（本節**3**(1)）。

このようにみると，相隣関係は近隣の土地相互の利用を必要最小限の範囲で
調整する制度であるのに対して，地役権は，当事者の要請に合わせて，複数の
土地の利用をいっそう広範に調整する制度であるといえる。

(2) 性 質

(a) 共同利用性 地役権は，一定の目的の範囲内で地役権者に承役地の共
同利用を認める権利である。したがって，承役地所有者は，地役権者の利用を
妨げない範囲でなお承役地を利用することができる（288条参照）。また，同一
の土地に複数の地役権を設定することも可能である。

このように，地役権は，地上権や永小作権と異なり，他人の土地を全面的に
使用・収益する権利ではない。通行や引水等の目的は，承役地をそれらの目的
の範囲内で共同利用することさえできれば，十分に実現されるからである。ま
た，これらの目的は賃借権によっても達成可能だが，賃借権も（地上権や永小
作権と同様に）原則としては他人の土地を全面的に使用・収益する権利である
点で，土地の所有者の権能を過剰に制約することになる。結局，地役権のほう
が，一定の範囲内で承役地の共同利用を認めるにとどまる点で，承役地を利用
したい側にとっても承役地の所有者の側にとっても便宜であるといえる。

(b) 付従性・随伴性 地役権は要役地の便益のために存在する権利である。
そこで，①地役権のみを，要役地から分離して譲渡したり他の権利の目的とす
ることはできない（281条2項。地役権の付従性）。②要役地の所有権が移転する
ときは，要役地のために設定された地役権もともに移転し，また，要役地が他
の権利（地上権や抵当権等）の目的となるときは，地役権もその目的となる（同
条1項本文。地役権の随伴性）。このような随伴性ゆえに，要役地の譲受人は，要
役地の所有権移転登記を備えていれば，地役権の移転も第三者に対抗すること

ができる（大判大正 13・3・17 民集 3 巻 169 頁）。なお，随伴性は設定行為（要役
地を譲渡すると地役権は消滅する旨の特約など）で排除できるが，登記しなければ
第三者に対抗することができない（同項ただし書，不登 80 条 1 項 3 号）。

(c) **不可分性**　　地役権は，要役地と承役地の土地利用自体を調整する物権
であり，債権のように人的な権利ではない。そのため，要役地または承役地を
数人が共有している場合に，共有者の一部の者についてのみ地役権の取得や消
滅を認めるのは適切でない。

そこで，既存の地役権に関しては，①要役地の共有者の 1 人が要役地のため
に存在する地役権を自己の持分につき消滅させたり，承役地の共有者の 1 人が
承役地上の地役権を自己の持分につき消滅させることはできない（282 条 1 項）。
②地役権は，要役地の分割・一部譲渡があっても要役地の各部のために，また，
承役地の分割・一部譲渡があっても承役地の各部の上に，それぞれ存続する
（同条 2 項本文。ただし，地役権がその性質上土地の一部のみにかかわるときは，その
範囲内でのみ存続する。同項ただし書）。③地役権も消滅時効にかかるが（166 条 2
項），要役地を数人が共有している場合には，共有者の 1 人のために生じた時
効の完成猶予・更新は，他の共有者のためにもその効力を生ずる（292 条）。そ
の結果，消滅時効は要役地の共有者全員のために完成しないこととなる。

また，地役権の時効取得（本節 **2** (1)(b)）に関しては，土地の共有者の 1 人が
時効により地役権を取得すれば，他の共有者もこれを取得する（284 条 1 項）。
それゆえに，地役権の時効取得における時効の更新・完成猶予は，その土地の
共有者全員について時効の更新事由・完成猶予事由がなければ，その効力を生
じない（同条 2 項・3 項）。

2 地役権の取得・存続期間・対抗要件

(1) 取　　得

(a) **取得原因**　　設定契約による取得が通常であるが，遺言，相続，時効等
による取得のほか，既存の地役権を要役地の所有権とともに取得する場合もあ
る（281 条 1 項）。時効取得と黙示の設定については注意すべき点があるので，
別に取り上げる（(b)および(c)）。

地役権の主体は，要役地の所有者である。例えば，甲土地の所有者 A が，

乙土地の所有者Bとの間で，甲土地（要役地）への出入りのために乙土地（承役地）を通行する旨の地役権設定契約を結ぶことによって，乙土地に通行地役権を取得する（これに対して，甲土地の地上権者や賃借人が地役権の主体になれるかについては争いがある）。

(b)　**時効取得**　　地役権は，継続的に行使され，かつ，外形上認識することができるものにかぎり，時効によって取得することができる（283 条。時効取得が認められるためには，さらに 163 条所定の要件も満たす必要がある）。

283 条が時効取得の対象を限定したのは，以下の理由による。土地の利用方法が不継続の場合（承役地を通行しているが通路が開設されていない等）や非表現の場合（承役地の地中に管を通して引水している等）には，承役地所有者は，このような土地利用に気づかないために，時効取得を阻止するべく時効の完成猶予・更新の措置をとることが難しい。また，承役地所有者が気づいていたとしても，承役地への負担が少ないために，（これらの措置をとらずに）このような土地利用を好意で黙認してしまう可能性も高い。それにもかかわらず時効取得を認め，承役地所有者に地役権を負担させるのは妥当でないからである。

時効取得の成否は通行地役権の場合に争われることが多い。判例は，この場合における「継続」の要件について，①承役地たるべき他人所有の土地の上に通路が開設されていることに加えて，②その開設が要役地の所有者によって行われることも必要であるとする（最判昭和 30・12・26 民集 9 巻 14 号 2097 頁，最判昭和 33・2・14 民集 12 巻 2 号 268 頁）。②を要件としたのは，他人の開設した通路を要役地所有者が通行している場合には，承役地所有者がその通行を好意で黙認していることが多く，時効取得まで認めるのは妥当でないからである（なお，最判平成 6・12・16 判タ 873 号 81 頁は，要役地所有者が承役地所有者と共同で通路を開設した場合であっても②の要件を充足するとしている）。

(c)　**黙示の設定**　　とくに通行地役権において，土地の開発・分譲に伴って通路が開設されたが，その通路について近隣の土地所有者間で通行地役権の設定契約が明示的に結ばれないまま，現実にはその通路が通行のために利用され続けていることがよくある。裁判例では，通路の所有者が通行地役権を負担することが客観的にみて合理性があると認められる場合や，平均人からみて通路に当然に通行地役権を設定するであろうと認められる客観的事情が存在する場

合には，明示的な合意がなくても，通路につき通行地役権の黙示の設定契約があったと認められることが多い。

(2) 存続期間

存続期間の定めは地役権の要素ではない。設定行為や設定後の契約により存続期間を定めることは可能だが，登記することはできない（不登 80 条参照）。なお，地役権の場合，承役地の所有権に対する制限は軽微である反面，土地利用の調整は長期間必要となるため，永久の存続期間でもよいと解されている。

(3) 対抗要件

地役権の設定・移転等は，登記をしなければ第三者に対抗することができない（177 条）。地役権設定登記の手続は不動産登記法 80 条による。

地役権の対抗の可否がよく問題となるのは，通行地役権である。通行地役権では黙示の設定が認定されることが多いが（(1)(c)），このような場合に，通行地役権の設定登記手続をすることを当事者に期待するのは実際上難しい。そして，その後に承役地が譲渡されると，通行地役権者は未登記の通行地役権を承役地の譲受人に対抗することができるかどうかが争われる。

判例は，承役地の譲渡の時に，承役地が要役地の所有者によって通路として使用されていることが客観的に明らかであり，かつ，承役地譲受人がそのことを認識可能であった場合には，承役地譲受人は地役権設定登記の欠缺を主張する正当な利益を有する第三者にあたらないとして，通行地役権者は未登記の通行地役権を承役地譲受人に対抗することができるとした（最判平成 10・2・13 民集 52 巻 1 号 65 頁 **判例 8-1**。さらに，最判平成 25・2・26 民集 67 巻 2 号 297 頁は，承役地が担保不動産競売により売却された場合であっても，最先順位の抵当権の設定時に同様の要件を満たしているときは，未登記の通行地役権は上記売却によって消滅せず，承役地の買受人に対して主張することができるとした）。

判例の法理の射程をめぐっては議論があるが（177 条の第三者に関する第 4 章第 4 節**3**(6)），承役地を通路として使用していることが客観的に明らかな未登記の通行地役権の対抗の問題にかぎられるという見方が多数である。客観的・継続的な通行の事実がある場合には（通行地役権の黙示の設定が認められる事例はこの

213

ような場合である），何らかの通行権の存在が容易に推認されるから，承役地譲受人はその負担を容認していたと評価され，それにもかかわらずその後に通行を否認することは，信義則（その具体的内容である矛盾行為禁止の原則）に抵触する。また，当事者間の利益衡量からみても，承役地譲受人は，通行権の有無・内容を調査できた点で不測の不利益を被るおそれが低いのに対し，通行地役権者は，従来の通行を否定されると重大な不利益を被る。このような理由から，本判決は，背信的悪意者排除論とは異なる法理に基づき，未登記の通行地役権をとくに保護したものと理解される。

なお，未登記の通行地役権の対抗が認められる場合には，通行地役権者は，承役地譲受人に対し，通行地役権に基づいて地役権設定登記手続を請求することができる（最判平成10・12・18民集52巻9号1975頁）。

> **◀判例 8-1▶ 最判平成10・2・13民集52巻1号65頁**
>
> **【事案】**甲乙丙丁の各土地（本件係争地は丙土地に含まれる）を所有するAは，乙土地をXに売り渡した。その際，AとXは黙示的に，本件係争地を承役地，乙土地を要役地とする無償かつ無期限の通行地役権を設定し，以後，Xは本件係争地を公道への通路として使用してきた。その後，Aは丙土地をYに譲渡し，Yは所有権移転登記を経由した。Yは買受けの際，Xが本件係争地を通路として利用していることは認識していたが，Xに通行権の有無を確認しなかった。Yはその後，Xに本件係争地の通行権はないと主張し，Xの通行を妨害した。そこで，Xは，Yに対し，本件係争地の通行地役権を有することの確認等を求めた。原審は，Yを背信的悪意者と評価してXの請求を認容。これに対し，Yは，通行地役権設定について悪意でない者を背信的悪意者と評価するのは失当である等の理由で上告。
>
>
>
> **【判旨】**上告棄却。原審の背信的悪意者排除論によらないことを前提として，「通行地役権（通行を目的とする地役権）の承役地が譲渡された場合において，譲渡の時に，右承役地が要役地の所有者によって継続的に通路として使用され

ていることがその位置，形状，構造等の物理的状況から客観的に明らかであり，かつ，譲受人がそのことを認識していたか又は認識することが可能であったときは，譲受人は，通行地役権が設定されていることを知らなかったとしても，特段の事情がない限り，地役権設定登記の欠缺を主張するについて正当な利益を有する第三者に当たらないと解するのが相当である」。このようなときは，「譲受人は，要役地の所有者が承役地について通行地役権その他の何らかの通行権を有していることを容易に推認することができ，また，要役地の所有者に照会するなどして通行権の有無，内容を容易に調査することができる。したがって，右の譲受人は，通行地役権が設定されていることを知らないで承役地を譲り受けた場合であっても，何らかの通行権の負担のあるものとしてこれを譲り受けたものというべきであって，右の譲受人が地役権者に対して地役権設定登記の欠缺を主張することは，通常は信義に反するものというべきである」。

③　地役権の効力

(1)　承役地使用権

　地役権者は，設定行為で定めた目的または取得時効の基礎となった占有の態様に従って，承役地を使用することができる。その際，地役権が土地利用の調整の制度であることから，地役権者の使用は，地役権の目的を達成するのに必要であり，かつ，承役地所有者に最も損害の少ない範囲にかぎられると解されている（211 条 1 項参照）。この趣旨を具体化したのが，承役地の水を利用する用水地役権において，水が不足した場合の分配基準や複数の用水地役権の調整を規定する 285 条，および，承役地上に設けられた工作物の共同使用と費用分担を規定する 288 条である。

　要役地に供される便益の種類・内容は自由である。ただし，相隣関係の規定中の強行規定に反してはならない（280 条ただし書。例えば，210 条〜213 条に基づく隣地通行権は強行規定であると解されるので，これを否定する内容の地役権は認められない）。

(2)　地役権に基づく物権的請求権

　地役権は物権であるから，地役権者はその侵害に対して直接に物権的請求権を行使することができる。ただし，地役権は承役地を占有すべき権能を当然に

は含まないため，返還請求権は認められないのが原則である。例えば，通行地役権者は，承役地の通行を妨害して地役権を侵害する者に対し，妨害排除・予防請求権を行使して通行妨害行為の禁止ができるにとどまる。また，地役権はその目的の範囲内で承役地を使用できる権利であるから，妨害排除・予防請求権もその範囲内で行使できるにとどまる（最判平成17・3・29判時1895号56頁は，通行地役権に基づく通行妨害行為の禁止を認めたが，これを超えて承役地を通行の目的外に使用することの禁止までは求められないとする）。

(3) 対価支払義務

対価支払の合意があれば，地役権者は承役地所有者に対して対価支払義務を負う。もっとも，対価支払は地役権の要素ではなく，登記する方法もない（280条，不登80条参照）。

対価支払の合意がある場合に要役地（それとともに地役権）が譲渡されたときについて，判例は，対価支払の合意をしても地役権の内容とはならず債権的効力にとどまることを理由に，要役地譲受人は承役地所有者に対して対価支払義務を負わないとする（大判昭和12・3・10民集16巻255頁）。これに対しては，対価支払も地役権の内容となるが，登記ができないため，承役地所有者はこれを要役地譲受人に対抗することができないにすぎないと解する見解も有力である。

(4) 承役地所有者の義務

承役地所有者は，地役権の目的に従い，地役権者の行為を忍容する義務（例えば地役権者の通行を忍容すること），または，一定の行為をしない義務（例えば要役地からの観望を妨げる建築をしないこと）を負う。

さらに，設定行為またはその後の契約により，承役地所有者に一定の積極的な行為（例えば通路の開設・整備等）をする義務を付随的に負わせることもでき，地役権の内容になると解されている。そのような義務のうち工作物の設置・修繕の義務は，登記をすれば承役地所有者の特定承継人にも対抗することができる（286条，不登80条1項3号）。ただし，承役地所有者はいつでも，地役権に必要な承役地の部分の所有権を放棄して地役権者に移転することによって，民法286条に基づく設置・修繕義務を免れることができる（287条。この場合，地

役権は混同により消滅する〔179条1項〕)。

4 地役権の消滅

物権一般の消滅原因のほか，存続期間の満了や地役権に特有の消滅原因（287条。本節 **3**(4)）により消滅する。さらに，地役権者が地役権の目的を逸脱する利用をしたり対価を滞納したときは，地上権や永小作権の場合と同様に（本章第1節 **4**(1)(b)および第2節 **4**(1)(b)），承役地所有者は地役権の消滅を請求することができると解すべきであろう。

地役権の消滅については，時効に関する以下の特則がある。

(1) 承役地の時効取得による地役権の消滅

承役地の占有者が取得時効に必要な要件を具備する占有をしたときは，地役権はこれによって消滅する（289条）。これは，占有者が162条・163条に基づいて承役地上の権利（例えば所有権）を原始取得したことの反射的効果として，地役権が消滅することを確認した規定である。ただし，承役地の占有者が地役権の存在を容認しつつ占有していた場合は，占有者は地役権の負担の付いた承役地上の権利を時効取得するにとどまり，地役権は消滅しないと解されている（大判大正9・7・16民録26輯1108頁）。

289条の規定による地役権の消滅時効は，地役権者が自己の権利を行使することによって中断する（290条）。この場合には，取得時効の基礎となる占有が地役権の制約を受けるものとして扱われることにより，上記と同様，承役地の占有者は地役権の負担の付いた承役地上の権利を時効取得するにとどまる。

(2) 地役権の時効消滅

第1に，地役権は，20年間行使しないときは消滅する（166条2項）。その起算点は，継続的でなく行使される地役権は最後の行使の時，継続的に行使される地役権はその行使を妨げる事実が生じた時である（291条）。例えば，通路を開設していない通行地役権は最後に通行した時（前者の例），通路を開設している通行地役権は人為や天災によって通路の閉鎖・破壊が起きた時（後者の例）となる。

　第 2 に，地役権者がその権利の一部を行使しないときは，その部分のみが時効によって消滅する（293 条）。例えば，幅員 4 メートルの通路を設ける内容の通行地役権であるのに，通行地役権者が幅員 3 メートルの通路だけを設けそこしか通行してこなかった場合には，残りの幅員 1 メートルの部分について通行地役権が時効によって消滅する。

第 4 節　入　会　権

1 入会権の意義

　入会権とは，一定の集落の住民集団（入会団体と呼ばれる）が慣習や入会団体の規約に基づいて，薪炭用の雑木や肥料用の草を採取する等のために，山林や原野等（入会地と呼ばれる）を共同で使用・収益する権利である。

　入会権は，民法制定以前から続いてきた慣習を基盤として成立した権利である。民法は，このような入会権を民法の体系に位置づけるにあたり，入会地の所有関係に応じて 2 つの態様に区別している。

　1 つは，共有の性質を有する入会権である（263 条）。これは，入会団体が入会地を所有している場合である。もっとも，入会団体は法人格を有さないことから，入会地は入会団体の構成員（入会権者と呼ばれる）の総有に属すると構成される（共同所有の一形態である。第 7 章第 4 節 **8**）。

　もう 1 つは，共有の性質を有しない入会権である（294 条）。これは，第三者が入会地を所有し，入会団体はその入会地に対する用益権能を有する場合であり，用益物権としての性質を有する。入会地を所有する第三者は国や地方公共団体であることが多い（国有地について共有の性質を有しない入会権の成立を認めた最判昭和 48・3・13 民集 27 巻 2 号 271 頁等）。

　いずれの入会権も具体的なルールは慣習に従うほか，共有の性質を有する入会権には共有の規定が適用され（263 条），共有の性質を有しない入会権には地役権の規定が準用される（294 条）。しかし，入会権は慣習に基づいて成立する権利であり，慣習や入会団体の規約によって規律されることから，民法の規定の適用ないし準用はほとんどない。

入会権は今日，その基盤となる慣習の消滅や特別法による入会利用関係の近代化により（本節**4**），消滅しつつある。しかし，入会権の存在が入会地の乱開発を防止したり天然資源を保全する等の機能を実際上果たしていることも指摘されており，このような観点から入会権の意義を見直す動きもみられる。

2 入会権の取得

(1) 入会団体による入会権の取得

入会団体が総有的に土地を管理支配してきた慣習に基づいて成立する。

(2) 入会権者たる地位の取得

入会権者たる地位は，慣習や入会団体の規約等に従ってその取得が認められる。当該地域の住民であることを要件とすることが多いが，慣習等によってさらに追加的な資格要件が求められることもある。

なお，入会権者たる地位の消滅も以上と同様に解されている。地域外に転出すると資格を失い，入会権者たる地位も消滅するのが一般的である。

3 入会権の効力

(1) 入会団体の管理処分権

入会権は，入会団体の存在を前提として，入会団体の統制の下で個々の入会権者が入会地の使用収益をするものである。入会団体がどのような統制をするか，例えば，入会団体を構成する入会権者の範囲や入会地の管理支配の方法等は，入会団体を規律する慣習や入会団体の規約等とそれらに基づく入会団体の意思決定によって決まる。これらのルールを変更すること（入会地の利用形態の変更等）や入会権ないし入会地を処分することも，同様である。このような意味で，入会地の管理処分権は入会団体に帰属するものと理解されている（最判昭和 57・7・1 民集 36 巻 6 号 891 頁参照）。

もっとも，入会団体は入会権者の総体にほかならない（入会権者とは別個独立の入会団体が存在するわけではない）から，実質的には入会権者全員で入会地の管理処分権を有しているといえる。したがって，入会地の管理処分に関する入会団体の意思決定には，入会権者（構成員）全員の同意が必要であると解され

ている。ただし，構成員全員の同意を要件としない慣習も，公序良俗に反する
等の特段の事情のないかぎり，その効力を有する（最判平成20・4・14民集62巻
5号909頁）。

(2) 入会権者の使用収益権

入会権者は，薪炭用の雑木や肥料用の草を採取する等のために，入会地を共
同して使用収益することができる。入会権者の使用収益の具体的な方法（採取
可能な物の種類や量等）は，慣習や入会団体の規約等によって決まる。もっとも，
入会権者は原則として，入会地について持分権を有さず，その結果，持分処分
の自由も分割請求権も認められないとされている。

使用収益の形態は，古典的には，入会団体の統制の下で入会権者が入会地に
立ち入り，雑木や草等を得るというものであった。しかし，社会経済の発展に
伴い使用収益の形態にも変化が生じ，今日では，①各入会権者の個別利用を禁
止し，入会団体が直接に造林等の事業を行う等して入会地を使用収益する形態
（直轄利用形態），②各入会権者の個別利用を禁止した上で，入会団体が入会権
者の一部の者または外部の第三者（ゴルフ場経営会社等）と契約を結んでその者
に専用的な利用を認め，その利用の対価を収受する形態（契約利用形態），③各
入会権者に入会地を割り当て，その区画については各入会権者の自主的な使用
収益に委ねる形態（分割利用形態。「分け地」等と呼ばれる），等も見られる。

(3) 入会権の対外関係

(a) 入会権の公示　入会権は登記することができないため（不登3条参照），
入会権の取得等は，登記なくして第三者に対抗することができる（大判大正
10・11・28民録27輯2045頁）。

共有の性質を有する入会権においては，入会地の所有権が入会権者の一部の
者や代表者の個人名義で登記されていることもある。入会団体は権利能力を欠
くゆえに，入会団体の名義での登記ができないためである。このような登記を
信頼して入会地の所有権の譲渡を受けた者が民法94条2項の適用や類推適用
によって保護されるかが問題となるが，判例は，このような登記をしたことに
つき仮装譲渡やこれと同視すべき事情があったとはいえないとして，94条2

項の適用も類推適用も否定する（前掲最判昭和 57・7・1）。

(b) **入会権の対外的主張**　　入会権者は，自己の使用収益権に基づく請求（使用収益権の確認請求や使用収益権に対する妨害の排除請求）を単独ですることができる（大判大正 7・3・9 民録 24 輯 434 頁，前掲最判昭和 57・7・1）。使用収益権は，入会団体の統制に服するとはいえ，構成員たる資格に基づいて各入会権者に個別的に認められた権能だからである。入会団体の構成員たる地位の確認請求も同様である（最判昭和 58・2・8 判時 1092 号 62 頁）。

ただし，入会地に無効な登記が存在していても，各入会権者は使用収益権を根拠としてその抹消登記手続を請求することはできない。無効な登記の存在によって侵害されるのは入会権自体であって各入会権者の使用収益権ではないからである（前掲最判昭和 57・7・1。このような請求は入会権自体の管理処分に関する事項にあたるから，各入会権者は入会団体による管理処分に構成員として参与しうるにとどまる）。そこで，入会権自体の確認を求めたり，入会権自体に基づいて入会地に関する無効な登記の抹消登記手続を請求することは，入会権者全員が共同して行わなければならないと解されている（固有必要的共同訴訟となる。最判昭和 41・11・25 民集 20 巻 9 号 1921 頁）。

もっとも，入会権者が多数だと，全員を原告または被告とするのは不便である。そこで，判例は，①権利能力なき社団（規約により代表の方法等が確定していることを成立要件とする）にあたる入会団体であれば，入会地が構成員全員の総有に属することの確認を求める訴えの原告適格を有するとした。その上で，入会団体の代表者が確認訴訟を追行するには，入会団体の規約等で定められた手続による授権が必要であるとしている（最判平成 6・5・31 民集 48 巻 4 号 1065 頁）。また，②入会権者の中に入会権確認の訴えを提起することに同調しない者がいる場合には，入会権の存在を主張する入会権者が原告となり，同調しない者を（入会権者でない第三者とともに）被告に加えて，訴えを提起することが許される。このような訴えの提起を認めて判決の効力を入会権者全員に及ぼしても，全員が訴訟当事者として関与しているので，各入会権者の利益が害されることはないからである（最判平成 20・7・17 民集 62 巻 7 号 1994 頁）。

4 入会権の消滅

　第1に，入会権の放棄または廃止による消滅である。その要件は慣習や入会団体の規約等によるが，原則としては入会権者全員の同意が必要である（本節**3**(1)）。

　第2に，入会規制の解体・消滅により入会権は消滅する。例えば，本節**3**(2)の分割利用形態（いわゆる「分け地」）において，入会団体による入会地の統制が失われ，各入会権者が「分け地」を自由に譲渡することが許されるようになった場合には，「分け地」の部分について入会権は消滅する（最判昭和32・9・13民集11巻9号1518頁参照）。

　第3に，「入会林野等に係る権利関係の近代化の助長に関する法律」による入会権の消滅がある。同法は，入会権の存在が入会林野の効率的利用を妨げているとの認識から，入会林野における農林業上の利用を増進するために，入会権者全員の合意により行われる入会林野整備事業手続に基づき，入会権を消滅させ所有権・地上権・賃借権等の近代的な権利関係に置き換えるものである。

　第4に，共有の性質を有しない入会権は，不行使の状態が継続すると時効によって消滅する（民166条2項。これに対して，共有の性質を有する入会権は，入会地の所有権〔総有〕であるため消滅時効にかからない）。

第9章

担保物権法序論

この章から、「担保物権法」に入る。この章では、その序論として、「担保物権」の概要を説明する。具体的には、まず前提として、「担保物権がなければどうなるか」を確認した上で、「担保物権で何ができるか」をみていくことにする。

1 担保物権の意義と機能

(1) 担保の意義

担保とは、金銭債権の満足を確保するための法的手段である。したがって、金銭債権の満足を得られれば、その目的は達成されることになる。

金銭債権の満足を得るためには、債権額に相当する金銭が債務者にあることが必要であるが、仮に債務者が弁済期までにこれを用意しない場合にも、これに見合うだけの財産（責任財産）が債務者にあれば、債権者は、その債権につき執行力ある債務名義（民執 22 条）に基づき、債務者の財産を差し押さえ、それを強制執行手続で換価し、そこで得られた換価金から債権の満足を得ることができる（債権の摑取力）。さらに、債権者には、債権者代位権（423 条）と詐害行為取消権（424 条）が認められており、これにより債務者の責任財産を保全することができる。

しかし、これらの方法では、債務者にそもそも十分な財産がない場合には実効的でない。このような場合に備えるために用意された法的手段が「担保」なのである。

(2) 担保の機能

現代社会において、金銭の貸借（金融）は重要な役割を担っている。すなわ

ち，企業が設備資金や運転資金を確保するために行われる企業金融から，消費者の家計の補助のためになされる消費者金融に至るまで，さまざまな場面で金融が行われている。担保は，このような金融を容易にするという機能を果たしている。すなわち，安全に金銭を貸すことができるから，金銭を借りることができるのである。

(3)　担保物権の意義

民法は，「人的担保」と「物的担保」の2つの担保制度を設けている。

人的担保とは，債務者以外の第三者にも債務の履行を求めることができるようにしておく担保方法であり，連帯債務（第3編第1章第3節第4款）と保証債務（同節第5款）とがある。これによってその者の一般財産からも弁済を得ることができるようになり，いわば，債務の責任財産の拡大により，担保の目的を達成しようとするものである。

これに対し，物的担保は，債務者ないし第三者（物上保証人）の財産のうち一定の物を債権回収のためにすべての者に主張できる形で特別扱いにしておく担保方法であり，その中心が，民法第2編「物権」中で，第7章以下に規定されている「担保物権」である。これらは，担保に供された目的物の所有権を債権担保のために制限する「制限物権」を債権者が有するという構成をもつものである（第1章第2節 **2** (3)）。

(4)　担保物権の機能

このように，債務者に十分な財産がない場合に備えて担保が用意されるが，たとえ債務者が十分な財産を有していても，それ以上に債務を負っている（債務超過にある）場合には，「債権者平等の原則」により，債権者は債権全額の弁済を受けることができない。例えば，債務者Sに対して4000万円の金銭債権を有する債権者GがS所有の不動産の競売を申し立て，それが6000万円で売却されたとしても，G以外にも，Sに対して3000万円の金銭債権を有するAと，Sに対して5000万円の金銭債権を有するBがおり，AとBが売却代金の配当を要求してきた場合には，売却代金6000万円は，G・A・Bに，それぞれの債権額に比例して分配され，Gに2000万円，Aに1500万円，Bに2500万

円が配当される。その結果，このままでは，Gは4000万円の債権の十分な満足を得られないことになる。そして，このような債権回収不能の危険は，Gに対するAの債務についてHが保証人になった場合にも残る。なぜなら，GがHに対して有する保証債権にも債権者平等の原則が妥当するからである。

　だからといって，債務者がこれ以上債務を負うことを債権者が完全に阻止することはおよそ不可能である。

　したがって，融資した金銭を確実に回収しようと思えば，債権者としては，事前に，債権者平等の原則を排除し，債務不履行の際に，債務者あるいは第三者の特定の財産の換価代金から優先的に弁済を受けることができる状態にしておく必要がある。この状態を作り出すものが，担保物権である。

2 担保物権の種類

(1) 典型担保（法定担保物権と約定担保物権）

　民法その他の法律によって，そもそも担保としての機能を果たすべき権利（担保物権）として創設されたものを典型担保という。民法は，第2編「物権」において，留置権（第2編第7章）・先取特権（第2編第8章）・質権（第2編第9章）および抵当権（第2編第10章）の4つの担保物権を規定している。

　このうち，留置権と先取特権は，法の立場からみて保護されるべき債権を有する者に対して当事者間の合意を待たず当然に付与される担保物権であり，法定担保物権という。

　これに対し，質権と抵当権は，債権者と目的物所有者との合意（設定契約）によって生じる担保物権であり，約定担保物権という。約定担保物権は，法がとくに保護すべきとはしなかった債権，すなわち，法定担保物権によっては担保されない債権をも担保することができる。

　さらにこれら4つの担保物権は，商法その他の特別法によって修正されている。その詳細は，それぞれの箇所（第10章第1節**3**，第11章第2節**3**(2)，第13章第1節**1**，第14章第5節**1**）に委ねる。また，企業担保法が企業担保権を定める（第10章第1節**3**(5)）。

(2)　非典型担保（権利取得型担保）

典型担保の実行によって債権の満足を得るためには，民事執行法に基づく手続によらなければならない。しかし，この手続には時間も費用もかかる上に，売却価額も低くなりがちで，債権者のみならず債務者にとっても利益が少ない。そこで，このような不都合を回避するために，例えば，目的物の所有権を債権者が担保目的で取得し，債務不履行の場合に，取得した所有権の処分によって得られた金銭から債権の回収を図ることがある。このような担保手段は，民法その他の法律に定められたものではないので，非典型担保と呼ばれる（第 12章）。非典型担保には，譲渡担保，仮登記担保，所有権留保等があるが，このうち，仮登記担保については，昭和 53 年に法律の制定をみた（仮登記担保契約に関する法律）。

3 担保物権の効力

(1)　優先弁済的効力

先取特権者，質権者，抵当権者は，債務の弁済が得られないときに，目的物を民事執行法の定める手続で換価して，この換価金から他の債権者に優先して弁済を受けることができる。このような担保物権の効力を「優先弁済的効力」という。担保物権が目的物の価値を支配しているという支配権的性格から生ずる効力であり，債権担保を目的とする担保物権の中心的効力である。留置権には優先弁済的効力は存在しないが，次の留置的効力により事実上優先弁済を受けることができる（第 14 章第 3 節 **2**(2)）。

(2)　留置的効力

留置権者，動産・不動産質権者は，債権の全部の弁済を受けるまで，目的物を留置することができる。このような担保物権の効力を「留置的効力」という。これにより，債務者に心理的な圧迫を加えて，債務の履行を間接的に強制することができる。

(3)　収益的効力

不動産質権者は，目的不動産の用法に従い，その収益をすることができる

（356条）。このような担保物権の効力を「収益的効力」という。

4 担保物権に共通の性質（担保物権の通有性）

(1) 付 従 性

担保物権の発生には，これによって担保される債権（被担保債権）の存在を必要とし，その債権が消滅すれば，担保物権もまた当然に消滅する。このような担保物権の性質を「付従性」という。明文はないが，「債権を担保する権利」という担保物権の本質から導かれる性質である。

ただし，確定前の根抵当権には，付従性は存在しない（第10章第10節 **1** (2)）。

(2) 随 伴 性

被担保債権が第三者に譲渡されると，担保物権もこれに伴ってその第三者に当然に移転する。これも「付従性」の1つのあらわれであるが，これをとくに「随伴性」という。

ただし，確定前の根抵当権には，随伴性は存在しない（398条の7）。

(3) 不 可 分 性

担保権者は，被担保債権の全部の弁済を受けるまでは，目的物の全部についてその権利を行使することができる。すなわち，被担保債権の一部が弁済等により消滅した場合も，その残部は目的物の全部によって担保される。このような担保物権の性質を「不可分性」という。民法では，留置権について規定され（296条），先取特権・質権・抵当権に準用されている（305条・350条・372条）。

逆に，目的物の一部が消滅した場合に，その残部は被担保債権の全部を担保するか。旧民法債権担保編93条1項は「債権者カ留置スル権利ヲ有シタル物ノ一分ノミヲ留置シタルトキ其部分ハ総債務ヲ担保スルニ足ルニ於テハ之ヲ担保ス」と「被担保債権の不可分性」についても規定していたが，現行民法の起草者はこれを当然のこととして，承継しなかった。最高裁判所は，担保物権の不可分性には，「目的物の不可分性」とともに「被担保債権の不可分性」もあることを認める（最判平成3・7・16民集45巻6号1101頁 **判例 9-1** ）。

╭─判例 9-1─╮ **最判平成 3・7・16 民集 45 巻 6 号 1101 頁**

【事案】 Y は，A からその所有する甲土地の宅地造成を代金 2300 万円で請け負い，造成工事が完了した部分を順次 A に引き渡した。一方の A は，残代金 1300 万円が未払となっていた。甲土地の一部である乙宅地を A から購入した X が，Y に対して乙宅地の明渡しを求めたところ，Y は留置権を主張してこれを拒んだ。第 1 審は，Y が乙宅地に留置権を行使しうるとした上，その被担保債権の額は，工事代金 2300 万円に甲土地中に占める乙宅地の面積割合を乗じて得た金額（190 万 8624 円）に限定されるとして，Y がこの金員の支払を受けるのと引換えに，X の請求を認容し，第 2 審も控訴を棄却した。Y 上告。

【判旨】 破棄自判。「民法 296 条は，留置権者は債権の全部の弁済を受けるまで留置物の全部につきその権利を行使し得る旨を規定しているが，留置権者が留置物の一部の占有を喪失した場合にもなお右規定の適用があるのであって，この場合，留置権者は，占有喪失部分につき留置権を失うのは格別として，その債権の全部の弁済を受けるまで留置物の残部につき留置権を行使し得るものと解するのが相当である。そして，この理は，土地の宅地造成工事を請け負った債権者が造成工事の完了した土地部分を順次債務者に引き渡した場合においても妥当するというべきであって，債権者が右引渡しに伴い宅地造成工事代金の一部につき留置権による担保を失うことを承認した等の特段の事情がない限り，債権者は，宅地造成工事残代金の全額の支払を受けるに至るまで，残余の土地につきその留置権を行使することができるものといわなければならない」。

(4)　物上代位性

　担保物権の目的物の売却・賃貸・滅失または損傷によって目的物所有者が受けるべき金銭その他の物，および，目的物に設定した物権の対価に対しても，担保権者はその権利を行使することができる。このような担保物権の性質を「物上代位性」という。民法では，先取特権について規定され（304 条），質権・抵当権に準用されている（350 条・372 条）。しかし，具体的にどのような場合に物上代位が認められるかについては，各担保物権の性質に応じて，若干の相違がある（第 10 章第 3 節**2**，第 11 章第 2 節**2**(4)，第 13 章第 3 節**5**）。

第**10**章

抵 当 権

　この章では，債権者と担保目的物の所有者との合意（設定契約）によって生じる約定担保物権のうち，目的物の占有を債権者に移転しない「抵当権」について取り上げる。目的物の使用収益を継続しながら資金調達することを可能にする抵当権は，理論的にも実務的にも担保物権の中心をなすべきものであり，「担保の女王」と称されている。

第 1 節　序　　説

1 抵当権の意義

(1)　約定担保物権

「債務者又は第三者が占有を移転しないで債務の担保に供した不動産について，他の債権者に先立って自己の債権の弁済を受ける権利」（369 条 1 項）であ

229

る「抵当権」は，質権と並んで，設定契約によってはじめて成立する「約定担保物権」の１つである。法が定めた債権しか担保しない法定担保物権とは異なり，約定担保物権である抵当権の被担保債権は無限定である。こうして，抵当権は，金融を媒介する手段にとどまらず，多様な経済活動を支援する制度となっている。

(2)　非占有担保物権

　抵当権は，質権と異なり，目的物の占有を債権者に移転しない「非占有担保物権」である。その結果，設定者は，抵当権設定後も引き続き目的物を従来どおり使用することができる。

　このように，抵当権は，生活・経済活動拠点を担保として資金を調達することを可能にする制度である。それのみならず，抵当権は，抵当権者が目的物の維持管理をすることなく，目的物から優先弁済を受けることを認める制度でもある。

　しかし，その反面として，抵当権は，質権と異なり，留置的効力も収益的効力も有せず，もっぱら優先弁済的効力だけを有するにすぎず，また，抵当権を実行し目的物を売却しても，目的物を買い受けた者がその占有を取得するためには，時間と費用が必要になってくる。

２　抵当権の機能

　抵当権は，目的物を使用価値と交換価値の両面において活用させて，二重の効用を発揮させることを可能にする制度である。すなわち，設定者は，目的物の使用をそのまま継続しつつ，資金を調達することができ，経済的にも合理的な制度といえる。例えば，企業は企業施設に抵当権を設定することにより，企業活動を継続しつつ，その活動に必要な資金を調達し，その活動によって得た利潤で，調達した資金を返済することが可能であり，企業金融（生産信用）のための担保制度としては理想的なものとなっている。それのみならず，消費者にとっても，住宅を購入する際に，その購入住宅に抵当権を設定することにより，その購入資金を調達しつつ，その住宅に居住することが可能であり，消費者が住宅を取得する機会の創出に大きく貢献している制度となっている。

しかし，その反面として，抵当権の設定には何らの外界的変動を伴わないのであり，取引の安全のためにはその公示がとくに要求される。その結果，抵当権は登記制度のある特定の財産についてしか設定できず（公示・特定の原則），目的物が多様な質権と異なる。

3 抵当制度の拡大

経済的に合理的な抵当制度は，民法典制定以後，いくつかの特別法の制定等により，その利用範囲が拡大している。

(1) 立 木 抵 当

「立木ニ関スル法律」（明治42年法22）は，樹木の集団を登記することによりこれを独立の不動産とみなし（立木1条・2条1項），土地とは別個に抵当権の目的とすることを認めている（立木2条2項）。

(2) 動 産 抵 当

農業動産信用法（昭和8年法30）は農業用動産について，自動車抵当法（昭和26年法187）は自動車について，航空機抵当法（昭和28年法66）は航空機について，建設機械抵当法（昭和29年法97）は建設機械について，商法は船舶について，登記または登録制度をそれぞれ整備した上で，これら動産を抵当権の目的とすることを認めている。

なお，企業の在庫商品等を担保化する目的で，平成16年に「動産譲渡登記」が新設された（第12章第2節*2*(2)(b)）が，新たに特別な動産抵当制度が設けられたというわけではない。

(3) 工 場 抵 当

工場抵当法（明治38年法54）は，工場の所有者が工場に属する土地または建物に抵当権を設定した場合，目的不動産たる土地・建物の付加一体物のみならず，土地・建物に備え付けられた機械・器具その他工場の用に供する物にまで抵当権の効力が及ぶことを認める（工抵2条）。しかし，「工場の用に供する物」について抵当権の効力を第三者に対抗するには，当該物件が登記簿に記載され

ていることを要する（最判平成6・7・14民集48巻5号1126頁）。

⑷　財団抵当

　工場抵当法，鉱業抵当法（明治38年法55），鉄道抵当法（明治38年法53），「軌道ノ抵当ニ関スル法律」（明治42年法28），運河法（大正2年法16），漁業財団抵当法（大正14年法9），港湾運送事業法（昭和26年法161），道路交通事業抵当法（昭和27年法204），観光施設財団抵当法（昭和43年法91）は，企業経営のための土地・建物・機械その他の物的設備や，工業所有権・賃借権等の権利を一括して1つの財団とし，これに抵当権を設定することを認めている。

⑸　企業担保

　財団抵当制度は，財団組成物件を財団目録に記載しなければならないという欠点があり，稼働している企業を一括して担保化する制度としては，不十分である。そこで，この欠点を克服しようとして立法された企業担保法（昭和33年法106）は，株式会社が発行する社債を担保するために，企業を構成する総財産を一体として担保の目的とすることを認めている（企業担保1条）。しかし，企業を構成する個々の財産については追及効がなく（企業担保6条），先取特権・質権・抵当権に常に劣後する（企業担保7条）。

⑹　抵当証券

　抵当権の流通を図るために抵当証券法が昭和6年に制定された。制定の目的は，金融恐慌で不動産融資が焦げついた地方銀行の救済にあったが，その目的を果たすことができず，その後もほとんど利用されなかった。ところが，1980年代半ばの「バブル経済」とともに，抵当証券が有利な金融商品として注目されるようになり，抵当証券会社が次々と設立されたが，バブル経済の崩壊とともに抵当証券の販売額は急速に減少し，2005年には抵当証券業協会も解散した。

⑺　根 抵 当

将来にわたって継続的に発生・消滅する債権を，あらかじめ一括して抵当権

の被担保債権とする「根抵当権」は，明治時代から判例法理により認められて
きたが，昭和 46 年になって，民法第 2 編物権の「第 10 章抵当権」に「第 4 節
根抵当」が新たに設けられた（本章第 10 節）。

第 2 節　抵当権の設定

1 抵当権設定契約

⑴　諾 成 契 約

　抵当権は約定担保物権であり，抵当権設定契約のみによって，その効力を生
ずる（176 条）。抵当権設定契約は，諾成・不要式の契約であり，効力発生要件
として目的物の引渡しを要しない点で，質権設定契約とは異なる（第 11 章第 1
節⑴）。

　抵当権設定登記は対抗要件にすぎない（177 条）。しかし，登記のない抵当権
は，他の債権者に対抗できないから，抵当権の中心的効力である優先弁済権が
認められず，その後に第三者が取得した別の抵当権や用益権にも劣後すること
になるため，このかぎりで経済的価値に乏しい。

⑵　当 事 者

　設定契約の当事者は，「債権者」（抵当権者）と，「債務者または第三者」（抵
当権設定者）である。債務者ではない第三者も抵当権を設定することができ，
これを物上保証人という。

Column 10-1　物上保証人と保証人

　物上保証人は，保証債務（第 3 編第 1 章第 3 節第 5 款）を負う保証人（446 条
1 項）と異なり，債務を負うものではなく，抵当権者は，物上保証人に対して
債務の履行を求めることはできないし，物上保証人は，抵当権者に対し催告の
抗弁権（452 条）・検索の抗弁権（453 条）を有しない。しかし，債務者の債務
不履行により抵当権の実行として目的物が競売されると，物上保証人は目的物
の所有権を失う。このことを，物上保証人の特定財産（目的物）だけが債務の
引当てになる点を捉えて，「物上保証人の有限責任」という。これに対して，
保証人が保証債務を履行しない場合，保証人の全財産が原則として強制執行の

対象となりうる。すなわち，保証人の全財産が原則として保証債務の引当てになる。このことを「保証人の無限責任」という。

このように，物上保証人と保証人は法的立場に相違があるが，自己の財産でもって他人の債務の履行を担保するという点は共通する。そこで，民法は，物上保証人が抵当権の実行によって目的物の所有権を失った場合，あるいは，これを避けるために，被担保債権を第三者弁済（474条1項）した場合には，自己の出捐によって他人の債務を消滅させた点で，保証人が主たる債務者の債務を弁済した場合と類似するとして，物上保証人にも，保証人と同様，保証債務の求償権に関する規定（459条〜464条）に従い，債務者に対する求償権を認める（372条・351条）。

ところが，最高裁判所（最判平成2・12・18民集44巻9号1686頁）は，債務者の委託を受けて保証をした者（委託を受けた保証人）は，一定の場合，保証債務を履行する前に委託した債務者に対してあらかじめ求償権を行使することができる（460条）のに対して，債務者の委託を受けて抵当権を設定した者（委託を受けた物上保証人）は，その求償権が「その債務を弁済し，又は」抵当権の実行によって目的「物の所有権を失ったとき」（351条）に限定されていることを理由に，あらかじめ求償権を行使することができないとする。しかし，物上保証人と保証人の機能的類似性に鑑みると，合理的な区別とはいえない。

(3) 処分権限

目的物につき設定者が処分権を有しなければ，原則として，抵当権は成立しない。他人の物についての抵当権設定契約は有効であるが，抵当権は設定者が所有権を取得したときに成立する（大決大正4・10・23民録21輯1755頁）。

(4) 目 的 物

抵当権の目的物は，質権の目的物と異なり，不動産（所有権）・地上権・永小作権に限定される（369条）。なぜなら，抵当権者に目的物の占有が移転せず，占有に代わる公示方法，すなわち「登記」制度が整備されている必要があるからである。

すでに抵当権が設定されている目的物にも，重ねて抵当権を設定することは可能であるが，その優劣は，原則として登記の先後で定まる（373条）。

未完成の建物を目的物とする抵当権の設定を登記実務（昭和37・12・28民事

甲 3727 号民事局長回答・登記関係先例集追加編〔以下，先例集追〕Ⅲ 1128 頁）は許さないが，当該建物の建築資金調達手段として，これを認めるべきである。

2　被担保債権

(1)　被担保債権の内容と個数

抵当権の被担保債権は，金銭債権にかぎられない。なぜなら，金銭債権以外の債権であっても，債務不履行によって，金銭債権である損害賠償請求権（417 条）に転化しうるからである。この場合，債権を金銭に換算してその価額を登記することになる（不登 83 条 1 項 1 号括弧書）。

1 個の債権の一部を被担保債権にすること（一部抵当）もできるし，逆に，数個の債権を被担保債権にすることもできる（債権者が 1 人の場合につき，最判昭和 33・5・9 民集 12 巻 7 号 989 頁）。複数の金融機関が協力して融資する，いわゆる「協調融資」の場合には，数人の債権者が独立に有する数個の債権を被担保債権とする 1 個の抵当権を設定することが問題となる。登記実務（昭和 35・12・27 民事甲 3280 号民事局長通達・先例集追Ⅲ 419 頁）は，他人の債権について抵当権者となることはありえないことを理由にこれを許さない（そこで，各金融機関は同一順位の抵当権をそれぞれ設定している）。これに対し，学説は，この場合各債権者は自己の債権を担保する準共有（264 条）の抵当権を取得するとしてこれを認める。

(2)　付従性の原則とその例外

被担保債権が存在しないのに抵当権を設定しても無効であるというのが原則である。しかし，条件付き・期限付きその他将来の債権を被担保債権とする抵当権を設定することはできる。不動産登記法 88 条 1 項 3 号はこのことを前提としているし，判例（大判昭和 14・5・5 新聞 4437 号 9 頁，前掲最判昭和 33・5・9）も，保証人が将来取得する求償権を被担保債権とする抵当権の成立を認める。

抵当権の被担保債権の発生原因である契約の不成立・無効・取消しにより，被担保債権が不発生または消滅した場合には，抵当権も不成立ないし遡及的に消滅するというのが原則である。しかし，無効の消費貸借契約に基づいて金銭が交付された場合において，金銭の交付を受けた者が抵当権ないしその実行手

続の無効を主張することは，信義則に反し許されない（最判昭和44・7・4民集23巻8号1347頁 ＜判例 10-1＞）。

> ＜判例 10-1＞ **最判昭和44・7・4民集23巻8号1347頁**
>
> **【事案】** Xは，もっぱらA労働金庫から貸付けを受けるために架空の従業員組合を結成して，Aから貸付けを受け，これを担保するために，自己が所有する甲不動産に根抵当権を設定した。その後，根抵当権が実行され，Yが甲を買い受けた。Xは，労働金庫の会員でないXに対するAの貸付けは労働金庫の目的外の行為（労金58条参照）として無効であり，したがって抵当権も無効であるから，Yは甲の所有権を取得しえないとして，Yに対し甲の所有権移転登記の抹消手続を求めた。第1審，第2審ともに，Xが敗訴した。X上告。
>
> **【判旨】** 上告棄却。「Xは自ら虚無の従業員組合の結成手続をなし，その組合名義をもってA労働金庫から本件貸付を受け，この金員を自己の事業の資金として利用していたというのであるから，仮りに右貸付行為が無効であったとしても，同人は右相当の金員を不当利得としてA労働金庫に返済すべき義務を負っているものというべく，結局債務のあることにおいては変りはないのである。そして，本件抵当権も，その設定の趣旨からして，経済的には，債権者たる労働金庫の有する右債権の担保たる意義を有するものとみられるから，Xとしては，右債務を弁済せずして，右貸付の無効を理由に，本件抵当権ないしその実行手続の無効を主張することは，信義則上許されないものというべきである」。

3 対 抗 要 件

(1) 趣　　旨

抵当権の設定は，登記をしなければ第三者に対抗できない。すなわち，抵当権も1つの物権として，物権変動一般に妥当する公示の原則（177条）に服している。このことは，抵当権の設定には何らの外界的変動が伴わない（369条）ことから，不動産取引の安全のためにとくに要求される。その結果，抵当権者の一般債権者に対する優先弁済権は登記によって発生し，同一不動産についての用益権，担保権との優先関係は，339条，387条1項の場合を除き，登記の先後によって定まる（373条）。この順位は，後に設定された担保権により下降させられることはない（順位確定の原則）が，例えば，第一順位の抵当権が消滅すれば，第二順位の抵当権は，当然に第一順位に格上げされる（順位昇進の原

則）。

(2)　登記事項

　抵当権設定登記には，抵当権の存在だけでなく，その優先弁済権の範囲を確認するために必要な情報も公示することが求められる。そのため，抵当権者（不登 59 条 4 号），登記原因（同条 3 号），債権額（不登 83 条 1 項 1 号），債務者（同項 2 号），利息に関する定め（不登 88 条 1 項 1 号），遅延損害金の定め（同項 2号）等が登記事項となっている。

(3)　無効登記の流用

　担保物権に共通の性質の 1 つである「付従性」（第 9 章 **4** (1)）は，抵当権にも存し，抵当権の被担保債権が弁済等によって消滅すれば，登記の抹消等を待つまでもなく，抵当権も当然に消滅する。したがってその登記ももはや何らの効力も有さない「無効登記」になるはずである。ところが，実社会においては，抵当権の被担保債権が消滅したにもかかわらず，あえてその登記を抹消せず，他の債権を担保するために新たに設定された抵当権の登記として流用する合意がなされることがある（例えば，A が B から融資を受けた際に設定した抵当権の登記を，被担保債権の弁済後も抹消せず，その後，A が C から融資を受けるときに，B から C への抵当権の譲渡の付記登記がなされる）。このような「無効登記の流用」の目的は，登記費用を節約するだけでなく，さらには，消滅した抵当権が確保していた優先順位を新たに設定された抵当権に及ぼそうというところにある。

　判例は，この問題を，登記が無効かどうかの問題と，登記の無効を主張できるかどうかの問題に区別して考える。すなわち，流用登記は無効である（大判昭和 6・8・7 民集 10 巻 875 頁）としつつ，流用を合意した当事者本人（最判昭和37・3・15 集民 59 号 243 頁）や登記の流用後に登場した第三取得者（大判昭和 11・1・14 民集 15 巻 89 頁 ◁ **判例 10-2** ▷）は，新たに設定された抵当権の登記の欠缺を主張する正当な利益を有しないとして，そのかぎりで，結果的には，流用登記の対抗力を認めている。

◁ **判例 10-2** ▷ **大判昭和 11・1・14 民集 15 巻 89 頁**
【事案】A は Y から金銭を借り受けて，甲不動産に設定されていた抵当権によ

って担保されていたBの債権を弁済した上，新たにYのために甲につき抵当権を設定したところ，たまたまBとYの債権が同一金額だったので，すでに消滅したBの債権と抵当権がなお存在するものとして，これをYに譲渡する旨の付記登記をした。その後，XがAから甲を買い受けてその旨の登記を経由したが，Yが抵当権を実行したので，Xは，付記登記の無効を理由に，Yが債権と抵当権を有しないことの確認と付記登記の抹消を求めた。第1審は請求を棄却したが，第2審はこれを取り消し，請求を認容した。Y上告。

【判旨】破棄差戻し。「抵当権がYの新に得たるものに係るときは何等かXに不利なる特別の事情が存せしや否や，爾らざる限りXたるもの今に於て其の登記の欠缺を主張するが如きは，恰も始より何等の負担無き所有権を領得したると同一の地位に立ち，以て測らざる奇利を博せむとするものに外ならず。是豈登記欠缺を主張するに付き正当なる利益を有するものと為すを得むや」。

第3節　効力の及ぶ範囲

1 目的物の範囲

(1) 序 　説

　不動産は通常，全く物が付着していない状態，すなわち，更地や打ち放しの建物のままでは，それを利用することやそれで収益を上げることは極めて困難である。それでは，不動産に抵当権が設定された場合，その効力は，その目的不動産の使用収益に伴って目的不動産に設置された物に及ぶのであろうか。すなわち，抵当権者は，設置された物を目的不動産と一緒に売却してその売却代金全体から優先弁済を受けたり，設置された物の損傷・搬出を阻止したり，損傷・搬出によって生じた損害の賠償を請求することができるのであろうか。

　この問題の利益状況をみると，抵当権者からすれば，効力の及ぶ目的物の範囲はなるべく広い方が有利であるが，その一方で，設定者には，自己が有する物を第三者に処分する利益があり，この観点からは，効力の及ぶ目的物の範囲はなるべく狭い方がよいことになる。さらに，処分の相手方の期待（取引の安全）を考慮すれば，効力の及ぶ目的物の範囲はできるかぎり狭く，かつ，客観的に明確でなければならない。

　しかしながら，設定者が同時に債務者である場合は，抵当権者と必ずしも利害が対立しているわけではない。なぜなら，債務者としては，効力の及ぶ目的物の範囲が広がることにより売却価額が増額すれば，その分，自己が負担する債務の額が減額するからである。さらに，売却価額が上昇するのであれば，それを見込んで融資可能額も増額するであろうが，これも債務者である設定者には有利である。

　この問題について民法は 370 条で「抵当権は，抵当地の上に存する建物を除き，その目的である不動産に付加して一体となっている物に及ぶ。」と規定するにとどまり，わが国の民法の解釈として，抵当権の効力が及ぶ目的物の範囲は，もっぱら「不動産に付加して一体となっている物」（付加一体物）の解釈問題として捉えられることになるが，その利益状況は必ずしも単純ではなく，設定当事者の意思内容を確定すれば，効力の及ぶ目的物の範囲も確定できるというものでもない。

(2)　付加一体物

　(a)　序　説　　民法 370 条の趣旨は，さまざまな物が設置されている不動産全体を収益体と評価して抵当権者が収益体としての価値を把握することを可能にすることにあるから，「付加一体物」とは，「抵当不動産の使用収益をするために必要な物」であると理解すべきである。ただ，このように理解される「付加一体物」の概念は，「従物」（87 条）と「付合物」（242 条）の概念と重なる部分もあるので，以下では，まず，これら概念との関係を説明する。

　(b)　付加一体物の意義――従物・付合物との関係　　「不動産に従として付合した物」（242 条），すなわち「付合物」は，その不動産の所有権に吸収されるから，その付合の時期いかんを問わず，その不動産を目的とする抵当権の効力が及ぶことについては異論がない。抵当権の効力が及ぶとされた付合物の例として，雨戸・戸扉のような建具類（大判昭和 5・12・18 民集 9 巻 1147 頁），宅地上の植木・取り外しの困難な庭石（最判昭和 44・3・28 民集 23 巻 3 号 699 頁　判例 10-7 ）等がある。

　問題は，抵当不動産の常用に供するためこれに附属させた物，すなわち「従物」が「付加一体物」に含まれるか否かである。判例は当初，抵当権は不動産

のみを目的とする（369 条 1 項）ため，動産である従物には，その効力が及ばないとしていた（大判明治 39・5・23 民録 12 輯 880 頁）が，その後判例を変更し，「従物は，主物の処分に従う」（87 条 2 項）から，抵当権の効力は従物にも及ぶとした（大連判大正 8・3・15 民録 25 輯 473 頁）。最高裁判所も，抵当権設定時に存在した石灯籠，宅地から取り外しのできる庭石を従物として抵当権の効力が及び 370 条により対抗力を有するとしている（前掲最判昭和 44・3・28）。現代社会においては，価値の高い動産が数多くあるが，抵当不動産の従物の価値が抵当不動産自体の価値を大きく上回る場合にも，抵当権の効力は，そのような価値の高い従物にも及ぶことに変わりはない（最判平成 2・4・19 判時 1354 号 80 頁 ◀判例 10-3▶）。抵当不動産の付加一体物の価値が抵当不動産自体の価値を大きく上回ることは，山林を目的とする抵当権の場合にもみられる。

　抵当権設定後に抵当不動産に附属させた従物にも抵当権の効力が及ぶか否かについては，判例は必ずしも明確ではない。学説はほぼ一致して，抵当不動産に附属させた時期を問わず，抵当権の効力が及ぶとしている。その理由としては，抵当権設定時の従物と交換された新しい従物に抵当権の効力が及ばないのは妥当でないこと，抵当権の効力の及ぶ目的物の範囲が抵当不動産差押えの効力の及ぶ範囲と一致しないと配当額の算出が困難になることが挙げられる。ただ，条文上の根拠については，370 条とする学説と 87 条 2 項とする学説が対立する。

◀判例 10-3▶ **最判平成 2・4・19 判時 1354 号 80 頁**

【事案】 甲建物（約 15m², 取得代金額 50 万円）は当初からガソリンスタンド店舗として設計，建築されているところ，Y は，甲建物およびその敷地上または地下に設置されたガソリンスタンド営業のための地下タンク三基（約 38m², 取得代金額約 233 万円），固定式 W 型計量機一基，オイル用タンク等の諸設備を買い受け，あわせて上記敷地を建物（ガソリンスタンド）所有の目的をもって賃借する旨の契約を結んだ。Y は，その後，地下タンク一基，洗車機一基，ノンスペース型計量機三基等の諸設備を追加して設置した。Y は，以上の諸設備を使用して，ガソリンスタンド営業を継続したが，これら諸設備はすべて上記敷地上または地下に近接して設置されて甲建物内の設備と一部管によって連通し，甲建物を店舗とし，これに諸設備が附属してガソリンスタンドとして使用され，経済的に一体をなしていた。その後 Y は，A のために甲建物につ

いて根抵当権を設定しその旨の登記を経由した。ところが，Aの申立てにより甲建物が競売に付され，Xがこれを競落し，その代金を支払って所有権を取得した。そして，XはYに対して，甲建物の明渡しと諸設備の引渡しを求めた。第1審，第2審ともに，Xが勝訴した。Y上告。
【判旨】 上告棄却。本件「事実関係の下においては，地下タンク，ノンスペース型計量機，洗車機などの本件諸設備は本件根抵当権設定当時借地上の本件建物の従物であり，本件建物を競落したXは，同時に本件諸設備の所有権をも取得し」ている。

(c)　**対抗要件**　　抵当不動産の付加一体物に及ぶ抵当権の効力を第三者に主張するための対抗要件は，抵当不動産についての抵当権設定登記であり，付加一体物について別個に対抗要件を具備する必要はない（前掲最判昭和44・3・28）。その結果，例えば，不動産の付加一体物を差し押さえようとする者は，その不動産の登記も確認する必要が生じる。

ただし，抵当不動産の従物が不動産（附属建物）で，主物と独立の登記がなされている場合には，従物について抵当権設定登記が必要となる。

(d)　**従たる権利**　　抵当権の効力は，抵当不動産の従たる権利にも及ぶ。例えば，借地上の建物について設定された抵当権の効力は借地権にも及ぶ。その結果，借地権を放棄したり借地契約を合意解除しても抵当権者に対抗できない（大判大正11・11・24民集1巻738頁〔放棄〕，大判大正14・7・18新聞2463号14頁〔合意解除〕）。398条は，地上権に抵当権が設定された場合に，この旨を規定するが，借地権に抵当権の効力が及んでいるときにも同様に解すべきである。

借地上の建物について設定された抵当権の実行によって建物が競売された場合，競売の買受人は借地権をも取得する（最判昭和40・5・4民集19巻4号811頁）。借地権が賃借権の場合，その譲渡について，賃貸人（敷地所有者）の承諾が必要である（612条1項）から，買受人はこの承諾またはこれに代わる裁判所の許可（借地借家20条1項）を得なければならない。

(e)　**例外——効力の及ばない付加一体物**　　(ⅰ)　設定行為で抵当権の効力が及ばないと定めた付加一体物には抵当権の効力は及ばない（370条ただし書）。しかし，このことを第三者に対抗するためには，その定めの登記（不登88条1項4号）が必要である。

(ii) 424条3項に規定する「詐害行為取消請求」の要件を具備する行為で抵当不動産に付加して一体となった物には，抵当権の効力は及ばない（370条ただし書）。

(iii) 抵当不動産所有者以外の第三者が権原によって抵当不動産に附属させた付合物（242条ただし書）には抵当権の効力は及ばない（大判大正6・4・12民録23輯695頁）。

(3) 果　　実

抵当権は，設定者に目的不動産の使用収益を委ねるところに意義がある（本章第1節**1**(2)）から，設定者には設定後も引き続き果実収取権を認めるべきであるが，抵当権が担保する債権について不履行があったときは，その後に生じた抵当不動産の果実に抵当権の効力が及ぶ（371条。ただし，最判平成21・7・3民集63巻6号1047頁参照）。

「抵当権の効力は，原則として果実には及ばない」としていた平成15年改正前の371条にいう「果実」には法定果実は含まれないというのが判例（大判大正2・6・21民録19輯481頁）であったため，担保不動産収益執行（本章第5節**3**）の実体法的な基礎となるように371条を改正したとの経緯からも明らかなように，改正後の371条の「果実」には天然果実と法定果実の双方が当然に含まれる。

(4) 分　離　物

抵当不動産の付加一体物が抵当不動産から分離し他所に搬出された場合に，その分離物にも抵当権の効力が及ぶかについて，学説は多岐に分かれ，その多くは「付加一体物が他所に搬出されても，それだけでは付加一体物たる性質を失わない」とするが，いずれにせよ，他所に搬出された分離物について動産競売の方法によって抵当権を実行しうると解するのは，無理があり，抵当権者はそこから優先弁済を受けることができない。ただし，後述するように，抵当権者が原状回復請求や損害賠償請求しうる場合がある（本章第4節）。

2　物 上 代 位

(1)　物上代位の意義

例えば，抵当権の目的となった建物が，第三者の不法行為により滅失した場合，その建物を目的とする抵当権は目的物の滅失を理由に消滅する（本章第 8 節**5**(1)）。しかしその一方で，設定者がその不法行為者から損害賠償を受けることができる（709 条）となると，不法行為という偶然により，設定者だけが抵当権の負担から免れるという利益を享受することになる。しかし，これは抵当権の制度趣旨に反するといえる。

そこで，民法は，目的物の売却・賃貸・滅失・損傷によって，あるいは，目的物に設定した物権の対価として，債務者（目的物所有者）が金銭その他の物を受けることができる場合，抵当権者はその請求権（債権）に対しても抵当権を行使することができる（372 条・304 条）とした。これを物上代位といい，抵当権者が有する権利を物上代位権という。

(2)　物上代位の目的債権

(a)　抵当不動産の売却による代金債権　　従来の通説は，条文の文言どおり，物上代位の目的債権であるとする。しかし，物権である抵当権は対抗要件があれば抵当不動産の第三取得者にも対抗することができる（追及力）から，代金債権に対する物上代位権を認めなくても，抵当権者は損害を被らない。そこで，近時の多数説は，304 条が目的物の売却代金債権に対する物上代位を規定しているのは，目的物に対する追及権のない先取特権（333 条参照）の物上代位を念頭におくものであり，しかも，売却代金から優先弁済を得たい抵当権者のために代価弁済制度（378 条）が用意されている（本章第 7 節**2**）から，抵当権においては物上代位権を否定すべきであるとする。

(b)　抵当不動産の買戻しによる代金債権　　判例（最判平成 11・11・30 民集 53 巻 8 号 1965 頁）は，抵当権設定登記以前に買戻特約登記を備えていた買戻権者が買戻権を行使した場合の買戻代金債権について，「買戻代金は，実質的には買戻権の行使による目的不動産の所有権の復帰についての対価とみることができ，目的不動産の価値変形物として」，物上代位の対象になるとする。買戻

代金は，売買代金類似のものであるが，買戻しの場合には抵当権は消滅するので，物上代位権と抵当権の併存という状態はない。

同様に，売買代金類似のものであるが，抵当権が消滅する場合として，「土地収用法に基づく補償金債権」（最判平成 14・3・12 民集 56 巻 3 号 555 頁）があり，これは土地収用法 104 条により物上代位の対象になる。

(c)　**抵当不動産の仮差押解放金の取戻請求権**　　最高裁判所（最判昭和 45・7・16 民集 24 巻 7 号 965 頁）は，抵当権者が被担保債権を被保全権利として抵当不動産の仮差押えをした場合において，仮差押債務者が仮差押解放金（民保 22 条）を供託して仮差押執行の取消しを得たときには，仮差押解放金の取戻請求権は，仮差押えの目的である抵当不動産に代わるものであるから，物上代位の対象になるとする。

(d)　**抵当不動産の賃貸による賃料債権**　　抵当権は，その実行までは，目的不動産の使用収益を設定者に委ねておく制度であるから，抵当不動産が差し押さえられるまでは，賃料債権に対して物上代位権を行使できないとするのが，従来の通説であった。

ところが判例（最判平成元・10・27 民集 43 巻 9 号 1070 頁）は，「抵当権は，目的物に対する占有を抵当権設定者の下にとどめ，設定者が目的物を自ら使用し又は第三者に使用させることを許す性質の担保権であるが，抵当権のこのような性質は先取特権と異なるものではないし，抵当権設定者が目的物を第三者に使用させることによって対価を取得した場合に，右対価について抵当権を行使することができるものと解したとしても，抵当権設定者の目的物に対する使用を妨げることにはならない」として，「目的不動産について抵当権を実行しうる場合であっても」，抵当不動産が差し押さえられたかどうかにかかわらず，抵当権者は賃料債権に対して物上代位権を行使できるとする。

ただし，抵当権の効力が及ぶ果実は，被担保債権について不履行があった後に生じたものにかぎられる（371 条）のであるから，物上代位の対象となる賃料債権も被担保債権の不履行後に生じたものにかぎられることになる。

設定者から抵当不動産を賃借した者が，他の者に転貸した場合に生ずる転貸賃料債権に対しては，抵当権者は，原則として，物上代位権を行使することができない（最決平成 12・4・14 民集 54 巻 4 号 1552 頁）。転貸賃料債権は，転貸人

（＝抵当不動産賃借人）が有する債権であり，「債務者」の取得する「金銭その他の物」（304 条 1 項）にあたらないからである。したがって，抵当権設定後も，抵当不動産をサブリース（不動産会社が一括借り上げして転貸する契約形態）により有効活用することは可能である。

　(e)　**抵当不動産の滅失・損傷による損害賠償請求権・保険金請求権**　　目的物の滅失・損傷により債務者（目的物所有者）が取得する金銭債権として，不法行為に基づく損害賠償請求権（大判大正 5・6・28 民録 22 輯 1281 頁，大判大正 6・1・22 民録 23 輯 14 頁）や，保険契約に基づく保険金請求権（大判明治 40・3・12 民録 13 輯 265 頁，大連判大正 12・4・7 民集 2 巻 209 頁）等があるが，判例はいずれも物上代位の対象になるとする。

　たしかに，保険金は保険料の対価であって，抵当不動産の交換価値が実現したものではない。しかし，設定者の利得を許さないとする物上代位の制度趣旨，あるいは，抵当権設定契約の趣旨からは，保険金請求権も物上代位の目的債権となることが正当化されよう。

　(f)　**2 種類の物上代位**　　以上の，抵当権における物上代位の目的債権は，「抵当権の効力が及んでいた物の代わりとして得られた債権」（(b)(c)(e)「代償的債権」）と「抵当権の目的物から派生する債権」（(d)「派生的債権」）に分類できる。これに応じて，抵当権における物上代位も 2 種類あり，要件・効果を区別して考えるべきである。

　代償的債権の目的物は抵当不動産の交換価値そのものであるから，たとえ被担保債権について不履行がなくても，原則として，抵当不動産所有者は目的債権の取立てその他の処分をすることができないと考えるべきであり，代償的債権に対する物上代位（代替的物上代位）は，抵当権設定登記があれば，被担保債権の弁済期が到来していなくても，第三者に対して主張できる，すなわち，債権質権（第 11 章第 4 節）に類似した優先的効力を有すると理解すべきである。

　これに対して，派生的債権の目的物は抵当不動産の交換価値そのものではないから，たとえ被担保債権について不履行があったとしても，抵当権者が物上代位権を行使して目的である派生的債権を差し押さえるまでは，抵当不動産所有者はなお有効に目的債権の取立てその他の処分をすることができると考えるべきであり，派生的債権に対する物上代位（付加的物上代位）は，相対的に弱い

優先的効力しか有しないと理解すべきであろう。

(3) 物上代位権行使の手続

(a) **目的債権の差押え**　抵当権者が物上代位の目的債権から優先弁済を受けるためには，「その払渡し又は引渡しの前に」目的債権を差し押さえなければならない（372条・304条1項ただし書）。この差押えは，債権を目的とする担保権の実行手続と同様である（民執193条1項後段・同条2項）。

すでに他の債権者が目的債権を差し押さえている場合にも，抵当権者は配当要求をすることによって優先弁済を受けることはできず，自ら差し押さえて物上代位権を行使しなければならない（最判平成13・10・25民集55巻6号975頁）。民法304条1項ただし書の「差押え」には配当要求を含むと解することができず，民事執行法193条2項が準用する同法154条1項は抵当権者による配当要求を予定していないからである。

物上代位をするのに差押えが要求されるのは，主として，目的債権の債務者（第三債務者）が二重弁済を強いられる危険から保護するためである。すなわち，抵当権の効力は物上代位の目的となる債権にも及ぶ結果，第三債務者が抵当不動産所有者に弁済をしても弁済による目的債権の消滅の効果を抵当権者に対抗できないという不安定な地位におかれる可能性があるが，差押えを物上代位権行使の要件とすることにより，第三債務者は，差押命令の送達を受ける前には抵当不動産所有者に弁済すれば足り，この弁済による目的債権消滅の効果を抵当権者にも対抗することができるようになるためである（最判平成10・1・30民集52巻1号1頁 判例 10-4 ）。そしてこのことは，債権質権の場合（最判平成18・12・21民集60巻10号3964頁）と異なり，差押え前に目的債権の弁済を受領しても抵当権者に対して不当利得返還義務を負わないことを意味する。したがって，物上代位権は，抵当権者が差押えによってこれを行使する以前は，いまだ浮動的な権利であり，差押えによってその効力が保全されることになる。

(b) 「払渡し又は引渡し」の意義

(i) **第三債務者による弁済・相殺**　目的債権の債務者（第三債務者）による弁済が「払渡し又は引渡し」に該当することに異論はない。第三債務者が弁済の代わりに，目的債権を受働債権とする相殺の意思表示をなした場合にも，

債権の消滅という効果をもたらす点では弁済と同様であるから，抵当権者はもはや物上代位権の行使ができなくなる（最判平成13・3・13民集55巻2号363頁。抵当権者が物上代位権を行使して目的債権の差押えをした後は，抵当権の効力が目的債権についても及ぶことは抵当権設定登記により公示されている〔前掲最判平成10・1・30〕から，第三債務者は，抵当権設定登記の後に取得した債権による相殺をもって，抵当権者に対抗することはできないとする。さらに，前掲最判平成21・7・3も参照）。すなわち，第三債務者による相殺も「払渡し又は引渡し」に該当すると解すべきである。

　(ii)　抵当不動産所有者による相殺・債務免除　　第三債務者による弁済・相殺により，物上代位権の行使ができなくなるのであれば，抵当不動産所有者が目的債権を自働債権とする相殺の意思表示をなした場合，さらには抵当不動産所有者が第三債務者に対して債務を免除する意思表示をなした場合（519条）にも，物上代位権の行使ができなくなると考えるべきである。すなわち，抵当不動産所有者による相殺・債務免除も「払渡し又は引渡し」に該当すると解すべきである。したがって，目的債権が消滅した場合には，いずれにせよ，もはや物上代位権を行使することはできないということになる。さらに最高裁判所（最判平成14・3・28民集56巻3号689頁）は，物上代位権の行使として賃料債権を差し押さえても，その後に賃貸借契約が終了し，明渡しがされた場合，賃料債権は敷金の充当によりその限度で当然に消滅するから，その部分は差押えが効果を有しなくなるとする。

　(iii)　目的債権の譲渡・質権設定・差押え　　しかし，目的債権について，第三者が譲渡を受けたり（前掲最判平成10・1・30)，質権の設定を受けたり，差押えをした（最判平成9・2・25判時1606号44頁）場合でも，抵当権者はなお目的債権を差し押さえて物上代位権を行使することができる（したがって，判例は，304条の差押えの目的に関する「優先権保全説」〔担保権者が差し押さえる前に第三者が登場すれば，もはや物上代位権は行使できないとする考え方〕には与していないといえる）。すなわち，債権譲渡，質権設定，差押えは，「払渡し又は引渡し」に該当しない。

　これに対し，動産売買先取特権においては，物上代位の目的債権が譲渡され，第三者に対する対抗要件が備えられた場合，先取特権者はもはや目的債権を差

し押さえて物上代位権を行使することができない（最判平成 17・2・22 民集 59 巻 2 号 314 頁 ◁ 判例 13-1 ▷）。したがって，判例は，304 条の差押えの目的について，従来の通説であった「特定性維持説」〔代償物の特定性が喪失しないかぎり物上代位権を行使できるとする考え方〕には与していないといえる）。すなわち，「払渡し又は引渡し」の意義が，抵当権の物上代位の場合と動産売買先取特権のそれとで異なる。その理由は，動産売買先取特権が公示のない担保権であるのに対して，抵当権の効力が物上代位の目的債権についても及ぶことは抵当権設定登記により公示されており（前掲最判平成 10・1・30），第三者の保護は考えなくてよいからである。

　なお，最高裁判所（最判平成 14・3・12 民集 56 巻 3 号 555 頁）は，民事執行法 159 条 3 項を根拠に，物上代位の目的債権に対する転付命令が第三債務者に送達された後は，抵当権者は物上代位権を行使して優先弁済を受けることができないとした。すなわち，目的債権について譲渡を受けた場合と転付命令を受けた場合とで，結論が全く逆になっている。しかし，転付命令により，被転付債権は，その同一性を維持しつつ，差押債権者に移転する（民執 159 条 1 項）のであり，しかも，被転付債権に設定されていた質権の実行は妨げられない（最決平成 12・4・7 民集 54 巻 4 号 1355 頁）ことに鑑みると，合理的な区別とは思えない。

◁ 判例 10-4 ▷ **最判平成 10・1・30 民集 52 巻 1 号 1 頁**

【事案】X のために抵当権が設定されその旨登記された後に，目的不動産についての将来発生する賃料債権が譲渡され，対抗要件（賃借人 Y の承諾）が具備されたが，その後に X が物上代位権を行使して将来発生する賃料債権を差し押さえた。そこで，X が Y に対して賃料の支払を求めた。第 1 審は，債権譲渡の対抗要件が具備された後の物上代位権に基づく差押えは債権譲受人に劣後するとしつつ，本件債権譲渡は，X の債権回収を妨害する目的で行ったものであるから，X の差押えは Y に対抗できないとの主張は権利の濫用であるとして，X の請求を認容した。これに対し，第 2 審は，賃料債権の差押えがあるまでは，抵当権設定者に賃料債権の処分権限があり，抵当権の実行が予想されていただけでは，権利の濫用があるとはいえないとして，X の請求を棄却した。X 上告。

【判旨】破棄自判（控訴棄却）。「（一）民法 304 条 1 項の「払渡又ハ引渡」という言葉は当然には債権譲渡を含むものとは解されないし，……（二）……抵当権者に目的債権の譲渡後における物上代位権の行使を認めても第三債務者の利

益が害されることとはならず，（三）抵当権の効力が物上代位の目的債権についても及ぶことは抵当権設定登記により公示されているとみることができ，（四）対抗要件を備えた債権譲渡が物上代位に優先するものと解するならば，抵当権設定者は，抵当権者からの差押えの前に債権譲渡をすることによって容易に物上代位権の行使を免れることができるが，このことは抵当権者の利益を不当に害するものというべきだからである」。

3 優先弁済権の範囲

(1) 序　説

抵当権の被担保債権は，質権の被担保債権と同様，設定契約によって定まる。しかし，抵当権の場合には，質権の場合と異なり，目的物の占有が設定者にあり，後順位担保権の設定も容易であるため，後順位担保権者や他の一般債権者の予測を確保する必要が生じる。そこで，375条は抵当権者が優先弁済を受けることができる被担保債権の範囲を制限している。

(2) 元　本

設定契約によって被担保債権とされた元本債権も，第三者との関係では，登記された債権額（不登83条1項1号）の範囲で優先弁済を受けることができるにとどまる。

(3) 利息・定期金・遅延損害金

抵当権の被担保債権元本から生ずる利息の給付を目的とする債権（利息債権）もその抵当権によって担保されるが，優先弁済を受けることができる範囲は，登記された利率（不登88条1項1号）の限度で，しかも「満期となった最後の2年分」に限定される（民375条1項本文）。

利息以外の定期金を請求する債権（賃料債権等）が被担保債権であるときにも，375条1項の制限を受ける。もっとも，「債権額」「利率」を登記事項とする現在の不動産登記法の下では，このような債権を公示することは困難であるから，優先弁済の可否も通常問題にならない。

「債務の不履行によって生じた損害の賠償」（遅延損害金）の額は，特約がな

ければ法定利率または約定利率によって定められる（419条1項）が，これについても優先弁済を受けることができる範囲は最後の2年分に限定され，さらに，利息その他の定期金と通算して2年分を超えることができない（375条2項）。約定利率より高い率が損害賠償額の予定（420条）として特約されている場合には，「民法第375条第2項に規定する損害の賠償額の定め」（不登88条1項2号）として登記しておかなければ，約定利率の限度でしか優先弁済を受けることができない。

　ただし，以上(2)と(3)の制限は，抵当不動産の所有者が被担保債権の債務者であり，かつ，他の債権者が同一執行手続において配当を受けないときには働かず，抵当権者は，利息・遅延損害金等を含む，被担保債権の全額について配当を受けることができる。第三者に不測の損害を与えないからである。抵当不動産の所有者が物上保証人あるいは第三取得者の場合にも，同様のことが妥当するかについては，争いがある（大判大正4・9・15民録21輯1469頁は，抵当不動産の所有者が第三取得者の場合に，同様のことを認める）。

(4)　違　約　金

　違約金については，質権の場合（346条）と異なり規定がない。違約金は，賠償額の予定と推定される（420条3項）場合には，遅延損害金（(3)）として取り扱われる。しかし，違約金が一定の額で定められている場合，登記実務は，違約金の登記を認めない（昭和34・7・25民事甲1567号民事局長通達・先例集追II519頁）ため，これについて優先弁済を受けることはできない。

第4節　抵当権の侵害

1 抵当権侵害の意義

　抵当権は物権であるため，抵当権の実現が妨げられたり，妨げられるおそれがある場合には，その侵害の除去または予防を求める物権的請求権が生じる。また，抵当権は709条の「権利」であるため，その侵害によって生じた損害の賠償を請求できる場合がある。

　しかし，抵当権には優先弁済的効力しかなく，留置的効力も収益的効力もないため，抵当権に基づく物権的請求権には，所有権に基づく場合とは異なる特徴があり，抵当権の侵害により生じる損害にも，所有権の侵害による場合とは異なる特徴がある。例えば，抵当権者には抵当不動産を使用収益する権限がないため，第三者が抵当不動産を不法に占有しているというだけでただちに抵当権者の権利が侵害されるわけではないし，抵当不動産が損傷しても，抵当権の実行により抵当権者が完全に債権の満足を得れば，抵当権者に「損害」(709条) は生じない (大判昭和 3・8・1 民集 7 巻 671 頁)。

2 第三者に対する請求

(1)　物権的請求権

(a)　抵当不動産の損傷・付加一体物の搬出　(i)　第三者が抵当不動産を損傷し，または，損傷するおそれがあるために，抵当権者の権利が侵害され，または侵害されるおそれがある場合，抵当権者は，物権的請求権により，侵害を排除・予防することができる。第三者が付加一体物 (370 条) を分離・搬出し，または分離・搬出しようとしている場合も，抵当権者はこの第三者に対して，分離・搬出行為の差止めを求めることができる (大判昭和 6・10・21 民集 10 巻 913 頁〈判例 10-5〉)。

　(ii)　付加一体物が抵当不動産から搬出されたために，抵当権者の権利が侵害され，または侵害されるおそれがある場合には，即時取得 (192 条) されていないかぎり，搬出された物をもとの場所に戻すことを求めることができる (工場抵当権につき，最判昭和 57・3・12 民集 36 巻 3 号 349 頁〈判例 10-6〉)。抵当不動産所有者が搬出物の受領を拒む場合には，抵当権者は自己への引渡しを求めることができると解すべきである。

　このような抵当権者の請求に対して，付加一体物が抵当不動産から搬出されたことによりそこに及んでいた抵当権は対抗力を失ったので，その搬出物について抵当権の主張を認めないとの抗弁を認めようとする学説もある。

〈判例 10-5〉 **大判昭和 6・10・21 民集 10 巻 913 頁**
【事案】X は Y に金銭を貸し付けて，Y 所有の山林の地盤と樹木に抵当権の設定を受けた。Y が弁済期になっても弁済をしないので，X は抵当権に基づい

て競売の申立てを行い，Z に競落許可決定が出された。ところが，Z は競落代金を支払わず，競売手続が完結しない間に，Y と Z が無断で樹木を他に売却することを計画した。そこで，X が，Y と Z に対して，樹木の売買譲渡その他伐採運搬等を禁止する旨の判決を求めた。原審は，Z に対する請求を認容したが，Y に対する請求は，弁済期が到来し抵当権を実行できる段階に至ればこの種の不作為による行為を請求する必要がないとして，これを棄却した。

【判旨】破棄差戻し。「債務者が滅失毀損等事実上の行為を以て抵当物に対する侵害を敢行する場合に於ては，其の侵害行為が抵当権者の有する債権の弁済期後なると或は抵当権の実行に著手したる後なると否とを問はず，抵当権者は物権たる抵当権の効力として之が妨害の排除を訴求し得べきは当然なりと云はざるを得ず」。

◆判例 10-6 ▶ **最判昭和 57・3・12 民集 36 巻 3 号 349 頁**

【事案】A は，X 信用保証協会のために，工場である甲建物に根抵当権を設定した。この根抵当権設定登記申請にあたり同時に提出された工場抵当法 3 条の目録には，乙が A 所有の目的物件として記載されていた。ところが，A が，古物商 Y に対し乙を売却し，Y がこれを甲建物から搬出した。そこで，X が Y に対して，乙を甲建物に搬入することを求めた。第 1 審は，Y の即時取得の主張を容れて，X の請求を棄却したが，第 2 審は，Y の即時取得の主張を排除して，X の請求を認容した。

【判旨】上告棄却。「工場抵当法 2 条の規定により工場に属する土地又は建物とともに抵当権の目的とされた動産が，抵当権者の同意を得ないで，備え付けられた工場から搬出された場合には，第三者において即時取得をしない限りは，抵当権者は搬出された目的動産をもとの備付場所である工場に戻すことを求めることができるものと解するのが相当である。けだし，抵当権者の同意を得ないで工場から搬出された右動産については，第三者が即時取得をしない限りは，抵当権の効力が及んでおり，第三者の占有する当該動産に対し抵当権を行使することができるのであり（同法 5 条参照），右抵当権の担保価値を保全するためには，目的動産の処分等を禁止するだけでは足りず，搬出された目的動産をもとの備付場所に戻して原状を回復すべき必要があるからである」。

(b)　**抵当不動産の占有**　　判例はかつて，抵当不動産を不法に占有する者に対して，抵当権者はその明渡しを求めることができないとしていた（最判平成 3・3・22 民集 45 巻 3 号 268 頁）。しかし，現実には，不法占有されている抵当不動産を買い受けようとする者はあらわれにくく，その結果として，不法占有は，

抵当権の実行を妨害するものとなりうる。

　そこで，その後判例が変更され，「第三者が抵当不動産を不法占有することにより，競売手続の進行が害され適正な価額よりも売却価額が下落するおそれがあるなど，抵当不動産の交換価値の実現が妨げられ抵当権者の優先弁済請求権の行使が困難となるような状態があるとき」には，抵当権者は，抵当権に基づく妨害排除請求として，不法占有者に対して抵当不動産の明渡しを求めることができるようになった（最大判平成 11・11・24 民集 53 巻 8 号 1899 頁）。さらに，「抵当権設定登記後に抵当不動産の所有者から占有権原の設定を受けてこれを占有する者についても，その占有権原の設定に抵当権の実行としての競売手続を妨害する目的が認められ，その占有により抵当不動産の交換価値の実現が妨げられて抵当権者の優先弁済請求権の行使が困難となるような状態があるとき」で，「抵当不動産の所有者において抵当権に対する侵害が生じないように抵当不動産を適切に維持管理することが期待できない場合」には，抵当権者は，抵当権に基づく妨害排除請求として，適法占有者に対しても抵当不動産の明渡しを求めることができるところまで認められた（最判平成 17・3・10 民集 59 巻 2 号 356 頁）。

　抵当不動産の明渡しを受けた抵当権者が取得する占有は，抵当不動産所有者のために管理する目的での占有であり，「管理占有」（前掲最大判平成 11・11・24 の奥田補足意見）と呼ばれているが，その法的性質・内容は必ずしも明確ではない。この点について，最高裁判所は，「抵当権者が抵当権に基づく妨害排除請求により取得する占有は，抵当不動産の所有者に代わり抵当不動産を維持管理することを目的とするものであって，抵当不動産の使用及びその使用による利益の取得を目的とするものではない」として，抵当不動産明渡しまでの間の賃料相当損害金の支払請求を棄却した（前掲最判平成 17・3・10）。しかし，抵当不動産の使用による利益を抵当不動産の維持管理のための費用に充てられないとなると，抵当権者にとって「管理占有」は相当大きな経済的負担になると思われる。この点で，抵当権者にとってはむしろ，保全処分による占有者排除（ Column 10-2 ）のほうが有益であろう。

Column 10-2　保全処分による占有者排除

　民事執行法は，抵当権の実行としての競売の目的不動産の価格を減少させ，

または，そのおそれのある行為が行われている場合，執行裁判所が，売却のための保全処分（民執188条・55条）として，価格減少行為をする者に対し，目的不動産に対する占有を解いて執行官に引き渡すことを命ずること，および，執行官に不動産を保管させることを内容とする保全処分（執行官保管の保全処分）を命ずることを認める（民執55条1項2号）。

平成8年に，議員立法で民事執行法が改正され，売却のための保全処分の相手方の範囲が，執行債務者以外の占有者にまで拡大された。さらに，競売開始決定前の保全処分制度（民執旧187条の2。平成15年改正で187条に移動した）が新設され，抵当権実行前でも占有者を排除できるようになった。

平成10年には，買受けの申出をした差押債権者のための保全処分制度（民執188条・68条の2）が新設され，売却を実施しても買受けの申出がなかった場合において，債務者または不動産の占有者が，不動産の売却を困難にする行為をし，またはその行為をするおそれがあれば，抵当権者が買受けの申出と保証の提供をすることで，執行官保管の保全処分または申立人保管の保全処分が認められるようになった。

平成15年には，売却のための保全処分・競売開始決定前の保全処分についてさらに発令要件が緩和され，不動産の価格減少の程度が著しいものであることを要しないようになった。さらに，不動産の占有者が次々と入れ替わる等，占有者を特定することを困難とする特別の事情があるときは，占有者を特定しないで売却のための保全処分を発令することができるようになった（民執188条・55条の2）。

(c)　**無効登記**　無効の登記でも，抵当権者の権利に優先するかのような外観を呈するものは，抵当権を実行し優先弁済を受ける際に事実上障害になるので，抵当権者は，無効登記の抹消請求権を有する（大判大正8・10・8民録25輯1859頁，大判昭和15・5・14民集19巻840頁）。

(d)　**他の債権者による強制執行**　抵当不動産自体が，他の債権者によって差し押さえられ，競売されたとしても，抵当権者は当然にその順位に応じて優先弁済を受けることができる（民執87条1項4号・188条）ため，抵当権の侵害はなく，第三者異議の訴え（民執38条）を提起することはできない。

これに対して，抵当不動産の従物のように，一体として担保価値を有する目的物の一部のみに対して強制執行がされたときには，その強制執行により抵当権の担保価値は下落するので，抵当権者は第三者異議の訴えを提起できる（最

254

判昭和 44・3・28 民集 23 巻 3 号 699 頁 〈 判例 10-7 〉）。

〈 判例 10-7 〉 **最判昭和 44・3・28 民集 23 巻 3 号 699 頁**

【事案】 X は，A 所有の宅地について根抵当権の設定を受け，その旨の登記を経由したが，根抵当権の設定当時，宅地上には庭木・庭石・石灯籠が存在した。A の一般債権者である Y が，この庭木・庭石・石灯籠に対し強制執行をしたので，X は，これの排除を求めて第三者異議の訴えを提起した。第 1 審，第 2 審ともに，X が勝訴した。Y 上告。

【判旨】 上告棄却。「本件石灯籠および取り外しのできる庭石等は本件根抵当権の目的たる宅地の従物であり，本件植木および取り外しの困難な庭石等は右宅地の構成部分である」。「本件宅地の根抵当権の効力は，右構成部分に及ぶことはもちろん，右従物にも及び」（大判大正 8・3・15 民録 25 輯 473 頁参照），「この場合右根抵当権は本件宅地に対する根抵当権設定登記をもって，その構成部分たる右物件についてはもちろん，抵当権の効力から除外する等特段の事情のないかぎり，民法 370 条により従物たる右物件についても対抗力を有する」。「X は，根抵当権により，右物件等を独立の動産として抵当権の効力外に逸出するのを防止するため，右物件の譲渡または引渡を妨げる権利を有するから，執行債権者たる Y に対し，右物件等についての強制執行の排除を求めることができる」。

---

(2)　損害賠償請求権

　第三者が故意・過失によって抵当不動産の交換価値の実現を妨げ，これによって抵当権者が抵当権の実行により本来受けられたはずの配当を受けられなくなった場合，抵当権者は，この第三者に対して不法行為（709 条）に基づき，損害賠償を求めることができる（大判昭和 7・5・27 民集 11 巻 1289 頁。もっとも，「抵当権の実行により本来受けられたはずの配当を受けられなくなった」ことをどの時点で確定することができるかについては，難しい問題が残り，賠償額の算定も容易ではない）。

　ただし，同時に，抵当不動産所有者にも抵当不動産の滅失・損傷に基づく損害賠償請求権が発生する場合には，抵当権者はこれに対して物上代位権を行使できる（本章第 3 節 **2** (2)(e)）から，あえて抵当権者に損害賠償請求権を認める必要はない。したがって，第三者に対する損害賠償請求権を抵当権者に認める必要があるのは，第三者が，抵当権の登記を不法に抹消したり，抵当権の実行

手続を不当に遅延させたりした場合，あるいは，第三者による抵当不動産の滅失・損傷に抵当不動産所有者も荷担していた場合等にかぎられよう。

3 債務者・設定者・抵当不動産所有者に対する請求

(1) 物権的請求権・不法行為に基づく損害賠償請求権

抵当権設定者は，抵当権設定後も引き続き抵当不動産の所有者であり，抵当不動産の使用収益を継続できる。したがって，通常の使用収益については，仮にそれが抵当不動産の価値を下落させるものであっても，物権的請求権・損害賠償請求権の問題は生じない。しかし，通常の使用収益の範囲を超えた結果，抵当権の実現が妨げられ，または妨げられるおそれがあるときは，抵当権者は，第三者に対すると同様に，物権的請求権を行使できる。

損害賠償請求は，不法行為者が債務者であるときは，債務の弁済を請求すれば足りるので，問題とならないが，それ以外の場合（物上保証人・第三取得者の場合）に問題となる。このかぎりで，抵当権設定者には抵当不動産の維持・保存義務がある（質権設定者につき，最判平成18・12・21民集60巻10号3964頁）。

(2) 期限の利益の喪失・増担保請求

債務者が抵当不動産を滅失させ，損傷させ，または減少させたときは，被担保債権の期限の利益が喪失し，残存する抵当不動産に対して抵当権を実行することができる（137条2号）。債務者の故意・過失は問わない。

実際の契約では，抵当不動産が滅失・損傷・減少したとき，抵当権者は債務者に対して増担保請求ができるとされることが多い。これが果たされないと，137条3号により期限の利益の喪失が生じる。

第5節　優先弁済権の実現

1 優先弁済権実現の諸相

抵当権の効力の中心は，債権者平等の原則をしりぞけ，他の債権者に優先して被担保債権の弁済を受けることができるという優先弁済権にある。優先弁済

権を実現するのにはさまざまな方法がある。

(1)　抵当権の実行

　抵当権の実行とは，被担保債権が不履行となった場合に，抵当権者自らが主導して，目的物を換価処分し，あるいは目的物から生じる収益を収取することによって，優先弁済権を実現することをいう。

　(a)　目的物の換価による優先弁済権実現　　(ⅰ)　抵当権実行のなかで最も一般的なのは，担保不動産競売である（民執180条1号）。これは，裁判所がすすめる不動産競売手続によって目的物を売却し，その売却代金から優先的に配当を受ける，というものである。詳しくは本節**2**で説明する。

　(ⅱ)　不動産競売には，手続が煩雑で，時間や費用もかかるし，売却価格が市場価格より低くなるおそれがある等の難がある。そこで，抵当権者は，特約によって債務不履行時に抵当不動産を抵当権者自身が取得することとしたり（流抵当・抵当直流），買受人を自ら探し出して（あるいは設定者に探させて）売却（任意処分）する，といった方法で，抵当権を私的に実行することもある。抵当権設定時に流抵当の特約がされることもあるが，流質契約を禁じる349条のような規定が抵当権には存在しないため，古くから判例・学説とも，その有効性を認めている。

　(b)　目的物からの収益の収取による優先弁済権実現　　(ⅰ)　抵当権者は，賃料など目的物から生じる収益を収取し，そこから優先弁済を受ける方法をとることもできる（371条参照）。これが担保不動産収益執行であり（民執180条2号），本節**3**で詳しく説明する。

　(ⅱ)　抵当不動産から生じる賃料の収取は，物上代位権の行使によってもすることができる（本章第3節**2**(2)(d)）。設定者に使用収益権限があることとの関係で，従来より学説では，賃料に対する物上代位権の行使は，抵当権の実行と同様，被担保債権の不履行後にのみ認められると解されてきた。そして，平成15年に不動産担保権の実行方法の1つとして担保不動産収益執行が設けられ，債務不履行後における抵当権者の収益収取権が正面から認められるようになった現在では，賃料債権に対する物上代位権行使は，収益収取権に基づく抵当権実行の一形態（簡易型の収益執行）と位置づけられるようになっている。

(2)　その他の優先弁済権実現

(a)　他の債権者等による競売手続での優先弁済権実現　　抵当不動産につい
て，他の担保権者が担保不動産競売をしたり，一般債権者が判決により債務名
義を得て強制競売をするなどして，抵当権者が抵当権実行をする前に他の債権
者等の申立てに基づいて抵当不動産の競売が行われた場合には，抵当権者は，
この競売手続のなかで優先順位に応じた配当を受けることができる（民執188
条・87条1項4号）。この場合，被担保債権の弁済期が未到来であっても，配当
については到来したものとみなされる。

(b)　倒産手続における抵当権者の地位　　債務者につき破産手続が開始され
た場合，抵当権者は，破産手続外で自ら目的物を換価し優先弁済権を実現する
ことができる。もっとも，倒産手続には破産のほかにもいくつかのものがあり，
いずれの倒産手続がとられるかによって，抵当権者がすることのできる優先弁
済権実現の方法は異なる。詳しくは本節**4**で説明する。

(3)　他の担保権者との優先関係

抵当権者は，登記を経由しているかぎりは一般債権者に常に優先するが，他
の担保権者との優先関係は，次のとおりである。

(a)　抵当権，質権との関係　　抵当権どうし，あるいは不動産質権との優先
順位は，登記の前後による（373条・361条）。

(b)　先取特権等との関係　　一般先取特権との関係は，その先取特権に登記
があれば登記の前後によるが，未登記の抵当権に対しては常に先取特権が優先
する（336条）。不動産先取特権のうち，売買による先取特権と抵当権との優劣
は登記の前後によるが（340条），保存および工事による先取特権は所定の登記
がされていれば常に抵当権に優先する（339条。第13章第3節**3**(2)）。なお，租
税債権は納税者の総財産の上に効力を及ぼす一般先取特権として扱われるが
（税徴8条，地税14条の9），租税の法定納期限等以前に設定されたものでないか
ぎり，抵当権は租税債権に劣後する（税徴16条，地税14条の10）。

(c)　留置権との関係　　留置権には優先弁済的効力がないが，競売不動産上
の留置権は買受人に引き受けられるため（民執59条4項），事実上は抵当権に
優先する効力ももちうる（第14章第3節**2**(2)(a)）。

(4)　一般債権者の立場での権利行使の制限

　抵当権者は，被担保債権についての債権者でもあるから，一般債権者の立場で，抵当不動産以外の債務者の一般財産につき強制執行の申立てをすることもできる。ただし，抵当権者の一般債権者としての権利行使について，民法は一定の制限を設けている。

　例えば，自己所有の財産が甲土地（評価額 4000 万円）と乙土地（評価額 4000 万円）のみである A に，各 6000 万円の貸金債権を有する B と C がおり，このうち B が甲土地につき抵当権の設定を受けていたとする。このとき，B が甲土地の抵当権を実行し 4000 万円の弁済を受けた上で，残額の 2000 万円につき一般債権者として乙土地に強制執行をしたならば，乙土地の 4000 万円は，B に 1000 万円，C に 3000 万円配当される。ところが，B が甲土地の抵当権を実行せずに 6000 万円の債権を有する一般債権者として乙土地につき強制執行をし，乙土地の 4000 万円から B と C が各自の債権額で按分配当を受けるとすると，C は 2000 万円しか配当を受けられず，他方，B は，乙土地から 2000 万円の配当を受けた上に，さらに甲土地の抵当権を実行することで，残りの 4000 万円の弁済も受けられることになる。

　このように，抵当権者が抵当不動産に優先弁済権を確保しつつ，それ以外の債務者の一般財産について，一般債権者と競合して被担保債権の全額の割合で配当を受けられるとすると，一般債権者の犠牲において過度に抵当権者を優遇することになってしまう。そこで，民法は，抵当権者は抵当不動産の代価をもって弁済を受けられない債権の部分についてのみ，他の一般財産から弁済を受けられるものとした（394 条 1 項）。抵当権者は，まずもって抵当不動産から弁済を受けなければならない，ということであり（不足額責任主義），これによって C への 3000 万円の配当が確保されることとなる。

　では，抵当権者 B が甲土地上の抵当権を実行する前に，一般債権者 C が乙土地につき強制執行を開始した場合はどうなるか。B は被担保債権の全額につき乙土地の配当に参加することができるが，C は，2000 万円の配当を受けつつ，B に配当すべき 2000 万円の供託を請求することができる（同条 2 項）。B は，甲土地の抵当権を実行してそこから 4000 万円の配当を受けた上で，なお不足する 2000 万円につき，C とともに供託金から弁済を受ける。B と C には

各 1000 万円が分配され，これにより同条 1 項におけるのと同様の弁済が実現される。

2 担保不動産競売

(1) 序　　説

担保不動産競売とは，民事執行法に基づいた競売による不動産担保権の実行をいう（民執 180 条 1 号）。担保権の実行としての競売は，裁判所によって強制的に売却がすすめられる点で，一般債権者が強制執行として行う強制競売と変わるところはなく，その手続の多くには強制競売の規定が準用されている（民執 188 条）。もっとも，債権者が強制競売をするには，まず確定判決等の債務名義を得る必要があるのに対し（民執 22 条・25 条），抵当権者が行う担保不動産競売は，抵当権に内包された自己換価権に基づいたものであるため，改めて判決手続等をとる必要がない。債権の強制的回収を迅速に行えることは，抵当権のもつ重要な意義の 1 つといえる。

(2) 不動産競売の要件

抵当権実行のために不動産競売手続に入るには，次の 2 つが要件となる。

(a) **抵当権の存在**　　抵当権を実行するには，当然のことながら，抵当権が存在しなければならない。なお，後順位抵当権者も不動産競売の申立てはできるが，先順位者が優先弁済を受けると剰余を生じる見込みがないときは，原則として，所定の申出と保証の提供をしないかぎり，競売手続は取り消される（剰余主義。民執 188 条・63 条）。

(b) **履行遅滞**　　抵当権実行には，被担保債権が履行遅滞に陥っていることが必要である。ただし，弁済期以前でも競売申立てが認められる場合がある（抵当権消滅請求に対抗するため競売がされる場合〔民 382 条以下。第 7 節 **3**〕のほか，仮登記担保 12 条等参照）。

(3) 不動産競売手続の概要

不動産競売手続は，おおむね次のような順序をたどる。

(a) **競売申立て**　　抵当権者が不動産競売の申立てをするには，抵当権の存

在を証する文書（民執 181 条 1 項。一般に用いられるのは同項 3 号の登記事項証明書である），不動産競売申立書その他添付書類を目的物所在地を管轄する地方裁判所（執行裁判所）へ提出しなければならない。

(b)　競売開始決定　　執行裁判所は，申立ての適否を審査した上で，競売開始決定をする。開始決定には不動産を差し押さえる旨の宣言が含まれる（民執 188 条・45 条 1 項）。なお，抵当権が不存在であったり消滅したりしているときは，債務者または不動産の所有者は，買受人が代金を納付するまでの間，その開始決定に対して執行異議の申立てをすることができる（民執 182 条・184 条）。

(c)　売却の準備・実施　　執行裁判所は，配当要求の終期を決定してその公告等をする（民執 188 条・49 条）。また，目的不動産の現況調査，評価人による評価を経て売却基準価額を決定し（民執 188 条・60 条），物件明細書を作成してこれをひろく周知する等（民執 188 条・62 条），売却の準備をすすめる。そして，裁判所の定めた方法（ふつうは期間入札）により売却が行われ，最高価買受申出人が売却許可決定を得て買受人となる。実際には抵当権者が買受人となることも多い。なお，抵当不動産の第三取得者が買受人となることはできるが（民 390 条），債務者は買受けの申出をすることができない（民執 188 条・68 条）。

買受人が代金を納付すると，目的不動産の所有権は買受人に移転し（民執 188 条・79 条），留置権など一部の例外を除き，不動産上の担保権は消滅する（消除主義。民執 188 条・59 条）。

(d)　配　当　　買受人から売却代金の交付があると，執行裁判所は，配当期日に配当表を作成し（民執 188 条・85 条），申立てを行った抵当権者のほか，配当要求の終期までに配当要求をした他の債権者，差押えをした債権者，差押登記前に登記された担保権者に，その優先順位に従って配当を行う（民執 188 条・87 条）。なお，第三取得者が抵当不動産につき必要費や有益費を支出していた場合は，競売代金から最優先で償還を受けることができる（民 391 条）。配当によって被担保債権全額の回収ができなかった場合，残額は無担保の一般債権として存続する。

配当を受領する権利のない者が何らかの理由で配当表に掲げられ，配当を受けるものとされている場合，抵当権者や他の債権者あるいは債務者は，配当異議の訴えを提起し，その者を配当から排除することができる（民執 188 条・90

条)。なお，この配当異議の申出が配当期日にされなかった場合に，抵当権者が，その者が配当を受けたことによって自己が配当を受けられなくなった分の金員を不当利得として返還請求できるかは議論がある。判例は，抵当権者の優先弁済権が害されたものとして，不当利得の成立を認めているが（最判平成3・3・22民集45巻3号322頁），多数説は，配当異議の申出が認められるのに債権者がそれを主張しなかった以上，不当利得返還請求はできないとする。

> **Column 10-3　抵当権の私的実行と非典型担保**
>
> 　抵当直流にせよ任意処分にせよ，抵当権者が不動産競売手続を避け私的実行をするためには，後順位抵当権者に登記抹消に協力してもらうなど，利害関係人全員の同意が不可欠となる。ところが，その際，競売手続によっては配当に与れないような後順位抵当権者が，登記抹消に応じる代わりに高額の解除料を支払うよう求めてくることもある。そのため，担保権の私的実行を確実に行いたいときは，後順位抵当権者等に対しても抵当直流特約の効力を主張できるよう代物弁済予約の仮登記をしたり（仮登記担保），登記名義を債権者に移転させ後順位抵当権者の出現を阻止する（不動産譲渡担保）というように，非典型担保が有用となる（第12章）。

3　担保不動産収益執行

　平成15年に，担保不動産競売に加えて，担保不動産収益執行が担保権の実行方法として新設された（民執180条2号）。その際，担保不動産収益執行の実体法上の根拠を示すものにするべく，民法371条が改正され，債務不履行後には抵当権の効力が果実に及ぶことが明確にされた（本章第3節**1**(3)）。

(1)　収益執行制度の趣旨

(a)　賃料債権への物上代位権行使の問題点　　抵当権者による賃料債権に対する物上代位権行使の利用が拡大するにつれ，賃料を受け取れなくなった賃貸人（所有者）が管理費用を捻出できず，そのために抵当不動産が修繕されずに荒れてしまう，という問題が顕在化してきた。そこで，強制執行における強制管理と同様の制度を不動産担保権の実行にも導入し，目的物の維持管理に必要な費用を除外した部分のみが抵当権者に配当される制度が設けられた。これが担保不動産収益執行である。

（b）**収益執行制度の効用**　　この制度の効用としては，①物件が荒廃する事態を防止しつつ担保権者に収益を収取させることができることのほか，②現に生じている賃料を収取するだけでなく，空室を埋めるため新たに賃貸借契約を結んだり，賃借人の用法違反等を理由として賃貸借契約を解除するといった積極的措置もとれることが挙げられる。さらには，③不動産競売の準備として，詐害的占有がされないよう物件の占有管理をすることにも利用できる。

(2)　収益執行手続の概要

　収益執行を開始するための要件（抵当権の存在と弁済期の到来）や開始申立ての手続（開始文書等の提出）については，担保不動産競売と共通である（民執181条）。また，開始決定以降の手続については，全面的に強制執行における強制管理に関する規定が準用されている（民執188条）。

　（a）**収益執行開始決定**　　担保不動産収益執行の開始決定では，担保権者のために不動産を差し押さえる旨が宣言され，債務者（所有者）に対しては収益の処分が禁止され，債務者に賃料等を払っていた賃借人等に対しては以後これを管理人に支払うべき旨が命じられる（民執188条・93条1項）。処分が禁止される収益は，いまだ収穫されていない天然果実と，弁済済みでない法定果実である（民執188条・93条2項）。民事執行法の規定によれば，民法371条の文言とは異なり，手続開始時に未収穫・未弁済であれば不履行前に生じた果実も収益執行の対象に含まれることとなるが，多数説はこのことを是認している。

　（b）**管理人の権限等**　　執行裁判所は，開始決定と同時に管理人を選任する（民執188条・94条1項）。管理人は，不動産の管理および収益の収取・換価の権限を有するが（民執188条・95条1項），ここにいう管理には，既存の賃貸借契約の解除や新たな賃貸借契約の締結も含まれる。また，管理人は，所有者の占有を解いて自ら占有することもでき（民執188条・96条1項。なお民執97条・98条参照），これを賃貸することによって収益を増やすこともできる。

　管理人は，執行裁判所の監督に服し（民執188条・99条），善管注意義務を負う（民執188条・100条）。

　（c）**配　当**　　管理人は，賃借人から受け取った賃料を配当する（民執188条・107条）。配当に充てられるのは，不動産に対する租税や管理人の報酬その

他の費用を収益から控除した金額となる（民執 188 条・106 条 1 項。なお民執 98 条参照）。配当要求ができるのは，強制管理や担保不動産収益執行の申立てをした者，執行力のある債務名義を有する債権者と一般先取特権者のうち配当要求をした者等である（民執 188 条・107 条 4 項。なお民執 93 条の 4 第 3 項も参照）。これらの者に，優劣順位に従って配当がされる（第 1 順位の者の債権が完済されるまでは次順位以下の者への配当はない）。

⑶ 物上代位，不動産競売との関係

⒜ 物上代位との関係　　収益執行をするのには高額の手続費用が必要となるため，賃料額がそれほど多くない場合に収益執行を利用すると費用倒れになってしまう。そこで，収益執行制度創設後も賃料に対する物上代位は存続させることとなった。しかし両者を単純に併存させたとしたら，種々の手続を要する上，管理費用分が差し引かれる収益執行は選択されなくなってしまう。そこで，両者の併存を認めつつ，収益執行を物上代位に優先するものとする方策がとられた。つまり，収益執行が開始されたときは，その賃料債権につきされていた差押命令は，その効力が停止するとされたのである（民執 188 条・93 条の 4 第 1 項・第 2 項）。収益執行手続が開始された後は，物上代位の行使として差押えをしていた抵当権者は，同手続中で配当を受けることになる（民執 188 条・93 条の 4 第 3 項）。

　なお，賃料債権に対する物上代位と債権譲渡，相殺等との関係をめぐる解釈（本章第 3 節**2**⑶⒝参照）は，担保不動産収益執行の場合にも同様にあてはまる（最判平成 21・7・3 民集 63 巻 6 号 1047 頁）。

⒝ 不動産競売との関係　　抵当権者としては，担保不動産競売と担保不動産収益執行のいずれかまたは双方を選択でき（民執 180 条），収益執行の開始は不動産競売による抵当権実行を妨げない。不動産競売で買受人が所有権を取得した時点で，収益執行手続は取り消される（民執 188 条・111 条・53 条）。

4 倒産手続における抵当権者の地位 ─────────

　担保権は，債務者の資力が悪化し債務超過となったときに威力を発揮するものであるから，その優先弁済権の実現は，債務者が倒産した場面で求められる

ことが多い。破産，民事再生，会社更生の各手続における抵当権者の地位は，以下のとおりである。

(1)　破産・民事再生手続における地位──別除権

債務者において破産手続や民事再生手続が開始された場合，一般債権者は破産手続のなかでしか権利を行使できなくなるが，抵当権者は，別除権を有する者として，同手続外で自らの換価権に基づき優先弁済権の実現を図ることができる（破 2 条 9 項・65 条 1 項，民再 53 条）。

ただし，別除権者が破産手続等と全く無関係に自由に権利行使をできるわけではなく，後述するように，担保権消滅許可制度によって抵当権を消滅させられることもある（破 186 条以下。 Column 10-4 ）。さらに，民事再生手続においては，別除権が実行されることにより債務者の事業の再生が達成できなくなる事態が生じないよう，担保権消滅許可制度（民再 148 条以下）のほかに担保権実行手続の中止命令も設けられている（民再 31 条）。

なお，別除権者は，別除権を行使した後の不足分についてのみ破産債権としての行使が認められるが（破 108 条 1 項，民再 88 条・182 条），これは先に本節 **1** (4)で述べた民法 394 条と同じ趣旨のものである。

(2)　会社更生手続における地位──更生担保権

会社更生手続が開始された場合は，抵当権の被担保債権は更生担保権となる（会更 2 条 10 項）。抵当権は基本的に存続はするものの，手続外で権利を行使することは禁止され（会更 50 条 1 項），更生計画の定めによらなければ弁済を受けられなくなるし（会更 47 条 1 項），担保権消滅許可があれば消滅させられる（会更 104 条以下）。もっとも，更生担保権は，更生計画において他の権利との関係で最優先順位とされる（会更 168 条 1 項・3 項）。

Column 10-4　別除権に対する破産管財人の関与

別除権者は破産手続外で自己換価権を行使できるとはいえ，破産手続から完全に独立して自由に換価処分をできるわけではない。例えば，破産管財人は，別除権の目的たる財産を強制執行手続によって換価することができ，別除権者はそれを拒絶することができない（破 184 条 2 項。この場合，別除権者はその代

金の上に優先弁済権を有する）。

　さらに，破産管財人は，担保権の目的財産を任意売却する場合において，担保権の消滅を請求することもできる（担保権消滅許可制度。破186条以下）。同制度の趣旨は次のとおりである。担保不動産の換価は，別除権者が独自に担保権実行としてするよりも，破産管財人が任意売却をしたほうが高価でかつ早期に行えることが多い。そこで，破産管財人としては担保不動産を任意売却したいと考えるものの，そのためには当該財産上のすべての担保権を抹消しておかねばならない。しかし，すべての担保権者から抹消の同意を得るのは容易ではなく，なかには競売手続ではとうてい配当に与れない後順位担保権者が高額の担保権解除料を求めてくる場合もある。そこで，担保不動産の適正かつ迅速な換価処分ができるよう，破産管財人が一定の要件，手続の下に担保権を消滅させられるとしたものである。

第6節　利用権との関係

1 賃借権との関係

(1) 抵当権と賃借権の優劣

　抵当権は，目的物の使用収益権限を設定者にとどめる担保であるため，設定者は，抵当不動産について自由に第三者のため利用権（賃借権や地上権）を設定することができる。しかし，ひとたび抵当権が実行され買受人があらわれると，対抗要件具備が抵当権設定に後れる利用権はくつがえされる。すなわち，A所有の建物に抵当権が設定，登記された後にBがこの建物を借りた場合は，賃借権の対抗要件（605条，借地借家31条）は抵当権の登記に劣後するため，抵当権実行によりこの建物を買い受けたCに対して，Bは賃借権を主張できず，建物を明け渡さなければならない。

(2) 旧短期賃貸借保護制度とその廃止

(a) 旧短期賃貸借保護制度の意義　　このように，抵当不動産がいつ抵当権の実行により立退きを求められるかわからない物件であるとなると，なかなか借り手も見つからず，結局，抵当権設定者は使用収益権限を十分に活用できな

くなることも懸念される。そこで，平成15年まで民法に設けられていたのが，短期賃貸借保護制度（旧395条）である。これは，602条の定める短期賃貸借（建物賃貸借については3年を超えないもの）であれば，抵当権設定登記後に賃借をし，その対抗要件を備えた者であっても，その契約期間内は買受人に賃借権を主張できる，とするものであった。

　この制度の趣旨は，抵当権者を害さない範囲で設定者の使用収益権限を補強し，その実効性を確保することにあった。しかし，実際には短期の賃借権でも物件の売却価額は相当低下するため，抵当権者は大いに不利益をこうむることとなってしまう。ここに暴力団等の反社会的勢力が目をつけ，バブル崩壊後の不況下，この制度を楯に目的物を占有することで高収益を得るようになった。例えば，不動産競売を円滑にすすめるため賃借権登記の抹消と物件の明渡しを望む抵当権者に対して高額の立退料を要求したり，占有によって買受希望者があらわれるのを封じつつ自ら安値で落札をし，高値で転売したりするのである。

　(b)　同制度をめぐる解釈論の展開　　こうした詐害的短期賃貸借を排除するために考えられたのが，抵当権侵害を理由に（あるいは所有者の物権的請求権の代位行使として）抵当権者も占有の排除を請求できないか，ということであった。当初の判例は，目的物の占有に関与する権限がない以上，抵当権者は明渡請求ができないとした（最判平成3・3・22民集45巻3号268頁）。しかし，それから8年余り経ち，最高裁はついに判例を変更し，抵当権者による不法占拠者への明渡請求を認めるに至った（最大判平成11・11・24民集53巻8号1899頁。本章第4節**2**(1)(b)）。

　(c)　同制度の廃止へ　　もっとも，抵当権者がこのようにして抵当不動産の明渡しを実現するには訴訟を提起し判決を得る労をとらねばならない。そのため，前掲平成11・11・24判決の後も，詐害的賃貸借のはびこる状態に変わりはなく，短期賃貸借保護制度廃止の議論はいっそう高まっていった。賃借人保護のため何らかの形で同制度を存続させるべきであるとの見解も有力であったが，最終的には，以下の(3)(4)に示す制度を設けるのと引換えに旧395条の短期賃貸借保護制度は廃止され，抵当権設定登記に後れる賃貸借は，期間の長短にかかわらず抵当権者に対抗できないものとされた。

(3)　明渡猶予制度

　賃借権が抵当権者に対抗できない場合でも，抵当権が設定された建物を使用・収益する賃借人は，競売により買受人に所有権が移転した時から6か月は，その明渡しが猶予される（395条）。引っ越しの準備期間を与えることで即時に当該建物の明渡しを強いられる賃借人の不利益を緩和する趣旨のものである。

　この制度で保護を受けられるのは，競売手続の開始前から使用・収益をしていた賃借人にかぎられている（同条1項1号）。競売手続の開始後から使用・収益を始めた者は，執行妨害目的である可能性が高いからである。もっとも，競売手続の開始後であっても，強制管理または担保不動産収益執行の手続において，その管理人が行った賃貸借に基づいて建物を占有するに至った者は，この制度の保護を受けられる（同項2号）。

　明渡猶予期間中の建物使用者（従前の賃借人）と買受人（所有者）の間に賃貸借関係は存在しないから，建物使用者は，買受人に対して明渡しの義務を負わないだけで，法律上は無権原の占有者となる。もっとも，建物使用者は，自ら修繕をした場合には費用償還請求権（196条）を行使でき，また，買受人に対し賃料相当額の対価を支払うべきこととなる。買受人が建物使用者に対して相当期間を定めて1か月分以上の支払の催告をしたにもかかわらず，その期間内に履行がされなかった場合には，明渡猶予は認められなくなる（395条2項）。

　なお，抵当権の実行を妨害する目的での賃貸借と認められる場合には，抵当権者から賃借人に対して妨害排除請求ができ，実行までの間，抵当権者による管理占有も認められる（最判平成17・3・10民集59巻2号356頁。本章第4節**2**(1)(b)）。この判例からすれば，詐害的賃貸借については，6か月の猶予期間の経過を待たず不動産競売手続に入る前の段階で明渡請求ができることになる。

(4)　抵当権者の同意の登記による賃借権対抗力付与制度

　抵当権に後れる賃貸借については，抵当権に劣後し，買受人に対抗できないのが原則であるが，抵当権者自身が同意をし，その旨登記がされた場合には，抵当権に優先する対抗力が得られる（387条）。賃貸用物件については，賃借人が現に存在し収益が得られている状態にあることが物件の価値を高めることもある。そこで，抵当権実行後も従前の賃貸借を存続させることが自らの利益に

なると抵当権者が考えた場合に利用できる手段として設けられたのが，この制度である。

ここにいう同意とは，抵当権者の単独行為と解されている。賃貸借に先行する抵当権者が複数いる場合は，そのすべての者の同意がなければ賃借権の対抗力は付与されない（387条1項）。また，抵当権者は，その抵当権を目的とする権利を有する者（転抵当権者や抵当権付債権を目的とする質権者等），その他抵当権者の同意によって不利益を受ける者（抵当権および抵当権の順位の譲渡・放棄における受益者，抵当権の被担保債権の差押債権者等）がいるときは，その者の承諾を得なければ同意ができない（同条2項）。これは，抵当権の順位変更に関する374条1項ただし書と同趣旨の規定である（本章第8節**4**(2)）。

2 法定地上権

(1) 法定地上権の意義

(a) 法定地上権の必要性　　わが国では土地とその上の建物を別個の不動産として扱う法制がとられているが，このことに起因して，次のような問題が生じうる。

例えば，Aが，自己所有の甲土地とその上の乙建物のうち，甲土地にBのため抵当権を設定したが，債務を弁済できなかったために抵当権が実行され，Cが甲土地を買い受けたとする。Aは，元は甲土地の所有者であったから乙建物を建てるのも自由にできたが，Cが甲土地を買い受けた時点で，Cの甲土地に何らの利用権限も有しないままに乙建物を建てている状態になる。そうなると，Cから乙建物の収去，甲土地の明渡しの請求があったとき，Aがこれを拒めないこととなるが，これではAが乙建物には抵当権を設定せずにおいたことの意味がなくなってしまう。このような事態を避けるべく，Aがあらかじめ甲土地の利用権を設定しておこうとしても，わが国では，こうした場合に自己の土地に自己の利用権（自己借地権）を設定することは認められていない。

また，甲土地とその上の乙建物を所有するAが，乙建物にBのため抵当権を設定したが，その後抵当権が実行され，Cが乙建物を買い受けたという場合はどうか。Cは，甲土地上に乙建物を所有するための利用権限をもたないため，仮に甲土地の所有者であるA（あるいはその譲受人）から乙建物の収去，甲土地

の明渡しを請求されたら，これを拒めない。そうなると，そのような物件をわざわざ買い受けようという者などあらわれるはずもなく，結局は，Aが乙建物にのみ抵当権を設定することはできなくなる。Aが将来の買受人のためにあらかじめ利用権を設定できればよいが，わが国では，不特定の者のための利用権を設定することは認められていない。

　このような，抵当権の実行によって建物を収去しなければならない事態を回避するため設けられたのが，法定地上権という制度であり，上記のような場合に法律上当然に建物のため地上権が成立する，としたものである（388条。なお，同趣旨の規定は，強制競売において法定地上権の成立を認める民執81条をはじめ，仮登記担保10条，立木5条等にもおかれている）。

　(b)　法定地上権の趣旨　　法定地上権の制度趣旨は，次の2つの観点から説明される。1つは，建物を存続させるというもので，このことは，建物を取り壊すことは国家経済・社会経済の面からみても不利益だという公益的要請につながっている。そのため，従来より388条は強行規定と解されてきた（大判明治41・5・11民録14輯677頁）。他方で，法定地上権には，当事者意思の推定・尊重という側面もある。すなわち，抵当権設定当事者において，建物に抵当権が設定されるときは買受人のために土地の利用権を与える意思が，土地に抵当権が設定されるときは自己のため地上権を留保する意思が推定されるのであり，この当事者意思を実現させる，というものである。

　近時は，制度趣旨に関し当事者意思を重視して解釈をする傾向が強まっている（後述する全体価値考慮説をとった最判平成9・2・14民集51巻2号375頁 〈**判例 10-9**〉 等）。ただ，法定地上権の成否は抵当不動産の買受人など第三者の利害にも影響を及ぼすものだけに，抵当権設定当事者が同制度の適用を排除する特約を自由にすることができるわけではない。法定地上権の成否に関わる当事者の合理的意思は，あくまで客観的に明らかな事実から判断されるべきものといえる。

(2)　法定地上権の要件と内容

　(a)　法定地上権の要件　　法定地上権が成立するためには，まず，抵当権設定当時において，①土地上に建物が存在し，②その土地と建物の所有者が同一であることが必要である（この2つの要件に関しては，後に(3)〜(5)で詳しく説明す

る）。そして，③その土地と建物の一方または双方に抵当権が設定され，その後，④不動産競売によって土地と建物とが別人に帰属するに至ったとき，法定地上権は成立する。(1)(a)に挙げたような，土地と建物の一方に抵当権が設定された場合にかぎらず，双方に設定された場合でも，競売によって所有権が別人に帰属することとなれば，法定地上権は成立する。なお，④の不動産競売には，抵当権実行としてのものにかぎらず，強制競売も含まれる。

(b)　**法定地上権の内容**　　上記要件が満たされた場合には，その土地上の建物について地上権（265条）が成立する。成立する土地の範囲は，建物の利用に必要な範囲であり，必ずしも敷地部分に限定されるわけではない（大判大正9・5・5民録26輯1005頁）。また，法定地上権は，建物所有を目的とする地上権であるから借地借家法が適用され，例えば，その存続期間については，同法3条により30年以上となる。地代については，当事者の協議が調わなかった場合には，当事者の請求により裁判所が定める（388条後段）。

　法定地上権も，他の物権と同様，法定地上権成立後にあらわれた第三者に対抗するには登記が必要となる。法定地上権を取得した者は，土地所有者に対して地上権設定登記手続を請求することができる。なお，土地上に登記された建物を所有することによっても法定地上権の対抗力は得られる（借地借家10条）。

> **Column 10-5**　　**法定地上権の成立要件と紛争の実際**
>
> 　法定地上権は，競売によって土地と建物とが別人に帰属するに至ったときに成立するものである（本節**2**(2)(a)の要件④）。ところが，競売によって両方を同一人が所有することになったときでも，土地と建物それぞれに抵当権が設定されていた場合には，法定地上権の成否が問題となる（最判平成9・6・5民集51巻5号2116頁）。この場合には建物のための法定地上権の成立は現実化しないものの，各抵当権者に配当すべき額を確定させるため，土地または建物を個別に売却していたら法定地上権が成立していたのかを判断しなければならないのである（「評価上の法定地上権」ともよばれる）。すなわち，法定地上権が成立したと解される場合には，土地の価額のうち法定地上権の価額分は，建物価額とともに建物抵当権者に配当され，土地抵当権者には土地価額から法定地上権分を除いた底地価額しか配当されない。他方，法定地上権の成立が認められないとすれば，建物抵当権者には建物価額のみが，土地抵当権者には土地の価額全部が，配当されることになる。
>
> 　なお，前掲最判平成9・2・14（**判例 10-9**）は，競売がされる前の段階で，

土地抵当権の実行に備えて抵当地上建物の収去を求めるべく，将来の法定地上権の成否が争われたものである。

(3)　抵当権設定時における所有者の同一性

(a)　「抵当権設定時」に同一である必要の意味　　法定地上権の成立要件である土地と建物の所有者の同一性（前掲要件②）は抵当権設定時において判断されるが，その意味を以下の(i)〜(iii)の各場合にそくして明らかにしていこう。

(i)　まず，法定地上権の成立要件が満たされない，抵当権設定時に土地と建物が別人に帰属していた場合を考えてみよう。例えば，A 所有の甲土地上に B 所有の乙建物が建っており，その後に甲土地に C のための抵当権が設定され，その実行により D が甲土地を買い受けたとする。この場合，抵当権設定より前の段階で A 所有の甲土地に B 所有の乙建物が建っているということは，甲土地上に B の建物所有のための何らかの利用権が設定されているはずであり，しかも抵当権設定登記よりも前に対抗要件（605 条，借地借家 10 条）を具備することもできる。したがって，この場合に法定地上権の成立が認められないのは，約定利用権で対処できる以上は成立をさせる必要がないから，ということができる。

(ii)　では，抵当権設定当時は土地と建物が別人に帰属していたが，その後に同一人に帰属した場合はどうか。例えば，A 所有の甲土地上に B 所有の乙建物が建っている状態で，甲土地に C のための抵当権が設定・登記されたが，その後，B が A に乙建物を譲渡し，次いで C の抵当権が実行されて D が甲土地を買い受けたとする。この場合，B が当初もっていた賃借権は，乙建物とともに A に譲渡されると混同により消滅し，その結果，法定地上権を成立させないと乙建物の存続は図れないようでもある。しかし，この場合は混同の例外を定めた 179 条 1 項ただし書が類推適用され（賃借権は物権ではないから，あくまで類推適用となる。なお，債権と債務が同一人に帰属したときの混同の例外を定める 520 条ただし書は，この事例における賃借権が「第三者の権利の目的」となっているわけではないので用いることができない），B の有していた（抵当権にも対抗しうる）賃借権を A が D に対して主張できると解される。結局，たとえ抵当権設定登記後に土地と建物が同一人に帰属する状態になろうとも，設定当初に別人に帰

属していたのなら，法定地上権を成立させる必要はないといえる。

(iii)　逆に，抵当権設定当時は同一人に帰属していたが，その後に別人に帰属するに至った場合はどうか。甲土地とその上にある乙建物を所有するＡが，甲土地にＣのための抵当権を設定したが，その後，乙建物をＢに譲渡し，次いでＣの抵当権が実行されてＤが甲土地を買い受けたとする。この場合，Ｂに乙建物が譲渡された時点で，Ｂは甲土地に賃借権を得たはずであるが，この賃借権は抵当権に後れたものであるため，ＢはこれをもってＤに対抗することはできない。約定利用権では対処しえない以上，この場合は，乙建物を所有するＢのために法定地上権の成立を認める必要があるといえる。

(b)　登記名義が同一であることの要否　　土地所有者Ａが前主から同地上の建物を購入したが，その登記名義が前主のままの状態で抵当権を設定した場合には，法定地上権の成立は認められるか。判例・通説は，抵当権設定時に土地と建物が実体上同一人に帰属していれば，所有権取得の登記がされていなくても法定地上権は成立するものとしている（最判昭和48・9・18民集27巻8号1066頁）。抵当権者は現況調査等によって法定地上権の成立を予期しうるし，法定地上権制度は建物保護の意義をもつ以上，建物所有者が対抗力ある所有権を有している必要はない，というのがその理由である。

(c)　近親者による所有　　土地と建物の所有者の間に親子・夫婦・兄弟等，特別な人的関係が認められる場合，土地利用に関しては対抗力のない使用貸借（593条）によることが多く，そうすると，例えば，建物所有者は，父が所有する敷地に設定された抵当権が実行されたときには利用権を主張できなくなる。そこで，土地所有者の近親者が建物を所有する場合にも，同一人が所有する場合に準じて法定地上権の成立を認めるべきとする見解もある。しかし，判例・通説は，異なる所有者に属することに変わりはないとして，これを否定する（最判昭和51・10・8判時834号57頁）。

(d)　土地と建物の共有

(i)　土地に共有関係のある場合　　例えば，①Ａが建物を単独所有し，ＡとＢが土地を共有していた場合に，Ａの土地共有持分権にのみ抵当権が設定され，これが実行されたとき，法定地上権は成立するか。当初よりＢの土地共有持分権にはＡの建物のための約定利用権が存在してはいた。約定利用権

として一般に用いられる賃借権は，自由譲渡性がない等の点で地上権よりも効力が弱く（第8章第1節**1**(1)），そのため，土地所有権が受ける制約・負担は，法定地上権のほうが賃借権よりも大となる。したがって，ここで法定地上権の成立を認めるとBの共有持分権が不当に害されることになるため，法定地上権は成立しないとされる（最判昭和29・12・23民集8巻12号2235頁）。このことは，②上記の場合にAの建物にのみ抵当権が設定され，これが実行されたときにもあてはまる（最判昭和44・11・4民集23巻11号1968頁）。

このように，抵当権の設定に関与していない土地共有持分権者に対して，従前の約定利用権より重い法定地上権の負担を課すことは認められるべきではなく，こうした観点から共有関係のある場合の法定地上権の成否は判断される。この点，判断が難しいのは，③土地建物ともAとBの共有で，Aの土地共有持分権のみに抵当権が設定され，これが実行された場合である。法定地上権が成立すると，Bにとっては，土地の減価が生じる不利益はあるものの，建物価値がより強い利用権で保存されるという利点もあり，双方が等価値であるかぎりは全体として不利益は生じないともいえる。しかし，Bの土地の共有持分割合が建物の共有持分割合よりも大きい場合にはBに不利益が生じるのは明らかであり，こうした事態がありうる以上，③において法定地上権を成立させるのは妥当ではない。判例も，法定地上権の成立を否定すべきものとしている（最判平成6・4・7民集48巻3号889頁）。

では，④土地がAとBの共有で建物がAの単独所有のとき，土地全部に抵当権が設定され，これが実行された場合はどうか。この場合に法定地上権が成立すると，Bとしては土地共有持分が低価で売却されるという不利益を受けることになる。もっとも，Bは自己の共有地上にAの建物が建つことを承諾していたのだから，法定地上権の成立も容認していた可能性はある。しかし，法定地上権の成否は，後順位担保権者等，B以外の者の利害にも影響を与える以上，Bの主観いかんによって判断が左右されるとするのは妥当とはいえない。判例は，こうした観点から，この場合の法定地上権の成立を否定する（土地がAとB，建物がAとCの共有で土地全部に抵当権が設定された事案につき，最判平成6・12・20民集48巻8号1470頁◄**判例 10-8**►）。

⑤土地建物ともAとBの共有で，土地全部に抵当権が設定され，これが実

行されたときは，法定地上権が成立するとみてよい。土地と建物の共有関係が同一で，かつ共有する両者によって抵当権が設定されている以上，同一人が土地と建物を所有している場合と同様に扱ってよいからである。

> ◁ 判例 10-8 ▷ **最判平成 6・12・20 民集 48 巻 8 号 1470 頁**
>
> **【事案】** Ｙ と Ｙ の妻 Ａ，および Ｙ の子 Ｂ が土地を，Ａ と Ｂ を含まない Ｙ ほか 9 名が建物を共有していた。Ｙ は，自己の債務の担保として土地の全部に抵当権を設定したが，これが実行され，Ｘ がこの土地を買い受けた。そこで Ｘ が，Ｙ ら建物共有者に対して，建物収去・土地明渡しの請求をした。第 1 審は Ｘ の請求を認容したが，第 2 審では Ｘ が敗訴したため，Ｘ が上告。
>
> **【判旨】** 破棄自判。「共有者は，各自，共有物について所有権と性質を同じくする独立の持分を有しているのであり，かつ，共有地全体に対する地上権は共有者全員の負担となるのであるから，土地共有者の一人だけについて民法 388 条本文により地上権を設定したものとみなすべき事由が生じたとしても，他の共有者らがその持分に基づく土地に対する使用収益権を事実上放棄し，右土地共有者の処分にゆだねていたことなどにより法定地上権の発生をあらかじめ容認していたとみることができるような特段の事情がある場合でない限り，共有土地について法定地上権は成立しない」。「土地共有者間の人的関係のような事情は，登記簿の記載等によって客観的かつ明確に外部に公示されるものではなく，第三者にはうかがい知ることのできないものであるから，法定地上権発生の有無が，他の土地共有者らのみならず，右土地の競落人ら第三者の利害に影響するところが大きいことにかんがみれば，右のような事情の存否によって法定地上権の成否を決することは相当ではない」。

(ii) **建物のみに共有関係のある場合**　　　Ａ と Ｂ の共有する建物の敷地が Ａ の単独所有で，この土地に抵当権が設定され，その実行により Ｃ が買い受けた場合につき，かつての判例には，Ａ は自己のみならず他の建物共有者のためにも土地の利用を認めていたといえるとして，法定地上権の成立を認めたものがある（最判昭和 46・12・21 民集 25 巻 9 号 1610 頁）。しかし，Ａ は，抵当権設定前に建物持分権を有する Ａ 自身のための自己借地権（借地借家 15 条）や Ｂ のための借地権を設定することができ，また対抗要件具備も可能だったはずである。したがって，この事例における土地買受人への利用権の主張の当否は，そうした約定利用権の有無によって判断されるべきであり，法定地上権の成立は認められないものと解される。

(e)　**土地と建物の同一人帰属後に 2 番抵当権が設定された場合**　　(ⅰ)　土地に 1 番抵当権が設定された当時は土地と建物の所有者が異なっていたが，2 番抵当権が設定された時点では同一人の所有に帰していた，という場合には，法定地上権は成立するか。例えば，A 所有の甲土地に C のための抵当権が設定された時点では甲土地上の乙建物は B 所有であったが，その後，A が乙建物を B から譲り受け，次いで D が甲土地に 2 番抵当権の設定を受けた，といった場合である。判例は，この場合の法定地上権の成立を否定する（最判平成 2・1・22 民集 44 巻 1 号 314 頁）。法定地上権の成立を認めると，1 番抵当権者が把握した法定地上権の負担がない（約定利用権の負担があるだけの）土地としての担保価値が損なわれる，というのがその理由である。

(ⅱ)　では，上記の場合に，D による抵当権の実行までの間に C の 1 番抵当権が解除されていたときはどうか。D としては，法定地上権の負担のない土地としての担保価値を把握することが期待できたのに，法定地上権の成立を認めるとこの期待が損なわれる，という観点からすれば，法定地上権は(ⅰ)の場合と同様に成立させるべきではないとも解しうる。しかし，判例は，後順位抵当権者としては，先順位抵当権が被担保債権の弁済，設定契約の解除等により消滅することも予測し，その場合における順位上昇の利益と法定地上権成立の不利益とを考慮して担保余力を把握すべきであるから，法定地上権の成立を認めても不測の損害を与えるとはいえない等として，この場合の法定地上権の成立を認める（最判平成 19・7・6 民集 61 巻 5 号 1940 頁）。

(ⅲ)　他方，建物に 1 番と 2 番の抵当権が順次設定され，その中間で所有者が同一になった場合について，判例は，法定地上権の成立を肯定する（大判昭和 14・7・26 民集 18 巻 772 頁，最判昭和 53・9・29 民集 32 巻 6 号 1210 頁，前掲最判平成 2・1・22〔傍論〕等）。2 番抵当権の設定時には成立要件が具備されており，その把握した担保価値の実現を図ることが要請されること，法定地上権の成立を認めても 1 番抵当権者を害することはないこと等が理由とされる。

(ⅳ)　土地に抵当権が設定された後に土地と建物が同一人の所有となり，次いで建物に抵当権が設定された場合はどうか。建物抵当権が先に実行され買受人があらわれたときには，いったんは法定地上権の成立は認められるが，これは土地抵当権者に対抗できないものであるため，土地抵当権が実行されたときに

は買受人に対して主張することはできなくなる。

⑷　抵当権設定時における建物の存在

⒜　「抵当権設定時」に建物が存在する必要の意味　　（ⅰ）　更地に抵当権が設定された後に建物が建築された場合，判例・通説は法定地上権の成立を否定する（大判大正 4・7・1 民録 21 輯 1313 頁等）。更地と何らかの利用権がついた土地とでは，その評価が全く異なる（利用権の価額は更地価額の 6〜8 割にも及ぶため，利用権の負担がある土地の価額〔底地価額〕は更地価額の 2〜4 割となる）。抵当権者は法定地上権の成立を予定せず土地の担保価値を算定したのだから，法定地上権が成立するとしたのでは抵当権が害されてしまう。もっとも，学説には，建物保護の公益的見地や，抵当権の制度趣旨（抵当地への建物建築が許容されているのに，それを実行時に崩壊せよとするのは矛盾である）等を理由に，この場合にも法定地上権は成立するとした上で，もし抵当権者がこれを回避したいのならば一括競売（389 条。本節**3**）をすべきと解するものもある。

　なお，抵当権者が更地への建物建築と地上権設定を承認する旨約定していた場合でも，土地の買受人保護のため，法定地上権は成立しない（大判大正 7・12・6 民録 24 輯 2302 頁，最判昭和 51・2・27 判時 809 号 42 頁）。また，抵当権設定時に建物の建築工事が始まっていて，抵当権者が建物建築を承認していた場合でも，更地としての評価で土地に抵当権が設定されたときは，法定地上権の成立は否定される（最判昭和 36・2・10 民集 15 巻 2 号 219 頁）。

　（ⅱ）　土地に対する抵当権の設定時に建物は存在したが，建物が未登記であったという場合でも，法定地上権は成立する（大判明治 41・5・11 民録 14 輯 677 頁，大判昭和 14・12・19 民集 18 巻 1583 頁）。抵当権者は現況調査により建物の存在を知ることができる，というのがその理由である（⑶⒝の場合と同旨）。

⒝　建物建築後に 2 番抵当権が設定された場合　　（ⅰ）　例えば，A が自己所有の更地に B の 1 番抵当権を設定した後，同地上に建物を建築し，次いで C の 2 番抵当権を設定したという場合，抵当権実行に際して法定地上権の成立は認められるか。2 番抵当権の設定時には法定地上権の成立要件は満たされているが，ここでその成立を認めると更地での評価をもとに抵当権の設定を受けた B が害されるため，法定地上権の成立は否定される（最判昭和 47・11・2 判時

690号42頁)。法定地上権の成否は，1番抵当権を基準として判断されるべきものといえる（(3)(e)(i)の場合と同旨）。

(ii)　Aが自己所有の更地にBの抵当権を設定した後，同地上に建物を建築し，建物にCの抵当権を設定した場合において，Cの建物抵当権が実行されたとき，法定地上権は成立するか。Cの建物抵当権設定時に法定地上権の成立要件が満たされているので，一応法定地上権は成立するが，これは，先に設定されていたBの土地抵当権には劣後する。したがって，その後にBの土地抵当権が実行されたときには，Aは買受人に対して法定地上権を対抗することはできない（大判昭和11・12・15民集15巻2212頁）。

(c)　**設定後に更地になった場合**　　土地抵当権設定時には建物が存在していたため法定地上権の成立要件は具備されていたが，その後，抵当権実行までの間にその建物の滅失ないし取壊しにより更地になっていた場合，法定地上権は成立するか。学説には，抵当権者は法定地上権の成立を予定して担保価値を評価していたはずであるとして，法定地上権の成立を認めるものもある。しかし，もはや法定地上権によって保護されるべき建物が存在していない以上，法定地上権は成立しないとするのが通説である。

(5)　**再築建物のための法定地上権の成否**

上記(4)(c)の発展型として，抵当権が設定された当時に存在していた建物が取り壊された後，実行時までに建物が再築された場合の法定地上権の成否を，以下で説明していこう。

(a)　**土地のみに抵当権が設定されていた場合**　　例えば，土地とその上の建物を所有するAが，Bのために土地のみに抵当権を設定したが，その後に建物を取り壊して新たに建物を再築した場合，Bの抵当権実行により土地を買い受けた者に対して，Aは新建物のための法定地上権の成立を主張できるか。

当初の建物がすでに滅失していることから，法定地上権は成立しないとも考えられるが，判例・通説は成立を認める。抵当権者としては，抵当権設定を受けて融資をしたときに，法定地上権が成立することを予定していたはずであるから，法定地上権を成立させたとしても，抵当権者が不当に害されることにはならない，というのが理由である（大判昭和10・8・10民集14巻1549頁。ただし，

図表 10 - 1　再築建物のための法定地上権の成否

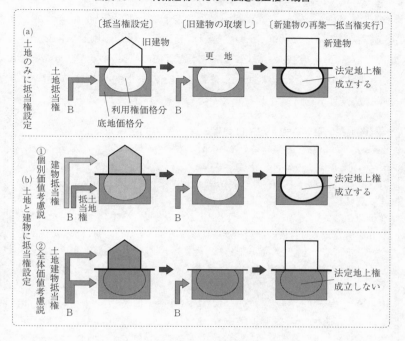

この場合の地上権の内容は旧建物を基準としたものとされる）。つまり，土地に対する抵当権によって把握されるのは，底地価額（土地の価額から利用権価額を除いた部分）のみ，ということになる（**図表 10 - 1**(a)）。

(b)　土地と建物の双方に抵当権が設定されていた場合　　では，土地とその上の旧建物の双方に共同抵当権（本章第 9 節）が設定されていた場合はどうか。

（i）　個別価値考慮説　　(a)に掲げた判例からすれば，この場合も旧建物を基準とした法定地上権の成立が認められそうでもある。すなわち，建物に対する抵当権は建物と土地利用権価額を，土地に対する抵当権は底地価額のみをそれぞれ把握していたと考えれば，建物滅失の結果，抵当権者の把握しているのは土地抵当権の対象である底地部分だけとなるため，法定地上権は成立すると解しうる（**図表 10 - 1**(b)①）。

（ii）　全体価値考慮説　　しかし判例は，土地と建物の共同抵当で再築がされ

た場合については，（原則として）法定地上権が成立しないとする見解をとった（最判平成9・2・14民集51巻2号375頁〈**判例 10-9**〉）。すなわち，土地と建物に共同抵当の設定を受けた者は，2つの抵当権で土地と建物の価値全体を把握していたのであるから，建物の滅失によって建物価値の把握はできなくなったとしても，土地の価値全体は土地抵当権によってそのまま把握できると解され，その結果，法定地上権は成立しないとしたのである（**図表 10‐1**(b)②）。

〈**判例 10-9**〉**最判平成9・2・14民集51巻2号375頁**

【事案】 X は，Y₁ から土地とその上の旧建物に共同根抵当権の設定を受けた。その後 Y₁ は旧建物を取り壊して更地とし，Y₂ はこれを Y₁ から賃借して新建物を建築した。X の申立てにより根抵当権が実行されたが，土地を更地として再評価し極度額を増額変更してもいた X としては，Y₂ の賃借権を理由に底地価額を基準として最低売却価額が決定されると損害を被るとして，抵当権者に損害を及ぼす賃貸借の解除請求を認める旧395条ただし書に基づき，Y らに賃貸借の解除を求めて訴えを提起した。これに対し Y らは，新建物につき法定地上権が成立する等と主張した。第1審，第2審ともに X が勝訴した。Y ら上告。

【判旨】 上告棄却。「所有者が土地及び地上建物に共同抵当権を設定した後，右建物が取り壊され，右土地上に新たに建物が建築された場合には，新建物の所有者が土地の所有者と同一であり，かつ，新建物が建築された時点での土地の抵当権者が新建物について土地の抵当権と同順位の共同抵当権の設定を受けたとき等特段の事情のない限り，新建物のために法定地上権は成立しない」。「けだし，土地及び地上建物に共同抵当権が設定された場合，抵当権者は土地及び建物全体の担保価値を把握しているから，抵当権の設定された建物が存続する限りは当該建物のために法定地上権が成立することを許容するが，建物が取り壊されたときは土地について法定地上権の制約のない更地としての担保価値を把握しようとするのが，抵当権設定当事者の合理的意思であり，抵当権が設定されない新建物のために法定地上権の成立を認めるとすれば，抵当権者は，当初は土地全体の価値を把握していたのに，その担保価値が法定地上権の価額相当の価値だけ減少した土地の価値に限定されることになって，不測の損害を被る結果になり，抵当権設定当事者の合理的な意思に反するからである。なお，このように解すると，建物を保護するという公益的要請に反する結果となることもあり得るが，抵当権設定当事者の合理的意思に反してまでも右公益的要請を重視すべきであるとはいえない」。

(iii)　全体価値考慮説の射程　　前掲最判平成 9・2・14 は,「特段の事情」が
ある場合に再築建物のための法定地上権が成立する余地を認めており, その具
体例として「新建物の所有者が土地の所有者と同一であり, かつ, 新建物が建
築された時点での土地の抵当権者が新建物について土地の抵当権と同順位の共
同抵当権の設定を受けたとき」を挙げる。もっとも, 再築建物に旧建物と同順
位の共同抵当権が取得された場合でも, それに優先する公債権が成立していた
ときには, 上記「特段の事情がある場合」にあたらない, とした判例がある
(最判平成 9・6・5 民集 51 巻 5 号 2116 頁)。

　なお, 法定地上権制度の趣旨として合理的意思を重視するなら, 抵当権が土
地にのみ設定されたのだとしても, 全体価値考慮説により法定地上権の成立を
否定すべき場合が想定される。例えば, 建物改築資金の融資にあたり, 金融機
関が, 新建物に抵当権を設定すべきことを設定者と約した上で, 取壊し予定の
現建物には抵当権の設定を受けず, 敷地のみに抵当権の設定を受けた場合につ
き, 全体価値考慮説が妥当するとして法定地上権の成立を否定した裁判例があ
る (東京地判平成 15・6・25 金法 1690 号 111 頁)。このように, 法定地上権の成否
の判断を抵当権設定当事者の合理的意思に求めるならば, 共同抵当が設定され
た事案か否かという形式を超えて, 実行後も建物を存続させる前提であったの
か等, 当事者間での合意内容を慎重に認定する作業が必要となる。

> **Column 10-6**　**執行妨害と全体価値考慮説**
>
> 　全体価値考慮説が登場するに至った背景には, 抵当権への執行妨害に抗する
> という要請があった。例えば, 土地と建物に 1 番抵当権を設定して融資を受け
> た者が, 新建物に再度 1 番抵当権を設定する旨を抵当権者に約束して旧建物を
> 取り壊したにもかかわらず, 新建物に別の債権者の 1 番抵当権を設定するとか,
> 抵当権実行が間近に迫ったときに, 建物を取り壊した上で簡易な建物を建てる
> などして法定地上権の成立を主張するケースが多発した。従来の判例理論と連
> 続性をもつ個別価値考慮説では, 法定地上権の成立が認められる結果, 底地部
> 分の価値把握しかできなくなるため, 抵当権者は, 共同抵当によって担保され
> ていた貸付金を回収できなくなる。こうした事態に対処するため, 新たな法理
> の形成が必要とされたのである。

3　一 括 競 売

(1)　一括競売の意義

更地に抵当権が設定された後，同地上に建物が築造された場合，判例・通説によれば，法定地上権は成立しないから，土地の抵当権が実行されると，買受人が建物収去請求をすることになり，建物の取壊しが避けられない。そこで，建物の保存をする観点から，また，土地の買受人が建物の収去請求をするために負担する労力を解消するために，土地に抵当権が設定された後，抵当権設定者によって築造された建物については，抵当権者が土地とともに一括して競売できるとした（389 条）。これが一括競売制度である。

判例・通説は，抵当権者が一括競売を行使するか否かは自由であるとしている（大判大正 15・2・5 民集 5 巻 82 頁）。しかし，学説には，建物の存続と抵当権の設定された土地の利用価値の維持を重視し，更地に抵当権が設定された後に建物が建てられた場合でも，土地抵当権者は建物の建築を予期すべきであるとして，一括競売を抵当権者に義務づける見解もある（本節 *2*(4)(a)(i)）。

(2)　一括競売の要件

(a)　**建物の所有者**　　一括競売の対象となる建物は，その所有者が抵当権設定者であるとそれ以外の第三者であるとを問わない。かつては，設定者が建物を築造した場合のみが一括競売の対象にされていたが，抵当権設定者が第三者と結託して第三者名義の建物を建てることにより，買受人に建物収去についての負担をかける，という形で抵当権の実行を妨害する例が増えたため，平成 15 年に改正されたものである。この改正により，389 条の趣旨については，建物の保存のほか，土地について抵当権が設定された後の事情によって抵当権の価値が減少することを防ぐ手段を抵当権者に与える，ということにも重きがおかれるようになったといえる。

(b)　**建物築造の時期等**　　更地に抵当権が設定された後で，この土地上に建物が築造された場合に，389 条が適用される（抵当権設定時にすでに建物が建っていたときは法定地上権の問題となる）。なお，抵当権設定後に築造された建物であっても，建物所有者が抵当権に対抗できる占有権原を有する場合は，一括競売

の対象にならない（389 条 2 項）。抵当権設定前に登記がされた地上権や賃借権，あるいは，抵当権者の同意を得た賃借権（387 条）等がこれにあたる。

(3)　一括競売の効果

　一括競売により，土地抵当権者は土地とともに建物も競売することができるが，建物は抵当権の対象とはなっていないので，優先弁済権は土地のみにしか及ばない（389 条 1 項ただし書）。

第 7 節　第三取得者との関係

1 第三者弁済

　抵当権設定登記がされた不動産について所有権を取得した者（第三取得者）は，抵当権の実行によって抵当不動産が競売されるとその所有権を失うから，正当な利益を有する第三者として，抵当権者に対し第三者弁済（474 条）をすることができる。これにより，第三取得者は，債務者に対して求償権を取得する（650 条・570 条）とともに，抵当権の負担から免れることができる。債務者に求償債務を弁済する十分な資力がある場合のみならず，たとえ十分な資力がない場合でも，債務者が抵当不動産の売主であり，かつ，その売買代金額が抵当権の被担保債権額を上回る場合には有益な方法である。このとき，第三取得者は，債務者に対して取得する求償権と売買代金債務とを相殺し，残額があればそれを支払うことにより，抵当権の負担のない不動産を取得できる。

2 代価弁済

(1)　代価弁済の意義

　抵当不動産の第三取得者が，抵当権者の請求に応じてその抵当権者にその代価を弁済したときは，抵当権は，その第三取得者のために消滅する（378 条）。抵当不動産の売買代金額が抵当権の被担保債権額を下回る場合に，被担保債権の全部を弁済することなく抵当権を消滅させることを許すものであるが，抵当権を実行したときに得られると予想される優先弁済額が抵当不動産の代価を下

回る場合には，抵当権者にとっても有益な方法である。

(2)　代価弁済の要件

(a)　第三者が，抵当不動産について，所有権または地上権を買い受けたこと。地上権を取得した者も，代価弁済をなしうるとされているのは，地上権も，抵当権が実行されると消滅する（民執 188 条・59 条 2 項）という点で，第三取得者と同様に不安定な地位に立つからである。しかし，同様に，抵当権実行とともに消滅する永小作権・賃借権を取得した者には認められていない。永小作権については，最初に全期間の小作料をまとめて支払われることがないからとされている。

(b)　抵当権者が請求したこと。したがって，代価弁済は，第三取得者の保護としては十分でない。

(c)　第三取得者が，これに応じてその抵当権者にその代価を弁済すること。すなわち，第三取得者には抵当権者の請求に応じる義務があるわけではなく，第三取得者の合意なしに抵当権者が代価を強制的に取得することはできない。このことからも，抵当不動産の売却による代金債権に対する物上代位は認められないということになろう。

(3)　代価弁済の効果

(a)　第三取得者のために抵当権は消滅する。地上権取得者が代価を弁済したときは，抵当権そのものは消滅しないが，地上権は抵当権に対抗しうるものとなる。

(b)　売買代金額の限度で，被担保債権は消滅する。残債権額については無担保債権になる。

(c)　第三取得者は，売主に対する売買代金債務を免れる。

3　抵当権消滅請求

(1)　抵当権消滅請求の意義

抵当不動産の第三取得者が抵当権者に申し出た金額を抵当権者が承諾してこれを受領すれば，抵当権は消滅する。このような制度を抵当権消滅請求制度と

いう（379 条以下）。この制度により，抵当不動産の売買代金額が抵当権の被担
保債権額を下回り抵当権者が代価弁済を請求しない場合にも，さらには，抵当
不動産に複数の抵当権が存在する場合であっても，すべての抵当権を消滅させ
ることができる。この制度は，第三取得者の権利をより効果的に保護し，抵当
不動産の流通を促進するが，その反面として，抵当権者には，自らの欲しない
時期における弁済受領を強制するものになっている。

　抵当権消滅請求はかつて「滌除（てきじょ）」と呼ばれていた。しかし，この滌除制度で
は，抵当権者が，滌除の申出通知の送達を受けてから 1 か月以内に競売（増価
競売）を申し立てなければ，第三取得者の提供を承諾したものとみなされる
（旧 384 条 1 項）だけでなく，さらに，増価競売において第三取得者の申出額の
1 割増し以上の価額で買い受ける者がない場合は，抵当権者自らが 1 割増しの
増価額で買い受けなければならず（同条 2 項），そのために，増価額相当の保証
をあらかじめ執行裁判所に提供しておかねばならなかった（民執旧 186 条）。こ
のような制度は，不動産価額が低迷している状況の下では，抵当権者に過大な
負担をかけることになり，廉価での滌除申出にも応じざるをえないという事態
も生じ，抵当権妨害の手段として利用されていた。

　そこで，平成 15 年改正において，抵当権者に過大な負担をかけていた増価
競売制度と，抵当権妨害の機会を与えていた抵当権実行事前通知制度（旧 381
条）が廃止され，「抵当権消滅請求」と改称されたが，第三取得者が抵当権者
に，抵当権を実行するかまたは第三取得者の申出額で抵当権を抹消するかの選
択を迫りうるという基本的な仕組みは，現在の制度でも維持されている。

(2)　抵当権消滅請求権者

　抵当権消滅請求をすることができる者は，抵当不動産の第三取得者，すなわ
ち，抵当不動産につき所有権を取得した者である（379 条）。ただし，主たる債
務者，保証人およびこれらの者の承継人は，もともと全債務を弁済すべき者で
あるから，第三取得者の地位を取得しても抵当権消滅請求をすることができな
い（380 条）。

　また，第三取得者であっても，その取得行為に停止条件が付されている場合
には，その停止条件の成否が未定である間は，抵当権消滅請求をすることがで

きない（381 条）。抵当権消滅請求制度が，抵当権者の意に反してでも抵当権を消滅させる制度であることに鑑み，確実な第三取得者にしか認めるべきではないからである。そうであるなら，第三取得者が仮登記しか取得していない場合や，条件が成就しても本登記にしていない場合，さらには，債権担保目的で所有権を取得したにとどまる場合（滌除について，最判平成 7・11・10 民集 49 巻 9 号2953 頁）にも，抵当権消滅請求をすることができないとすべきであろう。

(3)　抵当権消滅請求をすることができる時期

　抵当権消滅請求は，被担保債権の弁済期前でもすることができるが，抵当権の実行としての競売による差押えの効力が発生した後はすることができない（382 条）。したがって，抵当権の実行後に第三取得者から消滅請求がされても，その請求は有効なものではなく，たとえ，その後，抵当権者が競売の申立てを取り下げても，申出金額を承諾する効果は生じない。

(4)　抵当権消滅請求の方法

　まず，抵当不動産の第三取得者が，登記をした各債権者に対し，抵当権消滅請求のために支払おうとする金額（申出金額）等が記載された，383 条所定の書面を送付する。この書面の送付を受けた債権者が送付を受けた後 2 か月以内に抵当権を実行して競売の申立てをしないときは，第三取得者の申出金額を承諾したものとみなされる（384 条 1 号）。抵当権消滅請求が奏功するか否かについて第三取得者を長期間にわたり不安定な地位におかないようにするためである。したがって，当該債権者の責めに帰すべき事由により競売手続が追行されなくなったときにも申出金額承諾の効果が認められている（同条 2 号〜4 号）。登記をしたすべての債権者が第三取得者の申出金額を承諾し，第三取得者がこの金額を債権の順位に従って弁済または供託すると，抵当不動産上のすべての抵当権は消滅する（383 条 3 号・386 条）。登記をしたすべての債権者による承諾があれば，第三取得者は申出金額の支払義務を負うと解すべきである。なぜなら，このように解さないと，その後，抵当不動産の価値が下落したときに抵当権消滅請求を中止する利益を第三取得者に与えることになるからである。

⑸　抵当権消滅請求を拒否する方法

抵当権消滅請求を受けた抵当権者は，これに応じたくない場合には，抵当権消滅請求通知を受けた後2か月以内に，抵当権の実行としての競売を申し立てるとともに，債務者と抵当不動産の譲渡人にその旨を通知しなければならない（385条）。この競売において，競売を申し立てた抵当権者は抵当不動産を買い受ける義務はない。

4　費用償還請求権

抵当不動産の第三取得者が抵当不動産について必要費または有益費を支出した後に，抵当不動産が競売され代価が発生した場合，第三取得者は，196条の区別に従い，抵当不動産の代価から最優先でその償還を受けることができる（391条）。その結果，必要費については全額が償還され，有益費については，抵当不動産の価格の増加が現存する場合にかぎり，抵当権者の選択に従い，支出額または増加額が償還される。抵当不動産の競売代金が抵当権者に交付されたため，この優先償還を受けられなかった第三取得者は，抵当権者に対し不当利得返還請求ができる（最判昭和48・7・12民集27巻7号763頁）。

第8節　抵当権の処分と消滅

1　序　　説

抵当権も1つの財産権である。設定契約において定められた以上の負担を契約当事者である設定者にさせることがないかぎりで，抵当権者が自己の有する権利を第三者に処分することも認められるべきである。民法は，その方法として，「転抵当」「抵当権の譲渡」「抵当権の放棄」「抵当権の順位の譲渡」「抵当権の順位の放棄」（以上，376条1項）「抵当権の順位の変更」（374条）の6つを認める。

6つある処分方法のうち，転抵当は，抵当権者の資金調達を目的とするが，それ以外の5つは，同一の債務者に対する他の債権者との間でなされる処分方法であり，抵当権者が債務者の資金調達を助けるものである。

　抵当権の消滅原因には，物権一般に共通のもの，担保物権に共通のもの，抵当権に特有のものがある。

❷ 転 抵 当

(1)　転抵当の意義

　抵当権者が被担保債権の弁済期前に資金を第三者から調達する手段として，被担保債権の譲渡（とそれに伴う抵当権の移転）があるが，譲渡の結果，被担保債権（さらには抵当権）を失う。そこで，抵当権者が被担保債権を失わずに抵当権を処分する方法として，民法は転抵当を認める。

　転抵当とは，抵当権をもって，他の債権の担保とすることである（376 条 1項前段）。例えば，1500 万円の金銭債権を担保する抵当権を有する A が，B から 1000 万円の資金を調達する際に，B のために転抵当権を設定し，それが実行された場合，B が 1000 万円の優先弁済を受け，A が 500 万円の優先弁済を受けることになる。

　転抵当の法的性質については，転質の場合（第 11 章第 2 節❹(6)）と同様に，見解の対立がある。しかし，転質の場合と異なり，被担保債権についての拘束に関して明文の規定（377 条）があるから，抵当権を被担保債権と共同で担保化する手段と捉える「共同質入説」をとる必要はなく，「抵当権が把握する交換価値をその被担保債権から切り離して他の債権の担保とする制度」と理解する点で学説はほぼ一致している。見解の対立点は，転抵当の対象が，抵当不動産なのか抵当権そのものなのかにある。

(2)　転抵当の設定

　抵当権者と転抵当権者の間の転抵当権設定契約によって成立する。質権の場合（350 条）と異なり，抵当権については 298 条 2 項が準用されない（372 条）ため，抵当不動産所有者の承諾は当然に不要である。後順位抵当権者等の合意も必要ではなく，ここに 376 条の存在理由がある。

　転抵当権の被担保債権額が原抵当権のそれを上回っていても，転抵当権者の優先弁済権の範囲は原抵当権のそれ以内にかぎられるだけであって，転抵当権の被担保債権額と原抵当権のそれの大小は問題にならない。さらに，転質の場

合と異なり，「権利の存続期間内において」（348 条）という制限がないため，転抵当権の被担保債権の弁済期と原抵当権のそれの先後関係も問題にならない。たとえ，原抵当権の被担保債権の弁済期が，転抵当権のそれよりも先に到来した場合でも，原抵当権の被担保債権額を供託して，原抵当権を消滅させることができる一方で，転抵当権の効力は，この供託金返還請求権上に及ぶ（304 条類推）ため，転抵当権者も不利益を被らない。

　転抵当権の対抗要件は 2 つある。転抵当権設定も不動産物権変動であるから，原抵当権の目的不動産について正当な利益を有する第三者に対しては，登記（付記登記）が対抗要件である（177 条）。転抵当権が複数設定された場合，その順位は付記登記の順序による（376 条 2 項）。原抵当権の被担保債権の債務者・保証人・抵当権設定者（物上保証人）およびその承継人に対しては，467 条に従い，原抵当権者による債務者への通知または債務者の承諾が対抗要件である（377 条 1 項）。原抵当権の被担保債権について正当な利益を有する第三者に対しては，付記登記ではなく，確定日付のある証書による債務者への通知または債務者の承諾が対抗要件であると解すべきである。

(3)　転抵当の効果

　原抵当権者は，自らが設定した転抵当権の目的である原抵当権を消滅させてはならない拘束を受ける。すなわち，原抵当権を放棄したり，原抵当権の被担保債権の取立て，相殺，免除をしてはならない。しかし，原抵当権の実行は許される（大決昭和 7・8・29 民集 11 巻 1729 頁）。この場合，転抵当権者は，その実行手続において優先弁済を受けることができる（137 条 2 号）。

　原抵当権の被担保債権の債務者は，転抵当権設定の通知を受けまたはこれを承諾した後は，転抵当権者の承諾を得ないで債務を弁済しても転抵当権者に対抗できない（377 条 2 項）。転抵当権設定について対抗要件が備えられている場合には，転抵当権者の承諾のない第三者弁済（474 条）も対抗できないと解すべきである。しかし，債務者または第三者は，被担保債権額相当の金銭を供託することはできると解すべきである。この場合，原抵当権は消滅するが，転抵当権の効力は当該供託金返還請求権上に及ぶ（304 条類推）。

⑷　転抵当の実行

　転抵当権者は，転抵当権と原抵当権の被担保債権の弁済期がともに到来すれ
ば，原抵当権を実行し，転抵当権の被担保債権額の範囲で，原抵当権の優先弁
済権を行使することができ，原抵当権者に優先して弁済を受けることができる。
他の債権者によって抵当不動産の競売手続が開始されたときも，転抵当権者は
原抵当権の優先弁済権を行使しうる。375 条の適用もある。

③　抵当権の譲渡・放棄／抵当権の順位の譲渡・放棄 ─────────

⑴　抵当権の譲渡・放棄／抵当権の順位の譲渡・放棄の意義

　抵当権者は，同一の債務者に対する他の債権者の利益のために，その抵当権
またはその順位を譲渡または放棄できる（376 条 1 項）。すなわち，抵当権者に
は，抵当権の譲渡，抵当権の放棄，抵当権の順位の譲渡，抵当権の順位の放棄
の 4 つの処分方法が認められている。

　「譲渡」とは，抵当権者の有する優先弁済権を取得させることであり，「放
棄」とは，優先弁済権を主張しないこと（相対的放棄）である。「抵当権の譲
渡・放棄」は一般債権者に対して行われ，「抵当権の順位の譲渡・放棄」は後
順位抵当権者に対して行われる。

　例えば，A が所有する不動産について，B が 1 番抵当権（被担保債権額 1500
万円），C が 2 番抵当権（被担保債権額 2000 万円），D が 3 番抵当権（被担保債権
額 1500 万円）を有し，E が A に対し 1000 万円の債権を有していたところ，抵
当権が実行され，抵当不動産が 4000 万円で売却された場合において，B が以
上の 4 つの処分をそれぞれなしていれば，以下のような結果となる。

　⒜　**抵当権の譲渡**　　B が E に対して抵当権を譲渡していた場合，抵当不
動産から B が配当を受けるはずであった 1500 万円から E は 1000 万円の優先
配当を受け，残余の 500 万円は B に返還される。B の抵当権の譲渡は，C・D
には何らの影響も与えず，C は 2000 万円，D は 500 万円の配当を受ける。

　⒝　**抵当権の放棄**　　B が E に対して抵当権を放棄していた場合，B の優
先弁済権を E との関係でのみ主張しない結果，抵当不動産から B が配当を受
けるはずであった 1500 万円が，B と E の債権額に応じて按分される。その結
果，抵当不動産から，B は 900 万円，E は 600 万円，C は 2000 万円，D は

500万円の配当を受けることになる。すなわち，Bの抵当権の放棄も，C・Dには何らの影響も与えない。

(c) **抵当権の順位の譲渡** BがDに対して抵当権の順位を譲渡していた場合，抵当不動産からBが配当を受けるはずであった1500万円とDが配当を受けるはずであった500万円の合計額2000万円から，Dが1500万円の優先配当を受け，残余の500万円はBに返還される。Bの抵当権の順位の譲渡は，Cには何らの影響も与えず，Cは2000万円の配当を受ける。

(d) **抵当権の順位の放棄** BがDに対して抵当権の順位を放棄していた場合，Bの優先弁済権をDとの関係でのみ主張しない結果，抵当不動産からBが配当を受けるはずであった1500万円とDが配当を受けるはずであった500万円の合計額2000万円が，BとDの債権額に応じて按分される。その結果，抵当不動産から，Bは1000万円，Dは1000万円，Cは2000万円の配当を受ける。すなわち，Bの抵当権の順位の放棄も，Cには何らの影響も与えない。

(2) 処 分 契 約

いずれの処分方法においても，抵当権者と他の債権者（＝受益者）との間の処分契約によって行われる。債務者・抵当権設定者・中間順位の担保権者の同意を必要としない。抵当権者の債務者と受益者の債務者は同一人でなければならない。したがって，例えば，ある不動産について第一順位の抵当権を有している者が，同じ不動産について第二順位の抵当権を有している者に対して抵当権の順位を譲渡しうるのは，それぞれの被担保債権の債務者が同一人である場合にかぎられる。

(3) 対 抗 要 件

いずれの処分方法においても，対抗要件は転抵当の場合と同様である。すなわち，受益者相互間については376条2項が，債務者等に対しては377条1項が適用される。

(4)　処分の効果

　いずれの処分方法においても，転抵当の場合と同様，抵当権者は，自らが処分した抵当権を消滅させない義務を負う。また，処分された抵当権の被担保債権の債務者は，処分の通知を受けまたはこれを承諾した後は，受益者の承諾を得ないで債務を弁済しても受益者に対抗できない（377 条 2 項）。

　いずれの処分方法においても，抵当権者・受益者の双方ともが，抵当権を実行する権利を有する。抵当権の譲渡・放棄の受益者が，抵当権を実行するには，自己の債権の弁済期の到来だけでなく，抵当権者の債権の弁済期到来も必要とする。

4　抵当権の順位の変更

(1)　抵当権の順位の変更の意義

　本節3の方法は，処分の当事者間にのみ効力が生じ，他の債権者に影響を及ぼさないため，多数抵当権者間の順位を変更するためには多数の順位の譲渡・放棄を繰り返すことが必要であり，極めて不便である。そこで認められたのが，関係当事者全員の合意による順位の変更の制度である。例えば，A が 1 番抵当権（被担保債権額 1000 万円）を，B が 2 番抵当権（被担保債権額 2000 万円）を，C が 3 番抵当権（被担保債権額 3000 万円）を有している場合において，C の抵当権を 1 番に，B の抵当権を 2 番に，A の抵当権を 3 番に順位を変更した場合，C は 3000 万円について，B は 2000 万円について，A は 1000 万円について，上記順位の抵当権を有することとなる。

　本節3の方法が抵当権を被担保債権と分離して処分するものであるのに対し，「順位の変更」は，抵当権を被担保債権とともに移転させるものである。

(2)　抵当権の順位の変更の要件

(a)　各抵当権者の合意（374 条 1 項本文）　　抵当権の順位が絶対的に変更する（帰属自体に変更を生じる）から，順位の変更を生ずる抵当権者と，それによって影響を受ける抵当権者全員の合意を必要とする。

(b)　利害関係人の承諾（374 条 1 項ただし書）　　順位の変更について利害関係を有する者の承諾を要する。例えば，376 条の受益者，被担保債権の差押

債権者・質権者等がこれにあたる。債務者，抵当権設定者，保証人等は利害関係人でない。

(c)　**登記（374条2項）**　　権利関係を明確にするために，登記は，376条の処分の場合とは異なり，単なる対抗要件ではなく，効力発生要件である。すなわち，抵当権の順位は登記の前後によって定まるとする原則（373条）がここでも貫かれている。

(3)　抵当権の順位の変更の効果

当事者・利害関係人に効力は絶対的に及ぶ。もっとも，抵当権の順位の変更によって，他の権利の順位は変更されない。

5　抵当権の消滅

(1)　物権に共通の消滅原因

(a)　他の物権と同様，目的物の滅失，取得時効の完成，混同（179条），放棄（376条1項の「放棄」〔ある債権者の利益のためにする相対的放棄〕ではなく，抵当権を消滅させることを目的とする絶対的放棄）によって抵当権は消滅する。ただし，抵当権の目的が地上権・永小作権の場合，その放棄は抵当権者に対抗できない（398条）。

最高裁判所は，抵当不動産の贈与を受け，その旨の登記を経由しないまま占有を続けた場合において，10年の取得時効による抵当権の消滅を肯定し（最判昭和43・12・24民集22巻13号3366頁），さらに，不動産の取得時効の完成後に設定された抵当権も，その後引き続き時効取得に必要な期間占有を継続したときは，原則として，取得時効により抵当権は消滅する（最判平成24・3・16民集66巻5号2321頁）としたが，不動産の取得時効を援用した者が，その取得時効完成後にこの不動産を目的とする抵当権の設定を受けた者に対して，抵当権設定登記の時から起算した占有継続に基づいて取得時効を援用して，抵当権設定登記の抹消を求めることはできないとした（最判平成15・10・31判時1846号7頁 〈判例 10-10〉）。

〈判例 10-10〉 **最判平成15・10・31判時1846号7頁**
【事案】Xは，20年間A所有の甲土地の占有を継続したことにより，時効が

完成したとして，A に対して所有権の取得時効を援用し，甲につき時効取得を原因とする所有権移転登記を了したが，それ以前に，Y が A から甲について抵当権の設定を受け，その旨の登記をすでに経由していた。Y の抵当権設定登記が X による取得時効の完成後になされていたので，X は，抵当権設定登記の時から起算した占有継続に基づいて，取得時効をさらに援用し，Y に対して抵当権設定登記の抹消を求めた。第1審，第2審ともに，再度の時効取得を認めて，X が勝訴した。Y 上告。

【判旨】 破棄自判（請求棄却）。X は，「時効の援用により確定的に本件土地の所有権を取得したのであるから，このような場合に，起算点を後の時点にずらせて，再度，取得時効の完成を主張し，これを援用することはできない」。

(b) 数個の建物が，物理的に接合して，1個の建物となる場合，例えば，隣り合った区分所有建物の間の障壁を取り壊した場合，区分所有の消滅を登記原因として区分所有建物の滅失登記がされ，次に，区分所有建物の合体を登記原因として新たに建物表示の登記がなされるが，その結果，合体前の旧建物についての抵当権が目的物の滅失を原因として消滅するとなると，抵当権者の権利は著しく害される。そこで，平成5年に不動産登記法が改正され，合体後の新建物につき表示登記，所有権の登記をし，旧建物の抵当権の登記は新建物の登記用紙に移記することになった（現在では，不登則120条4項）。さらに，判例（最判平成6・1・25民集48巻1号18頁）も，旧建物上の抵当権は，新建物の持分上に存続することになるとした。

(2) 担保物権に共通の消滅原因

他の担保物権と同様，被担保債権の消滅によって抵当権は消滅する。また，抵当不動産が競売された場合，これを目的とする先取特権，使用および収益をしない旨の定めのある質権とともに，抵当権も消滅する（民執59条1項。消除主義）。抵当権者自身による担保不動産競売の場合にかぎらず，他の抵当権者や一般債権者による競売の場合も同様である。

(3) 抵当権に特有の消滅原因

(a) **代価弁済・抵当権消滅請求**　すでに説明した（本章第7節**2 3**）。

(b) **抵当権の消滅時効**　抵当権は，債務者および抵当権設定者に対しては，

被担保債権と同時でなければ，時効によって消滅しない（396条）。判例は，その反対解釈として，第三取得者の下では，166条2項の適用により，被担保債権と離れて20年の消滅時効にかかるとする（大判昭和15・11・26民集19巻2100頁。第三取得者に397条は適用されない。大判昭和15・8・12民集19巻1338頁）。さらに，抵当権の被担保債権が免責許可の決定の効力を受ける場合には，被担保債権について消滅時効の進行を観念することができない（最判平成11・11・9民集53巻8号1403頁）ため，396条は適用されず，債務者および抵当権設定者に対する関係においても，当該抵当権自体が，20年の消滅時効にかかるとする（最判平成30・2・23民集72巻1号1頁）。

　しかし，その結果，抵当権者は，被担保債権とは別に，抵当権についても消滅時効の完成を妨げる必要があることになるが，抵当権者が抵当権の消滅時効の完成を妨げることは容易でなく（抵当権存在確認訴訟を提起したり，抵当権の承認を求める〔166条3項ただし書参照〕必要があり），妥当ではない。397条は，「債務者又は抵当権設定者でない者が抵当不動産について取得時効に必要な要件を具備する占有をしたときは，抵当権は，これによって消滅する」と規定しており，第三取得者は「債務者又は抵当権設定者でない者」であるから，本条が適用されると解すべきである。すなわち，被担保債権と離れた抵当権の時効消滅については，もっぱら397条が適用され，取得時効（162条）と同じ要件を満たせば，所有権の原始取得の効果としてではなく，同条の効果によって，抵当権自体が時効消滅する。

第9節　共同抵当

1 序　　説

(1)　共同抵当とその意義

　同一の債権を担保するために2つ以上の不動産の上に抵当権が設定されることを，共同抵当という（392条）。共同抵当は実際に広く用いられているが，その意義は次の3つの点に求められる。第1に，個々の不動産では被担保債権の額に不足する場合でも，いくつかの不動産を集めれば，被担保債権に見合った

価値の担保目的物にすることができる。第2に，わが国では土地と建物が別個独立の不動産とされているが，土地とその上の建物とに共同抵当を設定することにより，両者を一体的に取り扱えるようになる。第3に，複数の不動産を目的物にすることによって，滅失・損傷や不動産市況の悪化等に伴う目的不動産の価値低下の危険を分散させることができる。

(2) 共同抵当の設定・公示

共同抵当では，それぞれの目的物に対する抵当権の設定が同時にされる必要はなく，後から追加的に設定されるのでもよいし，それぞれの目的物の所有者が異なっていてもよい。

共同抵当の登記は，目的物それぞれの登記において，これと共同抵当関係にある他の不動産が存する旨の記載がされる。また，その登記を管轄する登記所には共同担保目録が備えられ，ここに共同抵当の目的不動産の権利関係がすべて記載される（不登83条2項，不登則166条〜170条。第4章第1節**2**(2)）。なお，共同抵当の登記は，権利関係を明らかにするためのもので，それ自体に対抗要件としての意味はない。

(3) 共同抵当の実行

共同抵当権者は同時に全部の抵当権を実行しても，いずれかの抵当権から実行をしてもよい。ただ，その際の配当の仕方については，後順位担保権者等との関係を調整するため，特別の考慮が必要となる。

以下では，甲土地（価額6000万円）と乙土地（価額4000万円）を所有するAが，Gに対する6000万円の債務の担保として甲と乙に1番抵当権（共同抵当）を設定したが，その後，Bに対する3000万円の債務の担保として甲に2番抵当権を，Cに対する3000万円の債務の担保として乙に2番抵当権を設定した，という【設例1】にそくして（**図表10-2**），各抵当権者への配当がどのようにされるのかを説明していこう。

(a) **同時配当の場合**　まず，Gが共同抵当権の全部を実行し，同時に配当が行われる場合（同時配当）についてである。このとき，もしGが被担保債権6000万円の弁済につき，甲と乙のどちらからどれだけの配当を受けるのかを

図表 10 - 2　共同抵当実行における配当【設例 1】

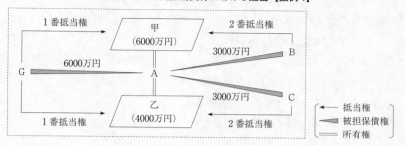

　自由に決められるとしたら，どうなるか。例えば，G が 6000 万円の弁済を甲のみから受けるとすると，B は無配当となり，C は被担保債権の全額 3000 万円の配当を受けられる。他方，G が 6000 万円の弁済を乙から 4000 万円，甲から 2000 万円受けるとすると，C は無配当となり，B は被担保債権の全額 3000 万円の配当を受けられる。このように，共同抵当権の実行における配当を共同抵当権者の任意に委ねるものとすると，後順位担保権者は，自分がいくらの配当を受けられるのか予測できなくなる。そのような前提でしか後順位担保権を設定できないというのでは，債務者は，自身のもつ抵当不動産の担保価値に余力があっても，追加の融資を受けられなくなってしまう。

　そこで，民法は，後順位担保権者の配当予測可能性を確保するため，共同抵当権の目的不動産全部が実行され，同時に代価の配当がされるときは，その各不動産の価額に応じて，その債権の負担を按分するものとした（392 条 1 項）。【設例 1】では，G は甲から 3600 万円（6000 万円 $\times \frac{6}{10}$），乙から 2400 万円（6000 万円 $\times \frac{4}{10}$）の配当を受け，BC はその残りの部分から配当を受ける（すなわち，B へは 2400 万円，C へは 1600 万円が配当される）ことになる。

　(b)　**異時配当の場合**　では，共同抵当の目的物のうち一部のみの抵当権が実行され，配当がされる場合（異時配当）はどうか。この場合も，共同抵当権者による抵当権の実行の仕方によって後順位抵当権者に有利・不利が生じることのないよう，次のような規定が設けられている。すなわち，実行された共同抵当の目的不動産にある後順位担保権者は，共同抵当権者が同時配当の場合に他の不動産の代価から弁済を受けるべき金額を限度として，その抵当権者に代

位して抵当権を行使することができる（392条2項）。【設例1】において，Gが甲の抵当権のみを実行したときには，Gは甲から債権全額の弁済を受けられるが，Bは，同時配当の場合にGが乙から受けられる2400万円の範囲でGが有する乙の抵当権に代位することができる。ここにいう代位とは，Gの有する1番抵当権がBに移転することと解されている。すなわち，Bは，乙の1番抵当権者となり，その実行時に2400万円の配当を受けることができ，Cには残余の1600万円が配当されることになる。

なお，392条2項の文言は「次順位の抵当権者」となっているが，これは共同抵当権者に次ぐ順位の抵当権者だけではなく，すべての後順位抵当権者を含み（大判大正11・2・13新聞1969号20頁），また抵当権者にかぎらず，後順位の不動産質権者や先取特権者も代位ができると解されている。

392条2項の代位は，付記登記によって公示することができる（393条）。この付記登記がなくとも，抵当権設定者や代位時に存した後順位抵当権者等に対しては代位を主張することができるが，代位されるべき抵当権の登記が抹消された後に新たに第三者のために抵当権が設定された場合には，その抵当権者に代位の主張をすることはできなくなる（大決大正8・8・28民録25輯1524頁）。

2 異時配当における代位をめぐる諸問題

異時配当において後順位抵当権者が取得する代位権に関しては，共同抵当権者が一部弁済のみを受けた場合や，共同抵当権者が抵当権を放棄した場合等の扱いをめぐって，種々の複雑な問題が生じる。

(1) 一部弁済と代位

先の【設例1】で，Gが乙の抵当権のみを実行した場合を考えると，その段階でGは4000万円の弁済を受けるにとどまるため，なお残額の2000万円の担保として甲の抵当権を有し続けることになる。このように，異時配当において，共同抵当権者が先に競売した目的不動産から債権の一部しか弁済を得られなかった場合でも，甲にあるGの抵当権につき後順位抵当権者Cの代位権は発生するか。

判例は，共同抵当権者が債権の一部の弁済を受けたときも，弁済額がその不

動産の割付額を超過する以上，超過する範囲で後順位抵当権者は代位できると
しつつ，ただ，実際に後順位抵当権者が代位権を行使できるのは共同抵当権者
が完済を受けたときであり，それまでは（停止条件付抵当権として）代位の付記
仮登記により権利を保全しうるにとどまる，とする（大連判大正15・4・8民集5
巻575頁）。上の例でいえば，Gが甲の抵当権を実行して2000万円の配当を受
ける時に，Cによる同抵当権の代位行使が認められ，それによりCに1600万
円が配当されることになる。

　しかし，学説の多数は，上記判例とは異なり，Gが乙の抵当権を実行して一
部弁済を受けた時点で，GとCとがそれぞれ2000万円，1600万円の割合で甲
の1番抵当権につき準共有することになり，Cが単独で抵当権を実行すること
も可能であると解している。なお，平成29年の民法改正において，債権の一
部につき弁済があった場合の弁済による代位においては，代位者は単独での権
利行使はできないことが明文化されたが（502条1項・2項），392条2項による
代位を主張する者はもともと自身の抵当権を実行できる立場にあったのだから，
弁済による代位の場合とは異なる，というのが多数説の理解である（一部弁済
がされたときの配当の問題については本節 **3** (1)(d)を参照）。

(2)　放棄と代位

　共同抵当権者が目的不動産上の抵当権の一部を放棄したときはどうなるか。
【設例1】において，Gが乙にある抵当権を放棄すると，甲の1番抵当権が実
行され6000万円がGに配当されたために配当を受けられなかったBは，392
条2項による代位を乙の競売時にできなくなるという不利益を受けてしまう。
そこで，判例・多数説は，抵当権を放棄することは自由にできるものの，甲が
競売される際に，本来であればBが乙にあるGの抵当権に代位しえた額につ
いては，GはBに優先できない，としている（大判昭和11・7・14民集15巻
1409頁，最判昭和44・7・3民集23巻8号1297頁）。その根拠としては，504条の
趣旨の類推が挙げられている。【設例1】でいえば，Gは，放棄がなければB
が代位して優先弁済を受けられた2400万円の範囲で甲からの優先配当をBに
主張しえず，その結果，甲からの6000万円につき，Gは3600万円，Bは
2400万円の配当を受けることになる。もっとも，共同抵当権者が抵当権の一

部を放棄したからといって，常にこのような対処がされるべきとは解されない
ことに留意が必要でもある（ Column 10-7 ）。

(3) 混同と代位

共同抵当権者が，目的不動産の一部について所有権を取得した場合，179条
1項を適用して抵当権が混同により消滅するものとすると，後順位抵当権者は
代位権を行使できなくなってしまう。そこで，この場合にも抵当権放棄のとき
と同様，後順位担保権者の代位の利益を保護するため，同項ただし書を適用し，
抵当権は代位の対象としては消滅しないと解するのが通説である。判例には，
混同による消滅を認めたものがあるが（大判大正11・12・28民集1巻865頁），抵
当権放棄における後順位担保権者の保護を否定していた頃のものであり，現在
もこの立場が維持されているとは解しがたい。

3 共同抵当の目的不動産の所有関係と配当

物上保証人や抵当不動産の第三取得者が債務者のために被担保債権を弁済し
たときには，債務者に対する求償権に基づき，債権の効力および担保としてそ
の債権者が有していた一切の権利を行使することができる（弁済による代位。
499条・501条）。そこで，物上保証人や第三取得者の所有する共同抵当の目的
不動産が先に実行され異時配当となる場合には，これらの者に認められる弁済
による代位と，392条2項に基づく後順位抵当権者の代位の関係をどのように
解すべきかが問題となる。以下では先の【設例1】に一部修正を加え，(1)〜(4)
では甲ないし乙を物上保証人が所有する場合を，そして(5)では第三取得者があ
らわれた場合を想定し，順次説明をしていくことにしよう。

(1) 債務者と物上保証人とが所有する場合

まず，共同抵当の目的不動産を物上保証人と債務者のそれぞれが所有してい
た場合についてである。

(a) 物上保証人と債務者所有不動産上の後順位担保権者の関係　【設例1】
のうち甲の所有者を修正し，Gの1番抵当権が物上保証人D所有の甲と債務
者A所有の乙とに設定されていたという【設例2】を想定した上で，甲の抵

当権が先に実行され異時配当になったときのことを考えてみよう。この場合，物上保証人の法定代位の利益保護を重視し，Dが501条2項によりAに対する求償権6000万円の範囲でGが有する乙の抵当権に代位できるとすれば，乙の4000万円は全額Dに配当され，Cは無配当となる。他方，後順位抵当権者の利益保護を重視し，Cへの配当について，甲乙ともAが所有する場合と同じく1600万円を確保しようとするならば，Dの代位は392条2項に従って2400万円の範囲でしか認められないことになる。

　判例・多数説は，共同抵当の目的不動産の所有者が異なる場合には392条2項の適用は排除されるとして，前者の立場をとる。Dは，物上保証人になる時点で，A所有の乙から自己の求償権の満足を得ることを期待していたのであり，その後の乙への後順位抵当権設定によりこの期待を失わせるべきでない，というのが理由である（最判昭和44・7・3民集23巻8号1297頁）。乙への後順位抵当権設定がDの物上保証に先行する場合も含め，総じて，物上保証人の法定代位は共同抵当における後順位抵当権者の代位に優先すべきものと解されている。

　(b)　**物上保証人と同人所有不動産上の後順位担保権者の関係**　では，Dと甲の2番抵当権者Bとの関係はどうなるか。判例は，Bは，あたかも，Dが代位により取得した乙にあるGの抵当権の上に物上代位をするのと同様に，Dの取得した当該抵当権から優先して弁済を受けることができる，とする（大判昭和11・12・9民集15巻2172頁，最判昭和53・7・4民集32巻5号785頁等）。Dは自己所有の土地に設定したBの後順位抵当権の負担を当初から甘受しているのだから，392条2項の趣旨に鑑み，Dに移転したGの抵当権はBの債権を担保するものになる，というのがその理由である。【設例2】においては，Dは，甲にあるGの抵当権につき6000万円の範囲で代位ができ，乙の4000万円の全額につきCに優先できるが，Bはここから3000万円の限度で優先弁済を受けるため，結局Dへの配当は残余の1000万円のみとなる。

　(c)　**物上保証人と債務者それぞれの所有不動産上の後順位抵当権者の関係**

　以上(a)(b)とは異なり，【設例2】において乙にあるGの抵当権が先に実行された場合はどうなるか。判例・通説の立場によれば，債務者A所有の乙にある2番抵当権者Cは，甲にある抵当権につき392条2項後段による代位の主

張はできない（前掲最判昭和 44・7・3）。ここまでに述べてきた判例法理からすれば，物上保証人所有の甲についての後順位抵当権者 B は，債務者所有の乙についての後順位抵当権者 C に優先する，との帰結が導かれることになる（最判昭和 60・5・23 民集 39 巻 4 号 940 頁〈判例 10-11〉）。

(d)　物上保証人の一部弁済による代位　【設例 1】を修正して，甲が債務者 A 所有，乙が物上保証人 D 所有であったという【設例 3】を想定し，このときに乙にある抵当権が先に実行された場合を考えてみよう。乙が競売されても G の債権 6000 万円には足りないため，D は一部弁済したのと同じ状況になる。502 条 1 項により，甲にある G の抵当権は G と D の準共有となるが，これが実行されたときの配当はどうなるか。判例は，弁済による代位は弁済者が債務者に対して取得する求償権を確保するための制度であり，これによって債権者が不利益を被ることを予定するものではないとして，配当については債権者を優先させる（前掲最判昭和 60・5・23）。このことは，平成 29 年の民法改正によって明文化された（502 条 3 項）。【設例 3】では，甲の 6000 万円は，まず G に残債権分の 2000 万円が配当され，D の代位分は 4000 万円となるが，このうち 3000 万円は乙にある後順位抵当権者 C に配当されるため，D には残余の 1000 万円が配当されることになる。

> 〈判例 10-11〉**最判昭和 60・5・23 民集 39 巻 4 号 940 頁**
> **【事案】** X は，債務者 A 所有の甲不動産と物上保証人 B 所有の乙不動産に 1 番共同抵当権，甲不動産に 2 番抵当権の設定を，Y は，乙に 2 番抵当権の設定を受けた。X の抵当権実行により，まず乙が，次いで甲が競売された。執行裁判所は，甲の配当につき，乙からの配当で不足する分の 1 番抵当権の被担保債権額をまず X に配当し，次いで，Y の 2 番抵当権への配当を X の 2 番抵当権への配当に優先させる交付表を作成した。これに対して X が異議を申し立てた。第 1 審，第 2 審ともに X が敗訴した。X より上告。
> **【判旨】** 上告棄却。「共同根抵当の目的である債務者所有の不動産と物上保証人所有の不動産にそれぞれ債権者を異にする後順位抵当権が設定されている場合において，物上保証人所有の不動産について先に競売がされ，その競落代金の交付により 1 番抵当権者が弁済を受けたときは，物上保証人は債務者に対して求償権を取得するとともに，代位により債務者所有の不動産に対する 1 番抵当権を取得するが，物上保証人所有の不動産についての後順位抵当権者……は物上保証人に移転した右抵当権から債務者所有の不動産についての後順位抵当権

者に優先して弁済を受けることができる」。「債権者が物上保証人の設定にかかる抵当権の実行によって債権の一部の満足を得た場合，物上保証人は，民法502 条 1 項の規定により，債権者と共に債権者の有する抵当権を行使することができるが，この抵当権が実行されたときには，その代金の配当については債権者に優先される」。

(2) 異なる物上保証人が所有する場合

【設例 1】を修正して，甲が D の所有，乙が E の所有であるという【設例4】を考えてみよう。このように，共同抵当の目的不動産が異なる物上保証人の所有であったときの配当はどうなるか。判例・通説は，この場合は，501 条3 項 3 号により，物上保証人相互間で目的物の価格に応じて他方の所有する不動産に対する抵当権への代位が生じ，さらに，(1)(b)で述べたように，先に競売された不動産の後順位抵当権者は，当該不動産の所有者である物上保証人が代位によって取得する抵当権から優先して弁済を受けられる，とする（前掲大判昭和 11・12・9 等）。【設例 4】においては，甲と乙いずれが先に競売されたときでも，最終的には G が 6000 万円，B が 2400 万円，C が 1600 万円の配当を受けることになる。

(3) 同一の物上保証人が所有する場合

では，【設例 1】を修正して，甲と乙がともに物上保証人 D の所有であったという【設例 5】を想定した場合，このときの配当はどうなるか。判例・通説は，392 条 2 項後段は，共同抵当の目的不動産がともに債務者所有である場合のみならず，このように同一の物上保証人が所有する場合にも適用されるとする（最判平成 4・11・6 民集 46 巻 8 号 2625 頁 判例 10-12 ）。

> 判例 10-12 **最判平成 4・11・6 民集 46 巻 8 号 2625 頁**
> 【事案】Y は，A に対する債権の担保として B 所有の甲不動産と乙不動産に 1番共同抵当権の設定を受けた。他方，X は，A に対する債権の担保として甲につき 2 番抵当権の設定を受けた。A が倒産したため Y は共同抵当権を実行しようとしたが，B からの求めに応じて代位弁済を受けるのと引換えに乙にある抵当権を放棄した。その後，Y は残債権の回収のため甲にある抵当権を実行し配当金を受領したが，X は無配当となった。そこで X は，Y に対して 392

条2項後段により乙の抵当権に代位しえたはずの額の支払を請求して訴えを提起した。第1審はXが敗訴したが，第2審はXが一部勝訴した。Yより上告。
【判旨】上告棄却。「共同抵当権の目的たる甲・乙不動産が同一の物上保証人の所有に属し，甲不動産に後順位の抵当権が設定されている場合において，甲不動産の代価のみを配当するときは，後順位抵当権者は，民法392条2項後段の規定に基づき，先順位の共同抵当権者が同条1項の規定に従い乙不動産から弁済を受けることができた金額に満つるまで，先順位の共同抵当権者に代位して乙不動産に対する抵当権を行使することができる」。この場合において「先順位の共同抵当権者が後順位抵当権者の代位の対象となっている乙不動産に対する抵当権を放棄したときは，先順位の共同抵当権者は，後順位抵当権者が乙不動産上の右抵当権に代位し得る限度で，甲不動産につき，後順位抵当権者に優先することができない」。

> **Column 10-7** 共同抵当の放棄と物上保証人の免責
>
> 　共同抵当の目的不動産が物上保証人の所有であって，他方の目的不動産上の抵当権が放棄された場合，抵当権の放棄は，504条1項の「債権者が故意又は過失によってその担保を喪失し，又は減少させたとき」にあたり，物上保証人は放棄がなければ代位できたはずの割合で免責される。前掲最判平成4・11・6は，同条の適用を前提としたものである。また，先に本節**2**(2)で取り上げた，目的物すべてが債務者所有のときに共同抵当権の一部放棄がされた場合は，弁済による代位が生じないため直接には504条が適用されるものではないが，判例・多数説は，後順位抵当権者の地位は物上保証人に類似する等として，504条ないしその法意の類推適用から，放棄がなければ当該抵当権に代位しえた額につき，共同抵当権者が後順位抵当権者に優先できない，との結論を導いている。
>
> 　しかし，担保の差替えや私的実行に伴い抵当権の解除＝放棄をすることは通常の取引でもしばしば行われるものであって，放棄の代わりに目的物の価額相当の弁済がされるような場合は，504条2項によれば，担保保存義務違反とはならない。そうであるならば，共同抵当権者が一部抵当権を放棄した事例のすべてにおいて，一律に後順位抵当権者の保護を配当において図るとするのではなく，代位の期待利益を不当に奪う放棄をした場合にのみ，共同抵当権者への配当を減らす対処をするのが妥当であると考えられる。

(4)　同時配当における392条1項の適用範囲

以上(1)〜(3)では，共同抵当の目的不動産の全部または一部を物上保証人が所

有する種々の場合において異時配当がされるときの問題を取り上げたが，同様の問題は同時配当がされるときにも生じる。多数説は，392条1項が適用されるのは，目的不動産がいずれも債務者あるいは同一の物上保証人に帰属する場合に限定されるとする。すなわち，共同抵当の目的不動産が債務者と物上保証人それぞれに帰属する場合は，392条1項の割付けはされず，まず債務者所有の共同抵当の目的不動産から配当を受け，不足分についてのみ物上保証人所有の共同抵当の目的不動産からの配当を受けるものとされる（最判昭和44・7・3民集23巻8号1297頁参照）。また，目的不動産が異なる物上保証人に帰属するときの同時配当では，各不動産の価格に応じて配当がされる（501条3項3号参照）。

(5)　第三取得者があらわれた場合

共同抵当の設定されている債務者所有の不動産の1つを第三者が譲り受けた場合，第三取得者と後順位抵当権者との関係はどうなるか。先の【設例1】で，甲と乙がともに債務者Aの所有であったが，乙が第三者Fに譲渡され，その後に乙が競売された，という場合を考えてみよう。

第三取得者Fも，これまで述べてきた物上保証人におけるのと同様，甲にあるGの抵当権につき代位ができることになる。この場合のFと甲にある2番抵当権者Bの関係について，多数説は，Bの抵当権設定とFの所有権取得との登記の先後で扱いを区別する。Bの抵当権設定前にFが乙を取得した場合は，Fとしては後順位抵当権が存在せず自己の代位権取得を期待して乙を取得したと考えられるから，甲にあるGの抵当権について代位が認められる。逆に，Bの抵当権設定後にFが乙を取得した場合は，BとしてはFの代位がないものとして抵当権の設定を受けた以上，Bの保護を図るべく，Fの代位は認められないとする。

他方，第三取得者は債務者の地位を承継するものである以上，上述のようなBとFの先後で扱いを区別せず，甲乙とも債務者Aが所有している場合と同様に，不動産価額による割付けにより配当や代位の額を決すべきとする見解も有力である。

第10節　根　抵　当

1 序　　説

(1)　根抵当権の意義・効用

　例えば，卸売店と小売店との間で商品の卸売取引が継続的に行われているような場合では，卸売店が小売店に対して有する代金債権は，掛売がされるごとに発生し，弁済がされるごとに順次消滅するから，両者の間にある個々の債権やその総額は随時変動していく。これらの債権を担保するため，ここまでで説明してきた抵当権（根抵当権との対比で「普通抵当権」と称される）を用いようとすれば，債権の発生・消滅のたびに抵当権の設定と抹消の登記を繰り返さねばならず，極めて煩雑である。そこで，将来にわたり継続的に発生する不特定の債権を一括して担保できるものとして生み出されたのが，根抵当権（398条の2以下）である。実務では，一回的な金融取引にもまして継続的取引は多く行われており，そのため根抵当権は広く用いられている。

(2)　根抵当権の仕組み

　根抵当権では，設定時に定められた範囲にある債権が，一定額（極度額）の限度で優先弁済を受けられる被担保債権となる。したがって，個々の債権と根抵当権の間には直接の関連がなく，債権が消滅したり譲渡されたりしても根抵当権には影響がない。また，根抵当権を被担保債権とは別個に譲渡することもできる。このように，根抵当権は付従性や随伴性を大幅に修正した抵当権といえる。

　ただ，実際に根抵当権によって優先弁済を受けようとする段階では，どの債権を被担保債権とするかが確定されなければならない。根抵当権者が新たに取得した債権をそれ以上被担保債権に入れることを止め，被担保債権の元本を確定させることを，元本の確定という。

2 根抵当権の設定と被担保債権

(1) 根抵当権の設定・対抗

根抵当権の設定が設定契約によることは普通抵当権と同じであるが，根抵当権の設定契約では，(2)に述べる被担保債権の範囲や極度額，そして債務者が定められなければならない。また，元本確定期日をあらかじめ当事者の合意によって定めることもできる。確定期日の定めは設定と同時でなくてもよいが，その期日は確定期日が約定された日から 5 年以内でなければならない（398 条の 6 第 3 項）。

登記が対抗要件となるのも普通抵当権と同じである。登記には，担保すべき債権の範囲や極度額のほか，元本の確定期日の定めがあるときはそれも記載される（不登 88 条 2 項）。

(2) 被担保債権の種類と範囲の指定方法

特定の債権者ばかりが優遇されることにならないよう，包括根抵当は認められておらず，被担保債権の範囲は限定されていなければならない。被担保債権の範囲が約定されていれば，債権が実際に発生していなくてもよい。根抵当権で担保できるのは，原則として取引から生じる債権であり，その他若干の例外も認められている。具体的には，被担保債権にできる債権の種類とその範囲の指定方法は，以下の 4 つのものに限定されている（398 条の 2 第 2 項・第 3 項）。

(a) **特定の継続的取引契約から生じる債権**　物品供給契約上の代金債権や当座貸越契約上の貸金債権等，基本契約から生じる一連の債権のことである。

(b) **債務者との一定の種類の取引から生じる債権**　基本契約が存在していなくても，銀行取引や保証委託取引等，取引の種類が限定される形でも範囲の指定となりうる。

(c) **特定の原因に基づき債務者との間に継続して生じる債権**　継続的に発生する騒音被害や日照権侵害につき将来にわたり生じる損害賠償債権等がこれにあたる。

(d) **手形・小切手上の請求権，電子記録債権**　当事者間で直接振り出された手形・小切手の債権ではなく（これは(b)に含まれる），債務者 A が第三者 B の

ために振り出した手形・小切手が裏書譲渡され，転々流通して債権者Ｃが取得した場合（回り手形・小切手）に，ＣがＡに有することになる請求権を指す。ただ，これに該当する債権をすべて被担保債権にできるものとすると範囲が広がりすぎるため，一定の限定が付されている（398条の3第2項）。なお，電子記録債権法によって成立した電子記録債権を根抵当権者が債務者との取引によらず取得したときも，同様の扱いとなる（398条の2第3項・398条の3第2項）。

(3) 極度額

根抵当権者は，極度額の範囲内でのみ根抵当権の実行により優先弁済を受けられる（398条の3第1項）。この極度額には，確定した元本だけでなく，利息や違約金等もすべて含まれる。極度額が上限とされる代わりに，普通抵当権における被担保債権の範囲に関する375条の適用はない。

3 根抵当権の変更・処分

(1) 被担保債権の範囲等の変更

根抵当権については，継続的な債権債務関係のなかで生じる取引の進展や状況の変化に応じて，その内容を変更することが認められている。変更できるのは，具体的には，①被担保債権の範囲や債務者（398条の4第1項），②極度額（398条の5），③元本確定期日（398条の6）である。①と③は元本確定までの間しか変更ができないが，②については元本確定後も可能である。また，変更についての利害関係人の承諾は，②では必要となるが，①と③では不要である（398条の4第2項）。ただし，①と③の場合も，登記をしなければ変更の効力は生じない（同条3項・398条の6第4項）。

(2) 債権譲渡・債務引受——個別債権の債権者・債務者の変更

根抵当権は，元本確定前においては，個々の債権と直接の関連性をもたないから，随伴性を有しない。したがって，根抵当権の被担保債権が譲渡されても，譲受人は根抵当権を行使することができないし，代位弁済がされたときでも，弁済者は根抵当権に代位できない（398条の7第1項）。また，債務引受がされたときは，根抵当権者は引受人の債務について根抵当権を行使することができ

ない（同条 2 項）。

(3) 根抵当権の処分——根抵当権の譲渡等

　元本確定前の根抵当権は，随伴性がなく，債権と別個の処分も可能である。そのため，根抵当権の処分については，転抵当を別として，普通抵当権の処分に関する 376 条 1 項の適用が排除され（398 条の 11 第 1 項），独自の規定が設けられている。

　(a) 根抵当権の譲渡　　根抵当権の譲渡には次の 3 つのものがある。

　(i) 全部譲渡　　根抵当権者は，元本確定前には，設定者の承諾があれば，根抵当権そのものを譲渡できる（398 条の 12 第 1 項）。旧根抵当権者の有していた債権は，根抵当権の被担保債権から外れる。

　(ii) 分割譲渡　　元本確定前の根抵当権を分割し，そのうちの 1 つを譲渡するものである（398 条の 12 第 2 項）。例えば，極度額 5000 万円の根抵当権を分割して，極度額 3000 万円と同 2000 万円の 2 つの同順位の根抵当権を生じさせ，このうち極度額 2000 万円の根抵当権を譲渡する，といったものである。旧債権者の債権は，譲渡されなかった側の根抵当権のみで担保される。原根抵当権が転抵当の目的とされていたときには，この転抵当は譲渡された側の根抵当権について消滅するため（同条 2 項後段），分割譲渡には，このような権利者の承諾が必要とされる（同条 3 項）。

　(iii) 一部譲渡　　譲渡人と譲受人との間で，元本確定前の根抵当権を準共有する関係となる譲渡である。分割譲渡とは異なり，1 つの根抵当権の極度額が共同利用される形となる（398 条の 13）。

　(b) 順位の譲渡・処分を受けた根抵当権の譲渡　　根抵当権者は，元本確定前においては根抵当権の順位の譲渡・放棄をすることはできないが（398 条の 11 第 1 項），先順位の普通抵当権者から順位の譲渡・放棄を受けることはできる。A から順位の譲渡・放棄を受けた根抵当権者 B が，自己の根抵当権を第三者 C に譲渡したときには，C は，A による順位の譲渡・放棄の利益を受けることができる（398 条の 15）。

　(c) 転抵当　　根抵当権は転抵当の目的にすることができる（398 条の 11 第 1 項ただし書）。なお，元本確定前の根抵当権は被担保債権から独立しているこ

とから，債務者等は転抵当権者の承諾なしに原債権を弁済することもできる（398 条の 11 第 2 項は 377 条 2 項の適用を除外している）。転抵当権者としては，原債権が完済されたために優先弁済を受けられなくなる，という事態を阻止することができない。

4　根抵当権の確定・実行

(1)　元本の確定が生じる場合

根抵当権の実行に際しては，被担保債権が特定されなければならない（元本の確定）。元本の確定は以下の事由によって生じる。

(a)　**確定期日の到来**　　元本確定期日が定められていた場合には，その期日が到来したときに元本が確定する（398 条の 6）。

(b)　**確定請求**　　設定者と根抵当権者はいずれも元本確定請求をすることができる（398 条の 19。ただし，確定期日の定めがあるときを除く。同条 3 項）。

（i）　設定者からの確定請求（同条 1 項）は，長期にわたり根抵当権の負担に拘束させるのは設定者に酷であるという理由で設けられた。設定から 3 年経過した時からすることができ，請求の時から 2 週間を経過した時に確定する。

（ii）　他方，根抵当権者からの確定請求（同条 2 項）は，いつでもすることができ，請求時に確定する。元本確定は，その後新たに生じた債権が被担保債権に含まれなくなるから，根抵当権者にとっては不利益になるものであり，そのような効果が生じる確定請求を根抵当権者の側からすることなどふつうは想定しがたい。ただ，企業が不良債権処理等をするにあたっては，被担保債権の範囲にある債権を抵当権付きで譲渡することが必要になることもあり，そうした要請に応えるために設けられたものである。

(c)　**確定事由**　　根抵当権者が優先弁済を実現させる局面を迎える次のような事由が生じたときには，元本が確定する（398 条の 20）。

（i）　根抵当権者が目的不動産につき競売や担保不動産収益執行，物上代位権行使のための差押えを申し立てたとき（同条 1 項 1 号本文）

（ii）　根抵当権者が抵当不動産に対して滞納処分による差押えをしたとき（同条 1 項 2 号）　　これは国や地方公共団体が根抵当権者の場合の規定である。

（iii）　第三者の申立てによる抵当不動産に対する競売開始決定または滞納処分

による差押えがあったことを根抵当権者が知った時から 2 週間が経過したとき（同条 1 項 3 号）

(iv)　債務者または根抵当権設定者が破産手続開始決定を受けたとき（同条 1 項 4 号）

(2)　相続, 会社の合併・分割と元本確定

死亡により相続が開始したり, あるいは, 会社にあっては合併や分割がなされることによって, 設定契約で定められていた債権者や債務者に変更が生じることもある。こうした事態が生じたときの対処方法として, 元本を確定させて根抵当関係を終了させるのか, それとも, 元本を確定させずそのまま根抵当関係を承継させるのかについては, 次のように規定されている。

(a)　**債権者・債務者の相続**　　根抵当関係が承継されるのは, 根抵当権者死亡の場合は相続人と根抵当権設定者の合意（398 条の 8 第 1 項）, 債務者死亡の場合は根抵当権者と根抵当権設定者（またはその相続人）の合意（同条 2 項）があったときのみである。合意がされないとき, または合意が相続開始後 6 か月以内に登記されないときは, 元本は相続開始時に確定する（同条 4 項）。

(b)　**合併・会社分割**　　根抵当権者と債務者のいずれかにつき法人の合併や会社分割があっても, 債権債務関係や根抵当関係は, 原則として合併後の法人・分割後の会社にそのまま承継される（398 条の 9・398 条の 10）。ただし例外として, 承継を望まない根抵当権設定者（債務者自身が設定者の場合を除く）は, 合併ないし分割時での元本確定を請求できる（398 条の 9 第 3 項・第 4 項・398 条の 10 第 3 項）。

(3)　元本確定後の根抵当権

(a)　**確定根抵当権の効力と実行**　　元本の確定によって, 根抵当権は特定の債権を担保するものに転化する（以下「確定根抵当権」という）。確定根抵当権は, 普通抵当権と同様のものとなるため, 確定前の根抵当権において特別の扱いをする規定は適用されなくなる。被担保債権の範囲や債務者の変更はできなくなるし, 被担保債権の譲渡や根抵当権の処分も, 普通抵当権と同様の扱いとなる。確定後に被担保債権が存在しなくなったときには, 根抵当権は消滅する。

　確定根抵当権を実行し，優先弁済権を実現することについては，基本的に普通抵当権と異なるところはない。ただし，確定根抵当権には 375 条の適用がなく，2 年を超える利息や遅延損害金についても，極度額までは優先弁済を受けられる対象となる。

　(b)　極度額減額請求　　確定根抵当権の被担保債権の合計額が極度額を下回っているとき，根抵当権設定者は，現存の債務額とその後 2 年間に生ずべき利息・遅延損害金を加えた額に極度額を減額することを請求できる（398 条の 21 第 1 項）。極度額に余裕があるとき，実行までの間，目的物に残された担保価値を利用する可能性を残すために設けられたものである。

　(c)　根抵当権消滅請求　　確定根抵当権の被担保債権の合計額が極度額を上回っているとき，物上保証人，抵当不動産の第三取得者，後順位用益権者は，極度額に相当する額を根抵当権者に払い渡し，または供託して，根抵当権を消滅させることを請求できる（398 条の 22 第 1 項）。この払渡しまたは供託は，弁済そのものではないが，その額の限度で根抵当権者の有する債権は消滅し，払渡しまたは供託をした者は債務者に対して求償ができる（同項後段）。

(4)　共同根抵当・共有根抵当

　(a)　共同根抵当　　被担保債権の範囲や極度額が共通する根抵当権が複数の不動産に設定されている場合を共同根抵当といい，次の 2 つに大別される。

　(ⅰ)　累積式共同根抵当（398 条の 18）　　各根抵当権が別個に極度額の範囲まで債権を担保するものである。被担保債権の範囲を同じくする極度額 2000万円の累積式共同根抵当権が 2 つの不動産に存在するときは，4000 万円を極度額として優先弁済が得られることとなり，392 条は適用されない。

　(ⅱ)　純粋共同根抵当（398 条の 16）　　設定当事者が 392 条の適用を受ける旨を約定し，かつその旨の登記がされた場合には，普通抵当権と同様に，392条による割付けがされる共同抵当となる。各根抵当権の極度額，被担保債権の範囲，債務者はすべて共通している必要があり，これらの変更や各根抵当権の処分も同時にされなければならない（398 条の 17 第 1 項）。また，元本確定の効果や元本確定後の消滅請求の効果も同時に生じるものとされている（同条 2項・398 条の 22 第 2 項）。

(b) **共有根抵当**　　根抵当権が共有されている状態となっていることを，共有根抵当という（398 条の 14）。設定時より数人の者が根抵当権者とされていた場合のほか，相続や一部譲渡があった場合にも共有根抵当が生じる。優先弁済の割合は，各人の債権額に応じてされるが，元本確定前にこれと異なる定めをし登記をしていれば，それに従った配当がされる（同条 1 項）。

第 *11* 章

質　権

　この章では，抵当権とともに民法に約定担保として規定されている質権を取り上げる。質権は，抵当権とは異なり，担保目的物を担保権者側が占有する担保で，優先弁済的効力のほかに留置的効力をも有する。抵当権と比べると質権の利用はそれほど多くないが，近時は，債権の担保化の要請の高まりとともに，債権を担保目的とする債権質が注目されるようになっている。

第1節　序　　説

1 質権の意義

　質権とは，債権者が債権の担保として債務者または第三者から受け取った物を占有し，債務者が債務を弁済しない場合はその物から優先弁済を受けられる，という担保物権である（342条）。優先弁済的効力を有する約定担保物権ということでは抵当権と同じであるが，担保権者と設定者のいずれが目的物を占有するか，という点において相違がある。抵当権は，設定者が自分の手元に目的物の占有をとどめたまま設定できるのに対し，質権を設定するには目的物の引渡しをしなければならず（344条），質権者は債権の弁済を受けるまでは目的物を留置することができる（347条）。このように，質権は，優先弁済的効力のほか，

留置的効力も有する担保であり，その意味では抵当権よりも強い効力をもつといいうる。

　しかしその反面，質権設定が債務者から目的物の占有を奪うものであるがゆえに，質権を利用できる場合は自ずと限定されてくる。例えば，事業用財産に質権が設定されると，債務者はそれを用いた事業の継続ができなくなるし，債権者の側にしても，事業による収益から債権の弁済を受けられなくなるという不都合が生じてしまう。

② 質権の客体とその利用実態

　抵当権については，民法上，不動産にしか設定できないのに対し，質権は，譲渡できないものでないかぎり，動産，不動産のほか，権利にも設定することができる（343条）。

(1)　動 産 質

　動産に設定できる約定担保は，民法上には質権しか存在しない。しかし，動産担保の方法は動産質にかぎられるわけではなく，譲渡担保を用いれば，目的物の占有を設定者にとどめたままの動産抵当を実現することもできる（第12章第2節）。そもそも，動産が大規模な金融取引で担保目的とされることは少なく，動産質が用いられるのは比較的少額の消費信用・庶民金融が主である。

(2)　不 動 産 質

　不動産質権には優先弁済的効力・留置的効力に加えて収益的効力もある（356条）。しかし，金融担保の目的物として最も重要な不動産にあっては，質権の存在意義は抵当権に比べて非常に限定的であり，ほとんど利用されていない。金融機関としては，債務不履行時に優先弁済さえ確保できれば十分であり，担保目的物たる不動産を占有管理する手間を回避したいと考えるのが通例だからである。しかも，抵当権であっても，被担保債権の不履行後なら，賃料債権に対する物上代位権の行使（第10章第3節②参照）や担保不動産収益執行（第10章第5節③参照）によって，目的不動産から生じる収益を収取することができる。

(3) 権 利 質

　動産や不動産といった有体物のほかにも，債権や株式，知的財産権等，世の中には，担保価値を有するさまざまな財産権が存在する。そうした財産権を担保目的とするための手段として民法上に用意されたのが，権利質である。賃貸ビルへの入居に際して必要となる敷金を金融機関から借り入れる際に，その担保として敷金返還請求権に質権を設定したり，住宅ローンでは，住宅への抵当権設定とともに，住宅が焼失した場合に備えて火災保険金請求権に質権を設定することは，従前より広く行われている。さらに近時は，金融取引における権利や債権の担保化の進展とともに，その利用も拡大している。動産を質権の目的物とする場合でも，目的物たる動産の占有移転を必要とする動産質を用いるのではなく，船荷証券や倉荷証券等の有価証券の交付をもって動産の質入れを行うことも多くなっている。

　なお，債権に担保を設定する方法には，債権質のほか，債権譲渡担保もある。後述するように（本章第4節 **1** (2)参照），債権譲渡の対抗要件を規定する 467 条は債権質の対抗要件に準用されており（364 条），また，担保権実行としての第三債務者に対する直接取立てが債権質でも認められている等（366 条），債権質と債権譲渡担保とで実質的な相違はほとんどない（債権譲渡担保のほうが，より強い効力を有している感を債権者に抱かせる，といった心理的な面での差が認められる程度である）。実務では債権質よりも債権譲渡担保のほうがよく利用されているが，譲渡禁止特約が付されることが多い敷金や保険金に係る債権については債権質によるのがむしろ一般的である。譲渡も質権設定も禁止された債権を担保目的にする方法としては，代理受領がある（第 12 章 **Column 12-1** ）。

第 2 節　動 産 質

1 動産質権の設定

(1)　動産質権の設定・対抗要件

(a)　動産質権の設定　　質権は設定契約によって設定されるが，効力発生要件として目的物の引渡しが必要とされているため（344 条），質権設定契約は要

物契約であると解するのが多数説である（ただし，諾成契約と解するものも有力となっていることにつき，(c)の叙述参照）。なお，質権者は設定者に自己に代わって質物の占有をさせることができないため（345 条），設定時に求められている引渡しに占有改定（183 条）は含まれない。しかし必ずしも現実の引渡し（182 条 1 項）である必要はなく，簡易の引渡し（同条 2 項）や指図による占有移転（184 条）でもよい。

(b)　**動産質権の対抗要件**　　目的物を継続して占有することが，動産質権の対抗要件となる（352 条）。質物を第三者に賃貸，保管させたときには，質権者は間接占有者としてなお占有をしているといえるから，質権の対抗力は存続する。指図による占有移転の方法を用いるなどして，同一の動産につき複数の質権が設定されたときは，その質権の順位は設定の前後によって決せられる（355 条）。

なお，352 条にいう「対抗」は，物権変動総論における対抗（178 条）とは異なり，対抗関係にある者どうしの優劣を決すること以上の意味をもつものとなっているが，この点については後述する（本節 **2**(3)）。

(c)　**目的物の引渡しが要請される根拠**　　質権設定において目的物の占有がどのような意義をもつかは見解が分かれている。かつては第三者に質権の存在を知らせるという公示の要請によるものとの理解が多数であった。しかし，所有権ですら占有改定による引渡しをもって対抗要件の具備が認められているのに，動産質においてのみこれが禁止されるとするのは説得的とはいえない。とりわけ不動産質の場合は，登記によって公示が実現できるのであるから，公示のために引渡しが必要であるとはいえない。そこで，質権者に目的物を占有させることの意味は留置的効力を貫徹させることにある，とする理解が現在では多数となっている。

このことに関連して，目的物を質権者が任意に設定者に返還した場合に，改めて質権者が目的物の返還を請求できるかが問題となる。目的物の占有の意義を公示の要請におく見解によれば，設定者への目的物返還は占有によって維持されている対抗力を失わせるにすぎず，当事者の関係では質権が消滅するわけではない以上，質権者が返還請求をすることも認められる。判例はこのように解しており，とりわけ不動産質権においては，対抗要件は質物の占有ではなく

登記である以上，任意の返還は質権の効力に何らの影響も生じないとしている（大判大正 5・12・25 民録 22 輯 2509 頁）。これに対して，占有の意義につき留置的効力に重点をおく見解では，留置的効力が失われたことにより質権が消滅する以上，設定者への返還請求はできないことになる。

　ところが，近時は，留置的効力に重きをおきつつ，設定者への返還請求も認めるものが有力となっている。この見解によれば，質権の効力発生には債権者への目的物引渡しが要件になるとしても，質権設定契約自体は当事者の合意があれば成立するのであって，設定者は，同契約の効果として目的物を引き渡して債権者に有効に質権を取得させる義務を負うことになる。このような理解を前提とすると，設定者へ目的物が返還された場合には，質権者としての権利・義務は失われるが，設定者に対しては設定契約に基づいて返還請求ができると解されることになる。

(2)　目的物と効力の及ぶ範囲

(a)　目的物　　麻薬や偽造通貨等，譲渡が禁止されている物には質権を設定することができない（343 条）。このほか，特別法により，登記・登録制度が完備され抵当権の設定が可能となっている動産については，質権の設定が禁止されている。例えば，船舶（商 849 条），自動車（自抵 20 条），航空機（航抵 23 条），建設機械（建抵 25 条）等がこれにあたる。

　なお，目的物の所有者でない者が自らを所有者であると偽り質権を設定した場合には，192 条によって質権の取得が認められることがある。

(b)　効力の及ぶ目的物の範囲　　質権の場合は目的物の引渡しが成立要件とされているため，抵当権とは異なり，主物とともに引き渡されるのでないかぎり，従物には質権の効力が及ばない。なお，目的物から生じる果実については，質権者が収取して弁済に充当することが認められているから（350 条・297 条），質権の効力が及ぶものといえる。

(3)　被担保債権とその範囲

(a)　被担保債権　　質権の被担保債権の種類には，抵当権と同様（第 10 章第 2 節**2**）特別の制限がない。特定の行為を求めることを内容とする債権であっ

ても，質権のもつ留置的効力によって心理的に履行を強制する効用は得られるし，不履行の場合には損害賠償請求権になるから，質権の優先弁済的効力も意味をもちうる。また，将来発生する債権についても，被担保債権にすることができる。

継続的取引関係から将来生じる不特定の債権を被担保債権とする根質も，根抵当とは異なり条文はないが，有効である。根抵当の場合は，被担保債権の極度額をあらかじめ定めておくことが必要とされるが（398条の2。第10章第10節 **2**），根質については，これは不要と解されている（大判大正6・10・3民録23輯1639頁）。動産質では，そもそも被担保債権が登記によって公示されることはないし，また，設定時に目的物が引き渡されるため後順位担保権者等がほとんどあらわれないことからも，根抵当とは異なる扱いが是認されてよい。

なお，質権者が質物を留置していても，それによって被担保債権の消滅時効の進行が妨げられることはない（350条・300条）。

(b) 効力の及ぶ被担保債権の範囲　被担保債権のなかには，元本，利息，違約金，質権実行の費用，質物の保存の費用および債務の不履行または質物の隠れた瑕疵によって生じた損害が含まれる（346条本文）。ただし，設定行為で別段の定めがあれば，それに従う（同条ただし書）。このように，質権の被担保債権の範囲が，抵当権の場合（375条）と比べて広く認められ，また当事者間の契約で決しうるものとされているのは，質権の場合には設定時に目的物が引き渡されるため，後順位担保権者や第三取得者等，目的物に利害関係を有する第三者があらわれることが稀だからである。

2 動産質権の実行前の効力

(1) 留置的効力

質権者は，被担保債権の弁済を受けるまで，質物を留置することができる（347条本文）。被担保債権が存在する間に提起された質物の返還請求の訴えは棄却される（大判大正9・3・29民録26輯411頁）。

もっとも，自己に優先する権利をもつ債権者に対して，質権者が留置的効力を主張することはできない（347条ただし書）。したがって，先順位担保権が実行されるときには，競売のための執行官への引渡しを拒むことはできず（民執

124 条・190 条参照），順位に応じた配当を受けるのみとなる。

　なお，質権者が質物を留置しているかぎり，質権が被担保債権から独立して消滅時効にかかることはない。

(2)　目的物の使用・収益・保管

(a)　使用収益権　　動産質権者には原則として質物の使用収益権が認められておらず，設定者の承諾がないかぎり，質物を使用し，賃貸し，または担保に供与することができない（350 条・298 条 2 項本文）。もっとも，質物の保存に必要な使用をすることについては，設定者の承諾を要しない（350 条・298 条 2 項ただし書）。例えば，運転を止めると錆が出てしまうおそれのある機械を使用する等である。

(b)　果実収取権　　設定者の承諾を得て動産質権者が質物を賃貸したときのように，質物から賃料等の果実が生じるときには，質権者は，この果実を収取し，これによって他の債権者に優先して弁済を受けることができる（350 条・297 条）。この場合，被担保債権の弁済期が到来していることを要しないと解するのが一般的である。

(c)　質権者の保管義務　　質権者は，質物の占有につき善管注意義務を負う（350 条・298 条 1 項）。この義務，あるいは(a)に述べた，設定者の承諾なく質物を使用・賃貸・担保供与しない義務に質権者が違反したときには，設定者は質権の消滅を請求することができる（350 条・298 条 3 項）。なお，質権者は，留置していた質物につき必要費や有益費を支出したときは，その償還を請求することができる（350 条・299 条）。

(3)　目的物の占有侵奪に対する救済

　質権も物権である以上，質物が第三者に奪われた場合には，質権者は質権に基づく物権的返還請求権を行使できてよさそうである。ところが，民法はこれを認めず，質物の占有の回復は，占有回収の訴えによってのみすることができるとしている（353 条）。動産質権者は継続して質物を占有しなければ第三者に対抗できないとする 352 条を受けたものであり，占有のない動産質の効力を強大にすることは，他の債権者を害するおそれがあると考えられたためである。

　しかし，そもそも質物の占有を侵奪した者との関係については，対抗の問題とはならないはずである。353条の規定をも勘案して352条を解釈するならば，同条にいう「対抗」とは，不法侵奪者等も含め，すべての第三者に対して主張することをあらわすものと解さざるをえないが，これは対抗についての一般的な理解とは整合しない。また，質物の不法侵奪者に対して質権に基づく返還請求ができないとするのは，動産質権の物権性が弱くなりすぎてしまう。実際，占有回収の訴えでは，質物が奪取された場合以外の，例えば詐取されたり，遺失した場合には，占有の回復ができなくなるという不都合が生じる（第6章第5節**2**(1)）。このため，353条については，立法論として強い批判がある。

(4) 物 上 代 位

　質権も，他の優先弁済的効力のある担保物権と同様，物上代位が認められており，質物の売却，賃貸，滅失または損傷によって債務者が受けられる金銭等に対しても質権を行使することができる（350条・304条）。このうち，「滅失」「損傷」に関しては，損害賠償請求権や保険金請求権につき質権者が物上代位権を行使することは大いにありうる。しかし，「売却」については，質権者が占有をしている状態で質物が売却されることはほとんどなく，仮に売却されたとしても，抵当権において議論されているのと同様，質権は売却後も目的物上に存続する以上，物上代位を認める必要性はないとも考えられる。また，「賃貸」についても，質権者が占有している以上，設定者が質物を賃貸することは実際にはほとんどない。

3 優先弁済権の実現

(1) 優先弁済権実現の方法

　(a) 動産質権の実行　　動産質権の実行には，競売によるもののほか，簡易な弁済充当の方法もある。

　(ⅰ) 動産競売　　動産質権者が優先弁済権を実現する方法としては，動産競売によって質物を売却し，そこから優先弁済を受ける，というのが原則となる。動産競売手続については民事執行法に定めがある（民執190条〜192条）。

　(ⅱ) 簡易な弁済充当　　動産には廉価なものも少なくなく，それなのに，い

かなる場合でも競売によって優先弁済権を実現せよというのは，競売に要する費用のほうが質物の評価額を上回る可能性もあるため，質権者に酷である。そこで，動産質権については簡易な実行方法も認められている。競売しても費用倒れになることや，買い手があらわれないことが推察される等，正当の理由がある場合については，動産質権者は，鑑定人の評価に従い，質物をもってただちに弁済に充当することを裁判所に請求することができる（354条前段）。この場合，質権者は，その請求をする旨の通知をあらかじめ債務者にしておかなければならない（同条後段）。

(b) 実行以外での優先弁済権の実現　　抵当権と同様，他の債権者の申立てにより競売がされたときには（347条ただし書参照），質権者は，配当要求をして優先弁済を受けることができる（民執133条）。また，質物所有者につき倒産手続が開始された場合の扱いも，抵当権と同様である（第10章第5節**4**）。

なお，質権者は，質物から生じる果実を収取し，これによって優先弁済を受けることもできる（350条・297条。本節**2**(2)(**b**)）。

(2) 流質契約の禁止

質権設定者は，設定行為または債務の弁済期前の契約において，質権者に弁済として質物の所有権を取得させ，その他法律に定める方法によらないで質権の目的物を処分させる旨を約することができない（流質契約の禁止。349条）。債権者が債務者の窮状に乗じて不当な利益を得るおそれを回避するためである。弁済期到来後であれば，こうしたおそれはないから，流質の合意をすることも認められる。

もっとも，債務不履行時に目的物の所有権を債権者が取得したり，任意処分する方法で担保権を実行することは，譲渡担保を用いれば実現することができるのであって，譲渡担保は349条の脱法行為にもあたらないと解されている（第12章第2節**1**(2)）。譲渡担保においては，目的物の価額が被担保債権額を上回るときには債権者に清算義務が課されている（第12章第2節**6**(2)）。このことからすれば，債権者が高額の物件を「丸取り」する暴利行為への対処としては，流質契約を禁じることによらなくとも，清算義務を課すことで十分といえる。そのため，349条については，立法論としてこれを廃止すべきとの見解が

一般的である。

　なお，商行為によって生じた債権を担保するために設定された質権である場合（商515条），および営業質屋の場合（質屋19条1項）には，法律上，流質契約が認められている。

(3) 質権実行と強制執行の関係

　抵当権については，抵当不動産によって弁済を受けることができない場合しか，一般債権者の立場で，抵当不動産以外の債務者の財産につき強制執行をすることができない（394条。第10章第5節 **1** (4)）。しかし，動産質権についてはそのような制約はなく，一般債権者の立場で強制執行をすることもできる。

4 転　質

(1) 転質の意義──承諾転質と責任転質

　質権者が質物を自己の債務のために質入れすることを，転質という。質権者は，その権利の存続期間内において，自己の責任で，質物につき転質をすることができる（348条）。例えば，Aに100万円の融資をする際，その担保としてA所有の甲動産（価額120万円）につき質権の設定を受けたBは，Cから80万円の融資を受けるにあたって，この質物につきCのための転質権を設定することができる（Aは原債務者・原質権設定者，Bは原質権者・転質権設定者，Cは転質権者と呼ばれる）。

　原債務者Aの承諾の下にされる承諾転質が認められるのは当然であるとして（350条・298条2項），348条は，原債務者の承諾なしにされる責任転質をも認める趣旨で規定されたものと解されている（大連決大正14・7・14刑集4巻484頁，最決昭和45・3・27刑集24巻3号76頁）。

(2) 責任転質の成立・対抗要件

　責任転質は，質権設定の場合と同様，目的物の引渡し等が成立要件となる。このほか，転質権の被担保債権額や存続期間が原質権のそれを超過しないことも，かつては成立要件になると解されていた。しかし，現在の学説は，これらを成立要件ではなく効力の問題として取り扱っている。すなわち，転質権の被

担保債権額が原債権の被担保債権額を上回っていても転質権は有効に成立し，ただ転質権者は原質権の被担保債権額の範囲でのみ優先弁済を受けられるとするのである。また，転質権の被担保債権の弁済期が原質権の被担保債権よりも後に到来するのでもよく（原質権の存続期間内で転質をなすべき旨を定める348条は，存続期間の定め〔360条〕がある不動産質権にのみ適用される），その場合の原質権との調整は，後述する(5)のような形で図ればよいと解されている。

　第三者対抗要件は，質物の占有の継続である（352条）。

(3)　責任転質における転質権設定者の加重責任

　転質権設定者は，承諾転質では善管注意義務を負うにとどまるが（350条・298条1項），責任転質の場合は責任が加重されており，転質をしなければ生じなかったであろう不可抗力による損失についても責任を負う（348条後段）。

(4)　責任転質が原質権やその被担保債権に及ぼす効果

　転質権は原質権に依拠して成り立っている以上，原質権が消滅すると転質権も消滅してしまう。そのため，原質権者は，原質権やその被担保債権を消滅させてはならない義務を負っており，転質権者の承諾なく原質権の実行や放棄をしたり，原債権の被担保債権につき弁済を受けたりすることはできない。なお，転質権の被担保債権額を超える部分については原質権者において弁済を受けたり質権を実行したりすることが認められないかが問題となるが，転質権の被担保債権が利息の発生等によって増加する可能性があり，また担保物権の不可分性からしても，これを否定すべきとするのが一般的である。

　一方，原質権の債務者（原質権設定者）も，上述のような転質権の設定に伴う拘束を受ける結果，債務の弁済をすることはできず，弁済をしても質権の消滅を転質権者には対抗できないものとされる。しかし，これによって債務者に不測の損害を与えることがあってはならない。そこで，転質権を知らずに債務者が原質権の被担保債権の弁済をしてしまうことのないよう，転質権の設定を原質権の債務者に対抗するためには，債務者への通知またはその承諾を要すべきものと解されている（377条ないし364条の類推適用）。

⑸　責任転質の実行

　転質権が実行された場合の換価金は，まず転質権者が優先弁済を受け，残余があれば原質権者が弁済を受けることになる。転質権者が優先弁済を受けると，原質権者も質物から弁済を受けたのと同じことになるから，原質権設定者に対する原質権者の債権もその範囲で消滅する。

　転質権を実行するためには，転質権の被担保債権のみならず，原質権の被担保債権についても弁済期が到来していなければならない。なお，原質権の被担保債権の弁済期のほうが先に到来したときは，転質権者は，債務者に転質権の被担保債権額の範囲内で供託をさせることができ，転質権者は供託金請求権の上に優先弁済権を有することとなる（366条3項参照）。

⑹　責任転質の法的構成

　責任転質の法的構成についても，転抵当の場合と同様に議論がある（第10章第8節**2**⑵）。①質物質入れ説は，転質とは被担保債権と切り離された質物（原質権者が把握していた担保価値）そのものを再度質入れすると理解するもので，通説である。他方，②共同質入れ説は，原質権とその被担保債権とがともに質入れされるのが転質であるとするものである。両説から導かれる結論については，②説によれば転質権者が原質権の被担保債権を直接取り立てられる（366条1項参照）と解されること以外，ほとんど差異がない。

第3節　不動産質

1 不動産質権の設定

⑴　設定・対抗要件・存続

　不動産質権は，動産質と同様，設定契約によって設定され，債権者に目的物を引き渡すことによって効力が発生する（344条）。もっとも，動産質では質物の占有継続が対抗要件となるのに対し，不動産質権の対抗要件は登記である。なお，質権者が質物を任意に設定者に返還した場合，質権が消滅するか否かが問題とされるが，不動産質権については消滅しないと解されている（本章第2

節**1**(1)(c))。また，占有が第三者に奪われた場合でも，登記がされているかぎ
り不動産質権では物権的請求権を行使することが可能である（最判昭和31・8・
30判タ63号45頁参照）。

　不動産質権においては，存続期間は10年を超えることができず，これを超
える期間が定められた場合は10年に短縮される（360条1項）。更新も可能で
あるが，その存続期間も更新の時から10年を超えてはならない（同条2項）。
存続期間が満了すると質権は消滅するため，被担保債権は無担保の一般債権に
なり，また質権者は目的物を返還しなければならない（大決大正7・1・18民録
24輯1頁等）。このような期間制限が不動産質権において設けられたのは，長
期の質権存続を認め他人の不動産を長期にわたり使用・収益できるとすると，
その間不動産が改良されずに効用が減じられるという，社会経済上望ましくな
い事態になる懸念がある，との理由による（農地を念頭においたもので，278条や
580条も同様の趣旨によるものである）。

(2)　目的物と効力の及ぶ範囲

　不動産質権については，抵当権に関する370条が準用されているため（361
条），その効力は目的不動産の従物に及ぶ。もっとも，抵当権とは異なり，不
動産質権には使用収益権能があるため（356条），果実にもその効力が及ぶ。ま
た，不動産質権でも物上代位は認められるが（350条・304条），使用収益権能
があるため，賃料債権について物上代位を用いる必要性はほとんどない。

(3)　被担保債権と効力の及ぶ範囲

　不動産質権の被担保債権についても動産質権と同様に346条が適用される。
ただし，不動産質権においては，特約がないかぎり利息を請求することはでき
ず（358条・359条），しかもその特約（利息のほか，違約金や賠償額等も同様）は登
記がなければ第三者に対抗することができない（不登95条1項参照）。そのよう
に特約があり登記もされた場合でも，抵当権における375条が準用されるため
（361条），利息等は最後の2年分のみに制限される。

② 質権者の使用収益権と質物保管に関する義務

　不動産質権者は，特約がないかぎり，質物をその用法に従って使用・収益することができる（356条・359条）。350条で質権一般に準用される297条・298条は，使用収益権のある不動産質権には適用がなく，したがって，目的物の使用・収益につき設定者の承諾を得る必要もない。この使用・収益による利得があるがゆえに，不動産質権者は，上述のように利息を得られず（本節**1**(3)参照），また，質物の保管につき善管注意義務を負い，管理費用その他の負担をしなければならないものとされている（357条）。

　なお，担保不動産収益執行が開始されたときは，使用収益権や保管に関する義務が消滅する（359条）。不動産質権者に優先する抵当権者等の申立てにより担保不動産収益執行が開始されると，目的不動産の管理は管理人が行い，その収益は先順位の抵当権等に優先して配当されることになる。

③ 優先弁済的効力

　不動産質権には，その性質に反しないかぎり，抵当権の規定が準用されるため（361条），その実行方法も抵当権と同様，主として不動産競売によることとなり，担保不動産収益執行もできる。動産質権と同様，流質は制限されるが，動産質権において認められる簡易の弁済充当は，不動産質権ではできない。

④ 留置的効力と引受主義

　不動産質権にも留置的効力があり，債権の弁済を受けるまで質物を留置することができる（ただし，動産質権と同様，自己に対して優先権を有する債権者には対抗できない。本章第2節**2**(1)）。また，他の担保権者や一般債権者が不動産競売をしても，不動産質権は存続するため（引受主義。民執188条・59条4項），買受人から自己の債権の弁済を受けるまで質物を留置することができる。ただし，使用・収益をしない旨の特約がある不動産質権については，競売において消滅するため，留置的効力を主張できず，順位に従って配当を受けるのみとなる（民執188条・59条1項）。

5 消滅事由

　不動産質権の消滅については，担保物権の消滅事由が一般に妥当するほか，抵当権の規定が準用されるため（361条），代価弁済（377条）や質権消滅請求（378条）による消滅もある。なお，存続期間の満了によっても不動産質権は消滅する（本節**1**(1)）。

第4節　権利質（債権質）

　民法の権利質の規定は，主として債権質についてのものである。債権質以外の権利質については，民法の質権に関する規定の準用があるほか（362条2項），各種特別法に規定がされている（例えば，株式につき会社146条以下，手形につき手19条，特許権につき特許95条等）。また，指図証券を目的とする質権の設定は，証券に質入れの裏書をして質権者に交付することによってされる（520条の7・520条の2）。以下では，債権質について叙述をする。

1 債権質の成立・対抗要件

(1)　債権に対する質権の設定

　債権に対する質権の設定については，設定契約の締結以外に特別の要件はない。かつては，証書がある場合には証書交付が効力要件であったが，敷金返還請求権への質権設定において賃貸借契約書が交付すべき証書にあたるかをめぐり見解が分かれる等，混乱がみられたため，平成15年の民法改正により，債権譲渡に証書の交付が必要な債権（指図証券。520条の7・520条の2参照）を除いて，証書交付は効力発生要件としないものとされた。

(2)　債権質の対抗要件

　債権に対する質権の対抗要件については，債権譲渡についての467条が準用されている（364条）。すなわち，質権設定を第三債務者に対抗するためには，設定者による第三債務者への通知か，第三債務者の承諾が必要であり，第三債務者以外の第三者に対抗するには，確定日付のある証書でされなければならな

い。このほか，動産債権譲渡特例法に基づき登記ファイルへの登記等で対抗要件を具備することも可能である（動産債権譲渡特14条）。なお，判例では，第三債務者以外の第三者に対抗するためには，質権者が特定されていることも必要であって，質権者の特定されていない承諾は無効であるとされている（最判昭和58・6・30民集37巻5号835頁）。

2 債権質の効力の及ぶ範囲

　債権質の効力は，質入れされた債権の元本のほか，これに伴う利息債権にも及ぶ（350条・297条）。また，質入れされた債権につき保証債務や担保物権があるときは，それらにも質権の効力が及ぶ。この場合，保証債務については独立の対抗要件を備える必要はないが（保証債務の随伴性による），質権や抵当権については，目的物の引渡しや登記（被担保債権質入れの付記登記。不登則3条5号）が効力発生要件ないし対抗要件として求められることになる。

　質入れされた債権が形式的には別個の債権になったとしても，実質的に同一性が失われていないかぎりは，新債権にも質権の効力は及ぶ。例えば，定期預金に質権が設定されたとき，期限満了とともに定期預金証書の書換えがなされた場合にも，実質的に当初の契約が継続しているとみられるときは質権の効力が及ぶものと解される（最判昭和40・10・7民集19巻7号1705頁）。

3 債権質が目的債権に及ぼす効果

　質入れされた債権が消滅や縮減をしてしまうと質権者が害されることになるため，質権設定者と第三債務者は質権設定により一定の拘束を受ける。

　質権設定者は，担保権設定者に一般的に求められるのと同様（第10章第4節参照），質権の目的債権につき適切に維持する義務を負う（最判平成18・12・21民集60巻10号3964頁）。そのため，質権設定者は目的債権につき放棄や免除，相殺をしたり，弁済を受領するなどして，これを消滅・変更させてはならず，これらのことをしても質権者には対抗できないものとされる。

　また，第三債務者は，債権差押えに関する481条1項の趣旨が債権質の設定された場合にも類推されるため，質入れされた債権につき弁済をしても，質権者に対抗できない（大判大正5・9・5民録22輯1670頁）。ただ，質権の実行があ

るまで債務を免れえないという不利益を第三債務者に被らせるべきではないから，第三債務者は供託をすることで債務を免れることができるものとし，質権はその供託物の上に存続すると解すべきであろう（366条3項参照）。

4 優先弁済権の実現

　債権質の優先弁済権実現の方法としては，民事執行法上の債権執行の手続によることももちろん可能であるが（民執193条），質権者には直接取立権も認められている（民366条1項）。すなわち，債権の目的物が金銭である場合には，質権者は，自己の債権額に相当する範囲につき第三債務者から取り立てて，自己の債権に充当することができる（同条2項）。目的債権の弁済期が質権者の債権の弁済期よりも先に到来するときには，質権者は第三債務者に弁済供託をさせることができ，質権はこの供託金の上に存続する（同条3項）。他方，債権の目的物が金銭でない場合は，質権者は被担保債権の弁済期が到来していなくとも債権を取り立てることができ，取り立てた物の上に質権を有することとなる（同条4項）。

　また，質権者は目的債権の果実を被担保債権に充当することができる（350条・297条）。例えば，目的債権から各期ごとに利息債権が発生する場合，質権者はその都度利息債権を第三債務者から取り立て，被担保債権に充当することが可能である。

第 *12* 章

非典型担保

　この章では，民法その他の法律に定められた担保方法ではない，変則的な担保方法である「非典型担保」を取り上げる。非典型担保は，理論面での面白さと実際面での難しさを兼ね備えており，「取引社会では何が求められているのか」「民法その他の法律のどこに問題があるのか」の理解が重要である。

第 1 節　序　　説

1 非典型担保の意義

　債権を担保するために，民法が規定する約定担保物権（質権・抵当権）を利用しないで，例えば，目的物の所有権を債権者に担保目的で移転し，債務が履行されたら債権者は所有権を返還するが，債務不履行の場合にはこれを確定的に取得することで本来の債務の弁済に代えるといった方法で，担保の目的を達しようとすることが行われている。このような，民法が担保としては想定していない担保方法を非典型担保という。

331

2 非典型担保の種類

　非典型担保にはいくつかの種類がありうるが，一般に広く用いられているのは次の 3 種類である。

(1)　権利移転型担保「譲渡担保」

　第 1 は，あらかじめ担保の目的となる権利を債権者に移転し，債務が履行されるとこの権利を設定者に返還するものであり，「譲渡担保」と呼ばれている。

(2)　権利移転予約型担保「仮登記担保」

　第 2 は，債務不履行があってはじめて目的となっている権利を債権者に移転させるものであり，債務不履行時に債権者が取得する権利移転請求権を仮登記（不登 105 条以下）によってあらかじめ保全しておくところから「仮登記担保」と呼ばれている。

(3)　権利留保型担保「所有権留保」

　第 3 は，とくに売買代金債権を担保するために，売買代金が支払われるまで売買の目的である権利を買主に移転しないものであり，「所有権留保」と呼ばれている。債務が履行されるまでは債権者が担保の目的となる権利を保持するという点では，譲渡担保と共通する。

> ### Column 12-1　代理受領・預金担保貸付
>
> 　とくに国・地方公共団体が発注する公共工事・物品納入等を請け負った業者の資金需要を満たすために大きな役割を果たしているものに「代理受領」がある。これは，業者が国・地方公共団体に対して有する請負代金債権は譲渡・質入れが特約で禁止されているため，このような請負代金債権について，業者に融資をした者が，業者から弁済受領の委任を受け，これを，請負代金債権の債務者である国・地方公共団体が承認するというものである。この承認に反して，国・地方公共団体が業者に弁済を行えば，融資者に対して，国・地方公共団体は不法行為責任を負う（最判昭和 44・3・4 民集 23 巻 3 号 561 頁）。請負代金債権が他の債権者に差し押さえられたり，業者について破産手続が開始した場合に，融資者は請負代金債権について優先権を主張できない点で，その効力は弱

いが，実務ではしばしば用いられる。融資者が銀行の場合には，国・地方公共団体の債務の弁済方法を，業者が銀行に有する預金口座への振込みに限定することが行われ，これをとくに「振込指定」ということがある。

　銀行実務においては，預金者に対してその預金債権を担保に融資すること（いわゆる預金担保貸付）が少なくない。とりわけ「定期預金」の場合においてすでにかなりの期間預け入れている場合，これを解約する（その結果，定期預金よりも金利の低い「普通預金」として預け入れていたことになる）より，預金担保貸付を受けて短期間でこれを返済する方が預金者にとっても有利となる。このとき，銀行は貸付債権と預金債権を相殺することにより，自分の債務の履行を免れるという形で，他の債権者に優先して貸付債権を回収したのと同様な利益を受けることができる（相殺の担保的機能）。しかも，判例（最大判昭和45・6・24民集24巻6号587頁）は，預金債権が差し押さえられてから融資した場合でないかぎり，たとえその後に預金債権が差し押さえられても，貸付債権および預金債権の弁済期の前後を問わず，両債権が相殺適状に達しさえすれば，第三債務者たる銀行は差押え後においても，貸付債権を自働債権として預金債権と相殺することができるとしており，相殺の担保的機能はより強固なものとなっている。

3 非典型担保の特色

(1) 権利取得型担保

　典型担保においては，担保に供されている財産（目的物）の所有権を制限する制限物権を債権者が取得し，債務者の債務不履行時には，民事執行法に基づき，目的物を裁判所の行う競売等により換価し，その換価金から優先弁済を受ける。

　これに対して非典型担保は，所有権等の特定の権利を債権者が取得することによって債権を回収する点で，典型担保のような制限物権（他物権）とは根本的に異なっている。

(2) 非占有担保

　非典型担保は，債権者が目的物を受け取ることを必要としていない。目的物が不動産の場合には，登記さえ備えれば，その所有権の移転を対抗することができる（177条）し，目的物が動産の場合であっても，その所有権の移転を第

三者に対抗するために必要な「その動産の引渡し」(178 条) には占有改定 (183 条) が含まれる。その結果，目的物の現実の占有を設定者にとどめておくことが可能であり，設定者の営業活動や日常生活に必要不可欠な不動産・動産を担保として利用することが可能になる。

4　非典型担保の存在理由

(1)　約定担保物権の機能不全

金融を原因とする債権を担保する手段として，民法には，質権と抵当権が規定されている。しかし，質権は，目的物の占有を債権者に移転することが必要とされ (342 条)，設定者の営業活動や日常生活に必要不可欠な財産を目的とすることができない。この点，抵当権は，債権者に目的物の占有が移転しないが，原則として不動産にしか使えない (369 条)。さらに抵当権は，設定後の賃借人による占有を負担しなければならず (395 条)，抵当権の消滅を請求されたり (379 条以下)，優先弁済を受けることができる被担保債権の範囲も限定される (375 条)。しかも，抵当権はその設定・実行に手数がかかる。設定の手間は根抵当 (第 10 章第 10 節) によってかなりの程度まで緩和されているが，抵当権を実行するためには裁判所の手続をふまねばならず，時間も費用もかかる上，売却価格も通常はかなり下がる。とくに，売却価格が低くなりがちな点は，設定者にとっても不利益である。そこで，裁判所の手続によらずに実行できる担保方法が求められ，そのために権利の取得という法的手段が用いられているのである。

(2)　約定担保物権の設定になじまない財産の存在

先述の「営業活動や日常生活に必要不可欠な動産」以外にも，「構成部分が変動する流動財産 (動産・債権)」(本章第 2 節 **8**)，「将来取得するかもしれない権利」，ゴルフ会員権のような「契約上の地位」，「形成途上にあるが，すくなくとも譲渡性を獲得した権利」等は，経済的価値が高いものもあるが，これらに約定典型担保物権を設定することは，不可能であるか，可能であっても著しい困難を伴う。そこで，権利の取得という法的手段を用いることにより，これらを担保として利用することが可能になる。

5 非典型担保の課題

　以上のような典型担保の難点を回避するために，担保として権利を取得する「非典型担保」という手段が生み出されたが，物的担保の歴史を振り返ると，典型担保は「担保目的の所有権取得」の克服であるともいえる。すなわち，物的担保の歴史は「担保目的の所有権取得」に始まるが，この方法だと，所有権という担保としては過大なものが債権者に帰属することになり，とくに，債権者が弁済期前に目的物を不当に処分すれば，担保設定者の利益が危険にさらされるし，被担保債権額に比して過大な経済的価値が債権者に帰属する結果（「丸取り」）となることも多いので，これらを避けるために，所有権を制限する制限物権として，所有権の有する諸権能のうち債権の担保に資する権能のみを債権者に移転する「担保物権」（典型担保）が生み出されたのである。したがって，非典型担保はむしろ一種の「先祖返り」であり，「担保物権」制度の存在意義を根幹から揺るがしかねず，必然的にこのままでは許されるものでない。このような歴史をふまえるならば，非典型担保は，設定者の利益に配慮したものでないかぎり，社会的な承認を受けることができない。そこで，判例や特別法が，以下で説明するように，「担保」という経済的目的と「権利取得」という法的構成の乖離が生み出す不合理な結果を是正してきたのである。

第2節　譲渡担保

1 序　　説

(1)　譲渡担保の意義

　譲渡担保とは，債務不履行に備えて，債務者または第三者の権利（とりわけ所有権）をあらかじめ債権者に移転しておくというように，債権の担保という目的のために，権利の譲渡という手段（法技術）を用いる担保方法である。この方法が用いられた場合，債務が履行されると，債権者に移転した権利が設定者に復帰するが，債務不履行が生じても，移転した権利を債権者にそのまま帰属させておけばよく，それがすなわち被担保債権の満足につながるから，債権

者にとっては一見極めて有利な担保方法となっている。

(2)　譲渡担保の有効性

　債権者に有利である反面として，譲渡担保の有効性が，以下の 4 点で問題となった。

　(a)　**虚偽表示（94 条）**　　債権の担保という目的を超えた「権利の譲渡」という法形式をとることは虚偽表示（94 条）であるようにもみえる。譲渡担保の法的構成（(4)）について担保的構成をとる場合にはとくに問題となる。ただし，担保的構成であっても，設定者留保権が債権者から設定者に移転すると考える「二段物権変動説」に立つと，目的たる権利自体は債権者にいったんは移転することになるから，虚偽表示とはいえない。判例は早い段階から，虚偽表示ではないとする（大判大正 3・11・2 民録 20 輯 865 頁）。

　(b)　**物権法定主義（175 条）**　　後述の担保的構成をとると，「譲渡担保権」「設定者留保権」といった民法にはない「物権」を認める必要が出てくる。これらは「慣習法上の物権」（第 1 章第 2 節**3**）であると考えなければなるまい。

　(c)　**公序良俗（90 条）**　　目的たる権利の価額が被担保債権額と比べて著しく高い場合にも，債務が履行されなければ債権者は取得した権利を「丸取り」できるとなると，暴利行為として公序良俗に反し，設定契約それ自体が無効となる（90 条）。これを回避するために認められたのが，後述の「清算義務」（本節**6**(2)）である。この「清算義務」により，流質契約を禁止する 349 条との関係も問題にならなくなる。

　(d)　**設定者による代理占有の禁止（345 条）**　　目的物の現実の占有が設定者にとどまる場合，質権設定者の代理占有を禁じた 345 条の脱法行為という疑いが生じる。判例は古くから，譲渡担保は目的物の所有権を移転するものであって，質権を設定するものではないから，質権の規定の適用はないとしている（前掲大判大正 3・11・2）が，後述の担保的構成をとると説明が困難になると思われる。345 条の趣旨を限定的に理解するほかはあるまい。

(3)　譲渡担保の機能

　譲渡可能な権利であれば，すべて譲渡担保の目的となりうるため，目的物は

多種多様にわたっている。判例は，手形小切手等の有価証券，ゴルフ会員権等の契約上の地位（最判昭和 50・7・25 民集 29 巻 6 号 1147 頁），特許権，コンピュータ・ソフトウエアを目的とする譲渡担保を認めている。こうして，譲渡担保は資金を調達する機会の拡大に貢献している。しかも，目的物の占有が債権者に移転することを必要としていないため，営業活動に必要不可欠な動産，さらには，それらを含む企業全体を担保化する手段として重要な機能を有しており，ベンチャー企業等，十分な不動産を有しない中小企業の資金調達や，特定のプロジェクトを構成する資産を担保とする融資である「プロジェクト・ファイナンス」に伴う担保方法として利用されることも多い。

　また，目的となっている権利があらかじめ債権者に移転するのであるから，他の担保権と比べても，その権利は確かなものであるだけでなく，実行段階でも，権利取得のために改めて特別な手続を要するわけではない。その結果，競売手続等によらないで簡易・迅速に担保目的を実現することができる。

　さらに，不動産を目的とする場合においては，最初から債権者のために所有権移転登記をしてしまうので後順位担保権者・差押債権者・第三取得者等の登記上の利害関係人がそもそも出てこず，債権者が無用な紛争に巻き込まれる危険性もその分小さくなる。

(4)　譲渡担保の法的構成

(a)　**学　説**　譲渡担保においては，権利，とりわけ目的物の所有権を債権者に移転するという法形式をとるが，それはあくまで債権の担保が目的であるから，債権者に移転した所有権を債権者がその権利者として担保目的を超えて自由に行使することは許されないのはいうまでもない。問題は，そのような法律関係をどのように法律構成するかである。

（i）所有権的構成　債権者はあくまで目的物の所有権者であり，ただ担保目的を超えて所有権を行使しないという債権的拘束を受けるにすぎないと構成する考え方を所有権的構成という。この構成だと，債権者による弁済期前の目的物処分（不当処分）から設定者を十分に保護することができない。すなわち，この場合設定者は債権者に対して債務不履行に基づく損害賠償請求権を有するにとどまり，この損害賠償請求権のために目的物について留置権は成立しない

（最判昭和 34・9・3 民集 13 巻 11 号 1357 頁）ので，目的物譲受人からの目的物返還請求を拒むことができない。

(ii)　担保的構成　そこで，設定者にも目的物について何らかの物権が帰属しており，その反面として，債権者も目的物について完全な所有権を有しているわけではないと構成する考え方が通説となっている。これを担保的構成という。

この担保的構成をとる学説も大きく 2 つに分けることができる。1 つは，目的物の所有権は設定者に残り，債権者は何らかの担保物権を取得するにとどまるとするものであり，もう 1 つは，目的物の所有権は法形式どおり債権者に移転するとした上で，設定者に何らかの物権（設定者留保権）を認めるものである。前者は，さらに，債権者が取得する担保物権を，抵当権と構成するもの（抵当権説）と，抵当権とは異なる一種の制限物権と構成するものに分かれるが，いずれにしても判例（(b)）との乖離が大きい。後者は，さらに，完全な所有権がいったん債権者に移転した上で設定者留保権が債権者から設定者に移転すると考える「二段物権変動説」と，設定者留保権によって制限されている所有権が債権者に移転すると考えるものに分かれる。

(b)　**判　例**　それでは，最高裁判所は譲渡担保の法的構成についてどのような立場をとっていると考えられるのであろうか。

(i)　最高裁判所がはじめて「所有権的構成」からの脱却を示したのは，最判昭和 41・4・28 民集 20 巻 4 号 900 頁である。これは，設定者について会社更生手続が開始したので，譲渡担保権者が目的物の引渡しを求めた事案において，譲渡担保設定契約に基づく所有権の移転は確定的なものではないから，譲渡担保権者は，更生担保権者に準じて，更生手続によってのみ権利行使をなすべきものであり，所有権に基づく目的物の取戻権を有しないとしたものである。このような結論を「所有権的構成」から導くことはなかなか容易でない。また，設定者は，正当な権原なく目的物を占有する者に対してその返還を請求することができるとした最判昭和 57・9・28 判時 1062 号 81 頁，譲渡担保権者と設定者は，いずれも目的不動産について被保険利益を有するとした最判平成 5・2・26 民集 47 巻 2 号 1653 頁，担保実行前の譲渡担保権者は旧 378 条の「第三取得者」に該当しないとした最判平成 7・11・10 民集 49 巻 9 号 2953 頁，被担保

債権の弁済期前に譲渡担保権者の債権者が目的不動産を差し押さえた場合，設定者は，第三者異議の訴え（民執38条）により強制執行の不許を求めることができるとした最判平成18・10・20民集60巻8号3098頁（傍論）も，譲渡担保権者は完全な所有権者ではなく，設定者にも何らかの物権が帰属していると理解するものといえよう。

(ii) ところが，その一方で，譲渡担保権者に所有権が帰属していることを前提とする判断もみられる。例えば，最判昭和56・12・17民集35巻9号1328頁が，譲渡担保権者は，第三者異議の訴えにより，目的物に対し設定者の一般債権者がした強制執行の排除を求めることができる（ただし，旧民事訴訟法第6編の事件である。民事執行法制定後のものとしては，最判昭和58・2・24判時1078号76頁がある）とし，最判昭和62・11・10民集41巻8号1559頁〈判例12-3〉が，譲渡担保権者は333条の「第三取得者」に該当するから，先取特権に基づいて目的動産についてなされた動産競売の不許を求めることができるとし，さらに，最判昭和62・11・12判時1261号71頁が，設定者は，譲渡担保権者から被担保債権消滅後に目的不動産を譲り受けた者に対して，登記がなければその所有権を対抗できないとしている。

(iii) そこで，これらを整合的に理解するためには，譲渡担保の設定により，目的物の所有権は一応債権者に移転するが，設定者にも物権（設定者留保権）が帰属しており，これにより債権者に移転した所有権は制限されていると考えるべきであろう。

2 譲渡担保の設定

(1) 設 定 契 約

(a) **当事者**　　債権者と譲渡担保の目的たる権利の権利者との間の諾成・無方式の譲渡担保設定契約によって設定される。「権利を債権者に譲渡すること」と「それが債権担保の目的であること」の合意があれば，譲渡担保設定契約は成立する。資金調達の目的で締結された買戻特約（579条）付売買契約は，目的不動産の占有の移転を伴わない場合には，譲渡担保設定契約の性質を有する（最判平成18・2・7民集60巻2号480頁）。資金調達目的の再売買予約付売買契約も同様であろう。

(b)　**被担保債権**　被担保債権の種類に制限はない。抵当権の場合と同様，将来債権でもよい。さらに，将来増減変動する一団の不特定の債権を担保する「根譲渡担保」の設定も可能である（最判昭和 44・12・19 民集 23 巻 12 号 2518 頁）。そのように解しても，譲渡担保の目的物について後順位の担保権を設定することは事実上困難であり，したがって，剰余価値の利用はなされにくいから，あまり問題は生じない。

(c)　**目的物**　譲渡性のある財産であれば，不動産・動産・権利を問わず，すべて目的物となりうる。いまだ特許権の設定登録を受けていない「特許を受ける権利」は，質権の目的とすることができない（特許 33 条 2 項）が，移転することはできる（同条 1 項）ので，譲渡担保の目的となりうる。現時点ではいまだ債権自体が成立していないが，将来発生し設定者が有することになる債権も，「譲渡人の営業活動等に対して社会通念に照らし相当とされる範囲を著しく逸脱する制限を加え，又は他の債権者に不当な不利益を与えるものであると見られるなどの特段の事情」がなければ，特定性が満たされているかぎり，譲渡担保に供することができる（最判平成 11・1・29 民集 53 巻 1 号 151 頁〈 判例 12-4 〉）。

構成部分が変動する流動財産（動産・債権）も目的物となりうる。ただ，この場合，流動財産固有の性質に起因する問題が少なくないので，本節 **8** で説明する。

(2)　対 抗 要 件

(a)　**不動産を目的とする場合**　所有権の移転登記（177 条）である。登記原因を「譲渡担保」とすることも登記実務上認められているが，「売買」「代物弁済」とすることも少なくない。この場合，登記簿上は債権者が目的不動産の完全な所有者としての外観を有することになるため，さまざまな問題が生じやすい。また，登記原因を「譲渡担保」としたところで，被担保債権額や債務者が公示されることはなく，譲渡担保がすでに実行されたのか否かすらも，登記面からは明らかでない。いずれにしても，公示機能が十分に果たされているとはいえない。

(b)　**動産を目的とする場合**　引渡し（178 条）である。占有改定（183 条）の方法がとられた場合でも，目的物の所有権が債権者に移転したことを第三者

に対抗できる（最判昭和 30・6・2 民集 9 巻 7 号 855 頁。最決平成 29・5・10 民集 71 巻 5 号 789 頁も参照）。この方法によれば，設定契約後も設定者が目的物の利用を継続することができるが，その反面として，公示機能はほとんど期待できず，譲渡担保の目的物であることを知らないで設定者と取引をした第三者との利害の調整を図る必要が生じやすい。

平成 16 年に「債権譲渡の対抗要件に関する民法の特例等に関する法律」が改正され，動産譲渡登記制度（第 5 章第 2 節 **3**(2)）が創設された（法律の名称も，「動産及び債権の譲渡の対抗要件に関する民法の特例等に関する法律」となった）。この制度の対象は，担保目的の譲渡にかぎられないが，その狙いは，事業の収益性に着目した融資を実現するために在庫商品その他を包括的に担保化することにある。これによれば，法人が動産を譲渡した場合において，当該動産につき動産譲渡登記ファイルに譲渡の登記がされたときは，当該動産について，民法 178 条の引渡しがあったものとみなされる（動産債権譲渡特 3 条 1 項）。動産譲渡登記ファイルに記録されている事項を証明した書面（登記事項証明書）は，譲渡人・譲受人・差押債権者その他の当該動産の譲渡につき利害関係を有する者のみがその交付を請求できる（動産債権譲渡特 11 条 2 項）にすぎない。したがって，特定の動産が譲渡の対象となっているかどうかを知るためには，登記事項証明書を見せるように動産所有者に求めることになる。また，動産譲渡登記があるからといってただちに第三者の即時取得を阻止するものでもない。

(c) **債権を目的とする場合**　　債権譲渡の対抗要件，すなわち，第三債務者への確定日付のある通知，または，第三債務者からの確定日付のある承諾（467 条 2 項）である（最判平成 13・11・22 民集 55 巻 6 号 1056 頁 ◀ 判例 12-5 ▶）。

平成 10 年に債権譲渡登記制度が創設され，法人が金銭債権を譲渡した場合において，当該債権の譲渡につき債権譲渡登記ファイルに譲渡の登記がされたときは，当該債権の債務者以外の第三者については，民法 467 条の規定による確定日付のある証書による通知があったものとみなされる（動産債権譲渡特 4 条 1 項）。当該債権の債務者（第三債務者）に譲渡を対抗するためには，譲渡担保権者が第三債務者に登記事項証明書を添付した通知を行うか，第三債務者の承諾を得る必要があり（同条 2 項），それがなされない間は，第三債務者は，譲渡の対抗を受けないわけだから，そのまま譲渡人に弁済をすれば足りる。

③ 効力の及ぶ範囲

(1) 目的物の範囲

目的物に付合した物は，242 条以下に基づき，譲渡担保の目的物となる。目的物の従物も，譲渡担保設定時にすでに存在すれば，87 条 2 項により，譲渡担保の目的物となる。譲渡担保設定後に目的物に附属された従物も，設定契約で目的物となる旨の合意をすれば，譲渡担保の目的物になりうる。目的物が借地上建物の場合，当該借地権（従たる権利）も譲渡担保の目的物である（最判昭和 51・9・21 判時 833 号 69 頁）。

最高裁判所は，信用状取引における動産譲渡担保の事例において，結論としては譲渡担保に基づく目的物の売却代金債権に対する物上代位を認めている（最決平成 11・5・17 民集 53 巻 5 号 863 頁，前掲最決平成 29・5・10）。さらに，物上代位の根拠として，譲渡担保権者が目的物の「価値を担保として把握する」ことを指摘する（最決平成 22・12・2 民集 64 巻 8 号 1990 頁 ◀判例 12-1▶）。通説も，担保物権の通有性である「物上代位性」（第 9 章 ④ (4)）を定める 304 条が譲渡担保にも類推適用され，物上代位が一般的に認められるとする。

> ◀ 判例 12-1 ▶ 最決平成 22・12・2 民集 64 巻 8 号 1990 頁
>
> 【事案】魚の養殖業を営んでいた Y は，X との間で，養殖施設内の養殖魚を目的とする譲渡担保設定契約を締結した。その設定契約においては，Y がその養殖魚を通常の営業方法に従って販売できること，その場合，Y は，これと同価値以上の養殖魚を補充することなどが定められていた。その後，上記養殖施設内の養殖魚が赤潮により死滅し，Y は，漁業共済契約に基づき，これによる損害をてん補するために，漁業共済金請求権を取得した。ところが，Y は，X から新たな貸付けを受けられなかったため，養殖業を廃止した。そこで X は，上記譲渡担保に基づく物上代位権の行使として，上記共済金請求権を差し押さえた。これに対し，Y が執行抗告をした。原審が Y の執行抗告を棄却したため，Y が許可抗告。
>
> 【判旨】抗告棄却。「構成部分の変動する集合動産を目的とする集合物譲渡担保権は，譲渡担保権者において譲渡担保の目的である集合動産を構成するに至った動産（以下「目的動産」という。）の価値を担保として把握するものであるから，その効力は，目的動産が滅失した場合にその損害をてん補するために譲渡担保権設定者に対して支払われる損害保険金に係る請求権に及ぶと解するの

が相当である。もっとも，構成部分の変動する集合動産を目的とする集合物譲渡担保契約は，譲渡担保権設定者が目的動産を販売して営業を継続することを前提とするものであるから，譲渡担保権設定者が通常の営業を継続している場合には，目的動産の滅失により上記請求権が発生したとしても，これに対して直ちに物上代位権を行使することができる旨が合意されているなどの特段の事情がない限り，譲渡担保権者が当該請求権に対して物上代位権を行使することは許されないというべきである。」

Column 12-2　304条類推の必要性

　譲渡担保権者には，設定者留保権による制限があるとはいえ，目的物の所有権が移転しているのであり，かつ，譲渡担保権者自らがそれを望んだわけであるから，譲渡担保権者に所有権以上の権利を認める必要性は大きくない。譲渡担保権者が，目的物の売却代金債権からの優先弁済を望むのであれば，本来なら，設定当事者間で，例えば「設定者に目的物の処分権限を認めるが，その代金債権は譲渡担保の目的とする」といった合意が必要であるとすべきだろう。

　目的物の滅失・損傷による損害賠償請求権は，物上代位を待つまでもなく，目的物の所有権者たる譲渡担保権者に帰属する。また，目的物の保険契約も，目的物の所有権者たる譲渡担保権者が通常締結すると考えられ，そうであるなら，それに基づく保険金請求権も，物上代位を待たずに，契約当事者である譲渡担保権者に帰属することになろう（保険の目的物の譲渡については，高松高判昭和58・1・13判タ492号79頁参照）。

---

(2)　被担保債権の範囲

　譲渡担保によって担保されるべき債権の範囲については，強行法規または公序良俗に反しないかぎり，その設定契約の当事者間において自由にこれを定めることができ，第三者に対する関係においても，375条・398条の3に準ずる制約を受けない（最判昭和61・7・15判時1209号23頁）。被担保債権についての公示がない以上，これに対する第三者の信頼も生じえないからである。

４ 設定当事者間の関係

(1)　目的物の利用関係

　目的物の利用関係は，設定当事者の合意によって自由に決めることができる。目的物が賃貸マンションやテナントビルのような収益物件の場合，合意により，

譲渡担保権者が目的物を占有することも十分に考えられる。ただ，設定者に目的物の使用収益を委ねるのが，質権設定では達成できない譲渡担保設定の大きな目的の 1 つであるから，通常は設定契約において，譲渡担保権者を貸主，設定者を借主とする目的物利用（使用貸借・賃貸借）契約が結ばれる。

　目的物の利用に関する合意が消滅したり，あるいはそもそも合意が存在しない場合には，譲渡担保権者に移転した所有権も，設定者が有する設定者留保権も，目的物の使用収益の根拠となりうる。例えば，毎月賃料名目で一定額が設定者から譲渡担保権者に支払われている場合において，その賃料の不払を理由に，目的物の賃貸借契約が解除されても，設定者は設定者留保権を有するかぎり，すなわち，譲渡担保が実行されて設定者留保権が消滅する（本節 **6** (3)）までは，引き続き目的物を利用できると解すべきである。

(2)　目的物保管義務

　(a)　**設定者の義務**　　設定者が目的物を減失・損傷・減少させたり，設定者の処分により譲渡担保権者が目的物の所有権を失えば，設定者は，目的物保管義務の債務不履行（415 条）として，または，譲渡担保権者の所有権侵害の不法行為（709 条）として，損害賠償責任を負う。また設定者が同時に債務者であれば，被担保債権につき期限の利益を喪失する（137 条 2 号）。増担保義務については，抵当権と同様に考えるべきであろう（第 10 章第 4 節 **3** (2)）。

　(b)　**譲渡担保権者の義務**　　譲渡担保の設定により，目的物の所有権が譲渡担保権者に移転するが，それはあくまで債権の担保が目的であるから，譲渡担保権者は設定者に対して，担保目的以外には目的物を利用しないという義務を負う（大判昭和 8・4・26 民集 12 巻 767 頁）。その結果，例えば，譲渡担保権者は，被担保債権の弁済期が到来していないにもかかわらず目的物を処分すれば，設定者に対して債務不履行に基づく損害賠償義務を負う（大判昭和 6・4・24 民集 10 巻 685 頁）。この場合，損害賠償額は目的物の全価額であり，損害賠償額算定の基準時は処分時である（最判昭和 35・12・15 民集 14 巻 14 号 3060 頁）。

(3)　被担保債権消滅に伴う原状回復

被担保債権が弁済等により消滅すれば，担保物権の付従性（第 9 章 **4** (1)）に

より，譲渡担保も当然に消滅し，譲渡担保権者に移転していた所有権は，特別の意思表示を待たず設定者に復帰することになる。ただし，復帰した所有権を，被担保債権消滅後に譲渡担保権者から目的物を譲り受けた第三者に主張するためには，対抗要件が必要である（最判昭和 62・11・12 判時 1261 号 71 頁）。

さらに譲渡担保権者には，譲渡担保設定契約に基づき原状回復義務（例えば，目的物の返還義務，移転登記の抹消義務）が生じる。この原状回復義務と債務の弁済は同時履行の関係にない（最判平成 6・9・8 判時 1511 号 71 頁）。抵当権について，債務の弁済と抵当権設定登記の抹消登記手続が同時履行関係になく（最判昭和 41・9・16 判時 460 号 52 頁，最判昭和 57・1・19 判時 1032 号 55 頁），仮登記担保について，債務の弁済と仮登記の抹消登記手続が同時履行の関係にない（最判昭和 61・4・11 金法 1134 号 42 頁）のと同様である。

5　第三者との関係

(1)　問題の所在

譲渡担保は公示方法が不完全である。すなわち，通常，設定者が目的物を現実に占有し，目的物が不動産の場合には，譲渡担保権者が目的不動産の所有権移転登記を経由するが，その結果，目的物が動産の場合には設定者が，目的物が不動産の場合には譲渡担保権者が，それぞれ目的物の完全な所有者であるようにみえる。このような外観を信頼して，被担保債権の弁済期到来前に，目的物の処分や差押えにより法律上の利害関係を有するに至った第三者と設定当事者の利害をどのように調整するのかが問題となる。

(2)　譲渡担保権者と第三者との関係

(a)　設定者による目的物の処分の相手方との関係

（ⅰ）目的物譲受人との関係　　目的物が不動産の場合，通常，設定者はその登記名義人でないから，設定者による譲渡の相手方たる譲受人は事実上あらわれない。これに対して，目的物が動産の場合，通常，設定者が目的物を現実に占有するから，設定者による譲渡が問題となりうる。この場合，設定者は所有権者でないから，相手方は，即時取得（192 条）の要件を満たす場合，すなわち，相手方が譲渡担保権者の存在につき善意であり，かつ，それを知らないこ

とに過失がない場合にのみ，目的物の所有権を取得することができる。即時取得の要件を満たさない場合には，目的物の所有権を取得することができないが，その場合でも，相手方は設定者留保権を取得することができる。もっとも，目的物の譲渡により被担保債権の弁済期が到来すれば（137 条 2 号），譲渡担保権者は担保を実行することができ，実行が完了すると，相手方が取得した設定者留保権も消滅する（本節**6**）。

　目的動産の譲渡が担保目的の場合，判例（最判昭和 32・12・27 民集 11 巻 14 号 2485 頁，最判昭和 35・2・11 民集 14 巻 2 号 168 頁）が占有改定による即時取得を否定していることに鑑みると，目的動産の現実の引渡しを受けないかぎり，相手方は，設定者留保権を担保目的で取得するにとどまると解すべきである。近時，最高裁判所は，後順位譲渡担保権者の取得する権利には，譲渡担保の実行権限は含まれないとした（最判平成 18・7・20 民集 60 巻 6 号 2499 頁）が，これは，後順位担保権者が設定者留保権を担保目的で取得したにとどまるからであると理解することも可能である。

　(ii)　**目的物賃借人との関係**　　目的物が不動産ですでに賃貸されている場合，その賃借人との関係が問題となる。この場合，譲渡担保権者が保証金・敷金返還債務を承継するかについて，下級審裁判例は承継肯定説と承継否定説に分かれている。他人物の賃貸借も有効であり，譲渡担保が設定されただけでは賃貸人の地位は移転しないと考えるべきであろう。

　(b)　**設定者の一般債権者との関係**　　目的物が不動産の場合，譲渡担保に対抗要件が備えられていれば，設定者の一般債権者は目的物を差し押さえることができない（民執規 23 条 1 号参照）。これに対して，目的物が動産の場合，通常，設定者が目的物を現実に占有するから，設定者の一般債権者がこれを差し押さえることがありうる。このような差押えに対して，判例（最判昭和 56・12・17 民集 35 巻 9 号 1328 頁，最判昭和 58・2・24 判時 1078 号 76 頁）は，譲渡担保権者が第三者異議の訴え（民執 38 条）を提起することを認める。

　たしかに，譲渡担保権者への目的動産の所有権移転はあくまで債権担保が目的であることに鑑みれば，差押債権者が開始した強制執行を排除しなくても，その配当手続において譲渡担保権者に優先弁済を認めれば十分である。しかし，民事執行法は，第三者の開始した動産執行において配当要求により債権回収を

図ることができる担保権者として，先取特権者と質権者を挙げるにとどまっている（民執133条）のであり，譲渡担保権者の配当要求を認めると，執行機関たる執行官は，発生原因が制限的に法定された先取特権や物の占有と結びついた質権の場合と異なり，複雑かつ無限に多様な実体関係の判断を強いられることになるから，現行法の下では，第三者異議の訴えによるほかはない。

設定者について倒産手続（破産手続・再生手続・更生手続）が開始された場合，譲渡担保権者に取戻権（破62条，民再52条，会更64条）を認める必要はなく，他の担保権者同様，破産・民事再生においては別除権（破2条9項，民再53条）を，会社更生においては更生担保権（会更2条10項）を認めれば十分である。判例も譲渡担保権者を別除権者（前掲最決平成29・5・10）・更生担保権者（前掲最判昭和41・4・28）としている。

(c) **目的物侵害者との関係**　設定者に目的物の使用収益が委ねられている場合においては，譲渡担保権者は目的物の不法占有者に対して原則として所有権に基づく明渡請求はできないと解すべきである。しかし，目的物に対する侵害の結果，譲渡担保権者がその権利を確定的に喪失すれば，その侵害者に対して譲渡担保権者は，満足を得られなかった被担保債権額の限度で，不法行為に基づく損害賠償請求ができるとするべきであろう。

(d) **目的建物の敷地所有者との関係**　目的物が借地上建物の場合，借地権が消滅すれば，建物の「実質的所有権者」の探求の困難さ（最判平成6・2・8民集48巻2号373頁　判例 2-1 参照）に鑑みると，建物登記名義人たる譲渡担保権者が，敷地所有者に対して建物収去土地明渡義務を負うことになろう。

(3) 設定者と第三者との関係

(a) **譲渡担保権者による目的物の処分の相手方との関係**　目的物が動産の場合，通常，譲渡担保権者は目的物を直接占有していないから，譲渡担保権者による処分の相手方たる第三者はあらわれにくい。これに対して，目的物が不動産の場合，通常，譲渡担保権者がその登記名義人であるから，譲渡担保権者による処分が問題になりうる。

譲渡担保権者が，被担保債権の弁済期が到来していないにもかかわらず，目的不動産を第三者に譲渡した場合，目的不動産の所有権は譲渡担保権者に帰属

しているのであるから，第三者は有効にその所有権を取得する（大判大正 9・9・25 民録 26 輯 1389 頁，前掲最判昭和 34・9・3）が，他方で，設定者も目的不動産について物権たる設定者留保権を有するのであるから，第三者が取得した所有権は原則としてこの設定者留保権によって制限される。その結果，第三者は設定者に対して目的不動産の明渡しを請求できず，設定者はなお債務を弁済して目的不動産の所有権を取り戻すことができる。

しかし，第三者が設定者留保権の存在について善意であるにもかかわらず，なおこの原則を貫いて，設定者留保権による制限を認めれば，とりわけ譲渡担保権者が登記を具備し，かつ，その登記面からは譲渡担保の存在が明らかではない場合には，登記の外観に対する信頼が損なわれ，取引の安全を著しく害することになる。譲渡担保設定契約に基づき所有権移転登記をなすのは，譲渡担保権者に移転した所有権は設定者留保権によって制限されているというかぎりでは虚偽表示であり，その登記を信頼して目的不動産の所有権を取得した第三者は，94 条 2 項により，設定者留保権の制限の伴わない，完全な所有権を取得することができる。

目的不動産の譲渡が担保目的の場合（前掲最判昭和 56・12・17）は，転譲渡担保として，転質（348 条。第 11 章第 2 節**4**）や転抵当（376 条 1 項。第 10 章第 8 節**2**）に準じて考えればよい。

(b)　**譲渡担保権者の一般債権者との関係**　目的物が動産の場合，通常，譲渡担保権者は目的物を直接占有していないから，譲渡担保権者の一般債権者がこれを差し押さえることは容易ではない（民執 124 条参照）。これに対して，目的物が不動産の場合，通常，譲渡担保権者がその登記名義人であるから，譲渡担保権者の一般債権者がこれを差し押さえることは可能である。この場合，設定者留保権を有する設定者は，第三者異議の訴え（民執 38 条）ができる（最判平成 18・10・20 民集 60 巻 8 号 3098 頁〔傍論〕）。ただここでも，一般債権者が登記名義を信頼して差押えをしたのであれば，94 条 2 項により保護されることになろう。

譲渡担保権者が倒産しても，被担保債権の弁済期が到来しないかぎり，基本的には，譲渡担保をめぐる法律関係に変化はない。旧破産法 88 条は，譲渡が担保目的であったことを理由に設定者が目的物を取り戻すことはできないとし

ていたが，判例（大判昭和 13・10・12 民集 17 巻 2115 頁）はこれを「弁済をしなければ」と縮小解釈していた。その結果，当然の規定となり，平成 16 年の改正で廃止された。

(c)　**目的物侵害者との関係**　　設定者は設定者留保権に基づく物権的請求権を有する。これにより，設定者は，正当な権原なく目的物を占有する者に対し，その返還を請求することができ（最判昭和 57・9・28 判時 1062 号 81 頁），目的物についてなされている不実登記の抹消を請求することができる。

目的物が第三者の不法行為により滅失・損傷した場合には，設定者は，設定者留保権の侵害として，不法行為に基づく損害賠償請求権を取得する。

(d)　**目的建物の敷地所有者との関係**　　借地上の建物が譲渡担保に供されても，それだけでは，目的建物の敷地について 612 条にいう賃借権の譲渡または転貸がされたことにはならない（最判昭和 40・12・17 民集 19 巻 9 号 2159 頁）。しかし，譲渡担保権者が目的建物の引渡しを受けて使用収益をする場合には，敷地の使用主体が替わることによって，その使用方法，占有状態に変更を来し，当事者間の信頼関係が破壊されるから，賃借権の譲渡または転貸がされたものというべきであろう（最判平成 9・7・17 民集 51 巻 6 号 2882 頁）。

譲渡担保が設定されて目的建物の所有権登記が移転された後に，敷地が第三者に譲渡されれば，その登記名義が譲渡担保権者にある間はもちろんのこと，たとえその後に債務を弁済してその登記名義を回復しても，設定者は，借地借家法 10 条 1 項により自己の敷地賃借権を新所有者に対抗することはできない（旧法につき，最判昭和 52・9・27 金判 537 号 41 頁，最判平成元・2・7 判時 1319 号 102 頁）。この場合の設定者・譲渡担保権者の保護は，権利濫用の禁止（1 条 3 項）ないし背信的悪意者排除の法理で図るよりほかなかろう（前掲最判平成元・2・7）。

6　譲渡担保の実行

(1)　実行方法

譲渡担保においては，設定の段階で目的物の所有権が譲渡担保権者に移転しているのみならず，通常，その対抗要件も具備されている。したがって，譲渡担保を実行する段階になっても，目的物を換価するために改めて特別な手続を

要するわけではない。この点で譲渡担保は他の担保方法と決定的に異なる。

　譲渡担保権者が債権の満足を得る方法は 2 つある。1 つは，譲渡担保権者が目的物の所有権を，代物弁済（482 条）として，確定的に取得する方法であり，帰属型という。もう 1 つは，譲渡担保権者が目的物を売却し，その代金から弁済を受ける方法であり，処分型という。設定契約により，いずれの方法によるか定められることが多いが，判例は，設定契約において帰属型が合意されていたとしても，債務者が債務の履行を遅滞したときは，譲渡担保権者は目的物を処分する権能を取得するとしている（最判平成 6・2・22 民集 48 巻 2 号 414 頁）から，設定契約において実行方法を定める必要性は乏しい。

(2)　清　算　義　務

(a)　意　義　すでに述べた（本節**1**(2)(c)）ように，譲渡担保の有効性を左右する最大の問題は，その「暴利行為性」である。というのも，譲渡担保設定当初より目的物の所有権が譲渡担保権者に移転しており，かつ，その対抗要件も通常備えているから，このままだと，目的物の価額が被担保債権額より著しく高い場合にも，債務不履行により目的物を「丸取り」できるからである。もちろんこのような「丸取り」は，もっぱら債権の担保のために所有権が移転したにすぎないことに鑑みれば，「暴利行為」として許されない。

　そこで譲渡担保の暴利行為性を払拭するために，判例は，譲渡担保実行の際に目的物の価額が被担保債権額を上回ればその差額を設定者に返還する「清算義務」を認めた（最判昭和 46・3・25 民集 25 巻 2 号 208 頁）。清算義務の履行として設定者に返還される「清算金」は，理論的には設定者留保権を消滅させる対価であるといえよう。

(b)　清算方法　**(i)**　譲渡担保の実行が帰属型の場合，譲渡担保権者は，目的物の価額を適正に評価し，その評価額と被担保債権額の差額を清算金として設定者に交付しなければならない（帰属清算）。これは，後述の仮登記担保（本章第 3 節）において採用されている清算方法と同様である（仮登記担保 3 条 1 項参照）が，譲渡担保権者が清算金を別途調達する必要があり，場合によっては，譲渡担保の実行が著しく困難になりかねない。例えば，1000 万円の金銭債権を担保するために 2000 万円の不動産を譲渡担保に供した場合，帰属清算しか

認められないとなると，譲渡担保を実行するために，譲渡担保権者は1000万円の現金を用意しなければならないことになる。判例が，設定当事者の合意にもかかわらず，債務不履行後は譲渡担保権者に目的物の処分権能を認める実質的理由はここにある。

(ii) 譲渡担保の実行が処分型の場合，譲渡担保権者は，目的物の処分から得られた代金額と被担保債権額の差額を清算金として設定者に交付しなければならない（処分清算）。この場合，譲渡担保権者は，目的物を適正な価額で処分すべきであり，不当に廉価で処分しないように注意すべき義務を負っていると解すべきであろう。

(iii) 目的物の価額が被担保債権額を下回れば，そもそも清算義務は発生しない。この場合，最高裁判所は当初，債務不履行と同時に所有権が譲渡担保権者に確定的に帰属し，設定者はもはや目的物の完全な所有権を回復することができないとした（最判昭和51・9・21判時832号47頁）が，その後見解を変更し，この場合でも，目的物の適正評価額が被担保債権額を上回らない旨の通知または目的物の処分をしないと，なお設定者は債務を弁済して目的物を取り戻すことができるとした（最判昭和62・2・12民集41巻1号67頁）。

(c) **同時履行関係**　以上のような清算義務の履行を確保するために，清算義務と設定者の目的物返還義務の間に同時履行の関係が認められ，譲渡担保権者が設定者に対し，清算金の支払なく目的物の引渡しを求めてきたときは，設定者は清算金支払と引換えにすべき旨抗弁することができる（前掲最判昭和46・3・25）。また，目的物について清算金支払請求権を被担保債権とする留置権も成立する（最判平成9・4・11裁時1193号1頁，最判平成11・2・26判時1671号67頁）。同時履行の抗弁権は目的物の譲受人等の第三者に対しては主張できない（最判昭和50・7・25民集29巻6号1147頁）が，留置権は第三者に対しても主張できる。

以上より，清算義務の存否が確定し清算金が支払われるまでは，設定者による目的物の占有は原則として適法なものというべきであろう。このことは，処分型で実行された場合でも同様である。すなわち，この場合，目的物の譲受人が目的物の所有権を確定的に取得するとともに，設定者は目的物について設定者留保権を喪失するが，清算金が支払われるまでは，目的物について留置権を

有すると解するべきであろう。実行方法次第で，設定者の保護に差が出るのは妥当ではないからである。たしかに処分型の場合は，処分により清算金支払請求権とその額が確定するが，処分以前にも清算金支払請求権が潜在的には発生している（処分がなくとも適正評価により支払われるべき清算金額は算定できる）ともいえるから，処分を待たずに留置権は成立しているとみるべきであろう。抵当権実行における抵当不動産所有者の処遇と比較しても，設定者に留置権を認めることは設定者の保護に傾きすぎているとまではいえまい。

(d)　**清算金の支払請求**　最高裁判所（最判平成 8・11・22 民集 50 巻 10 号 2702 頁〈判例 12-2〉）は，譲渡担保権者が譲渡担保を実行しないかぎり，設定者が「受戻権」((3)) を放棄して清算金の支払を請求することは，設定者が譲渡担保の実行を強制する結果となるから許されないとした。しかし，最高裁判所のような考え方だと，弁済する資力のない設定者は，とくに譲渡担保権者が目的物を占有し対抗要件も備えている場合には，譲渡担保権者の事実上の「丸取り」に手をこまねくことになりかねない。例えば抵当権の場合，設定者は（抵当権が付着したままではあるが）目的不動産を処分することができ，さらに第三取得者に至っては抵当権消滅請求をすることができる（379 条）ことに鑑みると，バランスを欠こう。

〈**判例 12-2**〉**最判平成 8・11・22 民集 50 巻 10 号 2702 頁**

【**事案**】A は，Y から 1 億 8000 万円を借り受け，その担保として甲土地（評価額約 3 億円）について譲渡担保を設定し，譲渡担保を原因とする A から Y への所有権移転登記を経由した。A は，債務を履行しないまま自殺した。Y は，A の死後，甲土地を使用して駐車場を経営し，少なくとも月 40 万円の収益を得ていた。A の相続財産法人である X は，Y に対し，甲土地の受戻権を放棄する旨を通知して，清算金の支払を請求した。第 1 審，第 2 審ともに，X が勝訴した。Y 上告。

【**判旨**】破棄自判（請求棄却）。「譲渡担保権設定者は，譲渡担保権者が清算金の支払又は提供をせず，清算金がない旨の通知もしない間に譲渡担保の目的物の受戻権を放棄しても，譲渡担保権者に対して清算金の支払を請求することはできないものと解すべきである。けだし，譲渡担保権設定者の清算金支払請求権は，譲渡担保権者が譲渡担保権の実行として目的物を自己に帰属させ又は換価処分する場合において，その価額から被担保債権額を控除した残額の支払を請求する権利であり，他方，譲渡担保権設定者の受戻権は，譲渡担保権者にお

いて譲渡担保権の実行を完結するまでの間に，弁済等によって被担保債務を消滅させることにより譲渡担保の目的物の所有権等を回復する権利であって，両者はその発生原因を異にする別個の権利であるから，譲渡担保権設定者において受戻権を放棄したとしても，その効果は受戻権が放棄されたという状況を現出するにとどまり，右受戻権の放棄により譲渡担保権設定者が清算金支払請求権を取得することとなると解することはできないからである。また，このように解さないと，譲渡担保権設定者が，受戻権を放棄することにより，本来譲渡担保権者が有している譲渡担保権の実行の時期を自ら決定する自由を制約し得ることとなり，相当でないことは明らかである」。

(3) 「受 戻 権」

(a) **意　義**　債務が弁済されると譲渡担保関係は消滅し，設定者は目的物の所有権を回復することはいうまでもないが，さらに，債務の弁済期が到来し，譲渡担保の実行として，譲渡担保権者が設定者に対し目的物の所有権を確定的に取得する旨の意思表示をしても，譲渡担保の実行が完了しないかぎり，設定者はなお，債務の全額を弁済して目的物を取り戻すことができる。設定者に残されたこのような可能性を最高裁判所は「受戻権」と呼んでいる（最判昭和 57・1・22 民集 36 巻 1 号 92 頁，前掲最判昭和 62・2・12）。

(b) **限　界**　しかし，設定者はいつまでもこの可能性を有しているわけではない。すなわち，譲渡担保の実行が完了すると，目的物を取り戻す余地はなくなる。

(i)　譲渡担保の実行が帰属型の場合，譲渡担保権者の設定者に対する清算金の支払もしくはその提供，または目的物の適正評価額が債務の額を上回らない旨の通知の時点で，譲渡担保の実行が完了する。この時点で譲渡担保権者は目的物の所有権を確定的に取得し，その反射として，設定者は債務を弁済して目的物を取り戻すことはできなくなる。

(ii)　譲渡担保の実行が処分型の場合，目的物が処分された時点，すなわち，処分の相手方が目的物の所有権を確定的に取得する時点で，譲渡担保の実行が完了する。したがって，たとえまだ清算金が支払われていない場合でも，もはや設定者は債務を弁済して目的物を取り戻すことはできず，設定者と譲渡担保権者の間で清算金の支払関係のみが残るにすぎない（前掲最判昭和 62・2・12）。

さらに相手方がいわゆる背信的悪意者にあたる場合であっても同様である（最判平成 6・2・22 民集 48 巻 2 号 414 頁）。そのように解さないと，相手方が背信的悪意者にあたるかどうかを確知しうる立場にあるとはかぎらない譲渡担保権者に，不測の損害を被らせるおそれが生ずるのみならず，譲渡担保権者の目的物処分権能それ自体を否定しかねないからである。

　譲渡担保の実行としてなされる処分と区別されなければならないのは，被担保債権の弁済期前の不当処分である（本節**5**(3)(a)）。この場合は，相手方の主観的態様によって，相手方が目的物の所有権を確定的に取得するかどうかが決まり，その反射として受戻しの可否が決定される。これに対し，譲渡担保権者の債権者が被担保債権の弁済期後に目的不動産を差し押さえた場合は，譲渡担保の実行としてなされる処分と区別して考える理由はないから，設定者は，差押登記後に債務を完済しても，第三者異議の訴え（民執 38 条）により強制執行の不許を求めることはできない（最判平成 18・10・20 民集 60 巻 8 号 3098 頁）。

　(c)　概念の実益　このようにみてくると，受戻しの可否にとって決定的なのは，譲渡担保権者ないし第三者による目的物の所有権の確定的取得（とそれに伴う設定者留保権の消滅）である。後述の仮登記担保の場合には，目的物の所有権移転時期（仮登記担保 2 条 1 項）と受戻権の消滅時期（仮登記担保 11 条）が一致しない（本章第 3 節**2**）のと異なり，両者が一致する譲渡担保において受戻権概念を用いる実益は乏しいといえよう。この点につき最高裁判所（前掲最判昭和 57・1・22）自身が，債務の弁済とそれに伴う目的不動産の返還請求権等を合体して，これを 1 個の形成権たる受戻権であるとの法律構成をする余地はなく，したがって，これに民法 166 条 2 項の規定を適用することは許されないとしたのは，示唆的である。そうであるなら，受戻権に関する仮登記担保法 11 条を譲渡担保に類推適用することはなるべく避けるべきであろう。

7　譲渡担保の消滅

　物権に共通の消滅原因（目的物の滅失，取得時効の完成，混同，放棄），担保物権に共通の消滅原因（被担保債権の消滅，目的物の競売）により消滅する。被担保債権の消滅に伴う原状回復については，すでに説明した（本節**4**(3)）。

8 流動財産譲渡担保

(1)　流動動産譲渡担保

(a)　**法的構成**　企業活動においては，巨視的に観察すると単一の財産群として認知できるが，微視的に観察するとその構成部分の 1 つ 1 つが流動しているものがある。例えば，工場の倉庫にある原材料や在庫商品は，通常の営業が継続しているかぎり常に一定量存在するので，それらを全体として 1 つの財産群と捉えることが可能であるが，これらの原材料や在庫商品はいうまでもなく営業に伴い搬出・搬入が繰り返されるので，同じ物が一所にとどまっているということはない。

このような財産群（流動動産）を譲渡担保に供する場合，その法的構成は，一物一権主義を徹底させると，個々の動産が，これら財産群の構成部分になることを停止条件として譲渡担保の目的物となり，財産群の構成部分でなくなることを解除条件として譲渡担保の目的物でなくなると説明される。しかし，このような法的構成（分析論）は技巧的で煩雑である上に，取引通念に必ずしも合致しない。

そこで，最高裁判所は，流動動産を 1 個の「集合物」として捉え，この集合物を譲渡担保の目的とすることを認める（最判昭和 54・2・15 民集 33 巻 1 号 51 頁，最判昭和 62・11・10 民集 41 巻 8 号 1559 頁 判例 12-3 ）。このような法的構成（集合物論）は，その説明が簡明になるだけではない。集合物が目的物であるとすると，それについての「対抗要件具備の効力は，その後構成部分が変動したとしても，集合物としての同一性が損なわれない限り，新たにその構成部分となった動産を包含する集合物について及ぶ」（前掲最判昭和 62・11・10）結果，一度設定契約時に集合物自体について占有改定がなされれば，以後個々の動産が集合物に組み入れられる度ごとに，その動産について新たに占有改定をしなくとも，その動産を含む集合物全体が譲渡担保の目的物であることを第三者に対抗することができる。さらに，設定者の財産状態がその後に悪化しても，悪化の前に集合物を目的とする譲渡担保が設定されている以上，悪化以降に集合物の構成部分となった動産についても，詐害行為取消権（424 条）や倒産法上の否認権（破 160 条・162 条，会更 86 条）の行使により譲渡担保の効力を否定する

ことは容易でない。これらの点からすると，集合物論は譲渡担保権者にとって
有利な法的構成であるといえる。

　しかし，その反面として，集合物論をとった上で，さらに，個々の動産は集
合物の構成部分にすぎず，譲渡担保の直接の目的物ではないと理解すると，
個々の動産の処分，差押え，侵害において，分析論をとるよりもかえって，譲
渡担保権利者の権利が弱くなるという結果が生じる（(c)）。

＜判例 12-3＞ **最判昭和 62・11・10 民集 41 巻 8 号 1559 頁**

【事案】 X 社は，A 社との間で，「A 社の倉庫内及び同敷地・ヤード内に存在
する棒鋼等一切の在庫商品」を目的とする譲渡担保設定契約を締結し，占有改
定による引渡しを受けた。その後，A 社に対し棒鋼甲を売り渡した Y 社が，
その売買代金の回収を図るため，動産売買先取特権に基づいて，A 社の倉庫
に搬入済みの甲につき，動産競売の申立てをしたところ，X 社がこの競売手
続の不許を求める第三者異議の訴え（民執 38 条）を提起した。第 1 審，第 2
審ともに，X が勝訴した。Y 上告。

【判旨】 上告棄却。「構成部分の変動する集合動産であっても，その種類，所在
場所及び量的範囲を指定するなどの方法によって目的物の範囲が特定される場
合には，一個の集合物として譲渡担保の目的とすることができる」。「そして，
債権者と債務者との間に，右のような集合物を目的とする譲渡担保権設定契約
が締結され，債務者がその構成部分である動産の占有を取得したときは債権者
が占有改定の方法によってその占有権を取得する旨の合意に基づき，債務者が
右集合物の構成部分として現に存在する動産の占有を取得した場合には，債権
者は，当該集合物を目的とする譲渡担保権につき対抗要件を具備するに至った
ものということができ，この対抗要件具備の効力は，その後構成部分が変動し
たとしても，集合物としての同一性が損なわれない限り，新たにその構成部分
となった動産を包含する集合物について及ぶものと解すべきである。したがっ
て，動産売買の先取特権の存在する動産が右譲渡担保権の目的である集合物の
構成部分となった場合においては，債権者は，右動産についても引渡を受けた
ものとして譲渡担保権を主張することができ，当該先取特権者が右先取特権に
基づいて動産競売の申立をしたときは，特段の事情のない限り，民法 333 条所
定の第三取得者に該当するものとして，訴えをもって，右動産競売の不許を求
めることができる」。

(b)　特定性　　流動動産を目的とする譲渡担保として効力を有するためには，
目的物の範囲が特定されていなければならない。目的物の範囲が特定されてい

ないと，譲渡担保の絶対的・排他的効力を認めることができないからである。範囲の特定基準として，最高裁判所（前掲最判昭和 54・2・15）は，「種類，所在場所及び量的範囲」の 3 つを挙げるが，これら 3 つの基準をすべて指定してもなお目的物の範囲が特定されない場合がありうる（(ii)）。したがって，これら 3 つの基準を軸としつつも個別的に特定性の有無を判断するほかあるまい。

　(i)　所在場所が明確に指定されていれば，種類や量的範囲を包括的に指定してもなお特定性があるといえよう。最高裁判所（前掲最判昭和 62・11・10）は，「設定者の第一ないし第四倉庫内及び同敷地・ヤード内に現に存在する普通棒鋼，異形棒鋼等一切の在庫商品」と指定すれば，目的物の範囲は明確に特定されているとする。

　なお，動産譲渡登記ファイル（本節**2**(2)(b)）に記録すべき事項である「譲渡に係る動産を特定するために必要な事項」（動産債権譲渡特 7 条 2 項 5 号）として，動産・債権譲渡登記規則 8 条 1 項 2 号は，動産の種類に加え，動産の保管場所の所在地を要求している。

　(ii)　所在場所に加えて，その種類や量的範囲を指定することで目的物の範囲を限定することは可能であるが，その結果かえって特定性を失うことがありうる。

　　(ア)　まず種類の指定だが，例えば，「設定者の居宅及び店舗兼住宅の各建物内に納置する商品（酒類・食料品等），運搬具，什器，備品，家財一切のうち設定者所有の物」という指定がなされている場合において，最高裁判所（最判昭和 57・10・14 判時 1060 号 78 頁）は，「そのうち『家財一切』とある部分は，そこにいう家財が営業用の物件を除き家庭内で家族全体の共同生活に供用されるある程度の恒常性と経済的価値を有する物件を指すものと解しうるとしても，家族の共同生活に使用される物件は多種多様であって，右のような指定だけでは個々の物件が具体的にこれに該当するかどうかを識別することが困難な場合が当然予想されるから，これだけでは譲渡担保の目的物の種類についての特定があったとするのに十分であるとは考えられない」とする。さらに「設定者所有の物」という限定についても，設定者「所有の物とそれ以外の物とを明確に識別する指標が示されるとか，また，現実に右の区別ができるような適宜な措置が講じられ」ていなければ，特定性を欠くとする。

　(イ)　次に量的範囲の指定について，最高裁判所（前掲最判昭和 54・2・15）は，「第 1 倉庫内にある乾燥ネギのうち 28 トン」と指定しても，その倉庫に乾燥ネギが全部で 44 トン存在した場合には，そのうちどの部分が目的物を構成しているか不明になるので，特定性を欠くとする。これについては，すでに範囲が特定されている目的物の割合（例えば，3 分の 1，60%）を指定して，その割合の共有持分を譲渡担保の目的とするよりほかは，特定性を維持する方法はないというべきであろう。

　(c)　目的物を構成する動産の処分　　流動動産を目的とする譲渡担保においては，目的物の内容が設定者の営業活動を通じて当然に変動することが設定契約当初より予定されている。したがって，設定者には，その通常の営業の範囲内で，目的物を構成する動産を処分する権限が付与されており，この権限内でされた処分の相手方は，当該動産について，譲渡担保の拘束を受けることなく確定的に所有権を取得することができる。しかし，設定者の処分が通常の営業の範囲を超える場合，譲渡担保契約に定められた保管場所から搬出される等して当該譲渡担保の目的物から離脱したと認められる場合でないかぎり，当該処分の相手方は当該動産の所有権を承継取得することはできない。また，譲渡担保が設定された流動動産に重複して譲渡担保を設定すること自体は許されるが，劣後する譲渡担保に独自の私的実行の権限を認めた場合，配当の手続が整備されている民事執行法上の執行手続が行われる場合と異なり，先行する譲渡担保権者には優先権を行使する機会が与えられず，その譲渡担保は有名無実のものとなりかねないから，後順位譲渡担保権者に私的実行権限はない（最判平成 18・7・20 民集 60 巻 6 号 2499 頁）。

(2)　流動債権譲渡担保

　(a)　法的構成　　金銭債権を担保に供する場合，民法上の質権を回避するために譲渡担保を用いることに合理的な理由はそもそも少ない。というのも，対抗要件や実行の局面で両者に差異が認められないからである。すなわち，債権質権の対抗要件は債権譲渡のそれ（467 条）と同様の方法になる（364 条）し，債権質権者も目的債権を直接に取り立てることができる（366 条）から譲渡担保の私的実行としての取立てとほとんど変わらない結果になる。

　ところが，例えばリース会社のように，顧客のために売主から機械等を購入してそれを顧客（ユーザー）に貸与し，月々のリース料を受け取るような会社は，多数の顧客に対してリース料債権を常時有しているが，このようなリース料債権を担保に供する場合，これについて質権を設定すると，質権設定者であるリース会社は目的債権であるリース料債権の取立て等をしてもこれを債権質権者に対抗できず（民執 145 条 1 項類推），第三債務者である顧客は弁済をしてもこれを債権質権者に対抗できない（民 481 条類推）という拘束を受けることになる（第 11 章第 4 節 **3**）。しかし，このような拘束は，リース会社の経営を妨げかねない。

　リース会社が有するリース料債権は，巨視的に観察すると，リース会社の資産の主要な部分を占める重要な財産であるが，微視的に観察すると，次々と発生しては比較的短期間で弁済により順次消滅していく小口の金銭債権の集合体にすぎない。このような債権群（流動債権）を担保に供するために用いられる方法が譲渡担保である。しかし，これを有効なものにするためには，(i)将来発生するかもしれない複数の債権も譲渡担保の目的とすることができなければならないし，さらに，債務の弁済が滞ったときにはじめて担保に供された目的債権からの債権回収を行うのであるから，(ii)担保設定後も引き続き，設定者には，逐次発生する目的債権を取り立てる権限が必要である。

　(i)　まず，将来債権の譲渡の可否について，判例は，将来債権も，期間の始期と終期を明確にする等して特定されているかぎり，有効に譲渡できる（最判平成 11・1・29 民集 53 巻 1 号 151 頁 〈判例 12-4〉）とし，さらに，複数の債務者に対する多数の債権を対象とする債権譲渡の有効性についても，判例は，譲渡の効果が発生する時点で譲渡人が有する他の債権から識別することができる程度に特定されていれば，有効に譲渡できる（最判平成 12・4・21 民集 54 巻 4 号 1562頁）とした（これを受けて，466 条の 6 が新設された）。したがって，判例によると，将来発生するかもしれない複数の債権も譲渡担保の目的とすることができることになる。

　〈判例 12-4〉 **最判平成 11・1・29 民集 53 巻 1 号 151 頁**
　【事案】 A 医師に対して債権を有していた Y リース会社は，A から，昭和 57年 12 月から平成 3 年 2 月まで 8 年 3 か月間の A の診療報酬債権の一部（譲渡

債権額 7946 万 8602 円）を譲り受けた。ところが，Aが昭和 59 年 6 月以降国税を滞納し，国が平成元年 7 月から平成 2 年 6 月まで 1 年間の A の診療報酬債権を滞納処分として差し押さえたため，差し押さえられた債権について，債権者不確知等を原因として供託された。国は，この供託金還付請求権を差し押さえて取立権を取得したとして，Y に対して，その旨の確認を求めた。第 1 審，第 2 審ともに，国が勝訴した。Y 上告。

【判旨】破棄自判（請求棄却）。「債権譲渡契約にあっては，譲渡の目的とされる債権がその発生原因や譲渡に係る額等をもって特定される必要があることはいうまでもなく，将来の一定期間内に発生し，又は弁済期が到来すべき幾つかの債権を譲渡の目的とする場合には，適宜の方法により右期間の始期と終期を明確にするなどして譲渡の目的とされる債権が特定されるべきである」。「将来発生すべき債権を目的とする債権譲渡契約にあっては，契約当事者は，譲渡の目的とされる債権の発生の基礎を成す事情をしんしゃくし，右事情の下における債権発生の可能性の程度を考慮した上，右債権が見込みどおり発生しなかった場合に譲受人に生ずる不利益については譲渡人の契約上の責任の追及により清算することとして，契約を締結するものとみるべきであるから，右契約の締結時において右債権発生の可能性が低かったことは，右契約の効力を当然に左右するものではない」。

(ii)　次に，「設定者の取立権限」を可能にする法的構成として，かつては，①目的債権は債権者に移転するが，設定者が債務不履行に陥らないかぎりは，設定者が目的債権の取立権限を有するタイプ（取立権限留保型）と②設定者が債務不履行に陥ったときにはじめて目的債権が債権者に移転するタイプ（予約型・停止条件型）の 2 つがあった。②のタイプはさらに，第三債務者に担保の設定を知られないまま，しかしそれでいて，その後の対抗要件具備行為が倒産法上の否認権（破 164 条 1 項，民再 129 条 1 項，会更 88 条 1 項）の行使対象とならないようにする目的もあった。問題は，これらの有効性である。

　①のタイプについて，最高裁判所（最判平成 13・11・22 民集 55 巻 6 号 1056 頁 判例 12-5 ）は，取立権限を譲渡人に留保する債権譲渡も有効であるとした上で，そのような債権譲渡もまた，債権譲渡の対抗要件（民 467 条）で第三者に対抗することができ，このことは，対抗要件としての通知で第三債務者に譲渡人の取立権限の行使への協力を依頼しても，異ならないとした。

　これに対し，②のタイプについて，最高裁判所（最判平成 13・11・27 民集 55

巻 6 号 1090 頁）は，「指名債権譲渡の予約につき確定日付のある証書により債務者に対する通知又はその承諾がされても，債務者は，これによって予約完結権の行使により当該債権の帰属が将来変更される可能性を了知するに止まり，当該債権の帰属に変更が生じた事実を認識するものではないから，上記予約の完結による債権譲渡の効力は，当該予約についてされた上記の通知又は承諾をもって，第三者に対抗することはできない」とした。さらに，最高裁判所（最判平成 16・7・16 民集 58 巻 5 号 1744 頁）は，「債務者の支払停止等を停止条件とする債権譲渡契約は，」「危機時期に至るまで債務者の責任財産に属していた債権を債務者の危機時期が到来するや直ちに当該債権者に帰属させることによって，これを責任財産から逸出させることをあらかじめ意図し，これを目的として」いること「にかんがみると，上記契約は，破産法 72 条 2 号〔現 162 条 1項〕の規定の趣旨に反し，その実効性を失わせるものであって，その契約内容を実質的にみれば，上記契約に係る債権譲渡は，債務者に支払停止等の危機時期が到来した後に行われた債権譲渡と同視すべきものであり，上記規定に基づく否認権行使の対象となる」とした。したがって，②のタイプでは，設定契約の段階で有効に対抗要件を備えることができないのみならず，場合によっては，設定契約の効力それ自体が否定されるおそれがあることになる。

　以上の判例を受けて，今後は①のタイプが用いられることになるだろう。

◁判例 12-5▷ 最判平成 13・11・22 民集 55 巻 6 号 1056 頁

【事案】X は A に対する債権を担保するために，A が B との継続的取引契約に基づいて発生する売掛代金債権を一括して，A から譲り受けた。そして，A は，B に対して，確定日付のある書面で，「A は，同社が B に対して有する債権につき，X を権利者とする譲渡担保権を設定いたしましたので，民法第 467条に基づいて御通知申し上げます。X から B に対して譲渡担保権実行通知（書面または口頭による）がなされた場合には，この債権に対する弁済を X に行って下さい。」と通知した。その後，X の譲渡担保の実行事由が発生したので，X は，確定日付のない書面で B に対して譲渡担保実行の通知をした。ところが，国が A の B に対する売掛代金債権を滞納処分として差し押さえたため，B は，差し押さえられた債権について，債権者不確知を理由に供託をした。そこで，X が国に対して，この供託金の還付請求権が X に帰属することの確認を求めた。第 1 審は X の請求を棄却し，第 2 審も，上記のような通知では，

債務者が債権の帰属に変動が生じたと認識することが期待できないから，この通知に第三者対抗要件としての効力は認められないとして，控訴を棄却した。X 上告。

【判旨】 破棄自判（請求認容）。「甲が乙に対する金銭債務の担保として，発生原因となる取引の種類，発生期間等で特定される甲の丙に対する既に生じ，又は将来生ずべき債権を一括して乙に譲渡することとし，乙が丙に対し担保権実行として取立ての通知をするまでは，譲渡債権の取立てを甲に許諾し，甲が取り立てた金銭について乙への引渡しを要しないこととした甲，乙間の債権譲渡契約は，いわゆる集合債権を対象とした譲渡担保契約といわれるものの 1 つと解される。この場合は，既に生じ，又は将来生ずべき債権は，甲から乙に確定的に譲渡されており，ただ，甲，乙間において，乙に帰属した債権の一部について，甲に取立権限を付与し，取り立てた金銭の乙への引渡しを要しないとの合意が付加されているものと解すべきである。したがって，上記債権譲渡について第三者対抗要件を具備するためには，指名債権譲渡の対抗要件（民法 467 条 2 項）の方法によることができるのであり，その際に，丙に対し，甲に付与された取立権限の行使への協力を依頼したとしても，第三者対抗要件の効果を妨げるものではない」。

(b)　**対抗要件**　　リース会社やクレジット会社が多数の顧客に対して常時有するリース料債権やクレジット債権のような，小口で継続的に大量発生する短期の金銭債権群を譲渡する場合に，民法 467 条が定める方式で対抗要件を具備するためには，多数存在する第三債務者の 1 人 1 人に対して確定日付のある証書によって通知を行ったり，第三債務者の 1 人 1 人から確定日付のある証書による承諾をとったりしなければならず，これを実現することは，事実上不可能に近い。

そこで，平成 10 年に「債権譲渡の対抗要件に関する民法の特例等に関する法律」（債権譲渡特例法）が制定され，債権譲渡登記制度が創設された。その結果，法人が有する大量の金銭債権の譲渡について包括的に対抗要件を備えることが可能となった。さらに同法は平成 16 年に改正され，「動産及び債権の譲渡の対抗要件に関する民法の特例等に関する法律」（動産債権譲渡特例法）と改称されたとともに，債務者不特定の将来債権譲渡の登記も認められるようになった。債務者不特定の債権の譲渡は，民法 467 条の対抗要件を具備することができないのであるから，これは動産債権譲渡特例法による独自の効力であるとい

える。

第 3 節　仮登記担保

1 仮登記担保の意義

(1) 仮登記担保法の制定

　債権を担保するために，不動産を目的物として，代物弁済の予約や，債務不履行を停止条件とする停止条件付代物弁済契約を締結し，予約完結権の行使や停止条件の成就により生ずる所有権移転請求権を保全するために仮登記（不登105 条 2 号）をしておくものを，仮登記担保という。担保設定時に所有権が債権者に移転する形をとる譲渡担保と異なり，仮登記担保は弁済がない場合に所有権を移転するという形をとる。これにより，譲渡担保と同様の担保力を享受しつつ，譲渡担保の場合と比べて登録免許税を節約することができる。この点で，仮登記担保は，譲渡担保をさらに洗練したものということができる。

　仮登記担保は，戦後盛んに利用されるようになった。債権者が仮登記担保を用いることの最大の利点は，譲渡担保と同様，目的物の価額と被担保債権額の差額を利得しうるところにあった。しかし，「代物弁済」の形式をとっても，あくまでその実質が債権の担保手段であることに鑑みれば，「代物弁済」の効果ではなく，債権担保としての効果を与えれば十分である。判例も，債権者の清算義務を認めた最判昭和 42・11・16 民集 21 巻 9 号 2430 頁を嚆矢として，仮登記担保を担保として取り扱う方向で展開し，最大判昭和 49・10・23 民集 28 巻 7 号 1473 頁を頂点とする壮大な判例法理が形成された。しかし，壮大な理論体系を判例の積み重ねだけに任せておくのは妥当ではなく，昭和 53 年に仮登記担保契約に関する法律（仮登記担保法）が制定された。この法律は，大方において判例法理を承継しているものの，いくつかの修正部分もみられ，仮登記担保を担保として合理的なものにするために，抵当権に近づけた方向で規制を行った。しかし，必然的に，仮登記担保が抵当権に対してもっていたうま味がなくなってしまい，その結果，仮登記担保はかつてのように盛んには行われなくなった。

⑵　仮登記担保契約

　仮登記担保法の適用を受ける契約は，①金銭債権を担保するためにされた契約であること，②債務不履行があるときに債務者または第三者に属する所有権その他の権利の移転等をすることを目的としてされた契約であること，③代物弁済予約，停止条件付代物弁済契約その他の契約であること，④その契約による権利について仮登記または仮登録できること，の 4 つの要件をすべて満たす契約にかぎられ，これを「仮登記担保契約」という（仮登記担保 1 条）。

　仮登記担保契約の当事者は，通常，債権者（担保仮登記権利者）と債務者であるが，第三者の権利が移転等される場合には，その第三者（物上保証人）と債権者（担保仮登記権利者）が契約当事者である。

　売買契約に基づく売買目的物引渡請求権等の特定物債権を担保するためにされた契約は，仮登記担保法の適用を受けない。この点で，被担保債権に制限のない抵当権の場合（第 10 章第 2 節 **2** ⑴）と異なる。

　仮登記・仮登録できる権利として，不動産所有権のほかにも，地上権，永小作権，不動産賃借権，特別法上の立木所有権，採石権，特許権，登記された船舶・建設機械・登録された航空機の所有権，漁業権等があるが，実際上，不動産所有権を目的とする場合がほとんどである。仮登記担保法も，土地または建物の所有権を目的とするものについての規定のみをおき，その他のものについては，これを準用するものとしている（仮登記担保 20 条）。また，抵当権等の担保権も，仮登記できる権利であるが，これを仮登記担保の目的とすることは，担保権とその被担保債権が切り離されかねないから，許されていない（同条括弧書）。

　仮登記担保法は，例示的に，代物弁済予約と停止条件付代物弁済契約を挙げているが，債務不履行があるときに，権利の移転・設定が内容となっている契約であれば，売買予約や贈与予約，賃借権設定契約等でもよい。

⑶　対 抗 要 件

　仮登記担保契約による権利についての仮登記ないし仮登録（担保仮登記）のままでは権利の取得を第三者に対抗することはできない。しかし，仮登記・仮登録に基づいて本登記・本登録をした場合には，当該本登記・本登録の順位は，

当該仮登記・仮登録の順位による（不登 106 条。以下「順位保全効」という）ことによって，担保仮登記後の第三者にも権利の取得を対抗することができる。さらに，担保仮登記がされている土地等に対する強制競売等においては，その担保仮登記に係る権利を抵当権とみなし，その担保仮登記のされたときにその抵当権の設定の登記がされたものとみなしており（仮登記担保 13 条 1 項），事実上担保仮登記に対抗力を与えている。

　ところが，仮登記・仮登録には，被担保債権についての記載はされず，したがって，債権担保の目的でない仮登記・仮登録とも外観上区別がつかない。このことは，仮登記・仮登録により公示される内容は，債権担保の目的を超えるものであることを意味し，公示方法としては問題が残る。

(4)　実行前の効力

　実行前の段階においては，担保仮登記権利者は，目的物について，将来その所有権を取得するという債権的地位しか有していない。したがって，通常は目的物の使用収益権は担保仮登記権利者にない。目的物の果実についても，特約がないかぎり目的物の所有者に帰属する。

　契約当事者の目的物保管義務については，譲渡担保の場合（本章第 2 節 **4** (2)）と同様である。

　第三者が故意・過失によって目的物を滅失・損傷させた場合，目的物の所有者は，この第三者に対して，これによって生じた損害の賠償を請求することができる（709 条）。多数説は，304 条を類推適用して，担保仮登記権利者がこの損害賠償請求権に対して物上代位権を行使することを認めるが，債権的地位しか有しない担保仮登記権利者の保護としては，所有者が有する損害賠償請求権の譲渡を請求できる権利（代償請求権。最判昭和 41・12・23 民集 20 巻 10 号 2211 頁）を認めれば十分であろう。目的物の所有者に保険金請求権が生ずる場合も，同様に考えるべきであろう。

2　仮登記担保の私的実行

(1)　私的実行開始の要件

　仮登記担保の実行は，原則として，担保仮登記権利者である債権者が目的物

の所有権を取得し仮登記に基づく本登記をすることによって行われる。裁判所の競売手続によらないので私的実行と呼ばれている。

　私的実行を開始するためには，債務者が履行遅滞に陥ったこと，および，仮登記担保契約において定められた所有権移転の要件（停止条件付代物弁済契約では条件成就，代物弁済予約ないし売買予約では予約完結権行使）が満たされたことがまず必要である。

(2)　所有権の取得・債務の消滅

　しかし，仮登記担保法は，仮登記担保契約が定める所有権移転要件の具備だけでただちに所有権が債権者に移転することを認めない。すなわち，債権者が契約の相手方である債務者または第三者（「債務者等」）に対して，清算金の見積額，あるいは，見積りによれば清算金が生じない場合はその旨を通知し，その通知が債務者等に到達した日から2か月を経過しなければ，その所有権の移転の効力が生じない（仮登記担保2条1項）。通知は，清算金の見積額の算定根拠として，債権者に所有権が移転する時点での目的物の見積価額と，債権者が弁済を受けるべき「債権等の額」（元本，すべての利息・遅延損害金，仮登記担保実行に要する費用）を明らかにしてしなければならない（同条2項）。

　この2か月の期間は「清算期間」と呼ばれ，この間に，債務者は債務を支払って仮登記に係る権利を消滅させることができるし，担保仮登記権利者が本登記を行ったり第三者に目的物を処分しても，それらは無効である。また，後順位担保権者は自己の権利を守るための法的手段（(4)）をとりうる。

　所有権の移転によって，被担保債権は目的物の価額の限度で消滅する（仮登記担保9条）。その結果，目的物の価額が債権等の額を下回るときには，担保関係は終了し，残債権額の無担保債権が残る。これは，代物の価額に関係なく債権が全部消滅する「代物弁済」（482条）の場合と異なるところであり，担保としての性格が徹底されている。

(3)　清算金が生じる場合

　目的物の価額が債権等の額を上回るときには，清算期間が経過して所有権が移転すると，担保仮登記権利者は，一方でその差額に相当する金銭（清算金）

を債務者等に支払わなければならず（仮登記担保 3 条 1 項。以下「清算義務」とい
う），他方で，本登記請求権・目的物引渡請求権を有することになる。担保仮
登記権利者が支払うべき清算金の額は，客観的に判断された目的物の価額と債
権等の額との差額であって，担保仮登記権利者が債務者等に対して通知した
「清算金の見積額」ではない。しかし，「清算金の見積額」が「清算金の額」を
上回った場合には，担保仮登記権利者は「清算金の見積額」を支払わなければ
ならない（仮登記担保 8 条 1 項）。

　清算義務を実効的なものにするために，清算金支払債務の履行と，本登記お
よび目的物の引渡しをなす債務の履行とは，同時履行の関係に立ち（仮登記担
保 3 条 2 項），債務者等には留置権も成立する（最判昭和 58・3・31 民集 37 巻 2 号
152 頁）。

　以上に反する特約で債務者等に不利なもの，例えば，目的物の処分を清算義
務の停止条件としたり，本登記をなす義務が清算義務に対し先履行の関係にあ
るとする特約は，清算期間経過後に合意されたものを除き，無効である（仮登
記担保 3 条 3 項）。

　債務者等はさらに，清算金の支払を受けるまでは，債務が消滅しなかったも
のとすれば，債権者に支払うべきであった債権等の額に相当する金銭を債権者
に提供して，目的物の所有権の受戻しを請求することができる（仮登記担保 11
条本文）。このような債務者等の権利を「受戻権」という。債務者等に受戻権
が認められるのは，目的物の所有権を回復できることについて債務者等には特
別な利益があることが多い一方で，担保仮登記権利者は，目的物の所有権自体
は取得できなくても，被担保債権の満足が得られれば，その保護としては十分
だからである。ただし，清算期間が経過した時から 5 年が経過したとき，また
は第三者が目的物の所有権を取得したときは，受戻権は消滅する（仮登記担保
11 条ただし書）。もっとも，所有権を取得した第三者が保護されるためには登記
まで備えることが必要と解すべきであり，そうであるなら，第三者が保護され
る場合はかぎられてくる。

(4)　後順位担保権者の地位

　担保仮登記に後れる担保権者・担保仮登記権利者（後順位担保権者）は，担保

仮登記が本登記になれば，本来なら，仮登記後の中間処分としてその登記・仮登記を抹消される（不登 109 条 2 項）立場にある。しかし，仮登記担保が債権の担保を目的としていることに鑑みると，目的物の残存担保価値は後順位担保権者に帰属していると解することができる。そこで，仮登記担保法は，後順位担保権者に，①自らの被担保債権の弁済期到来前であっても，清算期間内は，目的物の競売を請求できること（目的物競売権。仮登記担保 12 条。ただし，後順位の担保仮登記権利者は，この権利を有しない）と，②清算金が債務者等に払い渡される前に差押えをすることによって，その順位に応じた弁済を受けられること（仮登記担保 4 条。以下「物上代位権」という）を認めた。

　物上代位権を行使できる範囲は，担保仮登記権利者から債務者等に通知された清算金の見積額にかぎられる（仮登記担保 4 条 1 項）。後順位担保権者による物上代位権行使があれば，担保仮登記権利者は，清算期間経過後，清算金を供託して，その限度で清算金支払債務を免れることができる（仮登記担保 7 条 1 項）。このとき，後順位担保権者による差押え・仮差押えの効力は，供託金還付請求権に及ぶ（同条 2 項）。この供託をしたことをもって，仮登記に基づく本登記の申請に必要な後順位担保権者・第三取得者等の承諾（不登 109 条 1 項）に代えることができる（仮登記担保 18 条）。

　この物上代位権を実効的なものにするために，清算期間内は清算金請求権について譲渡，質入れ，免除，相殺等，一切の処分をすることができず，清算期間が経過する前に清算金を支払っても，その弁済をもって後順位担保権者に対抗することができない（仮登記担保 6 条）。

　以上のような後順位担保権者の権利を私的実行の中で保護するために，私的実行を開始した担保仮登記権利者は，遅滞なく，後順位担保権者に対してその旨を通知しなければならない（仮登記担保 5 条 1 項）。

③ 競売手続中での優先弁済権の実現

　担保仮登記権利者には自ら目的物の競売を申し立てる権利はない。しかし，仮登記担保の目的物について，他の担保権者が担保権の実行としての競売手続をとったり，一般債権者が強制競売の手続をとることがある。この場合において，その競売開始決定が清算金の支払前（清算金がないときは，清算期間の経過

前）にされた申立てに基づくときは，担保仮登記権利者は，もはやその仮登記に基づく本登記の請求をすることができない（仮登記担保 15 条 1 項）。それでは，その競売手続において担保仮登記権利者はどのように処遇されるのだろうか。

①その競売が目的物について先順位担保権の実行として行われた場合，担保仮登記権利者はその権利を先順位担保権者に対抗できないため，仮登記は失効する（民執 188 条・59 条 2 項）ことになりそうであるし，逆に，②その競売が後順位担保権の実行として，あるいは，一般債権者の申立てによって行われた場合，担保仮登記権利者は，仮登記に基づく本登記をすることで，第三者異議の訴え（民執 38 条）によって競売手続を排除したり，所有権に基づき目的物の返還を請求することができそうである。しかし，①②のいずれの場合も，その帰結は，仮登記担保が債権担保手段にすぎないことに鑑みると，行きすぎである。

そこで，仮登記担保法は，仮登記担保の目的物に対する競売手続において，担保仮登記権利者が順位に応じて優先弁済を受けることを認め（仮登記担保 13 条 1 項），競売による目的物の売却によって，担保仮登記に係る権利は消滅する（仮登記担保 16 条 1 項）とした。すなわち，担保仮登記権利者は抵当権者と同様の扱いを受けるわけであり，したがって，担保仮登記権利者が優先弁済を受ける範囲も，抵当権に関する 375 条と同様，利息その他の定期金・遅延損害金のうち最後の 2 年分にかぎられる（仮登記担保 13 条 2 項・3 項）。ただし，被担保債権が不特定である仮登記担保（根仮登記担保）は，抵当権の場合（根抵当権）と異なり，競売手続においては効力を有せず，担保仮登記権利者は優先弁済を受けられない（仮登記担保 14 条）。根抵当権と異なり，被担保債権の範囲を公示できず，事実上，包括根担保を認めることになり妥当ではないからである。私的実行においてはなお有効であるが，競売に移行する可能性を考えると，リスクの伴う担保といえる。

以上のように，担保仮登記権利者であれば競売手続において抵当権者と同様の扱いを受けるわけであるが，執行裁判所は仮登記をみただけでは，これが本来の仮登記か担保仮登記かを判断することはできない。そこで，仮登記担保法は，まず執行裁判所から仮登記権利者に対して，その仮登記が担保仮登記か否か，担保仮登記であればさらに被担保債権の原因と額とを，配当要求の終期までに届け出ることを催告させ（仮登記担保 17 条 1 項），配当要求の終期までにそ

の届出をした担保仮登記権利者にかぎり配当を受けることができるとした（同条2項）。

4 用益権との関係

(1) 法定賃借権

　土地とその上にある建物が同一の所有者に属する場合において，これを目的とする仮登記担保の実行により所有者を異にするに至れば，抵当権の場合と同様の問題が生ずる。仮登記担保法 10 条は，その土地につき担保仮登記がされて，この仮登記に基づく本登記がされた場合には，その土地上にある建物の所有を目的とする土地賃借権（法定賃借権）が成立するものとしている。抵当権に関する 388 条（法定地上権）とは，①建物を目的とする仮登記担保が実行された場合については何らの規定もおいていない点と，②地上権ではなく賃借権が成立する点で異なる。

　①の点は，建物を目的とする仮登記担保の場合，設定当事者の力関係を考えると，契約を締結する際に，債権者が建物所有権を取得することを停止条件として，あらかじめ用益権を設定してその旨の仮登記をしておくことができるのであり，あえて法定賃借権を成立させるまでもないことによる。

　②の点は，実社会で建物所有のために地上権が設定されることはほとんどなく，圧倒的に賃借権が用いられていることを理由とするが，抵当権実行としての競売（388 条），国税徴収法による公売処分（税徴 127 条），民事執行法に基づく強制競売（民執 81 条）においては，いずれも地上権が成立するとされており，これらとの不均衡が指摘されている。

(2) 395 条類推適用の可否

　担保仮登記に後れて対抗要件を備えた賃借権は，仮登記担保の実行によってくつがえる。抵当権の場合には，395 条が抵当権に後れる建物賃借権の賃借人をある程度保護しているが，仮登記担保の場合にこの 395 条が類推適用されるか否かが問題となる。

　平成 15 年改正前の旧 395 条（短期賃貸借の保護）の類推適用について判例（最判昭和 56・7・17 民集 35 巻 5 号 950 頁）は，担保仮登記権利者と賃借権者の関

係について，仮登記担保法は，これを調整するような措置を何ら講じておらず，むしろ仮登記担保法は旧395条の準用を否定する立場をとっていると解されるとした。そして，平成15年改正があえて仮登記担保法の修正を行わなかったことに鑑みると，平成15年改正後の新395条（明渡猶予期間）の類推適用も否定すべきであるとなりそうである。

しかし，新395条の立法趣旨は，抵当権の実行により即時に目的建物の明渡しを強いられる賃借人の不利益を緩和することにある（第10章第6節**1**(3)）が，このことは仮登記担保の実行についてもあてはまる。したがって，新395条の類推適用は肯定すべきであろう。

5 仮登記担保の消滅

担保仮登記に係る権利それ自体は物権ではないが，物権に共通の消滅原因（目的物の滅失，取得時効の完成，混同，放棄），担保物権に共通の消滅原因（被担保債権の消滅，他の債権者による目的物の競売〔仮登記担保16条1項〕）により消滅する。

さらに，担保仮登記に係る権利は債権であるから，弁済（仮登記担保の私的実行）により消滅し，停止条件成就ないし予約完結権行使可能を知った時から5年，または停止条件成就時ないし予約完結権行使可能時から10年で消滅時効にかかる（166条1項）。

第4節　所有権留保

1 序　説

(1) 所有権留保の意義

売買において買主の代金完済以前に売買の目的物が買主に引き渡される場合，代金債権の担保のために，買主の代金完済まで売主が目的物の所有権を自己に留保することを所有権留保という。買主が代金債務を履行しない場合，売主は留保している所有権に基づいて売買の目的物を取り戻して，そこから代金債権を優先的に回収することができる。

　所有権留保は主として，家電製品や車等の動産割賦販売の場合に用いられて
おり，割賦販売法 7 条も，一定の商品の割賦販売において所有権留保を推定し
ているが，不動産の売買契約においても利用することができる。買主の代金完
済まで売主が登記を留保するのはむしろ一般的である。ただし，宅地建物取引
業法 43 条は，一定の不動産売買において，所有権留保を禁止している。

　また，買主に対する売主の債権を包括的に担保する根所有権留保等も行われ
ているが，被担保債権と目的物の対価的均衡が失われている場合には，民法
90 条により，売買契約自体が無効となることはありうる。

(2) 法的性質──譲渡担保との対比

　所有権留保は，売買契約において，代金の完済時に売買目的物の所有権を買
主に移転するという所有権移転時期の特約を付すること，すなわち「売買契約
の付款」の 1 つにすぎず，譲渡担保の場合と異なり，独立した設定契約がなさ
れるわけではない。したがって，所有権留保における被担保債権は目的物自体
の代金債権であって，譲渡担保の場合と異なり，被担保債権と目的物の間に緊
密な関係があるだけでなく，個々の解釈論にあたっても売買契約の存在を無視
することができない。さらに，債権担保のために債務者等の所有権が債権者に
移転する譲渡担保と異なり，所有権留保の場合には，債権者は最初から目的物
の所有者であり，所有権が移転しているわけではないから，登記や引渡し等の
対抗要件を備えることなしに，債権者が所有者であることを第三者に対して主
張することができる（最判平成 30・12・7 民集 72 巻 6 号 1044 頁 ⟨ 判例 12-6 ⟩ は，こ
れを前提とする）。

　しかし，所有権留保も，債権担保のために，債権者が目的物の所有権を保持
し，債務が履行されると所有権が債務者に移転するが，債務が履行されなけれ
ば債権者が確定的に所有権を取得するという点では，譲渡担保と共通する。し
たがって，譲渡担保と同様，債権者（＝売主）に売買目的物の所有権が帰属す
るが，それは担保目的に制限され，かつ，債務者（＝買主）に物権的な権利
（物権的期待権）が帰属すると考えるべきである。例えば，留保売主は，残債務
弁済期が到来するまでは，売買目的物が第三者の土地上に存在して第三者の土
地所有権の行使を妨害しているとしても，特段の事情がないかぎり，当該目的

物の撤去義務や不法行為責任を負うことはない（最判平成 21・3・10 民集 63 巻 3 号 385 頁〔傍論〕）。

② 所有権留保の効力

(1) 実行前の効力

当事者間の関係は，原則として，売買契約の効果として処理されるが，目的物の利用関係については，買主が，物権的期待権に基づいて，目的物について占有・利用権を有すると理解すべきであろう。

買主が目的物を転売した場合，目的物が動産であれば，192 条の問題である。目的物が 192 条の適用のない登録自動車の場合において，最高裁判所（最判昭和 50・2・28 民集 29 巻 2 号 193 頁）は，留保売主が買主の転売に協力し，転得者が代金を完済し，転売契約が所有権留保売買契約に先行している場合，留保売主が留保された所有権に基づいて目的物の引渡しを求めることは権利濫用として許されないとしたが，このような場合には，買主は留保売主から転売権限を得ており，その結果，代金を完済した転得者は確定的に所有権を取得すると考えるべきであろう。買主が目的物を譲渡担保に供した場合，最高裁判所（前掲最判平成 30・12・7 判例 12-6 ）は，売買代金が完済されるまでは目的物の所有権が買主に移転しないから，譲渡担保の設定を受けた債権者は，留保売主に対して，譲渡担保権を主張できないとするが，買主が有する物権的期待権を担保目的で取得することは認められよう。

学説の中には，所有権留保に基づく物上代位を肯定し，例えば，留保売主は目的物の転売代金債権から優先弁済を受けることができるとするものがある。しかし，これはむしろ，「将来の転売代金債権の譲渡担保」により実現すべき事柄であり，所有権留保特約付売買契約とは別個の設定契約が必要であると考えるべきである。

買主の一般債権者による目的物の差押えに対しては，譲渡担保の場合と同様に，留保売主は第三者異議の訴え（民執 38 条）を提起できる（最判昭和 49・7・18 民集 28 巻 5 号 743 頁）。買主が倒産した場合，留保売主には，譲渡担保の場合と同様に，破産・民事再生においては別除権（破 2 条 9 項，民再 53 条）が，会社更生においては更生担保権（会更 2 条 10 項）が与えられる（破産につき，最判

平成 29・12・7 民集 71 巻 10 号 1925 頁。民事再生につき，最判平成 22・6・4 民集 64
巻 4 号 1107 頁）。

　留保売主ないし買主，さらには第三者による目的物の侵害については，譲渡
担保の場合と同様である。

◆ 判例 12-6 ◆ **最判平成 30・12・7 民集 72 巻 6 号 1044 頁**

【事案】 自動車部品を製造販売する Y と，金属スクラップを再生販売する A
は，Y が A に対して金属スクラップを継続的に売却する契約を締結したが，
その契約には，目的物の所有権は，その売買代金の完済をもって，Y から A
に移転するとの定め（本件条項）があった。Y は，A に対して，売却した金属
スクラップの転売を包括的に承諾していた。

　X と A は，X が A に対して現在および将来有する債権を担保するために，
A の工場で保管する在庫製品・原材料等全部を目的とする譲渡担保設定契約
を締結した。

　Y は，A に対して，上記売買契約に基づき，金属スクラップ（本件動産）を
売却したが，A がその売買代金を支払わなかったので，Y は A の工場で保管
されていた本件動産を引き揚げて第三者に売却した。そこで，X が Y に対し
て，本件動産の売却によって Y が得た利益の返還を求めた。第 1 審，第 2 審
とも X が敗訴した。X 上告。

【判旨】 上告棄却。「Y は，A に対して金属スクラップ等の転売を包括的に承
諾していたが，これは，Y が A に本件売買契約の売買代金を支払うための資
金を確保させる趣旨であると解され，このことをもって上記金属スクラップ等
の所有権が A に移転したとみることはできない。」「本件動産の所有権は，本
件条項の定めどおり，その売買代金が完済されるまで Y から A に移転しない
ものと解するのが相当である。したがって，本件動産につき，X は，Y に対
して本件譲渡担保権を主張することができない。」

---

(2)　実　　行

　所有権留保の実行は，留保した所有権に基づき目的物の返還を請求すること
によって行われるが，そもそも売買において買主が代金債務を弁済しない場合，
売主は売買契約を解除する（541 条）ことにより，原状回復請求権に基づいて
目的物の返還を請求することができる（545 条 1 項）。したがって，所有権留保
が意味をもってくるのは，545 条 1 項ただし書で保護される第三者がいる場合
にかぎられる。所有権留保を実行するために売買契約を解除する必要はないが，

解除しないかぎり，売主の債務（目的物の所有権移転義務）は残ることになろう。

　清算義務・受戻し（目的物の所有権取得）の可否については，譲渡担保の場合と同様である。もっとも，目的物が動産の場合には，通常，使用や時の経過による減価が著しく，清算義務が生じないことも多く，買主による受戻しを留保売主が拒む，すなわち残債務の弁済の受領を拒むことも考えにくい。

第 13 章

先 取 特 権

　　この章では，法定担保物権である先取特権を取り上げる。先取特権は種類が豊富であり，存在理由も多様であるが，多くの利害関係人の利益との調和にも配慮しながら学習する必要がある。

第 1 節　序　　説

1 先取特権の意義

　先取特権とは，法律が定める特定の債権を有する者が，債務者の総財産または特定の動産・不動産につき，優先弁済権を行使することができる，法定担保物権である（303 条）。

　例えば，労働者は，雇用関係に基づく給料債権を確保するため，雇用者の総財産から優先弁済を受けることができ，売主は，買主に給付した目的物につき優先弁済権を行使して売買代金債権の回収を図ることができる。

　優先弁済権は本来抵当権や質権といった約定担保物権の特色であり，あらかじめこうした債権回収手段を約定により講じておかなかった債権者は，一般債権者として平等に扱われるのが原則である。しかしながら，約定担保物権は，

債権者が取引上優位な地位にあることを前提とするものであるところ，すべての債権者が，必ずしも債務者に対して担保の提供を求めうる優越的地位に立つとはかぎらない。そして，このような，約定担保設定による履行確保に対する合理的期待に欠ける債権者の中には，社会政策的な見地から特別な保護を与える必要がある者，他の債権者に優先させるのが公平にかなうと評価される者，約定担保物権に相当する優先権を付与するのが当事者の合理的意思に沿うと認められる者，等が存する。先取特権は，このような債権者に対して法が付与する特別な保護手段である。

　なお，先取特権が与えられる債権は多様であり，保護の根拠および内容は先取特権の種類に応じて異なっている。また，民法にとどまらず特別法上の先取特権も多く存在する（租税債権および社会保険料債権に関する先取特権〔税徴8条，地税14条，健保182条，厚年88条等〕，公益事業のための社債に関する先取特権〔旧日本道路公団法26条4項，電気37条等〕，船舶に関する債権のための先取特権〔商842条以下等〕）。

2 先取特権の基本的効力

(1)　優先弁済的効力

　冒頭で説明したように，先取特権の本質的効力は，一般債権者に対する優先弁済的効力である。他の担保物権者との競合・優劣は，先取特権の種類によって異なるため，後に詳述する（本章第3節 2 および 3 ）。

(2)　公示性と追及効の否定

　先取特権も物権である以上，本来であれば公示性を有していなければならないが，債務者の総財産を対象とする一般先取特権および動産先取特権には公示方法がなく，そのため動産先取特権については第三取得者に対する追及効が否定されている（333条）。なお，不動産先取特権については登記が要求されている。

(3)　物上代位権

　先取特権は，目的物の売却，賃貸，滅失または損傷によって債務者が受ける

べき金銭その他の有価物についてもその効力が及ぶ（304 条 1 項本文）。このような担保目的物の価値代償物・変形物に対する優先弁済権の行使を物上代位と呼び，抵当権や質権等についても準用される（372 条・350 条・946 条・950 条 2 項）。

第 2 節　先取特権の種類

　先取特権には，債務者の総財産を対象とする一般先取特権と，特定の動産または不動産のみを対象とする特別先取特権がある。

1 一般先取特権

　一般先取特権は，債務者の総財産につき，公示なくして一般債権者に対する優先弁済権を有するが，以下の 4 種類に限定されている（306 条）。

(1)　共益費用

　共益費用とは，各債権者の共同の利益のために支出した費用であり，債務者の財産の保存，清算または配当に関する費用を指す（306 条 1 号・307 条 1 項）。共益費用の支出によって他の債権者も利益を得ているため，まずはかかる費用に関する債権の回収を優先させるのが公平にかなう。したがって，すべての債権者にとって有益でなかったときは，利益を受けた債権者に対してのみ優先弁済権が存在する（同条 2 項）。財産保存とは責任財産保全のための権利行使（時効の中断，詐害行為取消権の行使等）をいい，清算または配当とは，法人清算あるいは強制執行や担保権実行手続等を指す。

(2)　雇用関係上の債権

　雇用関係とは，給料その他使用者との間の雇用関係に基づいて生じた使用人の債権をいう（306 条 2 号・308 条）。労働者の生活保護および，労務提供によって使用人の責任財産増加に寄与したことに鑑みて，使用人の総財産につき優先弁済権が付与される。なお，ここにいう使用人は労働法上の労働者に限定されず，かつ，雇用関係には，継続的に労務を提供する関係であれば，請負・委任

契約も含まれる。

(3)　葬　式　費　用

債務者または債務者が扶養すべき親族のために葬式費用を支出した債権者には，相当額にかぎり，先取特権が認められる（306条3号・309条）。死者の人格・国民道徳の尊重の見地から，必要最低限の葬儀の実施を確保するために，かかる費用を支出した者には優先弁済権が与えられる。

(4)　日用品供給費用

債務者または債務者が扶養すべき同居の親族のために，日常生活に必要な物資を供給した債権者には，先取特権の行使時から起算して最後の6か月分につき，優先弁済権が認められる（306条4号・310条）。債務者の生活保護の見地から日用品の供給を促進するためである。

② 動産先取特権

債務者が所有する特定の動産に関する先取特権は，次の8種類である（311条）。動産先取特権の趣旨はさまざまであり，①債権者の担保に対する合理的期待の保護を目的とするもの（不動産賃貸借の先取特権，旅館宿泊の先取特権，旅客または荷物の運輸の先取特権），②債権者間の公平の見地から認められるもの（動産保存の先取特権，動産売買の先取特権，種苗・肥料供給の先取特権），③公平に加えて労働者保護の政策目的に基づくもの（農業労務の先取特権，工業労務の先取特権）に類型化することができる。

(1)　不動産の賃貸借

不動産の賃料その他の賃貸借関係から生じた賃借人の債務に関して，賃貸人は賃借人の動産につき先取特権を行使しうる（311条1号・312条）。賃借人が賃貸不動産に持ち込んだ動産を債権の引当てとすることに対する，賃貸人の合理的期待を保護するためである。

(a)　**目的物の範囲**　　先取特権の対象となりうる動産とは，①土地賃貸借の場合は，土地またはその利用のための建物（物置小屋等）に備え付けられた動

産（農耕機具等），土地の利用に供された動産および，賃借人が占有する土地の果実（313 条 1 項），②建物賃貸借の場合は，賃借人が建物に備え付けた動産（同条 2 項）をいう。なお，②における動産は，従物のみならず，広く建物内に継続的に存置するために持ち込まれた動産を指し，金銭・有価証券・宝石類等もこれに含まれると解する判例（大判大正 3・7・4 民録 20 輯 587 頁）がある。しかし，これでは賃借人所有のすべての動産を包含しかねず，賃借人・一般債権者に不測の損失を与えるとして，建物の使用に関連して常置する動産に限定すべきであるとする学説が多い。

　賃借権の譲渡・転貸においては，新賃借人・転借人の動産および，これらの者から賃借人が受けるべき金銭も先取特権の対象となる（314 条）。新賃借人・転借人の不動産利用およびこれに伴う賃借人の受益は賃貸人による使用収益の提供を基礎としている上，賃借人が備え付けた動産を搬出したり，新賃借人・転借人に譲渡している場合が多いからである。

　さらに，備え付けられた動産が賃借人所有に属しない場合であっても，賃貸人が先取特権を即時取得することが認められている（319 条）。

(b)　被担保債権の範囲　　賃料債権その他賃借人が与えた損害に関する債権等が被担保債権となりうるが，2 つの例外がある。①賃借人の破産・法人清算等により総財産を清算する場合は，前期・当期および次期の賃料その他の債務および，前期・当期に生じた損害賠償債権に限定される（315 条）。債権者の利害対立が深刻であり，賃貸人のみを厚く保護すべき合理的理由に乏しいからである。②賃貸人が敷金交付を受けている場合は，敷金により充当されない債権にかぎられる（316 条）。

(2)　旅館の宿泊

　旅館主は，宿泊客に対する宿泊料および飲食料債権につき，その旅館にある当該宿泊客の手荷物に対して先取特権を有する（311 条 2 号・317 条）。手荷物に対する旅館主の担保としての合理的期待を保護するためである。手荷物が他人の所有物であっても，旅館主は先取特権を即時取得することができる（319 条）。

(3)　旅客または荷物の運輸

運送人は，旅客または荷物の運送費および付随の費用に関する債権につき，自己が占有する荷物に対して先取特権を有する（311条3号・318条）。これも，運送人の合理的期待保護の趣旨に基づいている。荷物が他人に属する場合であっても，運送人は先取特権を即時取得することが認められている（319条）。

債務者の所有に属しない動産に関する先取特権の即時取得は，債権者の担保に対する期待保護を趣旨とする先取特権について成立する。

(4)　動産の保存

動産の保存のための費用または動産上の権利の保存，承認，もしくは実行のために要した費用に関して，債権者はかかる動産について先取特権を行使しうる（311条4号・320条）。修繕費用，第三者による取得時効の更新，返還・引渡請求権の代位行使に要した費用等がこれにあたる。債務者の責任財産が維持されて他の債権者の利益にもなるから，費用を支出した債権者に優先弁済権を認めるのが公平にかなう。

(5)　動産の売買

動産の売主は，売買代金および利息に関する債権につき，目的物について先取特権を有する（311条5号・321条）。売主による動産の供給は買主の責任財産の増価に寄与しており，当該動産については買主の他の債権者より優先弁済権を付与するのが公平と考えられるからである。目的物の引渡し後一定期間内に売買代金を支払う旨の信用売買においては，売主は留置権を行使することができないため，買主に引き渡した目的物に対する先取特権が，動産売主の保護手段として意義を有する。

なお，Aが提供した材料に労力を加えて完成させた物をBに給付することを約する製作物供給契約においては，売買と請負の要素が混在しているため，製作物につき供給者に先取特権を認めてよいかが問われる。これについては，動産に関する請負人に先取特権がないこととの均衡上，売買の要素が大きい場合にのみ321条類推適用を認める見解と，製作物の供給が債務者の責任財産の増価に寄与している点において売買と共通するとして，広く肯定する見解とが

ある。

⑹ 種苗または肥料の供給

　種苗または肥料の売主は，売買代金および利息に関する債権につき，種苗または肥料の使用から1年以内に生じた土地の果実につき，先取特権を行使しうる（311条6号・322条）。売主による種苗または肥料の供給が，果実の生産すなわち買主の責任財産の増加に寄与していることから，かかる果実につき買主の他の債権者に優先させるのが，公平といえるからである。

⑺ 農業の労務

　農業労務者は，最後の1年間の賃金債権に関して，労務の提供により生じた果実につき先取特権を有する（311条7号・323条）。労務提供が果実の生産に寄与していることに基づく公平の理念に加えて，労務者の生活保護がその理由とされている。

⑻ 工業の労務

　工業労務者は，最後の3か月間の賃金債権に関して，労務の提供により生じた製作物につき，先取特権を有する（311条8号・324条）。その趣旨は，農業労務者の先取特権と同一である。

3 不動産先取特権

　債務者が所有する特定の不動産に関する先取特権には，次の3種類がある（325条）。なお，不動産先取特権は登記が「効力保存要件」とされている。

⑴ 不動産の保存

　不動産の保存のための費用または不動産上の権利の保存，承認，もしくは実行のために要した費用に関して，債権者はかかる不動産について先取特権を行使しうる（325条1号・326条）。その趣旨は，動産保存の先取特権と同一である。なお，先取特権の効力保存のためには，債権者は保存行為の完了後ただちに登記しなければならない（337条）。

⑵　不動産の工事

　工事の設計，施工または監理をする者が，債務者に対して有する工事費用に関する債権のために，当該不動産上に先取特権が成立する（325 条 2 号・327 条 1 項）。債務者の責任財産の増価に寄与した請負人に対して，かかる増価分につき他の債権者に優先させるのが公平にかなうからである。ただし，被担保債権の範囲は，現存する増価額分にかぎられる（同条 2 項）。なお，先取特権の効力保存のためには，債権者は工事開始前に予算額を登記しなければならない（338 条 1 項前段）。実際には，請負人が当初から注文者の債務不履行を見込んだ上で，注文者の協力を得て登記手続を行うことはほとんど期待できず，この厳格な要件のために不動産工事の先取特権は機能不全に陥っている。これは不動産先取特権全体に共通する難点である。

> ■ Column 13-1　**請負人の保護と先取特権の意義**
>
> 　A は自己所有の甲建物を B に賃貸し，B が同建物の改修工事を C に発注して工事が完了したが，C が工事代金の支払を受けないうちに B が倒産した場合，C は A に対して工事代金相当額の支払を請求することができるか。これは，いわゆる三者間不当利得（転用物訴権）の問題であり，今日では判例が確立されている（最判平成 7・9・19 民集 49 巻 8 号 2805 頁）。一定の場合にかぎられるとはいえ不当利得返還請求権が肯定されるということは，C は B を経由することなく直接 A に対する請求権を取得するため，B の他の債権者との競合を回避し，ひいては B の無資力のリスクを免れて債権回収確保を図ることができることを意味している。その背後には，自ら材料と労力を提供して所有者の財産増価に寄与した請負人に対して，先取特権に類する優先的保護を与えよう，という価値判断が存在するように思われる。

⑶　不動産の売買

　不動産の売主は，売買代金および利息に関する債権につき，目的不動産に対して先取特権を有する（325 条 3 号・328 条）。動産売買の先取特権と趣旨を同じくする。なお，先取特権の効力保存のためには，債権者は売買契約と同時に，売買代金および利息が未払である旨につき登記しなければならない（340 条）。

第3節　先取特権の効力

　先取特権の効力については，民法上とくに定めがある場合のほか，抵当権に関する規定が準用される（341条）。以下に詳説しよう。

1 優先弁済的効力

　債務不履行が生じた場合，債権者は先取特権を実行して目的物を売却処分し，換価金から優先弁済を受けることができる。動産の場合は，①債権者が執行官に対し当該動産を提出したとき，②債権者が執行官に対し当該動産の占有者が差押えを承諾することを証する書面を提出したとき，③債務者の協力を得られない場合は，債権者が担保権の存在を証する書面を提出して行う申立てに基づく執行裁判所の許可により，競売が開始される（民執190条）。不動産については，登記簿謄本または担保権の存在を証する文書の提出により，実行手続が開始する（民執181条）。実行方法には，担保不動産競売と担保不動産収益執行の2種類があり，債権者が選択する（民執180条）。しかしながら，不動産先取特権の登記が事実上期待できないことは先に述べたが，動産先取特権の実行も手続上困難が多く，その実効性は乏しいといわざるをえない。

2 先取特権相互間の優劣

　上記のとおり先取特権は多数存するため，優先弁済に関する相互間の順位を定める必要がある。

(1)　一般先取特権の優先順位

(a)　**一般先取特権相互間の優先順位**　　異なる種類の一般先取特権が競合した場合は，民法306条各号に掲げられている順序に従って優先順位が確定する（329条1項）。

(b)　**一般先取特権と特別先取特権の競合**　　特定の動産または不動産に対する特別先取特権は，一般先取特権に優先する。ただし，共益費用の先取特権は，利益を受けたすべての債権者に対して優先的効力を有する（329条2項）。すな

わち，一般先取特権は，「対象が広い代わりに個々の財産に対する効力は弱い」，ということができ，特別先取特権はその反対である，といえる。

(2)　動産先取特権相互間の優先順位

　同一の動産上に異なる種類の動産先取特権が競合した場合，第一順位は，債権者の合理的期待の保護を目的とする不動産の賃貸，旅館の宿泊および運輸の先取特権の3種類であり，第二順位は，責任財産の維持により他の債権者の利益に資する動産保存の先取特権，第三順位は，動産売買，種苗または肥料の供給，農業および工業の労務に関する先取特権である（330条1項）。なお，第一順位の先取特権者が，債権取得の時において後順位先取特権の存在を知っていたときは，これらの者に対して優先権を行使できない。第一順位の先取特権者のために物を保存した債権者についても同様である（同条2項）。また，果実について先取特権が競合した場合は，農業の労務，種苗または肥料の供給，不動産賃貸の先取特権の順で配当が行われる（同条3項）。

(3)　不動産先取特権相互間の優先順位

　同一の不動産につき異なる種類の不動産先取特権が競合した場合，その優先順位は，325条各号に掲げる順序に従う（331条1項）。同一不動産につき売買が順次行われたときは，売買の先後に従って優先順位が定まる（同条2項）。後主の不動産取得は前主の売買を基礎とするからである。

(4)　同一順位の先取特権の競合

　同一順位の先取特権が競合した場合は，原則として債権額の割合に応じて優先弁済権が生じるが（332条），動産保存の先取特権が競合したときは，後の保存者が優先する（330条1項後段）。現在の責任財産維持に対してより寄与したといえるからである。

③　他の担保物権との優先関係

(1)　質権との優先関係

　同一動産につき先取特権と動産質権が競合した場合，動産質権者は，第一順

位の動産先取特権者と同一の権利を有する（334 条）。

(2)　抵当権との優先関係

　同一不動産につき，一般先取特権と抵当権が競合した場合，両者の優劣は登記の先後による。なお，一般先取特権は，未登記であっても，一般債権者および未登記の担保権者に対して対抗することができる（336 条）。

　不動産先取特権は登記が効力保存要件であるが，登記を備えた不動産保存または工事の先取特権は，常に抵当権に優先する（339 条）。

4 第三取得者に対する効力

(1)　動産先取特権に関する追及効の制限

　動産先取特権は，債務者が目的動産を第三取得者に引き渡した後は，もはや行使することができない（333 条）。不動産先取特権と異なり動産先取特権には公示方法がないため，取引安全との調和が図られたのである。

(2)　第三取得者および引渡しの意義

　第三取得者とは，目的動産につき所有権を取得した第三者をいい，賃借人，受寄者，質権者等はこれにあたらない。また，引渡しにつき，判例・通説は，現実の引渡しのみならず，占有改定の方法のような観念的引渡しも含まれると解しているが（大判大正 6・7・26 民録 23 輯 1203 頁），債権者から先取特権による保護を失わせるためには，目的動産が債務者の実質的支配から離脱したことを要すると説く反対説もある。

　さらに，第三取得者の主観的態様につき，条文上は善意が要求されていない。善意悪意を問うと執行実務が混乱する上，第三取得者としてはもっぱら債権者・債務者間内部において債権回収に関するリスク調整がされることを期待してよい，という趣旨に基づくものと解される。これに対しては，債務不履行の事実を認識し，債権者を害する旨を知りながら動産を譲り受けた悪意者を排除すべき旨を説く見解もある。

(3)　譲渡担保権者に対する効力

　動産先取特権と他の担保物権・第三取得者との優先関係に関する応用問題として，譲渡担保との優劣が挙げられる。例えば，売買契約に基づいて A が B に対して引き渡した動産につき，B が売買代金を支払わずに C のために譲渡担保に供した場合などが問題となる。判例は集合動産譲渡担保に関する事例において，譲渡担保につき所有権的構成を前提として，譲渡担保権者への占有改定による引渡しは，333 条における第三取得者への引渡しにあたると解して，譲渡担保権者に対する動産売買先取特権の行使を否定した（最判昭和 62・11・10 民集 41 巻 8 号 1559 頁 判例 12-3 ）。判例によれば，集合動産譲渡担保においては，集合物につき設定時に占有改定が行われれば，その後に搬入されて集合物の構成部分となった個別動産についても当然に対抗要件の効力が及ぶ。公示方法がない動産先取特権は，目的動産が債務者の占有下にある場合にかぎり，公平の見地から一般債権者に対する優先が認められる法定担保物権であって，譲渡担保権者を害することはできないという理解に基づく判断である。

　このように，法定担保物権である先取特権の効力は制限されているが，これを補うための動産売主の約定担保手段として，所有権留保がある。最近の判例は，所有権留保特約に基づいて売主に所有権が留保されている動産につき，買主が代金未払のまま第三者に対して譲渡担保に供した場合（集合動産譲渡担保の対象に含まれていた場合）において，設定者（買主）が目的物の所有権を取得していないことを理由として売主に対する譲渡担保権の主張を否定した（最判平成 30・12・7 民集 72 巻 6 号 1044 頁 判例 12-6 ）。

　そのため，動産売主と譲渡担保権者の優劣に関しては，動産売買先取特権と所有権留保を対比させながら譲渡担保権との関係について考える必要がある。

5　効力の及ぶ範囲——物上代位

(1)　物上代位の意義

　先取特権の効力は，目的物の売却・賃貸・滅失・損傷によって債務者が受ける金銭その他の有価物にも及ぶ（物上代位。304 条）。したがって，先取特権者はこれらについても優先弁済権を有する。

　なお，一般先取特権の効力は債務者の総財産に及び，そこには金銭債権等も

含まれるから，物上代位は問題とならない。

(2)　対　　　象

すでにみたように，動産先取特権は追及効が制限されているが，第三取得者に転売されても，先取特権者は転売代金債権に対して物上代位を行うことにより，優先弁済権を主張しうる。

また，火災保険金が滅失・損傷により債務者が受ける金銭にあたるかどうかについては，これは保険契約に基づく保険料の対価として受けるべき金銭であり，目的物の価値変形物ではないとする見解もあるが，保険金が果たす経済的機能の重要性に照らせば，物上代位の対象たりうる価値代償といってよい，というのが通説的理解である。

さらに，請負工事に用いられた材料の売主が，請負代金債権に対して物上代位しうるかも問題となる。判例は，原則として動産売買先取特権に基づく物上代位は認められないとしつつ，請負代金全体に占める当該動産の価格の割合や請負人の債務内容等に照らして，請負代金債権の全部または一部と売買代金債権とが同視しうる特段の事情がある場合において，物上代位を認める（最決平成 10・12・18 民集 52 巻 9 号 2024 頁）。学説上の判断基準としては，①材料と製作物との間に同一性が認められる場合，②加工に関する価値の割合が小さい場合，③請負代金債権における材料部分が明確である場合，等が挙げられている。

(3)　要　　　件

物上代位に基づく権利行使のためには，「払渡し又は引渡し前」に差押えを行うことが要件とされており（304 条 1 項ただし書），これについては，①物上代位は先取特権本来の効力として当然に認められる権利か，先取特権者保護の見地から法が与えた特権か，②先取特権者が自ら差押えを行うことを要するか，いつまでに差し押さえなければならないか，等が問題となり，先取特権者と他の債権者，債権譲受人，第三債務者との利益の調和が問われている。

判例によれば，このような差押えが要求されるのは，先取特権者自身の差押えにより，物上代位の対象となる債権の特定性維持とともに，第三債務者または債権譲受人もしくは他の債権者の不測の損害防止を図るためであるという

（最判昭和 60・7・19 民集 39 巻 5 号 1326 頁）。

　また，動産売買先取特権に関して，一般債権者が転売代金債権につき差押命令を受けたにとどまるときは，なお物上代位に基づく差押えによる優先弁済権の行使は妨げられないが（前掲最判昭和 60・7・19），かかる債権が譲渡されて譲受人が対抗要件を具備した場合は，もはや物上代位に基づく権利行使はできない，というのが判例である（最判平成 17・2・22 民集 59 巻 2 号 314 頁〈判例 13-1〉）。

　これに対して，抵当権に基づく物上代位については，抵当権の効力が目的債権にも及ぶことが抵当権設定登記によって公示されているため，目的債権が譲渡されて譲受人が対抗要件を備えた後であっても，第三債務者による弁済の前に差押えを行うことによって物上代位に基づく権利行使ができるというのが，判例の立場である（最判平成 10・1・30 民集 52 巻 1 号 1 頁〈判例 10-4〉）。しかしながら，動産先取特権については公示方法がないことから，先取特権の対象となる物ないし権利の第三取得者の取引安全に配慮する必要がある。動産先取特権に関する上記の判例は，物上代位の目的債権の第三取得者の地位につき民法333 条と整合しており，妥当であるといえよう。

〈判例 13-1〉 **最判平成 17・2・22 民集 59 巻 2 号 314 頁**

【**事案**】A は B に対して本件商品を売却し，B はこれを Y に転売したところ，B が破産宣告を受けたため，破産管財人 X_1 が Y に対して転売代金債権請求訴訟を提起した。その後，X_1 は本件転売代金債権を X_2 に譲渡し，Y に対して内容証明郵便による通知がされ，X_2 が訴訟引受けを行ったが，他方においてA は，本件転売代金債権につき動産売買先取特権に基づく物上代位権を行使した。原審は物上代位権の行使より目的債権の譲渡に関する対抗要件具備のほうが早かったとして X_2 の請求を認容したため，Y 上告。

【**判旨**】上告棄却。「民法 304 条 1 項ただし書は，……抵当権と異なり公示方法が存在しない動産売買の先取特権については，物上代位の目的債権の譲受人等の第三者の利益を保護する趣旨を含むものというべきである。そうすると，動産売買の先取特権者は，物上代位の目的債権が譲渡され，第三者に対する対抗要件が備えられた後においては，目的債権を差し押さえて物上代位権を行使することはできないものと解するのが相当である」。

第 4 節　先取特権の消滅

1 物権としての消滅原因

　先取特権も物権であるから，滅失，添付，混同，放棄といった物権一般の消滅原因が該当する。なお，滅失による消滅に対しては上述の物上代位権，添付に伴う権利喪失に対しては所有者に対する償金請求権（248 条）による手当てが存する。

2 被担保債権に由来する消滅原因

　先取特権は担保物権であるため，被担保債権の消滅により目的を失って消滅する。なお，被担保債権が譲渡された場合，随伴性により先取特権も存続するといえそうであるが，社会政策的な見地に基づく雇用関係の先取特権あるいは，特定の債権者の期待保護を目的とする不動産賃貸・旅館宿泊・運輸の先取特権等については，先取特権による保護に属人性が認められるため，債権譲受人に同等の優先権を付与する合理的理由に欠けるとして，随伴性を否定する見解もある。先取特権が付着することに対する譲受人の期待を保護する必要はなく，他の一般債権者も他者に債権譲渡された場合にまで先取特権に基づく優先弁済権を覚悟しなければならないとまではいえない，とすれば，このように解すべきであろう。

第 14 章
留 置 権

　この章では，留置権について取り扱う。留置権は優先弁済権がない特殊な法定担保物権であるが，「どのような場合に誰に対して行使できるか」がしばしば重要な問題を提起している点に留意されたい。

第 1 節　序　　説

1 留置権の意義

　留置権とは，他人の物を占有する者が，その物について生じた債権を有している場合において，その債権の弁済があるまで目的物を「留置」しうる権利である（295条）。例えば，Aが所有するテレビが故障したため，電器店を営むBにその修理を依頼してこれを引き渡した場合，修理を終えたBは，修理代金が支払われるまでテレビを自己の占有下に留め置くことができ，Aから所有権に基づく返還請求を受けてもこれを拒絶しうる。

　債権者にこのような権利が認められる趣旨は，当事者間の公平を確保することにある。Aが自己の債務を弁済せずに修理されたテレビの返還請求権を行

使することができるとすると，Bに代金債権回収のリスクだけが残ることとなり，不公平といえるからである。

　取引上の債権については，留置権の存在が債権者に安心を与え，取引の円滑に資することになる。

2 留置権の性質

　留置権が「担保物権」として位置づけられているのは，上記のような留置的効力が債務者に心理的強制を与えて弁済を促進し，債権担保としての作用を有していることと，このような担保目的の範囲において他人の物を占有支配し，所有権に基づく返還請求権に対しても対抗しうる物権としての性質を有しているためである。

　また，留置権は法律上の一定の要件を満たせば当然に発生する「法定担保物権」であり，当事者間の約定を要しない。この点が，同じく留置的効力を有する質権との要件における相違点であるが，その代わりに，このような担保物権を付与して債権者を保護するにふさわしい合理的理由が求められる。そこで，以下ではまず成立要件について解説する。

第2節　留置権の要件

　留置権が成立するためには，①物と債権との牽連関係の存在，②被担保債権の弁済期到来，③適法な占有開始，が必要とされている。なお，留置権は，債務者以外の第三者に対する関係においてとくにその成否または効力の有無が問われることが多く，判例はこれを①の問題に含めるが，本節では「第三者に対する効力」の問題として別個に扱うこととする。

1 物と債権との牽連関係

　留置権が成立するためには，これによって保全される債権が「物に関して生じた債権」でなければならない（295条1項本文）。すなわち，目的物と被担保債権との牽連関係が必要である。例えば，冒頭の設例において，BがAに対して，テレビの修理とは別個の取引に基づく貸金債権を有していたとしても，

Ｂは貸金債権の返済のためにテレビを留置することはできない。テレビと貸金債権とは何らの牽連性もなく，かかる債権の担保のためにＢは当然にテレビを留置しうるとして公平を図るべき理由はないからである。この場合においてＢがテレビを留置するには，約定により質権の設定を受ける必要がある。

物と債権との牽連関係は一般的に次のような場合に認められる。

(1)　牽連関係が認められる場合

(a)　債権が物自体から生じた場合　　賃借人が目的物につき必要費・有益費に関する費用償還請求権（608 条）を有する場合，他人が運転するトラックが所有建物に衝突して損壊させたことにより損害賠償請求権が発生した場合，等において，賃借人は費用償還があるまで目的物を，建物所有者は損害賠償が支払われるまでトラックを，それぞれ留置することができる。

(b)　債権が物の返還義務と同一の法律関係または生活関係から生じた場合　　売買契約上の代金債権と目的物の引渡債務，請負契約上の代金債権と仕事完成物の引渡債務等のほか，飲食店で 2 人の客が互いに相手の傘を取り違えて持ち帰った場合における相互の返還請求権，等がこの類型にあたる。

(2)　問 題 点

物と債権との牽連関係の有無については，留置権を認めて債権者を保護することが当事者間の公平にかなうといえるか，という観点から柔軟に考える必要があるが，その反面，(1)の(a)(b)に該当するか否かが不明な場合が多く，これらが必ずしも明確な判断基準たりえていないために，適用上多くの問題点が生じている。主なものにつき，以下においてさらに立ち入って解説する。

(3)　牽連関係が認められる目的物の範囲

(a)　建物買取請求権と敷地留置権の成否　　借地権の存続期間が満了した場合，借地人は賃貸人に対して，地上建物の買取請求権を有する（借地借家 13 条 1 項）。それでは，借地人は賃貸人から建物代金の支払を受けるまで，建物だけでなく敷地を留置して明渡しを拒むことができるか。土地と建物は別個の不動産であるから，建物買取請求権は理論上土地に関して生じた債権とはいえない

が，判例には，建物につき留置権が認められることの反射的効果として，敷地利用は不法占有にあたらない，としたものがある（大判昭和14・8・24民集18巻877頁）。学説上は，建物の留置にとって土地は不可欠であるから，建物留置権の実効性確保のため，建物の留置に必要な範囲において敷地についても留置権の成立を認めるべきであるとする見解が多い。

(b) **造作買取請求権と建物留置権の成否**　建物賃貸借が終了した場合，賃借人は，その建物に対して施した造作を時価で買い取るよう，賃貸人に請求することができる（借地借家33条）。そこで，賃借人は造作代金の支払があるまで建物の明渡しを拒むことができるか否かが問題となる。

①造作は建物とは別個の権利客体としての動産であり，買取請求権はあくまで造作に関して生じた債権にすぎないこと，②造作と建物との間には著しい価値の差が認められる場合が多いことに照らせば，造作買取請求権を建物の留置によって担保することは公平でない，ともいえる（大判昭和6・1・17民集10巻6頁，最判昭和29・1・14民集8巻1号16頁）。

これに対して学説上は，①造作と建物は経済的一体性を有しており，賃貸人の同意を得て取り付けたものである以上，買取請求権を保護する必要がある，②建物が造作買取請求権発生の前提となっている，③造作についてのみ留置権を認めても，賃貸人が造作の引取りを望まない場合は弁済を促進せず，法が造作買取請求権を認めて賃借人保護を図った趣旨が全うされない，として留置権を肯定するのが多数説である。

(4) **留置権が成立する人的範囲**

留置権は，「誰に対する関係において成立するか」という観点からもしばしば問題となる。例えば，①不動産の二重譲渡において，引渡しを受けた第一譲受人は登記を備えた第二譲受人に対して留置権を主張しうるか，②他人物売買の買主は真正所有者に対して留置権を行使しうるか，③賃貸不動産の新所有者に対抗することができない賃借人のために留置権が成立するか，④不動産の譲渡担保において，設定者は目的不動産の第三取得者に対して留置権の主張ができるか，等が挙げられる。判例は物と債権の牽連関係の問題として留置権の成否を判断しているが，留置権の第三者に対する効力という視点から分析するこ

とも可能である。これらについては後述する（本節**4**）。

2　弁済期の到来

　被担保債権の弁済期が到来していないときは，留置権は成立しない（295条1項ただし書）。売買契約において，目的物の引渡しと代金支払に関する弁済期が同一であれば，売主は代金支払があるまで目的物を留置することができるが，割賦販売のような信用売買においては，引渡しが先履行の関係にあり，留置権を認めるわけにはいかない。

Column 14-1　**動産売主の保護手段**

　動産売買において，売主が代金債権を確保するための法的手段としてどのようなものが考えられるだろうか。まず留置権および同時履行の抗弁権（533条）が挙げられるが，代金後払の信用売買においては機能しない。

　このような場合における法定の保護手段として，売主は動産売買先取特権（311条1項5号）を行使して買主に引き渡した目的物から優先弁済を受けることにより，債権回収を図るか，債務不履行解除（541条）によって目的物を回復し，損失を防止することが考えられる。しかしながら，これらの権利はいずれも第三者に対する関係において制限されている（333条・545条1項ただし書）。また，先取特権は実行手続上困難が多い。

　そこで意義を有するのが，所有権留保（第12章第4節）である。動産先取特権および解除の効力が第三者に対して制限される趣旨は，目的物の所有権が買主に移転していることを前提として第三者が築いた権利関係を，売主が後からくつがえすことを防止する点にある。そこで，約定により当初から売主に所有権を留保することによって，法定の保護手段の限界を克服することが考えられたのである。もっとも，①第三者の即時取得（192条）が成立する場合，②即時取得が認められないとしても，売主が代金完済前に買主が転売することを容認し，転得者が代金を支払って目的物の引渡しを受けたときは，留保所有権の主張が権利濫用にあたる，とされる場合（最判昭和50・2・28民集29巻2号193頁等）があることに留意が必要である。②の根拠は，引渡しを受けた転得者は自分が代金を支払えば後は売主・買主間で利益調整がされる旨（転売代金から債権回収を図る等）を期待してよい一方，売主があらかじめ転売を容認しながら，後になって留保所有権を主張して買主の代金不払のリスクを転得者に転嫁するというのは，矛盾態様として許されない点に求められる。

---

3 適法な占有開始

　占有が「不法行為」によって開始された場合，留置権は成立しない（295条2項）。例えば，他人の物を窃取または強奪した者が保存に必要な費用を支出した場合であっても，費用償還請求権は発生するが（196条・703条），この債権のために留置権を認めることはできない。このような不法行為者はまずもって所有者に目的物を返還すべきであり，必要費等の精算はその後に行うのが公平にかなうのであって，留置権を与えて保護すべき合理的理由はないからである。したがって，ここにいう「不法行為」の意義は，留置権により債権者を保護することが公平に反するといえるか否か，に従って判断されるべきである。

　占有開始時は適法であったが，事後に不法占有に転じた場合はどうか。例えば，建物の賃借人が，賃貸借終了後もなお占有を継続した上で必要費を支出した場合等が問題となる。判例は，占有すべき権原がない旨につき悪意のときは295条2項の類推適用により留置権を否定する（賃貸借の判例としては，大判大正10・12・23民録27輯2175頁や最判昭和46・7・16民集25巻5号749頁がある。買収・売渡処分の遡及的無効の事例において過失がある場合につき，最判昭和51・6・17民集30巻6号616頁がある）。学説もこれに賛同する。債権取得時を基準として保護すべき占有態様の有無を評価すべきであろう。

　なお，196条2項ただし書との関係については，①悪意占有者については196条が優先し，有益費について裁判所が期限を供与した場合以外は留置権が成立すると解する説，②原則として196条2項ただし書の適用がない場合は留置権が成立するが，占有者に著しい背信行為があったときは295条2項により留置権が否定されるとする説，③196条2項ただし書と295条2項は別個独立の制度であり，留置権の成否は295条2項に従って判断すればよいとみる説，等が存在する。196条2項ただし書にあたらないからといってただちに留置権を認めるべきではなく，留置権による保護の要否については，295条2項により公平の見地から判断すればよいであろう。

4 留置権の成否と債務者以外の第三者との関係

　留置権行使の可否は，債務者だけでなく，他の第三者による返還請求・引渡

請求に対する関係においてもしばしば問題となる。この点，留置権は物権であるから誰に対しても主張しうる（物権の絶対効），といえば足りるようにみえるが，常にそうとはいえず，近時では，留置権の成否に加えて，誰に対して行使しうるか（人的範囲）について，留置権の趣旨に照らして個別具体的に検討すべき旨が指摘されている。そこで，留置権行使の相手方について，債務者以外の第三者を中心に，主な問題類型を分析してみよう。

(1)　留置権成立後の譲受人

　AがBに自己所有のパソコンの修理を依頼した後でこれをCに売却した場合，Bは，Aによる修理代金の支払があるまで，Cに対しても留置権を行使しうる。Cはすでに留置権が成立した後の目的物の譲受人であり，Bが占有を継続するかぎり留置権は消滅せず，Cに対しても行使しうる。

　AがBに対して自己所有の甲不動産を売却し，さらにCに転売されたが，Aがいまだ売買代金の支払を受けていない場合，AはBの弁済があるまで，Cに対しても留置権に基づいて甲不動産の引渡しを拒絶しうる（最判昭和47・11・16民集26巻9号1619頁）。

　なお，仮登記担保においては，清算期間経過後に目的不動産が第三者に譲渡された場合，設定者は清算金の支払があるまで譲受人に対しても留置権を行使しうる（最判昭和58・3・31民集37巻2号152頁）。この点は譲渡担保においても同様である（最判平成9・4・11裁時1193号1頁）。

(2)　二重譲渡における劣後譲受人の保護と留置権

　それでは，AがBに対して自己所有の甲不動産を売却し，引き渡した後に，同一不動産をCにも売却し，Cが所有権移転登記を備えた場合，BはAに対して債務不履行に基づく損害賠償請求権を有することになるが，これを被担保債権とする留置権をCに対して主張することができるか。判例は，Aの債務不履行と甲不動産との間には牽連関係がないとして留置権を否定する（最判昭和43・11・21民集22巻12号2765頁）。

　しかしながら，AB間で売買契約が解除され，AがBに対して甲不動産の返還を求めた場合でもBは留置権を行使できないとすると，少なくともAB間

では公平とはいえない。そこで，留置権は成立するが，①民法177条により甲不動産に対する物的支配についてはCが優先すべきこと，②Cは留置権成立後の譲受人ではなく，被担保債権の目的は，物的支配においてCに劣後することを前提とするAB間の事後的な清算にあることから，177条類推適用によりCに対しては留置権を対抗することができない，というべきであろう。

(3)　賃貸不動産の譲渡と賃借人の留置権

Aが自己所有の乙土地をBに賃貸したが，賃貸借継続中にこれをCに譲渡し，Bが対抗要件を備えていなかった場合，BはAに対して債務不履行責任を追及するとともに，留置権を主張してCによる明渡請求を拒絶しうるか。

判例は物に関して生じた債権でないとしてこれを否定するが（大判大正11・8・21民集1巻498頁），これについても，①BはCに対して乙土地の占有権限を主張できないこと，②被担保債権はもっぱらAB間において事後的に清算されるべきものであることから，Cに対する関係においては，賃借権と同様に留置権をも対抗することができない，と解すべきであろう。なお，賃貸借契約が解除された場合，BはAに対しては留置権を行使しうる。

(4)　他人物買主の留置権

Aの所有物をBが無断でCに売却した場合，Aの返還請求に対してCは留置権を行使しうるか。判例は，CのBに対する損害賠償請求権と目的物との牽連関係を否定している（前掲最判昭和51・6・17）。

BC間の売買が解除された場合，CはBに対しては留置権を主張できると解すべきであるが，Bに対する被担保債権はAに目的物を返還すべきことを前提としており，Aに対しては物的支配を主張しうる地位にない以上，留置権をもって対抗することはできないといえよう。

(5)　所有者以外の債務者による契約上の債権と留置権

AがBに対して自己所有のコンピュータを賃貸し，Bの使用中に不具合が生じたためにBがCに修理を依頼したところ，Bが修理代金を支払わない場合，CはAの引渡請求に対して留置権を行使できるか。すなわち，295条1項

にいう「他人の物」＝「債務者の物」でなければならないか。

　この問題につき考え方は分かれている。肯定説は，①条文上「債務者の物」に限定されておらず，留置権は物権であるから，所有者が誰であるかは問わないこと，②債権者は債務者の所有物であるか否かを認識せずに債権を取得する場合が多く，所有者が誰であるかによって留置権の成否が左右されるとすると，債権者の地位が不安定になること，を根拠とする。

　これに対して否定説は，①留置権の成立を認めると，所有者は他人の債務のために物上保証人のような地位に立たされ，不当な犠牲を強いられること，②債務者以外の他人に対して留置権を行使しても被担保債権の弁済が促進されるわけではないこと，等を理由としている。この問題についても，留置権の成立を認めつつ，これを対抗することができるか否かにつき類型的に判断する，という方向がありえよう。

Column 14-2　転用物訴権と留置権

　(5)の設例においては，CのAに対する不当利得返還請求（転用物訴権）の可否も問題となりうる。判例は，①Bが無資力のためにCの債権が無価値となり，②Aが対価的負担なくしてCの労務により利益を得たと評価しうる場合，にこれを肯定する（最判平成7・9・19民集49巻8号2805頁）。

　これに対して，Cが目的物の占有を継続してさえいれば，Bの修理代金不払を理由としてAに対しても常に留置権を行使しうるとすると，転用物訴権が否定される場合でも留置権の主張は妨げられないことになるが，後述する留置権の効力を考え合わせると，Bが無資力である場合，事実上AはBに代わって修理代金相当額を負担せざるをえず，判例上の要件との整合性が問われよう。留置権の成否についても，所有者に留置権の負担を甘受させてよいかという視点をふまえた類型的考察が必要ではなかろうか。

第3節　留置権の効力

1 留置的効力

　冒頭で説明したように，留置権者は被担保債権が完済されるまで，目的物を自己の占有の下に留め置くことにより，債務者・所有者からの返還または引渡

請求を拒絶して弁済を促進させることができる（296条。不可分性）。この場合，裁判所は引換給付判決をする。

　なお，留置権の行使が当然に被担保債権の行使にあたるわけではなく，したがって消滅時効の更新事由とはならない（300条）。

2　優先弁済的効力

　留置権には優先弁済権が認められていないが，例外的に，次の場合には優先弁済的機能が付与される。

(1)　果実に対する優先弁済権

　留置権者は，占有継続中に目的物について生じた果実を収取することができ，これを他の債権者に先立って被担保債権に充当する権利を有する（297条）。本来であれば，留置権者に目的物の使用収益が認められる場合（本節**3**(2)参照）にのみ果実収取権を肯定すべきであるが，返還・清算の手間を省き，簡易な決済を図るためにとくに認められている。

(2)　執行法上の優先弁済的機能

(a)　他の債権者による強制執行　　目的物が他の債権者の申立てにより強制執行された場合，不動産については留置権が存続し，買受人は被担保債権を弁済する責めを負い（引受主義。民執59条4項），動産については留置権者が執行を拒む場合は差押えができないため（民執124条・190条），事実上，留置権者の被担保債権が弁済されないと執行手続が開始しない。

　そのため，留置権者は，事実上他の債権者より優位な地位において債権回収を確保しうる。

(b)　競売権　　留置権者は，目的物の競売権を有する（民執195条）。目的物を金銭に代えることによって留置権者を管理に関する過度な負担から解放するためであり，したがって，この競売はあくまで換価のための形式的競売であって，他の債権者が配当加入することはできない。ところで，換価金は留置権者に交付され，同人はこれを目的物の代わりに留置することができるが，被担保債権と相殺することにより，事実上の優先弁済を受けるに等しい結果がもたら

される。

3 その他の権利義務

(1)　善管注意義務・費用償還請求権

留置権者は，目的物につき善管注意義務を負う（298 条 1 項）。留置権は他人の所有物を対象としており，その消滅後は所有者に返還しなければならないからである。

なお，留置権者が目的物の維持管理のために必要な費用を支出したときは，所有者に対して必要費の償還請求をすることができる（299 条 1 項）。

目的物を増価させる有益費を支出した場合も，所有者に対する償還請求ができるが，これらは必要不可欠な費用とはいえないため，所有者にとって過度な負担とならないよう，配慮が施されている（同条 2 項）。すなわち，所有者は，①支出額または増価額のいずれを償還するかについて選択することができ，②その償還につき裁判所に対して相当の期限の許与を求めうる。これにより，有益費償還請求権については留置権が成立しないことになる。

(2)　使用収益権限

留置権者は，目的物の保存に必要なかぎりにおいてその使用が認められるにすぎないのが原則であり（298 条 2 項ただし書），債務者の承諾がなければ，使用，賃貸，担保供与を行うことができない（同条 2 項本文）。使用収益や担保提供は留置権の目的の範囲を超えるからである。

債務者の承諾に基づく使用収益によって取得した果実は返還する必要がなく，留置権者は被担保債権に充当することができる。なお，債務者以外の第三者の所有物について留置権を認める場合は，所有者の承諾に置き換えられよう。

また，債務者の承諾後に目的物が譲渡されても，留置権者は承諾の効果を譲受人に対して対抗することができる（最判平成 9・7・3 民集 51 巻 6 号 2500 頁）。留置権成立後の譲受人に対しては留置権を対抗することができる以上，譲受人は留置権の負担を承継すべきであり，承諾がないことを理由に留置権を消滅させるのは不当と思われるからである。

第4節　留置権の消滅

1 原　　則

　留置権は担保物権であるから，被担保債権が消滅すれば，付従性によって消滅する。被担保債権が時効により消滅した場合も同様であるが，留置権が引渡拒絶の抗弁として機能する点に鑑みれば，留置権だけが独立して消滅時効に服することはないというべきであろう。なお，前述したように，留置権の主張が被担保債権の行使すなわち時効更新事由にあたるわけではない（300条）。

　そのほかに民法は，留置権者側の事情に基づく消滅事由と，債務者側の事情による消滅事由についてとくに規定している。

2 留置権者の義務違反

　留置権者が善管注意義務に違反した場合または，債務者の承諾なしに使用収益・担保供与を行った場合，債務者は留置権の消滅を請求することができる（298条3項）。

3 留置権者の占有喪失

　留置権は留置的効力を本質的効力とするため，留置権者が目的物の占有を喪失した場合には消滅する（302条本文）。ただし，占有回収の訴えにより占有を回復した場合は占有継続が認められるから（203条），留置権は消滅しない。また，債務者の承諾を得て目的物を第三者に賃貸した場合，留置権者にも間接占有が認められるため，留置権は存続する（302条ただし書）。

4 代担保の提供

　債務者は，目的物に代わる相当の担保を提供することにより，留置権の消滅を請求することができる（301条）。目的物の価値が被担保債権額に比して高い場合あるいは，債務者にとって使用収益の必要性が高い場合等において効果的である。

第5節　商事留置権・同時履行の抗弁権

　留置権には，民法上の民事留置権のほか，商法上の商事留置権がある。また，留置権類似の権利として同時履行の抗弁権がある。

1 商事留置権

　商事取引上の債権保全のために，商法 521 条は，商行為によって債権者が占有を取得した債務者所有の物または有価証券につき，商事留置権を認めている。商行為によって占有を取得した物につき留置しうるとすることにより，商人間の信用取引の安全を簡易に確保し，もって取引の迅速化と活性化を図る趣旨に基づいている。

　民事留置権との相違は，要件面において，目的物と被担保債権との牽連性が要求されておらず，また，債務者所有の物でなければならない。その代わり，運送取扱人の運送品に対する商事留置権は，運送費その他委託者のために支出した費用が被担保債権となっている場合にかぎられ（商 562 条。なお，商 574条・741 条 2 項も参照），また，代理商の商事留置権も，被担保債権が取引の代理または媒介によって生じた場合に限定されている（商 31 条。なお，商 557 条・558 条，会社 20 条も参照）。

　効果面では，民事留置権が債務者の破産手続開始によりその効力を失う（破66 条 3 項）のに対して，商事留置権は特別先取特権とみなされることにより（破 66 条 1 項），別除権の対象となる（破 65 条）。民事再生および会社更生手続に際しても同様とされている（民再 53 条，会更 2 条 10 項）。

> **Column 14-3**　**建物建設請負人の報酬債権確保と敷地留置権の成否**
>
> 　A 所有の土地上に B が A の注文を受けて建物を建設したが，A が請負代金を支払わない場合，当該請負契約が商行為であるときは，B は建物だけでなく土地についても商事留置権を主張しうるかどうかが問題となる。同地につき Cのために抵当権が設定されていた場合においてこれを認めると，上述したように抵当権が実行されても留置権には事実上の優先弁済権があるため，留置権の行使により抵当権者が予期せぬ不利益を被ることになる。

　第1に，抵当権と留置権の優劣をどのように決定すべきか。これについては，①商事留置権肯定説，②抵当権設定登記と留置権者の占有開始の先後による説，③不動産上の商事留置権否定説，等が説かれているが，少なくとも抵当権者の利益を不当に害してはならず，とくに抵当権侵害を目的とする留置権の行使を認めるべきではない。そのため，平成15年の担保・執行法改正においては，商事留置権の対象から不動産を除外すべき旨が提案されたが，最終的には見送られた。

　第2に，請負人の報酬債権確保のためにどのような法的保護を与えるべきか。民法上は不動産工事に関する先取特権が存在するが，前述のとおり「工事開始前の登記」要件のために機能していないのが実状である（第13章第2節 **3** (2)）。請負人の留置権行使は，先取特権の機能不全に対する補充的役割を果たすものであり，請負人保護のための法的手当てが整備されないままに留置権を一律に否定しても，問題の最終解決にはならないのである。

2 同時履行の抗弁権との異同

　留置権に類似する権利として，同時履行の抗弁権がある（533条）。これは，双務契約上の対立する債権の牽連関係に鑑みて，履行の相互性・同時性を認めることによって契約当事者間の公平を図ることを目的としており，趣旨において留置権と共通している。

　もっとも，留置権は所有権をはじめとする物権に基づく返還・引渡請求に対する物的抗弁に由来するのに対し，同時履行の抗弁権は契約上の債権に基づく履行請求に対する人的抗弁として与えられたものである。主な相違点は，①留置権の被担保債権は契約上の債権であることを要しないが，同時履行の抗弁権は双務契約上の対価関係に立つ債権相互間についてのみ成立しうる，②その一方で，同時履行の抗弁権は物の返還請求権に対してのみ認められるわけではなく，物と債権との牽連性は不要である，③留置権は債務者以外の第三者に対しても行使しうるが，同時履行の抗弁権の主張は契約当事者間に限定される，等である。

事 項 索 引

判 例 索 引

民法Ⅱ　物権〔第4版〕

2010 年 5 月 20 日　初　版第 1 刷発行
2017 年 12 月 20 日　第 2 版第 1 刷発行
2019 年 11 月 10 日　第 3 版第 1 刷発行
2022 年 3 月 20 日　第 4 版第 1 刷発行
2022 年 7 月 10 日　第 4 版第 2 刷発行

	石	田	剛
	武	川	幸 嗣
著　者	占	部	洋 之
	田	髙	寛 貴
	秋	山	靖 浩

発 行 者　　江 草 貞 治

発 行 所　　株式会社　有 斐 閣

郵便番号 101-0051
東京都千代田区神田神保町 2-17
http://www.yuhikaku.co.jp/

印刷・製本　共同印刷工業株式会社
© 2022, T. Ishida, K. Mukawa, H. Urabe, H. Tadaka, Y. Akiyama.
Printed in Japan
落丁・乱丁本はお取替えいたします。
★定価はカバーに表示してあります。

ISBN 978-4-641-17952-3